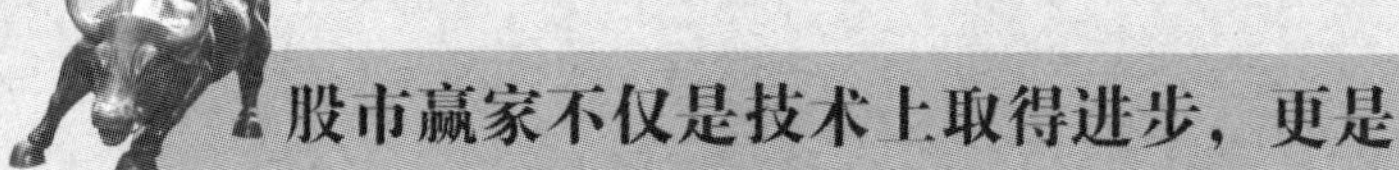

庄家控盘核心（三）

取胜之道

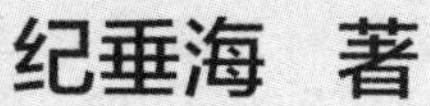

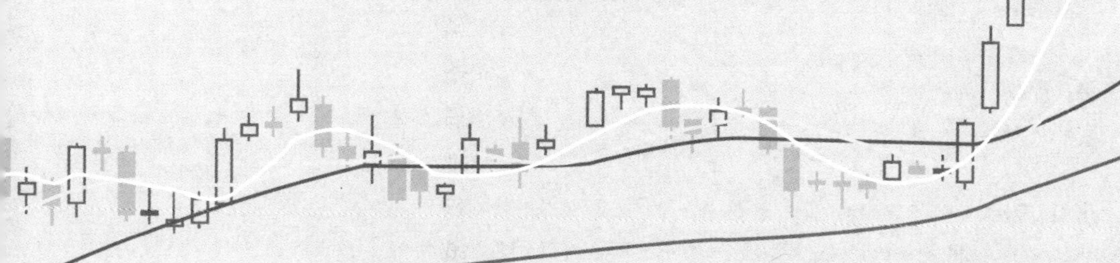

洞悉市场方向　紧跟庄家进退

破解个股密码　通向财富之路

涨跌自有规律　看清趋势自明

顶级操盘法则　打开胜利之门

经济管理出版社
ECONOMY & MANAGEMENT PUBLISHING HOUSE

图书在版编目（CIP）数据

庄家控盘核心（三）——取胜之道/纪垂海著. —北京：经济管理出版社，2017.1
ISBN 978-7-5096-4760-8

Ⅰ. ①庄…　Ⅱ. ①纪…　Ⅲ. ①股票交易—基本知识　Ⅳ. ①F830.91

中国版本图书馆 CIP 数据核字（2016）第 291973 号

组稿编辑：杨国强
责任编辑：杨国强　张瑞军
责任印制：黄章平
责任校对：超　凡

出版发行：经济管理出版社
（北京市海淀区北蜂窝 8 号中雅大厦 A 座 11 层　100038）
网　　址：www. E-mp. com. cn
电　　话：（010）51915602
印　　刷：玉田县昊达印刷有限公司
经　　销：新华书店
开　　本：720mm×1000mm/16
印　　张：22.5
字　　数：428 千字
版　　次：2017 年 4 月第 1 版　2017 年 4 月第 1 次印刷
书　　号：ISBN 978-7-5096-4760-8
定　　价：48.00 元

联系地址：北京阜外月坛北小街 2 号
电话：（010）68022974　　邮编：100836

序言　做个聪明人

要想在技术上取得进步，刻苦些、努力点，不难解决。想要具备过硬的心理素质，必须经历市场（实战交易）的千锤百炼。实战锤炼是一段持续过程，实质上是人的性格完善、人性升华的塑造过程。那么，到底锤炼成什么样的性格，才算是聪明人呢？投资交易又要具备哪些性格特点，才是真聪明呢？或许百人有百解，仁者见仁，智者见智。

本杰明·格雷厄姆是公认的投资大师，也是“股神”巴菲特的老师，曾先后出版过多部经典投资著作。本杰明·格雷厄姆作为一代宗师，他的金融分析学说及其思想在投资领域产生了巨大的震动，也深深地影响了几代投资人，包括笔者在内。一直以来，《证券分析》被投资人誉为“投资领域的圣经”，自20世纪30年代出版以来，常年畅销不衰。经过市场的反复实践，已经证明《证券分析》的确是“价值投资”领域的经典之作。本杰明·格雷厄姆在《证券分析》第一版曾明确指出：“聪明的投资者要有耐心和约束力，并渴望学习；此外，还能够驾驭自己的情绪，并能进行自我的反思。聪明与其说表现在智力方面，不如说表现在性格方面。”巴菲特也说过：“投资最重要的特质不是智力而是性格。”巴菲特长期的实际行动，已经把性格的内涵诠释得异常丰富。

那么，到底锤炼什么样的性格，才会使人变得足够聪明呢？

相关的心理学研究认为，人的性格并非浑然天成，是后天可改进的。对于性格的后天改进，首先需要在心理上坚定地认同某种道理、方法、法则和原则，然后将这种强烈的认同感转化为日常生活和工作过程的一切行为与习惯，再经过这种行为与习惯的长期累积，就会自然而然地产生一种本能上的条件反射，从而达到大量量变之后的质变效果，最终形成一种难以改变的性格特点。简而言之，习惯成自然，自然成性格。一种好的性格及其人性升华，必须经过人生的千锤百炼。最终形成的性格好坏，很大程度上取决于起始的认同感，以及转化过程中的行为与习惯。

具体地说，一种好的性格包括理性分析和判断能力、坚韧执着的耐心和毅力以及敢作敢为的勇气和魄力。投资领域的聪明人必须具备以下三点：理性、执着和勇气。

理性必须做到三种认识：第一，正确判断投资理念的优劣，学习前人有用的经验总结。投资方法林林总总、不计其数，哪些有用，哪些适合自己，怎么学习，如何取其精华，去其糟粕，不仅需要一定的甄别能力，还要有正确的学习方法。选对路，自学成才也好，跟着老师学习也罢，都有成功的可能。巴菲特说过："学习格雷厄姆教授的证券分析课程，使我开始学习时就正确地应用了格雷厄姆教授的投资理念。原因非常简单，在大师门下学习几个小时的效果，远远胜于自己过去十年的认识和积累。"第二，明确投资风险的必然性。具体地讲，投资风险是指从做出投资决策开始至投资结束的这段时间内，由于受到盲目或随意等因素影响，实际投资收益与预期收益偏离颇大。盲目和随意都是缺乏理性的表现，也是导致投资失败的原因之一。大部分投资者没有经过投资理论学习，实战经验也十分有限，而且时刻随着自己的感觉和一时冲动主导投资行为，想买就买，想抛就抛，又总是认为自己做的是最正确的，谁都没有自己聪明！这种性格延伸至实战交易，必定是自欺欺人！第三，坚定信念和理念。信念是说走什么路，这一点必须坚定，它是支撑我们不断前进的源泉。理念是说如何走路，这一点必须清晰，它是我们赖以生存的根本。要弄懂悟透股价运行规律，随着规律变化而变，紧跟庄家行动而动。首先需要做到对规律（道理、方法、规矩、原则、法则等）的强烈认同，还要在行为与习惯中坚持它。人心浮躁，难登顶峰。信念缺失，理念不对，路也难走，磕磕绊绊未必能够到达终点。从投资的核心理念以及投资行为的本质上看，索罗斯、格雷厄姆、巴菲特等投资大师都是一致的，只是在形式和表象上存在差异。

投资交易需要执着的性格，也可以理解为专注度、耐心和毅力。学习任何方法都要有专注度，至少要做到认同这种方法，学懂悟透就能赚钱。专注过程或许十分痛苦，但缺乏执着的精神却很难实现自我突破（跨越）。假如对股价运行规律有了一定认识，多数时候也能看明白趋势强弱，但仍不能保持稳定盈利，主要还是人的因素，性格占了大部分。你可以不成为大师，也不用弄懂所有方法，专注一种，逐渐推进，时间久了，也能达到"一招鲜吃遍天"的境界，这相当于建立了一套成熟且稳定的盈利模式（赚钱模式、操盘模式、操盘体系、操盘系统）。建议投资者只用自己最擅长的一种方法做投资，其他的可以暂时放下，毕竟融合需要扎实的理论功底，也要有娴熟的实战经验，还要有过硬的心理素质。急于求成的投资者是否问过自己："做好学习的准备了吗？技术面过关了吗？心理素质过硬吗？成熟且稳定的盈利模式掌握了吗？"钻研不透不可能稳定盈利，情绪波动也会破坏专注度，干扰学习进程。不要以为投资交易很简单，弄懂悟透不仅需要付出大量的时间，而且必须积累大量的实战经验。投资交易的登顶过程没有捷

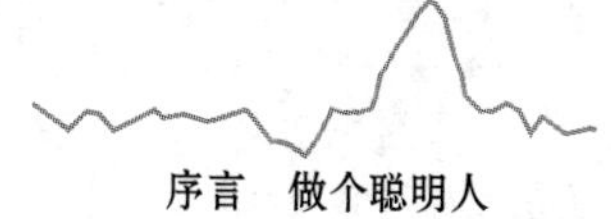

径，唯有通过学习，不断地向上攀登，才有可能登上那狭小的金字塔顶峰。没有稳定盈利之前，抑或是赚得不多时，肯定还有很多地方没有弄懂悟透，性格方面存在种种缺陷，仍需继续努力。

勇气是一种性格表现，它是顶级操盘手必须具备的心理素质之一。必要的情况下，需要勇气投下庞大的赌注（筹码），因为这可能代表了一种转折，也可能这是一个难得的极佳机会。对于赌博而言，赌注下得越大，回报率越高，全部输完也越容易。经过理性分析以后，敢在规律明显之时，投下庞大的筹码实施断然一击，这是随律而变、跟庄而动的表现；也是知行合一、盈亏自然的勇气。每当机会出现时，顶级操盘手总会有着知行合一的条件反应，也有盈亏自然的随和心态，体现出敢作敢为、敢于承担的勇气。顶级操盘手也有失败和犯错的可能，但他们不会选择怨天尤人，只会坦然面对，承认失败和错误，快速改进。普通投资者往往选择相信自己，而不是选择相信技术；总是高估自己成功的机会，低估风险的存在。成功了，把它归结为自己的技术和能力；失败了，开始埋怨市场（庄家）不给力，甚至归咎于命运不济。存在这种心理偏差在心理学上被称为“过度自信，欠缺承认失败的勇气”，笔者把它理解为“自作聪明者总是自视甚高，自行其是总会带来自欺欺人的结果”。

我们必须认清交易道路上的性格特点，不断地完善并升华它。股市中没有所谓的专家，只有输家和赢家。至于赚钱的方法，也不可能千篇一律，执着于投资还是投机，争论它们孰优孰劣，并不可取。就目前来说，A股市场还是以投机为主导，而且当前面临的最重要的问题是制度建设十分滞后，监管错配严重。若要慢慢地过渡到具备完善的法律制度和市场环境，无疑需要各方一起努力。作为一名个人投资者，无法改变客观存在的现状，唯有适应它。投资也好，投机也罢，个人投资者最重要的是技术完善和心态成熟。赢家已经建立了一套属于自己的方法，或许并不复杂，只要管用即可。

泱泱股市，芸芸众生。许多投资者炒股多年，却总是找不到适合自己的方法。今天认为这个方法好，明天觉得那个方法妙，东一榔头西一棒子，拣了芝麻丢了西瓜。纵使沪深两市个股都做了个遍，结果还是觉得什么方法都不管用，抑或是迟迟掌握不了技术要领，最后剩下的只有凭着感觉操盘。想学什么方法？交易理念如何确定？因个人性格不同选择不同，很难做到统一。人一旦掌握了某种有效的方法，就会在有意无意之间把它上升为一项原则、一套模式、一种理念，并持之以恒地坚持它，最终弄懂悟透股价运行规律，锻造过硬的心理素质。大部分投资者只看到了股票市场赚钱的一面，却忽视了赔钱的风险性，长期为市场做着“无私贡献”。

有人爱炒短线，有人喜欢波段；有人注重技术面，有人重视基本面。不同的投资者选择不同，如学习不同的方法，建立不同的操盘模式。不管哪种操盘模式，总有它存在的意义。我们必须学会反思，操盘模式是否有效或已完善了？操盘模式是否能够做到长期地保持稳定盈利？在控制风险最小化的前提下是否实现了利润的最大化？所有投资者的投资目标一致，都是奔着盈利而来。许多投资者一直在学习和研究，如何才能做到长期地保持稳定盈利。可是，大部分投资者根据自己认为已经完善了的操盘模式做股票，却很少有一个好的结果。方法不对只是一方面，性格（心态）方面存在的种种缺陷，才是影响结果的主要因素，也是最容易忽略的。

股市涨跌有其内在的运行规律。缺乏实战经验，又对风险认识不足，最好还是不要进入股市。既然要进，就要做足功课，学会理性投资。尊重市场、敬畏庄家，时刻牢记股市有风险。不要被市场流传的各种言论所误导，也不要盲目地跟风炒作，随性而为更不可取。学习不好、方法不对、心态不稳，技术肯定不行，毕竟无法建立一套成熟且稳定的盈利模式。掌握一套操盘模式并不难，难就难在人的心态变化总是无法及时跟上市场的速变。投资就像一场长跑耐力赛，若想赢得这场比赛，正确的方法固然重要，坚持和耐力也缺一不可。从投资交易的角度分析，坚持和耐力相当于持续性，盈利需要获得持续性增长（复利效果），过硬的心理素质以及操盘模式的完善，显得尤为关键。假如今年收益100%，明年收益跌了一半，表面上看收益率还有50%，实际上这两年的复利收益率为0。假如今年收益30%，明年收益25%，那么这两年的复利总收益已经达到62.5%。哪种盈利模式管用呢？聪明人一看就明白，偏偏大部分投资者看不起这种盈利模式！巴菲特之所以能够成为“股神”级别的投资大师，靠的不是运气，而是日积月累的真本事，做到了年均复利20%左右的收益率。

每种操盘模式放在特定的市场环境下，它都是有效的，也是无效的，这是由于个人性格不同而造成的，所以才会存在截然不同的结果。有人是真聪明，有人是假聪明，有人是“聪明反被聪明误”。股市赢家不仅在技术上取得进步，更是心态成熟与否的极致体现。人的思绪就像水面，一旦泛起了涟漪，就很难看得清水底。小“聪明”不时冒头，就会打断（终止）本该坚持的东西。弄懂悟透股价运行规律，锻造过硬的心理素质，必须沉下心来，这样才有可能在股票市场成就一番事业，实现人生和财务上的双重自由。

世界著名的潜能大师安东尼·罗宾说过一句话：“影响我们认识的绝不是环境，也不是遭遇，而是我们自身的性格。”周恩来总理也曾说过：“自以为聪明的人往往是没有好下场的。世界上最聪明的人是最老实的人，因为只有老实的人才能经得起事实和历史的考验。”

书中一些专业术语，请参考《庄家控盘核心（一）——强势股狙击法》、《庄家控盘核心（二）——进退有度》。为使阅读和记忆便利，这里将前面介绍的招数名称梳理一遍，梳理后如下：

"长期横盘，强庄控盘"称之为"横空出世，势不可当"；

"短期横盘，携量突破"称之为"石破天惊，雷霆万钧"；

"短期均线快速回抽中期均线"简称为"短回中"；

"短期均线企稳回抽长期均线"简称为"短回长"；

"小幅回档，反攻三线"简称为"反攻三线"；

"充分整理，反攻四线"简称为"反攻四线"；

"震荡筑底，反抽三线"简称为"反抽三线"；

"充分筑底，反抽四线"简称为"反抽四线"；

"震荡筑顶，下破三线"简称为"下破三线"；

"反复筑顶，下破四线"简称为"下破四线"。

好了，无论是否意识到成为聪明人的过程是一条遍布荆棘的道路，但只要我们进来了，就没有选择的余地。

由于这两年专注于传道授业以及私募基金，导致本书写作及其出版时间一再拖延。如有错漏之处，敬请见谅。

在此，需要感谢我的工作助理李龙军和陈昌煦，有了他们的案例提供和初步修正，才使本书得以顺利出版。由于张玲玲编辑已经退休，所以本书以及后期出版的书籍，全部改由经济管理出版社出版。非常感谢经济管理出版社以及本书编辑，他们负责任的校对和编辑工作，也为本书增色不少。

纪垂海

2016 年 8 月 6 日于新加坡

目 录

第一招　腾空而起，气势如虹
——区间盘整过程突然收出“跳空阳线”的实战意义

一、招数概况及策略剖析

（一）图形识别

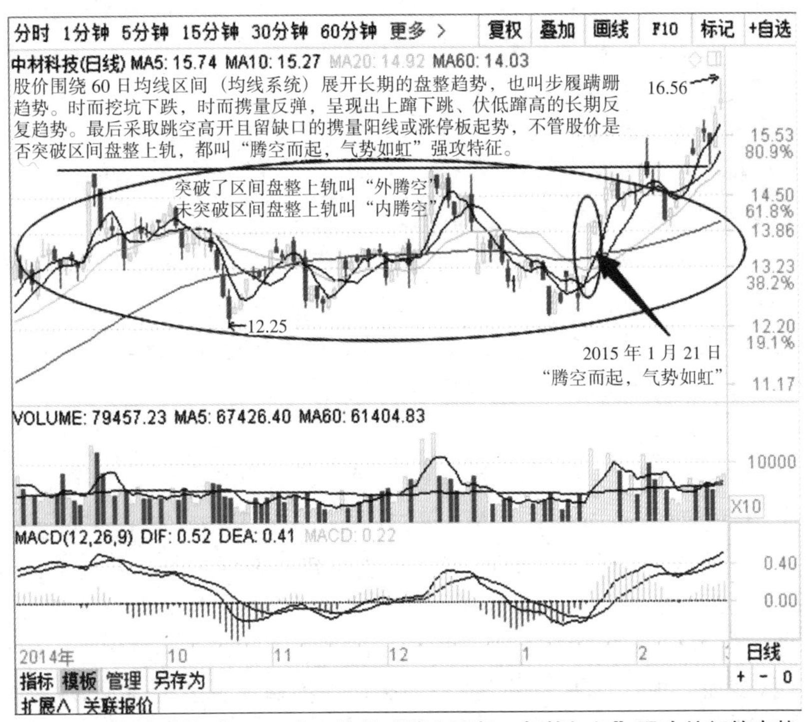

分时 1分钟 5分钟 15分钟 30分钟 60分钟 更多 > 复权 叠加 画线 F10 标记 +自选
中材科技(日线) MA5: 15.74 MA10: 15.27 MA20: 14.92 MA60: 14.03
股价围绕 60 日均线区间（均线系统）展开长期的盘整趋势，也叫步履蹒跚趋势。时而挖坑下跌，时而携量反弹，呈现出上蹿下跳、伏低蹿高的长期反复趋势。最后采取跳空高开且留缺口的携量阳线或涨停板起势，不管股价是否突破区间盘整上轨，都叫“腾空而起，气势如虹”强攻特征。
16.56
突破了区间盘整上轨叫“外腾空”
未突破区间盘整上轨叫“内腾空”
12.25
2015 年 1 月 21 日
“腾空而起，气势如虹”
15.53
80.9%
14.50
61.8%
13.86
13.23
38.2%
12.20
19.1%
11.17
VOLUME: 79457.23 MA5: 67426.40 MA60: 61404.83
10000
X10
MACD(12,26,9) DIF: 0.52 DEA: 0.41 MACD: 0.22
0.40
0.00
2014年 10 11 12 1 2
日线
指标 模板 管理 另存为
扩展∧ 关联报价

图 1-1　中材科技（002080）　构筑“腾空而起，气势如虹”强攻特征的走势

（二）招数构成与总结

（1）股价由低位区间展开携量反弹趋势，经历小幅拉升以后顺利推过60日均线。随后股价面临多重阻压：60日均线的下垂角度，股价和均线系统的发散状态，股价和指标趋势的逐渐减弱，前期大幅下挫过程存在的技术平台或跳空缺口，小幅拉升过程的跟风追涨浮筹。获利了结或解套出局，势必打压股价，股价受阻特征十分明显。

（2）股价前期停留在60日均线之上的不远处波动，股价和指标趋势呈现出逐渐减弱特征。随着调整时间的逐渐延伸，股价落入大线区间附近运行，并围绕大线区间（均线系统）展开长期的盘整趋势。

（3）时而形成刻意洗盘的小幅回档趋势，时而形成顺势打压的挖坑跌势，调整趋势反复跌破20日均线或60日均线或均线系统支撑。时而形成携量反弹或"连阳推动"状态或强势反转特征，股价重新站稳均线系统之上。

（4）股价围绕大线区间（均线系统）展开长期的盘整过程，60日均线由明显下垂角度趋向钝化再至上行状态，原来发散的均线系统逐渐趋向收拢或黏合状态。股价和均线系统的发散状态得到化解，趋势线和零轴线的悬空抬升状态得到修复。MACD技术指标在死叉和金叉之间实现快速转换，趋势线在零轴线附近反复缠绕，始终没有远离零轴线。

（5）股价经历区间充分盘整以后，某日，庄家突然采取跳空高开的方式开盘，盘中股价即使有过下探趋势，也没有回补跳空缺口，最终收出留有跳空缺口的携量阳线或涨停板，叫作"腾空而起，气势如虹"强攻特征。

（6）突破区间盘整上轨，简称"外腾空"强攻特征，多属攻击型强攻特征；未能突破区间盘整上轨，简称"内腾空"强攻特征，多属防御型强攻特征。无论股价是否突破区间盘整上轨，只要收出这种留有跳空缺口的携量阳线或涨停板，就能把它叫作"腾空而起，气势如虹"强攻特征。

★ 一句话总结

股价围绕60日均线区间（均线系统）展开长期的盘整趋势；股价波动幅度越来越窄，60日均线也由明显下垂至钝化再至上行，均线系统逐渐收拢或黏合，股价和均线系统的发散状态得到化解，趋势线和零轴线的悬空抬升状态完成修复；趋势线反复缠绕零轴线，并在死叉和金叉状态实现快速转换；经历长期的充分盘整以后，某日，庄家突然采取跳空高开的方式开盘，最终收出留有跳空缺口的携量阳线或涨停板，视为确立"腾空而起，气势如虹"强攻特征；突破区间盘整上轨，简称"外腾空"强攻特征，未能突破区间盘整上轨，简称"内腾空"强攻特征。

（三）深层剖析与要领感悟

（1）股价由低位区间展开携量反弹并推过60日均线以后，随之面临重重阻压：①60日均线的下垂角度阻压着股价反弹；②均线系统的发散状态存在强大牵制力；③前期下挫阶段的技术平台或跳空缺口，必然存在强大抛压；④小幅拉升过程的跟风追涨浮筹。获利了结，势必打压股价。因此，股价由低位区间展开携量反弹并推过60日均线以后，出现上述任何一种情形，后市股价都避免不了调整趋势。

（2）股价围绕60日均线区间（均线系统）展开长期的盘整趋势，短则两三个月，长则以季度或年度计算。无论区间盘整趋势经历多长时间，实施狙击必须有理有据，短线狙击更要把握精准，不然极易陷入步履蹒跚的反复走势。股价和均线系统的大幅发散状态，趋势线和零轴线的悬空抬升状态，化解和修复以后才有可能重新变得强势，不然区间盘整趋势将会延续。

（3）区间盘整阶段的下跌趋势不能定义为破位特征，应当把它理解为刻意洗盘的小幅回档趋势，或者是顺势打压的挖坑跌势，这些都是区间盘整阶段的典型走势。区间盘整过程的低吸点位极多，狙击时机也好把握，应当寻找股价经历回撤以后的止跌企稳或企稳反转特征，然后借用（参考）分时趋势的反转买点实时低吸。短线操盘要求快进快出，狙击必须拿捏精准，波段布局和运作应当采取逢低吸筹策略。

（4）区间盘整阶段的量价表现通常为：股价下蹲过程中多以缩量调整为主，小幅推升过程则以稳步放量居多，偶尔出现间歇性放量下跌或大量推升，都是正常的量价表现。有量推升，这是庄家增仓控盘筹码、跟风浮筹不断追涨的典型特征；缩量调整，这是庄家刻意打压、散户浮筹不断被清洗的典型特征。

（5）股价下蹲以后快速跌破20日均线或60日均线或均线系统支撑，又能快速实现止跌企稳和企稳反转趋势，形成携量反弹并重新站稳均线系统之上，“连阳推动”状态和强攻特征常常与其相伴。一段明显的区间盘整趋势，股价必须经历多次上蹿下跳、伏低蹿高的反复趋势。

（6）股价前期波动幅度较大，后期波动幅度收窄。股价和均线系统的发散状态完成化解以后，两者距离趋于收拢或已黏合；趋势线和零轴线的悬空抬升状态完成修复以后，趋势线在零轴线附近反复缠绕。说明这个时候容易产生真实的有力的变盘特征，MACD技术指标和均线系统随时迎合股价突破。假如区间盘整趋势激烈，上蹿下跳、伏低蹿高幅度较大，又或者说区间盘整时间较长，趋势线虽然长期处于零轴线下方运行，但趋势线不会远离零轴线。MACD技术指标在死叉和金叉之间实现快速转换，红柱体和绿柱体也会频繁变动，这是MACD技术指标在区间盘整阶段的典型特征。

（7）区间盘整阶段容易产生“腾空而起，气势如虹”强攻特征。跳空缺口原则上不得超过5.0%，跳空缺口大了，将不利于维护和保持跳空强势，量能过大亦然。“腾空”当日不能回补跳空缺口，后市如有回撤趋势，最好也不要回补跳空缺口。假如回补了跳空缺口，将会破坏跳空起势的强度，致使股价不易形成连续性攻势。哪怕跳空缺口留下一分钱没有回补，“腾空”强攻特征也成立。

（8）构筑“腾空而起，气势如虹”强攻特征的狙击策略。股价于区间盘整阶段经历充分整理以后，容易产生“腾空而起，气势如虹”的强攻特征。

出现“外腾空”强攻特征说明股价突破了区间盘整上轨，预示后市股价攻势强悍，甚至形成连续性急拉攻势，所以把它列入攻击型强攻特征；出现“内腾空”特征说明股价未能有效突破区间盘整上轨，预示后市股价上攻容易受到区间盘整上轨的阻压，形成对望回撤趋势，所以把它列入防御型强攻特征。攻击型强攻特征的起势快，拉升猛，要求“腾空”当日实施狙击，但不易发现机会，狙击时机也不好把握；防御型强攻特征虽未突破区间盘整上轨，多数还有回撤趋势伴随，但参与时机多，狙击时机容易把握。虽然“外腾空”和“内腾空”强攻特征有攻击型和防御型之分，狙击时机和仓量控制也有区别，但它们的后市涨幅没有大小之分。

1.“外腾空”强攻特征的狙击策略

第一，高度关注那些围绕60日均线区间（均线系统）展开长期盘整的个股，然后根据周线或月线趋势实施精选，及时放入强势股股票池。

第二，实现“腾空”当日，发现盘中股价推高以后并突破区间盘整上轨，盘口特征强势明显，且没有出现偏软偏弱的盘口态势，应立即投入五成筹码展开狙击；盘中股价推高以后并突破区间盘整上轨，且有携量涨停迹象，则应涨停瞬间增至重仓范畴。

第三，盘中股价推高并突破了区间盘整上轨，但无封停迹象，全天大部分时间选择围绕盘中均价线成交，买盘持续流入明显，收盘前呈现出携量阳线并站稳区间盘整上轨，应当在尾盘附近增至重仓范畴。

2.“内腾空”强攻特征的狙击策略

股价围绕60日均线区间（均线系统）展开长期的盘整趋势，低吸机会多，狙击时机容易把握。最好的操盘策略是寻找分时买点展开狙击，然后采取波段思维实施布局和运作。区间盘整过程形成下蹲趋势，只要出现止跌企稳或企稳反转特征，无论是短线参与还是波段考虑，都要寻找并借用（参考）分时趋势的反转买点展开低吸。股价经历长期的区间盘整趋势，洗盘充分将会减弱区间上轨的压力。一般情况下，区间上轨作为短线出局或高抛的【预期】依据。波段【预期】不是区间上轨，所以波段运作必须追溯更高的外平台。因此，区间盘整过程实施低吸，首先把它当作短线行情参与，实质上这些筹码是波段布局和运作的一部分。发现股价推高以后受到区间上轨压制，立即采取减筹（高抛）策略；发现股价直接突破区间上轨，必须立即增至重仓。

第一，实现“内腾空”当日收出一根正常的携量阳线，尾盘附近狙击三成筹码；出现“内腾空”起势且有携量涨停迹象，涨停瞬间狙击五成筹码。

第二，实现“内腾空”以后冲击区间上轨，盘口指标如有偏软偏弱态势，分时趋势也有探顶特征或有减弱迹象，立即采取逢高减半策略，及时锁定短线【预期】。然后耐心等待股价回撤，继续寻找止跌企稳或企稳反转特征，借用（参考）分时趋势的反转买点进行吸筹，可以把它理解为高抛以后的低吸，也可以理解为增筹。

第三，实现“内腾空”以后轻松越过区间上轨，不作停留且以携量阳线或涨停板站稳区间上轨，立即增至重仓范畴。

二、招数及实例解读

操盘实例一　巴安水务（300262）

◆ **图形识别**

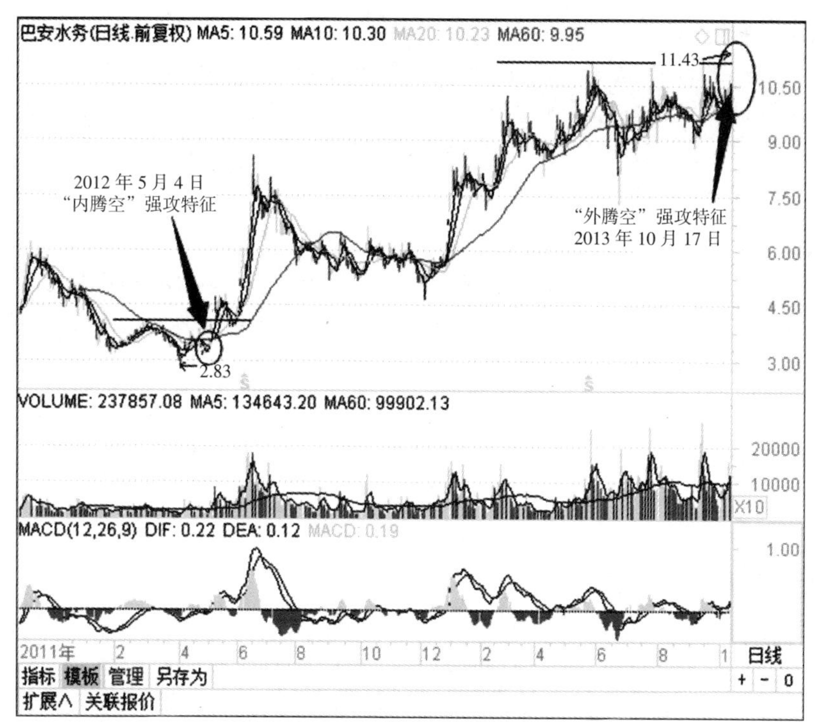

图 1-2　构筑“腾空而起，气势如虹”强攻特征的走势

◆ **要点回放**

如图 1–2 所示：

（1）分析一只股票有没有强庄控盘，以及庄家控盘手段（技巧）是否高明，通过具体的股价运行趋势，即可一目了然。庄家是一个综合体，由众多资金构成，多人或投资群体联合坐庄，也有三六九等之分。上市公司大股东及其高管人员，表面上看并不控制操盘资金，也不执行技术运作，但他们却是决定股价运行趋势（方向）的关键人物。一个大资金虽然可以成为庄家，但这种单兵作战的个体坐庄模式，目前已经很少见，毕竟行情很难由某一个人及其资金说了算，这里面涉及方方面面的且错综复杂的利益关系。

（2）上市公司的基本面好，筹码往往分散，多数时候的股价波动幅度小，股性不活跃，甚至长期偏弱运行，规律也不明显。缺少上市公司大股东及其高管人员的配合，庄家很难完成收集，股价也难实现炒作。那些与上市公司大股东及其高管人员关系密切的投资人（投资团体），往往能够第一时间知晓内部消息，虽然此类投资资金并不是真正的控盘庄家，但他们总能做到“先知先觉”，进退时机拿捏得十分精准，不仅能在涨势来临之前的相对低位收集廉价筹码，最终获得的收益比真正控盘的庄家还要丰厚。手握大资金的投资机构或大财团，如私募、公募、保险、券商和资本大鳄等，属于真正的控盘庄家。虽然他们知晓消息落后于某些投资人，但他们有着敏锐的嗅觉和高超的预见性，总能比普通投资者“先知先觉”，也为股价的最终爆发提供了强大的资本和技术支撑。普通投资者的交易理念比较呆板，甚至已经固化下来，而且缺乏理论基础和实战经验支撑，投资行为总是落后于技术面。通过任何正规途径都能够获知消息，说明消息已经公开化。此时股价要么处于高位区域筑顶，要么形成冲高回落的“见光死”行情，甚至已经进入破位下行趋势。由此可见，消息公开化之时（题材确认），股价已经提前实现炒作，而且此时庄家已经兑现大部分利润。“后知后觉”的普通投资者看见题材确认，认为股价将有一段大爆发，随之投身其中，却没想到接过的是庄家撤离的获利筹码。

（3）言归正传，下面分析巴安水务（300262）的股价运行趋势。复权状态下可以看出，股价长期牛市有别于股指弱势。2012 年 3 月 30 日，股价探出上市以来的新低。经历短暂停牌以后，立即实现“V”形反转趋势，并快速站稳 60 日均线之上。5 月 4 日，股价经历大线反压以后，并排星阳线已经止住跌势，庄家突然采取跳空起势并收出留有缺口的携量涨停板，再次站稳 60 日均线之上，预示股价开始进入“腾空而起，气势如虹”强攻模式。从“内腾空”的携量涨停板开始，至 6 月 19 日的明显顶部，股价不仅连创历史新高，而且一个半月的快速急拉攻势实现了 150%的涨幅，暴力攻势聚来了暴富效应。按照股价寻出大底的价格计算，两个半月的强势推高实现了惊人的200%涨幅。6月19日开始，股价经历半年回调趋势，历史高价已被腰斩。12月25日，“短回长”和“暴力哥”强攻特征进入强强联合，随之展开一段大涨攻势。此轮攻势的涨幅和速度虽然逊于年中那一轮攻势，但也实现了一倍多涨幅。

（4）2013年2月25日，携量涨停板突破<对望格局>双轨，且不管它是真突破还是“假突破”，这种突破历史平台的<对望格局>双轨，总能引出一波诱人的推高趋势。2月26日，接力昨日强势并采取跳空高开，盘中冲高以后最高到达9.87涨幅，涨停无望并呈现偏软偏弱态势，收盘形成“冲高回落，单针见顶”K线图，存在跳空缺口说明它又是“悬空而行，危在旦夕”探顶特征。股价和均线系统的发散状态一直存在，趋势线和零轴线的悬空抬升状态也没有完成修复，快速推高以后收出结合型探顶特征，说明股价实现探顶的可信度极高，逢高减筹理由充分。

（5）由此以后，股价停留在高位区域展开长期的震荡筑顶趋势，构筑了一段“长期横向盘整”格局。震荡趋势意味着不断的量变，也为股价质变酝酿成熟的时机。股价处于震荡筑顶过程运行，虽然有过历史新高，但它没有实现大涨且没有远离均线系统，反而围绕60日均线区间（均线系统）展开长期的盘整趋势。因此，震荡筑顶时间越长，股价和均线系统越容易形成收拢或黏合状态，趋势线多在零轴线附近反复缠绕。由此可见，震荡筑顶趋势演变为区间盘整趋势。庄家多次采取刻意洗盘的小幅回档趋势，或者采取顺势打压的挖坑跌势，股价又能快速止跌，携量反弹以后伴随强攻特征。上蹿下跳、伏低蹿高的反复走势快速切换，买入机会增多，短线被套概率增大。散户投资者非常厌恶这种反复走势，往往选择在股价下蹲过程中斩仓出局。无论是做多还是做空行情，震荡过程的开单机会均较多。短线狙击必须拿捏精准，要求快进快出，波段布局和运作必须做好高抛低吸的准备。稍有不慎，将被庄家玩弄于股掌之中。

（6）2013年3月至10月，股价经历7个多月的“长期横向盘整”趋势，量价时而缩量下跌，时而放量推升。60日均线经历了由上行至钝化再至上行的转换过程，均线系统逐渐趋向收拢状态，趋势线在零轴线附近反复缠绕，说明股价和指标随时迎合多空趋势的突破召唤。10月17日，留有缺口的携量涨停板选择突破“长期横向盘整”上轨，说明股价开始进入“横空出世，势不可当”强攻区域，也迎来了“突破重围”的质变时刻，同时推开“腾空而起，气势如虹”强攻模式。三种强攻特征的强强联合，极大地提高了股价变盘的可信度。

◆ **操盘策略**

如图1-3所示：

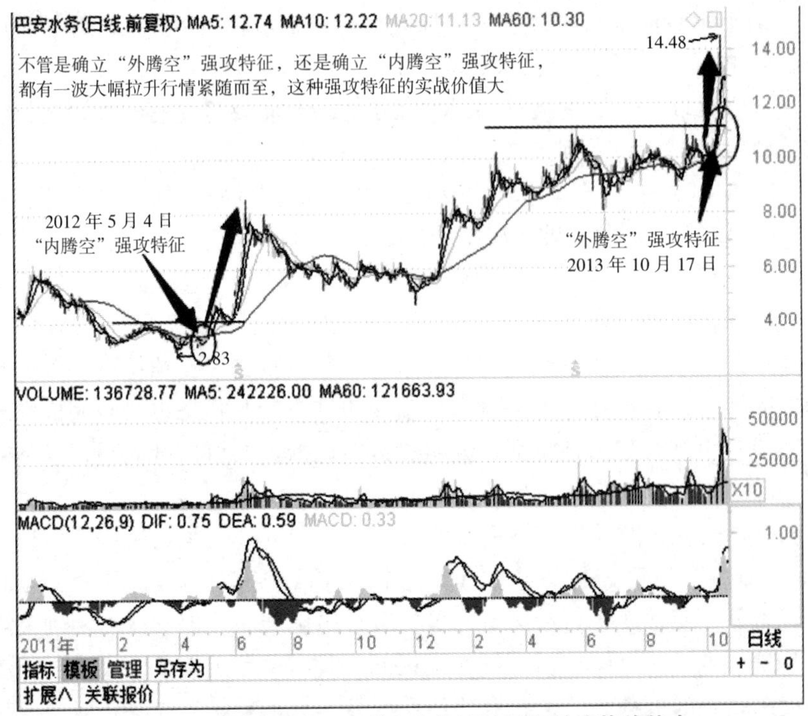

图 1–3 “腾空而起，气势如虹”强攻特征的实战价值大

（1）2013 年 10 月 17 日，留有缺口的携量涨停板突破“长期横向盘整”上轨，说明它同时引出“步履蹒跚、突出重围”、“横空出世，势不可当”和“腾空而起，气势如虹”三种强攻特征。由此可见，日线股价开始进入强势恒强的攻击模式。出现上述任何一种强攻特征，都将引发股价由量变到质变。认识它、研究它、熟悉它、运用它，必有稳定的超额回报。

（2）10 月 18 日，早盘股价采取大幅跳空高开，开盘以后虽然不到两分钟时间，直线拔高已经探至涨停板价格，但涨停板价格附近的抛筹犹如冰雹般沉重，不出半小时，盘中股价已被大量抛筹压至最低只有 3.0%涨幅。买盘将股价快速拉回均价线，随之围绕其展开震荡成交。早盘第二小时重新封停以后，抛盘依然主导盘口，致使股价封停还是不够坚决，裂开口子成交至尾盘。14 点 40 分，买盘明显增多，股价快速推上涨停板，并封住涨停至收盘。大幅跳空高开的涨停板留有一根长长的下影线，且留下较大的跳空缺口，呈现出明显放量状态。庄家目的有三：一是迷惑那些跟风追涨的获利浮筹，使之觉得股价依然强势，从而舍不得抛筹出局；二是诱惑那些一直驻足观望的场外投资者，使之认为股价强势恒强，从而投入资金接纳抛筹；三是利用盘口推高且围绕高价区域的均价线震荡成交，庄家暗中实施减筹。前两个目的的实现，无疑抬高了市场整体持筹成本，庄家轻松实现抛筹，后一个目的是手段，也是为了实现顺利抛筹。

（3）10 月 21 日，经过周末休整以后，庄家采取缩量推升实施诱多。当日午盘开市不久，股价已经封至涨停板价格，由于封停单子稀少致使股价裂开口子成交，说明庄家利用缩量推升的涨停板价格掩护出货。最终收盘出现“力不从心，虚张声势”缩量阳线，这是一种表达虚拉诱多的探顶特征。10 月 22 日，早盘股价经历波形盘口推高以后，盘口指标由偏软转换为逐渐回落的偏弱态势，最终收出一根“冲高回落，单针见顶”K 线图，再次提示股价实现探顶，而且这种 K 线图还有探顶回落的意思。

（4）该股庄家的控盘手段十分娴熟，规律性也很明显。相同的强攻特征不仅反复使用，启动时也经常实施多种强攻特征或结合强攻特征进行，总能让人找到抬轿的理由。2012 年 5 月 4 日，“内腾空”强攻特征引爆了一波快速脱离低位的大幅急拉攻势。5 月 30 日和 31 日，股价经历回调以后，采取“反攻三线”和“短回中”强攻特征重新发力。12 月 25 日，股价经历半年回调且腰斩过半，止跌以后重新起势，采取“短回长”和“暴力哥”结合型强攻特征引发攻势。2013 年 2 月 25 日，携量涨停板虽然确立“短回中”和突破<对望格局>双轨的强攻特征，但这是一段虚拉诱多的推高趋势。3 月至 10 月，股价围绕 60 日均线区间（均线系统）展开长期的盘整趋势，经历了上蹿下跳、伏低蹿高的反复过程，期间多次收出强攻特征，如“短回中”、“短回长”、“反攻三线”、“反攻四线”和“暴力哥”等强攻特征。10 月 17 日，留有跳空缺口的携量涨停板突破区间的所有上轨，由此开启一波“外腾空”、“横空出世，势不可当”、“步履蹒跚，突出重围”的强势联动行情。

（5）周期决定了趋势强弱、涨幅大小和【预期】空间。大周期处于强势范畴，必然引发大级别行情。大周期趋势减弱了，小周期即使强势，也注定其是一波短期行情。复权状态下可以看出，该股的各个周期趋势不同，行情级别也不同。2013 年 10 月 17 日，确立“外腾空”强攻特征，日线股价虽然推起一波连创历史新高的快速急拉攻势，但它的周线和月线股价却已处于虚拉诱多的推高过程。也就不难理解，为何日线股价实现快速上攻以后，只有几天短命行情，而且股价快速探顶以后又形成了快速回落趋势，一切根源都在大周期。因此，做盘不是靠想象，行情大小是由周期趋势决定的。稳定盈利且不断实现复利状态，这不仅需要完善的技术支撑，更要有过硬的心理素质。股市赢家不仅是技术上取得进步，更是心态成熟的极致体现。

（6）2013 年 10 月 22 日至次年 4 月下旬，股价经历 7 个月的回调三浪以后，才寻出新的大底特征。日线、周线和月线重新起势，截至 2015 年 6 月中旬，此轮强势翻了两番多。周线股价从“短回长”强攻区域重新开始，月线股价经历回撤以后，“反攻三线”重新推起强势。即使月线趋势理解为虚拉诱多的推高趋势，其周线趋势也是一段真实的强攻趋势。由此可见，周线股价实现强势推动，日线或分时趋势出现任何一种探顶特征，只是一种减筹顶部，也可以理解为假顶特征，是股价暂时停顿且需调整的明确提示。理念不清，趋势不明，心态不稳，技艺不精，波段筹码很有可能在涨势途中被甩掉。稳妥的选股和操盘策略是寻找周线或月线的机会，根据波段思维展开布局和运作。只要获得大周期保护，就算吸入成本高了，狙击时机不够精准，即使短期有被套的可能，市场和庄家也会予以自动修正。短线并非目的，只是完善操盘的技术手段罢了。真正的强者是智者，期待天上掉馅饼的是愚者。

（7）技术交易可以不知道上市公司的主营业务，也不必考虑它的主营收入及其盈亏状况。即使是连年亏损的上市公司，只要其一天没有退市，庄家就会寻找炒作理由，即使炒作理由不着边际，庄家也能把股价炒上天。基本面好并不见得股价能涨，股东数量分散也不易收集控盘筹码，机构扎堆还会互相砸盘。财政补贴，政府保壳，资本运作，不完善的退市制度，都有可能使其成为“不死鸟”，反复炒作实属正常。进行技术交易必须拒绝小道消息，因为这样做从来没有一个好结果。几乎所有的强势股、领头股和题材股，股价进入大幅上扬或形成快速急拉攻势之前，技术面总会提前反映出“先知先觉”的强庄控盘特征。强攻招数、强攻特征、强攻模式和攻击模式，只是叫法不同罢了，简单理解就是强势的意思，这是技术者做到“先知先觉”的重要依据。

操盘实例二　福安药业（300194）

◆ 图形识别

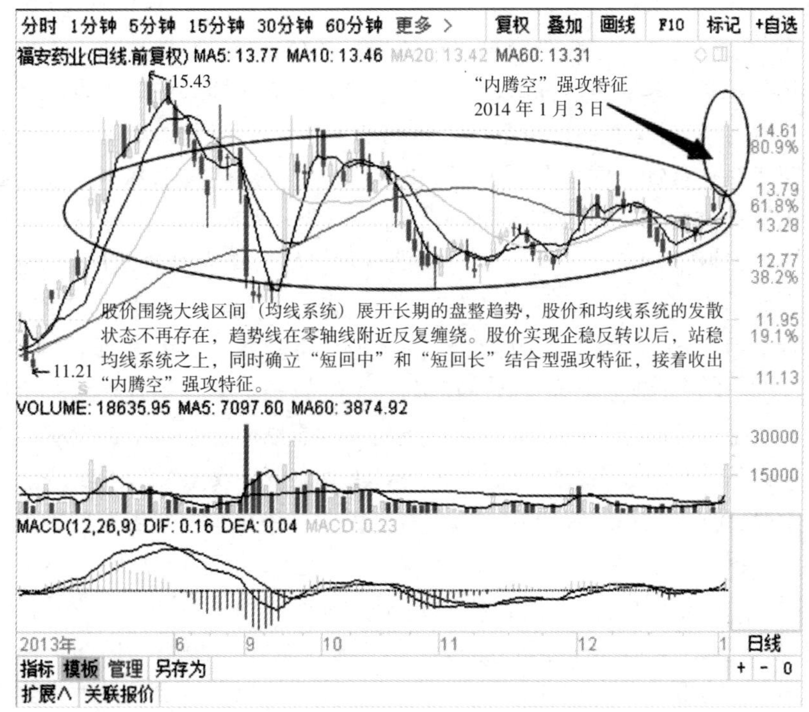

图 1–4　构筑"内腾空"强攻特征的走势

◆ 要点回放

如图 1–4 所示：

（1）福安药业（300194）自 2012 年 12 月 4 日寻出大底以后，推起一波长达三年半的长期牛市。长期牛市呈现出逐波盘升趋势，虽然经历了一波三折，最终也实现了接近四倍涨幅。2013 年 5 月下旬，此时股价由大底算起，已经实现翻番行情，收出一个阶段性顶部以后，随之构筑一段区间盘整趋势。

（2）5 月 28 日，日线股价经历五浪推升以后，达到【预期】且已进入虚拉诱多的飘柱状态。6 月 20 日，股价由第五浪顶部进入回落趋势，阴线形成"顶上再破"特征，随之进入重大资产重组的停牌期。9 月 11 日，终止重大资产重组并重新开盘，巨量抛筹激射而出，大阴线快速跌破 60 日均线支撑，MACD 技术指标在死叉状态下快速落入零轴线。随后股价并未继续下挫，并收出一组止跌功能的并排星 K 线。9 月 23 日开始，携量大阳线展开跳空反弹，重新站稳均线系统之上，MACD 技术指标被其强力带回金叉状态并快速转入零轴线之上。股价和

中线汇合虽然成功构筑“短回中”强攻特征，但中线的下行角度表明股价实现企稳反转之前的调整时间不足，而且股价和均线系统存在发散状态，所以股价仍有调整需要。股价在均线系统之上展开横盘抵抗趋势，调整不温不火，红柱体呈现出逐渐缩短状态。10 月中旬开始，调整幅度明显加大，顺势打压的挖坑跌势开始取代横盘抵抗趋势，致使股价再次跌破均线系统支撑，MACD 技术指标再次进入死叉状态并落入零轴线下方运行，表明股价调整进入推倒重来趋势。

（3）10 月 31 日，盘中股价下探以后回补了 9 月 18 日的跳空缺口，止跌回升并收出阴线式“金针”图形。【预期】和<对望格局>双轨技术并不复杂。做多趋势应当追溯前期技术平台或跳空缺口作为【预期】和确立<对望格局>双轨，做空趋势应当追溯前期底部价格或相对底部或跳空缺口作为【预期】和确立<对望格局>双轨。使用行情软件的“翻转坐标”功能（有的软件叫作“镜像坐标”），股价正面为涨，倒面为跌。正即奇，奇即正，奇正相生，互相印证。譬如说，“下破三线”是一种破位招数（破位指标、破位特征），其作用是提示股价进入破位趋势，也是一种保命（出局）提示，还是一种看跌或加空提示，使用“翻转坐标”功能以后，“下破三线”破位特征立即转换为“反攻三线”强攻特征，其作用是提示股价进入强势反转趋势，属于看涨提示，还是一种开多或加多提示。因此，正常情况下，有多即做多，有空即做空（融券），使用“翻转坐标”功能以后恰好相反，有多即做空，有空即做多。长期以来，由于大部分投资者只有做多一条途径，所以并不清楚行情软件的某些功能（作用），更不明白如何使用。随着股指期货、融资融券、沪港通和个股期权的先后推出，符合条件的投资者多了一条做空途径。每期培训课除了传授庄控系统的技术精髓，还要教会学员们如何设置和使用行情软件，以及如何利用倒转功能实现奇正相生的实战效果。无论投资渠道多宽，做多也好，做空也罢，技术手段是否完善和是否拥有成熟的心态，才是影响投资成败的关键。

（4）虽然趋势由不得我们控制，但也不能听天由命。尊重股价运行规律，坚定信念和理念，趋势自明。股价的涨跌幅度不能凭空想象，必须及时弄清【预期】以及趋势强弱的转换点。收出阴线式“金针”图形，表明股价有了止跌的可能，而且跌势到达【预期】并确立<对望格局>双轨，这就告诉我们，股价回调已经完成跌势【预期】。假如做空趋势，必须采取减半策略。该股盘面收出阴线式“金针”图形以后，股价不再下跌，随之围绕“金针”轨道价格展开缩量震荡。趋势线在缩量震荡过程缓慢脱出绿柱体，量能呈现出几个月以来的地量交投状态，换手率多在 0.5%附近。说明市场人气极其低迷，预示该抛的已经抛了，扛不住的也已割肉出局。11 月 27 日，股价受到均线反压下行，指标即将转入死叉之际，缩量小阳线站上趋稳的 20 日均线，确立“凤凰涅槃，浴火重生”转势特征。次日，低开高走的中阳线向上穿透 5 日、10 日和 20 日均线，形成“反抽三线”并支撑股价。11 月 29 日，携量阳线快速脱离低位区间并越过 60 日均线。携量阳线表面上看有了重新强势的特征，追涨买入好像没有错，其实不然，理由如下：①60 日均线仍有下垂角度，说明股价起势之前的震荡时间不足；②“连阳推动”状态以后必有回撤趋势伴随，及时清洗跟风追涨浮筹；③均线系统的发散状态必然牵制股价反弹，尤其是中、大线的发散距离，牵制力最大；④前期高点存在的套牢盘，抛筹出局将会形成阻压。综上所述，后市股价必有一段回撤趋势进行化解、修复、洗盘和蓄势。

（5）2013 年 12 月 23 日，股价回撤至前期低点附近，“启明之星”K 线组合及时止住股价回撤，预示股价反弹可期。12 月 30 日，股价停留在吞没阳线内部展开 4 个交易日调整以后，当日采取携量推动并顺势带起 5 日均线，促使它与 20 日和 60 日均线完成对接，说明股价在一天之内构筑了“短回中”和“短回长”结合型强攻特征。趋势线贴着零轴线运行并转入金叉状态，及时与强攻特征形成共振合力。无论是采取短线狙击，还是实施波段布局和运作，在这里展开吸筹往往能够买到一个比较理想的低吸价格，斩获收益概率较大。2014 年 1 月 3 日，股价选择跳空高开并形成携量高走趋势，最终留有跳空缺口且以携量大阳线收盘，说明股价开始进入“腾空而起，气势如虹”强攻范畴。

◆ 操盘策略

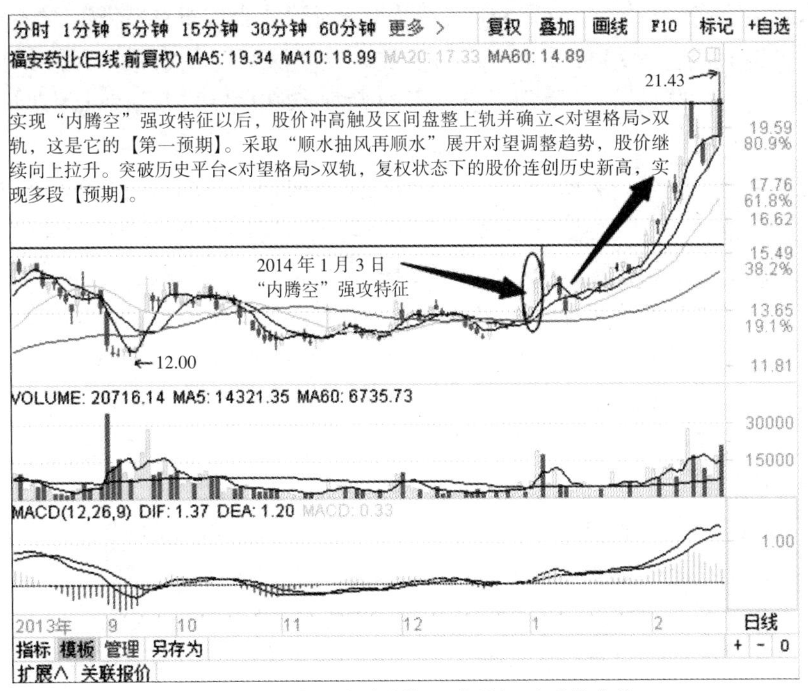

图 1–5　形成“内腾空”强攻特征以后的走势

如图 1–5 所示：

（1）2014 年 1 月 3 日，庄家虽然采取“内腾空”强攻特征推起强势，但股价未能有效突破区间盘整上轨。“短回中”和“短回长”强攻区域已经展开狙击，此时可以实施增筹，这是稳步增筹的技术要求。确立“内腾空”强攻特征才开始展开狙击，仓量必须控制在五成筹码以内，毕竟股价还没有突破区间盘整上轨，也没有盈利筹码的安全垫保护，首仓狙击不宜投入过重仓量。虽然“内腾空”是一种强攻特征，也有攻击强度，但股价短期冲高以后，很有可能受到区间上轨的压制，也有可能确立<对望格局>双轨，促使股价转入或长或短的对望调整趋势。因此，确立“内腾空”强攻特征后再开始展开狙击，股价推高以后存在受压和调整的可能性，随时做好减筹准备。另外，区间上轨虽有抛压存在，但其阻压力度不大，毕竟股价经历了长期的区间盘整趋势，化解、修复、洗盘和蓄势都已充分，所以区间上轨往往不是强攻趋势的终点，反而是一个转折点。这就意味着，实现“内腾空”以后出现对望回撤趋势，不仅能起到及时换挡和加油的作用，更是一次难得的低吸和做多良机。

（2）1 月 6 日，受到前一日跳空能量的带动，早盘股价形成直线推高以后，开始冲击区间上轨（2013 年 5 月 28 日的技术平台）。盘口指标呈现出偏软偏弱态势，分时趋势也已进入探顶区域，预示股价即将转入对望调整趋势。因此，发现股价推至【预期】，盘口指标一旦有了偏软偏弱态势，必须当机立断，及时采取逢高减筹策略，回避对望调整趋势。早盘股价形成直线推高趋势，虽然冲过区间上轨，但其收盘价却在区间上轨的下方，说明这两个技术平台最终形成一种“破而后落，顶部反转”的受压姿态，及时确立<对望格局>双轨。【预期】和<对望格局>双轨是庄控系统的核心，采取逢高减筹策略，还是采取清空策略，得由操盘模式决定。短线技术做好了，的确可以赚取快进快出的短线暴利，但这种操盘手法过于激进，也很难稳定下来，所以操盘风险远远大于波段布局和运作。短线操盘不仅要求掐点技术精湛，更容不得一丝杂念。波段布局和运作赚取的是趋势盈利，只要看对了趋势并分步实施建仓，同时设置好止损位，就可以把投资风险控制在最小的范围内获取利润的最大化，这是波段布局和运作的魅力，既安全，也稳定。短线操盘寻求炒股的一时快感，往往忽略了操盘风险，容易使人掉进暴利陷阱难以自拔。一名成熟的理性投资者，从不为短线所动，也不会受短期波动干扰。

（3）经过一周对望回撤趋势以后，股价在 20 日均线出现止跌特征。1 月 14 日，MACD 技术指标即将转入死叉之际，携量阳线展开反扑之势，不仅及时带动红柱体重新拉长，趋势线也重新开口上勾，“凤凰涅槃，浴火重生”反转特征打起反攻大旗。减了必须及时捡回来，不然就失去了波段布局和运作的意义。高抛低吸做不好，容易做成低抛高吸，持筹成本将会越来越高！甚至把大牛股、领头羊放跑！由于股价在企稳反转之前的震荡时间不足，企稳反转速度又过快了，这就可以解释，为何股价在“凤凰涅槃，浴火重生”以后没有立即形成强势推升，庄家继续采取横盘方式进行回撤。

（4）1 月 30 日，携量阳线突破<对望格局>双轨，说明股价进入强势恒强的攻击趋势，这里无论如何也要把筹码增至重仓范畴。由于股价实现持续上扬并形成了连续突破攻势，【第二预期】和【第三预期】被其轻松拿下。2 月 17 日，盘中股价虽然创出历史新高，但盘中股价却在涨停板价格犹豫不决，反复裂开涨停口子成交，致使收盘价略有回落，这些都是抛压异常沉重的典型特征。这根携量大阳线表面上看有着亮丽的强势外表，背地里却大量抛盘反复裂开涨停口子成交，且无法封停的抛压迹象，说明其蕴含极大杀机，可以使用“金玉其外，败絮其中”形容它。盘中股价虽然冲过前期历史高价，但其收盘价却在历史高价之下，说明这两个技术平台最终确立“破而后落，顶部反转”探顶特征，也可以叫作确立《破顶对望》双轨。当日必须采取逢高减筹策略，及时锁定【第四预期】的大部分盈利。

（5）2 月 25 日，股价在 MACD 技术指标的悬空抬升过程到达此轮攻势的最终顶部，此时不能存在任何幻想，也要及时清除所有多头筹码。通过其周线和月线趋势可以看出，指标趋势仍然处于强势范畴，说明日线股价形成探顶回落特征并确立<对望格局>双轨，提示股价需要转入对望调整趋势。根据波段布局和运作，完全没有必要清空筹码，采取逢高减筹策略即可。随后股价经历三个半月的对望回撤趋势，股价和均线系统的发散状态已经得到化解，趋势线和零轴线的悬空抬升状态也已修复，说明它们的虚力状态已经不存在。6 月 4 日，均线系统形成收拢以后，携量阳线同时引发“反攻四线”和“暴力哥”强攻特征，说明日线股价重新启动一波强攻趋势。11 月 6 日，“高开低走，乌云盖顶”回补了除权状态下的前期跳空缺口，说明股价到达【预期】并确立<对望格局>双轨。12 月 18 日，股价处于高位悬空的推升过程，开始形成此轮多势的背离顶部。

（6）2014 年 6 月至 12 月的半年推势中，周线股价构筑了虚拉诱多的推高趋势，2014 年 12 月至 2015 年 4 月中旬的创新高趋势中，周线股价构筑了“顶上顶”的诱多格局，此时月线股价开始进入虚拉诱多的推高趋势。在月线强势未减弱的情况下，日线股价出现深幅回调趋势，周线股价也有明显回撤趋势，月线股价往往形成短暂的调整趋势。日线或周线趋势一浪比一浪高，其是月线趋势的强势体现和必然结果。由此可见，根据周线或月线趋势选股和操盘，才是稳定盈利且不断实现复利的技术手段。炒股的确可以发大财，但不会一夜暴富。周期越大，趋势越稳定，盈利越可观。炒股根本不需要每分每秒关注股价变动，有时候过度关注反而会带来不必要的心理负担。炒股有输有赢，不要因为一次损失而苦恼不已，只要整体盈利保持稳定增长，积跬步而至千里。

操盘实例三　穗恒运 A（000531）

◆ 图形识别

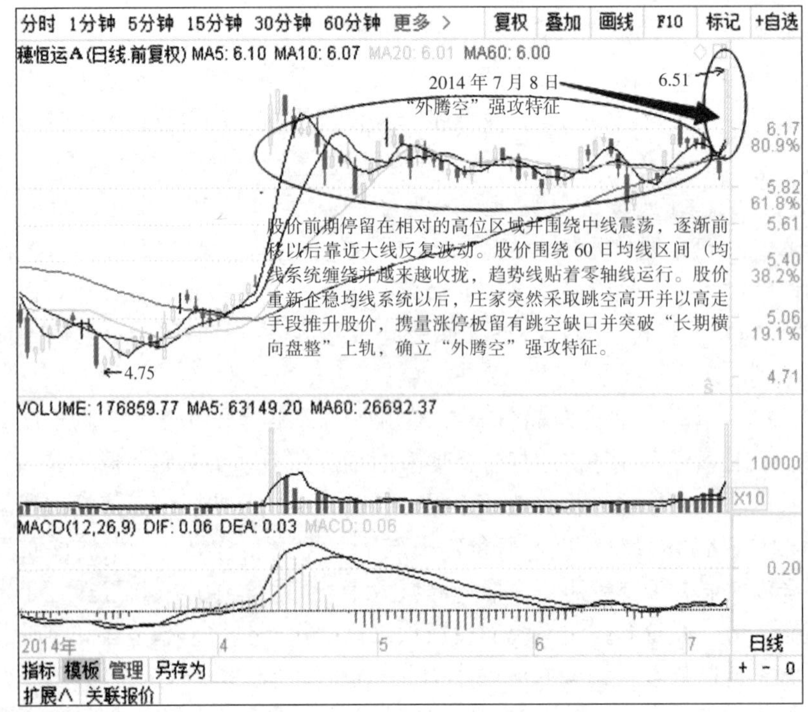

图 1–6　构筑“外腾空”强攻特征的走势

◆ 要点回放

如图 1–6 所示：

（1）2012 年 1 月 6 日，复权状态下的穗恒运 A（000531）寻出大底价格，不仅提前股指一年半时间完成寻底，随后四年走势也完全独立于股指。2012 年 1 月至 7 月出现明显反弹趋势，日线股价推起一波 130%涨幅，周线股价形成脱离低位区间的小幅拉升趋势，月线股价则以“红三兵”推升状态越过大线阻压。2012 年 7 月中旬至 2014 年 7 月初，日线股价围绕区间展开一段横跨两年的宽幅震荡趋势，上蹿下跳有支撑，伏低蹿高有阻压，每一波小级别趋势都蕴含着波浪结构。与此同时，周线和月线股价也构筑了一段明显的区间盘整趋势。无论区间盘整时间多长，必须寻找成熟的变盘时机。

（2）2014 年 3 月 10 日，日线股价处于震荡反压的下行趋势，选择跳空低开并形成低走阴线，说明其成功确立“破釜沉舟，背水一战”寻底特征。其作用是加大多头持筹者的恐慌心理，使其忍受不了股价的一再下跌，从而做出割肉举动。尤其是收出这种跳空下跌阴线，震慑力度极大，往往伴随较多的恐慌抛筹。股价处于寻底过程、震荡筑底阶段、均线反压过程和区间盘整阶段，下蹲以后都有可能收出这种跳空阴线，是加大诱空逼多的典型特征，预示股价极有可能形成最后一跌。盘中最低价与 1 月 20 日的最低价完全相等，收盘价站稳其最低价之上，说明股价在震荡反压的下行过程收出“平底支撑，底部反转”寻底特征，也就是说，区间盘整过程的下蹲趋势完成了回调【预期】并确立<对望格局>双轨。3 月 11 日，早盘股价虽然快速跌破“平底支撑”的最低价，但止跌回升又使得股价成功构筑“破而后立，底部反转”寻底特征。各种寻底特征纷至沓来，已为长期的宽幅震荡趋势构筑了三个明显的相对底部，也为股价止跌及其反弹提供了强有力的技术保障。

（3）收出“破而后立，底部反转”寻底特征以后，形成“连阳推动”状态并回补了“破釜沉舟，背水一战”跳空缺口，说明有不少资金在低位区域持续跟风抄底，也为推动股价反弹使了不少劲。3 月 21 日，“六连阳”的第六根阳线受制于 20 日均线的下垂角度，随之实施连阴回撤趋势进行调整，携量阳线向上穿透 5 日、10 日和 20 日均线，说明庄家采取“反抽三线”的姿态促使股价脱离筑底区间。接着，连续推升状态突破了 60 日均线，随之受制于 60 日均线的下垂角度，股价和均线系统的发散状态也有牵制，庄家继续实施连阴回撤趋势进行调整。4 月 1 日，股价经历回撤以后并在 20 日均线之上获得明显止跌，量价展开反扑并确立特殊状态的“反攻三线”强攻特征，随之推起一波短期暴力攻势。

（4）4 月 10 日，受到高送转公告的影响（10 转 10 派 3），股价直接采取“一”字涨停开盘，这种涨停板很难成功追入。次日，早盘股价选择大幅跳空高开，直线拉升的最高价离涨停板价格还有 0.5%涨幅时，巨量抛盘瞬间取代直线买盘。随后大部分时间停留在盘中高价区域并围绕均价线成交，盘中不时出现的大额抛单，扰乱人的神经，最终报收一根巨量大阳线。大阳线表面上看非常吸引人，散户投资者也非常喜欢追涨这种大阳涨幅。可是，其量能比昨日放大八倍多，已经显现出不好的征兆，把其形容为“金玉其外，败絮其中”探顶特征比较贴切。4 月 14 日，量能呈现出急剧萎缩，尾盘被零散买单推起并在前一日最高价之上收盘，把其形容为“力不从心，虚张声势”探顶特征最好理解。股价运行至【预期】位置，指标趋势虽未走完，但庄家先后通过两种探顶 K 线提示，目的非常清晰。即使当前股价还没有到达此轮趋势的最终顶部，此时盘面已经先后收出两种探顶特征，而且股价拉升完成【预期】并确立<对望格局>双轨，最好还是采取逢高减筹策略，及时回避对望调整趋势。

(5) 股价回落至 20 日均线，受其上行角度支撑，随之围绕中线反复波动。震荡反弹没有创出此轮攻势新高，股价和均线系统的发散状态依然存在，趋势线和零轴线的悬空抬升状态也十分清晰，说明虚力特征仍然需要调整趋势进行消除。通过 MACD 技术指标的数值变化可以看出，收出“力不从心，虚张声势”探顶特征时的指标数值到达顶峰，随着股价缓慢回落并转入死叉状态。股价没有形成大幅下挫趋势，进而构筑一段横盘调整格局，期间形成悬空状态的“短回中”强攻特征，说明庄家利用假攻特征实施诱多。股价逐渐回落以后并靠近 60 日均线运行，趋势线逐渐向下并靠近零轴线。此时可以发现，股价和均线系统的发散状态已经得到化解，趋势线和零轴线的悬空抬升状态已经完成修复，说明虚力特征已被这一段横盘调整趋势彻底消除。6 月 19 日，股价虽然跌破了 60 日均线支撑，但随后股价不再下跌，而且随着量能的温和放大，股价实现缓慢反弹趋势。

(6) 6 月 26 日，携量阳线向上穿透均线系统，成功构筑“反攻四线”强攻特征。反攻力度促使趋势线贴着零轴线快速勾头，绿柱体继续缩短，MACD 技术指标即将转入金叉。6 月 30 日至 7 月 7 日，“六连阴”展开回撤趋势，预示大部分跟风追涨浮筹已被“六连阴”回撤趋势清洗出局。由于连阴回撤过程实施了分红除权，所以必须把它调入复权状态盯盘。7 月 8 日，股价选择小幅跳空高开，早盘 10 点以前虽然形成震荡回落趋势，但其没有回补跳空缺口，10 点以后形成了明显的放量推升趋势，盘中股价不出 1 个小时，已经到达涨停板价格。携量涨停板不仅突破了“长期横向盘整”上轨，留有跳空缺口收盘又确立了一种“外腾空”强攻特征。

◆ 操盘策略

如图 1-7 所示：

(1) 2014 年 7 月 8 日，携量涨停板突破“长期横向盘整”上轨就是确立“横空出世，势不可当”强攻特征，留有跳空缺口收盘就是确立“外腾空”强攻特征，MACD 技术指标在临界点快速拐头就是确立“凤凰涅槃，浴火重生”反转特征。一天之内同时引发多重强攻特征，说明股价进入强势恒强的攻击模式，此时无论如何也要重仓抬轿。

(2) 通过日线和周线盘面可以看出，4 月初至中旬的一波短期急拉，实质上是庄家不计成本地实施增筹的推升区间，周线股价形成的“连阳推动”状态，庄家持续增筹特征更为明显。4 月中旬至 7 月初，股价停留在相对的高位区域展开长期的盘整趋势，不仅化解了股价和均线系统的发散状态，趋势线和零轴线的悬空抬升状态也已得到修复，说明股价随时进入新的强攻序列。这一段长期盘整趋

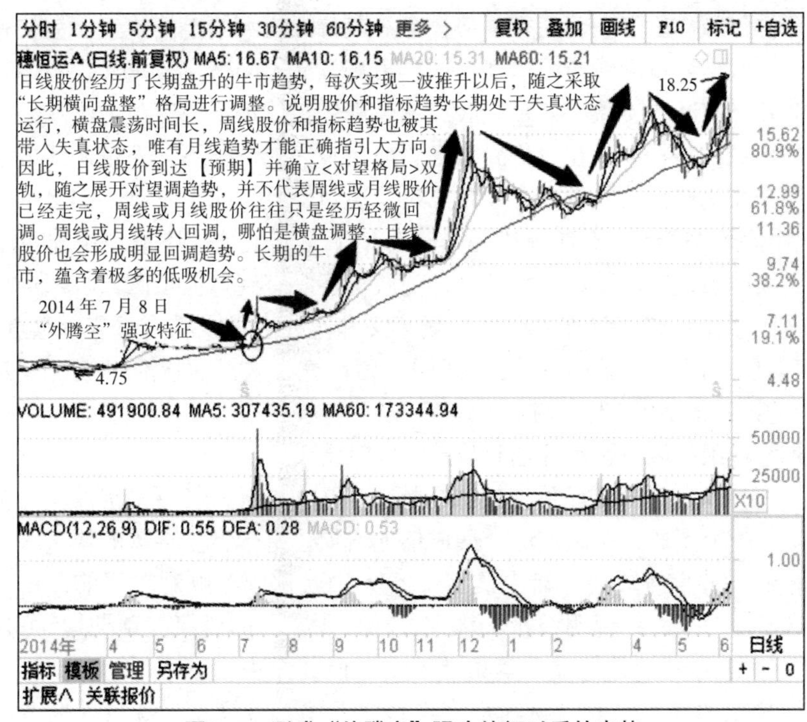

图 1–7　形成“外腾空”强攻特征以后的走势

势，既有消除不利因素的技术需要，庄家也有持续增筹的现实需要，还是彻底清洗跟风追涨浮筹的典型趋势，所以说这也是一段集中了化解、修复、洗盘和蓄势的充分整理趋势。日线股价构筑类似的走势特征，往往酝酿大行情，只要一个成熟的质变时机，即可大胆地展开狙击。周线或月线构筑类似的走势特征，酝酿的行情级别更大，甚至形成史无前例的大行情，所以不要轻易放弃。

（3）7 月 9 日，早盘 9 点 45 分以前，盘中股价围绕跳空缺口上方波动，9 点 45 分以后，三波放量推势已把股价推至涨停板价格，并突破 2012 年 7 月 11 日的技术平台。由于封停买盘稀少，抛盘也在不断打压，盘口特征呈现出偏软态势。随着抛盘的持续涌出，打压股价偏弱运行。仓位重了，必须学会利用“波形推动”且封不住涨停板的偏软盘口特征，实施逢高减筹策略，有了偏弱趋势，更要快速减筹。涨幅 7.28%的携量大阳线最终站稳【预期】价格，预示后市存在惯性推高的可能性。

（4）7 月 10 日，早盘股价从前一日最高价之上跳空高开，高走以后在 10 点 10 分进入二次封停，大量封单锁住涨停板至收盘，说明股价推高以后完成“外腾空”的【第二预期】。量能特征虽然呈现出缩量状态，但股价以这样的速度和时间锁住涨停板，已经表明庄家强势控盘。股价经历大幅上扬或经一波快速急拉攻势以后，收出缩量阳线或缩量涨停板，市场意义不同，实战意义也不同。股价和指标趋势已有减弱迹象，缩量阳线或缩量涨停板体现了庄家“力不从心，虚张声势”的虚拉诱多特征；在股价和指标趋势未走完的情况下，缩量阳线或缩量涨停板表明庄家仍然强势控盘，尤其是早盘快速封停且封死至收盘，缩量推升更能体现出庄家强势控盘。不管趋势是否减弱，午盘或尾盘阶段呈现出缩量推升状态，其是表达股价转虚的典型特征，即使股价还没有到达大顶区域，短期也有调整需要。缩量阳线或缩量涨停板的市场意义和实战意义，后面章节再重点叙述。从该股实现“外腾空”的第一根 K 线图开始计算，这根缩量涨停板已经是连续“腾空”的第三根 K 线图，根据“缺口理论”理解，连续“腾空”的短期推势已把股价推至极限区域，预示快速急拉趋势即将结束。

（5）7 月 11 日，早盘股价依然选择跳空高开，市场人气（暴富效应）被其连续“腾空”充分点燃，跟风追涨浮筹成倍地增加。由于大量买盘的快速跟进，开盘以后推起一波直线攻势，盘中最高价探至 7.0%涨幅，顺利攻下前期技术平台（2010 年 3 月 26 日），说明股价上涨完成“外腾空”的【第三预期】。可是好景不长，9 点 33 分开始，追涨买盘虽然不少，但其无法抗衡巨量抛盘，盘中股价就像折了翅膀的鸟儿一般，瞬间从高空直线下挫。最终收盘既像一根“高开低走，乌云盖顶”的探顶 K 线图，也像一根“冲高回落，单针见顶”的探顶 K 线图，及时与前期技术平台确立<对望格局>双轨。量能比昨日放大接近一倍，盘中股价直线冲高以后又形成断崖式下挫，足以让那些跟风追涨浮筹感到崩溃。“外腾空”起势的行情结束了吗？弄清楚这一点非常重要。

（6）随后股价回落运行并触及 20 日均线以后，多数时间停留在 20 日均线之上成交。股价始终没有脱离相对的高位区域，也没有回碰 60 日均线，说明接近两个月的调整趋势逐渐趋于横向特征，表明 MACD 技术指标处于失真状态。股价停留在相对的高位区域展开横向盘整趋势，调整时间虽然不足 60 个交易日，但其已经有了“长期横向盘整”格局，这是股价得以重新形成强势的技术依据，也是庄家高度控盘的趋势特征。9 月 4 日，携量涨停板突破“长期横向盘整”上轨，引出更大的【预期】。次日，股价触及前期历史平台，冲高回落以后确立<对望格局>双轨。

（7）两个历史平台确立<对望格局>双轨以后，首先形成虚拉诱多特征的“顶背离”形态，接着回落至 20 日均线附近波动，一段更为明显的“长期横向盘整”格局逐渐清晰起来。11 月 21 日，携量阳线选择突破“长期横向盘整”上轨，由此推起一波连创新高的历史行情。除权状态下可以看出，这两周突破攻势不仅是一波填权行情，最终触及 2010 年 11 月 9 日的技术平台，才停止强势攻击。2014

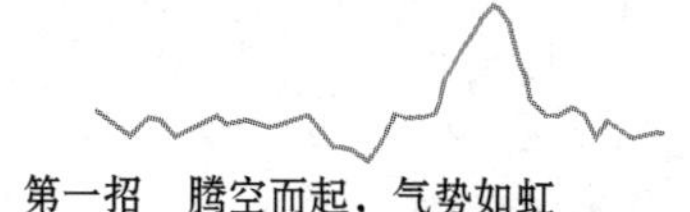

年 12 月 5 日至 2015 年 3 月 9 日，对望回撤趋势经历了三个月时间，股价也已跌破 60 日均线支撑，但没有继续下挫，而是围绕 60 日均线区间（均线系统）展开震荡趋势。3 月 10 日，股价经历充分整理以后，“短回长”强攻特征引出新的强攻趋势。复权状态下，可以看到 2015 年 3 月 10 日至 4 月 13 日的日线强攻趋势，周线股价正在构筑一段虚拉诱多特征“顶背离”形态。5 月中旬至 6 月中旬的日线推势，周线股价开始构筑“顶上顶”的虚拉诱多格局，月线股价开始形成飘柱诱多趋势。

（8）该股自 2014 年 7 月 8 日成功确立“外腾空”、“横空出世，势不可当”和“凤凰涅槃，浴火重生”三重强攻特征，至 2014 年 12 月 5 日的历史新高，5 个月时间推起 150%涨幅。日线股价总是构筑一段“长期横向盘整”格局进行洗盘和蓄势，同时致使股价和指标趋势形成失真状态。因此，日线盘升过程的横盘调整多，周线股价及其指标趋势也容易形成失真状态，唯有月线趋势才能正确指引大方向。横盘调整幅度小，难做差价，高抛低吸也难实现。庄家利用投资者不喜欢横盘调整的心理，反复采取横盘方式进行调整，酝酿了一波又一波日线多头攻势，最终引发周线和月线级别行情。“以大指小”的重要性，通过该股的长期牛市，已经清晰地表现出来。日线股价推起一波多头涨势，到达【预期】并确立<对望格局>双轨，随之展开对望调整趋势，但这并不代表周线或月线股价已经走完，周线或月线股价往往只是形成轻微调整。周线或月线股价只要转入调整趋势，哪怕是采取横盘方式进行调整，日线股价也会形成一段明显的回调趋势，说明日线回调蕴含较多的低吸（增筹）机会。

操盘实例四　华昌化工（002274）

◆ 图形识别

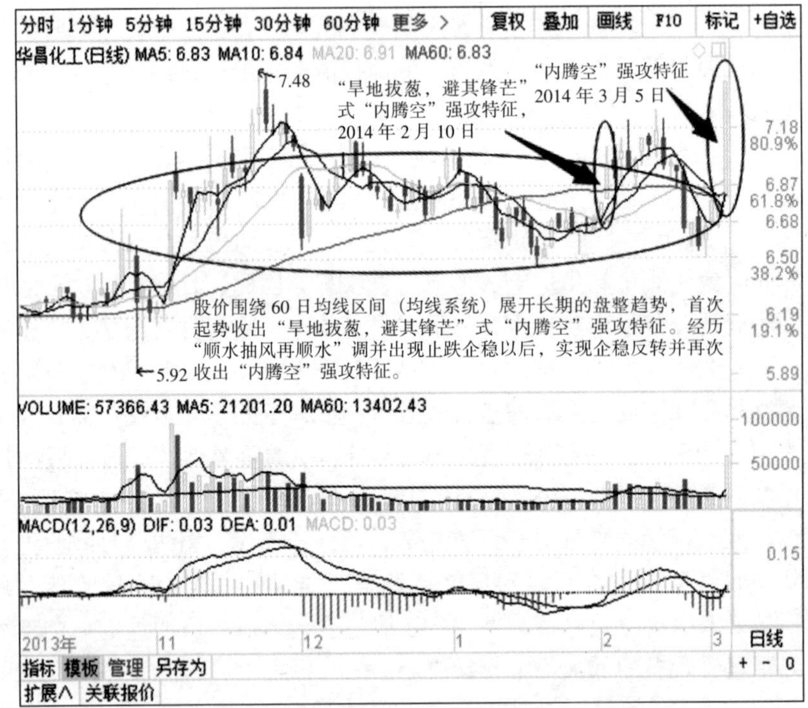

图 1–8　构筑两次“内腾空”强攻特征的走势

◆ 要点回放

如图 1–8 所示：

(1) 2013 年 5 月下旬至 11 月初，华昌化工（002274）的股价围绕相对低位的大线区间（均线系统）展开了五个月的盘整趋势，从而构筑了一段明显的“长期横向盘整”格局。股价经历长期的区间盘整趋势以后，持续缩量迹象明显，换手率多在 0.5%以下；波动幅度小，基本在 10%的范围内反复波动。由此可见，股价构筑一段明显的“长期横向盘整”格局，往往形成持续缩量迹象、换手率低下、窄幅震荡明显、均线系统逐渐趋于收拢的长期趋势。庄家控盘这种窄幅震荡的长期趋势，必须付出极大耐心，买入或持有这种走势的个股，也考验着持股者的耐心。“长期横向盘整”格局属于典型的区间盘整趋势，时而上蹿下跳，时而伏低蹿高，支撑和阻压都很明显。股价一旦选择突破区间盘整上轨（上轨切线），强攻趋势犹如“横空出世，势不可挡”般犀利。

（2）2013 年 10 月 25 日，盘面收出一根试盘性质的携量中阳线。把其理解为试盘性质，理由如下：股价明显放量上扬却无法突破区间盘整上轨；冲高回落以后形成“破而后落，顶部反转”探顶特征并确立<对望格局>双轨。这种试盘性质的携量中阳线（包括巨量在内），实质上确立了“旱地拔葱，避其锋芒”式“内腾空”强攻特征。由此可见，回避锋芒成为当务之急，而不是追高趋势。股价经历短暂的快速下探以后，已经回碰 60 日均线，说明“旱地拔葱”的锋芒已被“塞翁失马”大阴线及时消除。接着围绕中、大均线展开窄幅震荡趋势，出现了明显的止跌企稳特征。11 月 5 日，巨量涨停板突然拔起，突破了 5 个多月的区间盘整上轨。由于量能急剧增大，放大了 8 倍多，而且还是涨停板推高，说明符合锋芒过露的转势特征！因此，“避其锋芒”才是明智选择。量价锋芒过甚，一则说明庄家突然投入大量资金且不计成本地拔高增筹；二则引来大量散户跟风浮筹持续追涨。这就意味着，后市股价一旦无法保持这种量增价涨趋势，攻势将难以为继。因此，后市股价必须转入回撤趋势，并通过缩量调整才有可能消除量价锋芒过甚的不利因素。

（3）11 月 6 日，早盘股价停留在昨日收盘价和盘中均价线附近震荡成交，午盘形成一波直线拔高趋势，触及前期技术平台（2013 年 3 月 20 日）以后，受压回落形成“破而后落，顶部反转”探顶特征并确立<对望格局>双轨。随后股价围绕此平台展开窄幅震荡趋势，趋势线逐渐脱出红柱体，红柱体也呈现出逐渐缩短状态。11 月 21 日，携量阳线选择突破<对望格局>双轨，已经缩短了的红柱体被其推力快速拉长。表面上看，股价已经突破<对望格局>双轨，可是最高价恰好触及前期技术平台的最高价（2013 年 3 月 4 日），说明这两个技术平台成功构筑“平顶阻压，顶部反转”探顶特征并确立<对望格局>双轨。次日，阳线十字星表达股价形成“冲高回落，单针探顶”状态，继续提示股价实现探顶和受压态势。红柱体从缩短至重新拉长状态，无法穿透趋势线，说明其把股价引入飘柱诱多趋势，预示股价和指标趋势到达此轮攻势的极限区域，股价随时都有可能掉头回落。

（4）股价围绕 60 日均线区间（均线系统）经历了 5 个多月的盘整趋势，突破轨道以后难道只有这么一小波行情？这个问题没有一个标准答案。如果答案是肯定的，那么这样的庄家实在太傻了！如果答案是否定的，那么庄家必有更大的图谋。无论如何，股价上扬以后已经完成【预期】并确立<对望格局>双轨，股价和指标趋势也已到达此轮攻势的极限区域，即使短期还有推高的可能性，也是虚拉诱多趋势。假如说庄家发动一波大级别行情，那么发动这波大级别行情之前，股价必须转入一段推倒重来趋势，经历充分洗盘和蓄势过程；MACD 技术指标也不例外，修复其悬空抬升状态，迎合和帮助股价重新强势，必须落入零轴线附近反复缠绕。

（5）果不其然，股价跌至60日均线并围绕其反复波动，缩量震荡趋势说明场内浮筹已被庄家逐渐清洗出局，MACD技术指标落入零轴线附近运行，表明趋势线和零轴线的悬空抬升状态已经消失。2013年11月22日至2014年1月下旬，构筑了一段规律明显的推倒重来趋势。追溯股价的长期盘整趋势可以发现，股价由2013年1月10日的技术平台展开区间盘整趋势，至2014年2月10日确立“内腾空”和“短回长”双重强攻特征，才算结束区间盘整趋势。股价经历长达14个月的宽幅震荡趋势，庄家意欲何为？这一段长期的宽幅震荡趋势所反映出来的庄家的意图非常明确：一为化解和修复各种不利因素；二为彻底清洗场内浮筹；三为增加控盘筹码；四为酝酿多周期共振的成熟时机。这种宽幅震荡趋势不仅考量耐心，买入了也不好受，毕竟真正的变盘时机总是耐人寻味，又总是出人意料，庄家说了才算。

（6）2014年2月10日，形成止跌企稳特征以后，股价展开连阳反弹趋势，当日采取跳空起势并站稳60日均线之上，同时促成“内腾空”和“短回长”双重强攻特征。庄家为了做好突破前的准备工作，不仅把股价狠狠地往下砸盘，而且采取“顺水抽风再顺水”的调整方式快速撕破均线系统的支撑。收出强攻特征以后采取挖坑跌势进行砸盘，股价常常跌破大线或均线系统的支撑，但这不是破位特征，属于正常的洗盘（砸盘）手段。回撤过程呈现出缩量下跌趋势，预示散户在抛筹，庄家在增筹。股价跌破60日均线以后不再下跌，又获得了并排星阳线的止跌。

（7）3月5日，早盘股价选择小幅跳空高开，开盘以后不到两分钟时间，盘中股价已被庄家以及大量买盘极速推起，且以迅雷不及掩耳之势推至涨停板价格。短暂裂开两次涨停口子成交，追涨和抛筹快速完成交换并提高了市场整体持筹成本，随之封死至收盘。

◆ 操盘策略

如图1–9所示：

（1）2014年3月5日，股价突然形成跳空起势，快速封停并封死至收盘。携量涨停板站稳均线系统之上，同时确立了“短回中”、“短回长”、“反攻四线”和“内腾空”这四重强攻特征，实现股价经历挖坑跌势以后的首次反转。携量涨停板不仅快速带起钝化的60日均线，同时促使MACD技术指标快速转入金叉状态，趋势线开始跨入零轴线运行。

（2）通过60日均线的运行轨迹可以发现，它的运行规律十分明显：60日均线在前期阶段性顶部位置，呈现出明显的上行角度→股价跌至60日均线附近时，均线呈现出钝化角度→首次实现“内腾空”和“短回长”双重强攻特征时，推力

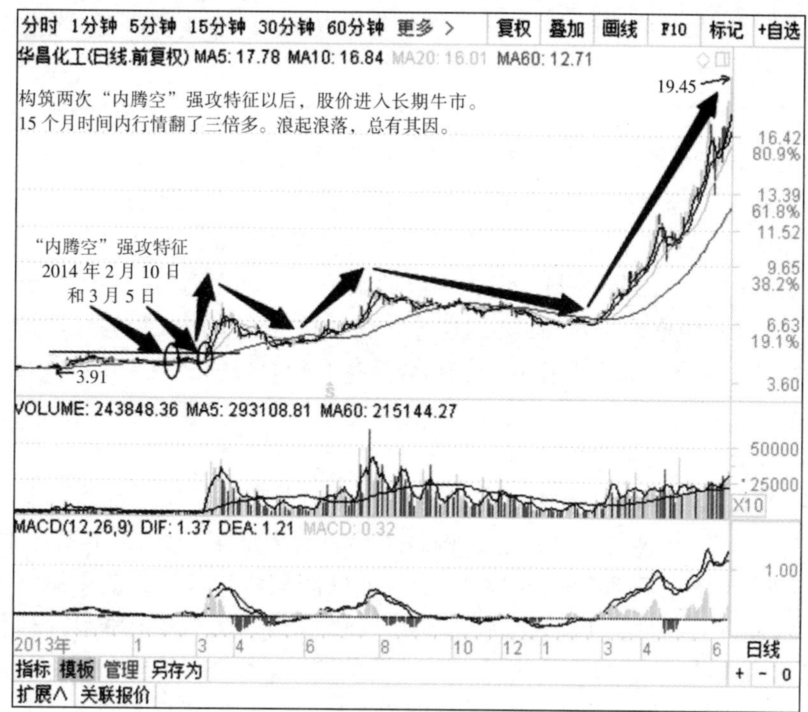

图 1–9 强势恒强推起长期牛市的走势

带起 60 日均线→经历快速打压的“顺水抽风再顺水”调整趋势，60 日均线出现小幅下垂角度→再次起势时构筑了四重强攻特征，钝化的 60 日均线被其推力快速带回上行角度。通过股价的长期盘整趋势，以及 60 日均线的运行轨迹，应当明白一个道理：如果 60 日均线长期保持上行角度，且与其他均线越拉越开，说明股价经历长期上扬，且没有出现过较大的调整趋势，预示跟风追涨浮筹越来越多，获利抛压越聚越大。这在无形之中加大了庄家撤退的难度，而且促使 60 日均线长期保持上行角度，需要庄家投入大量的资金推动和累积，庄家即使强大，也不会为他人作嫁衣。因此，即便构筑长期的牛市，也很少出现这种情形。由此可见，股价经历一段较大或较长时间的调整趋势，60 日均线出现钝化或小幅下垂角度以后，重新起势容易形成一波新的涨势。牛市的典型走势是反复盘升，调整趋势也多，但调整以后总能获得新的推力，最终实现巨大的整体涨幅。

（3）连续五天形成涨停攻势，股价实现了四段【预期】。3 月 12 日，上市公司发布了否认利好存在的公告，股价直接进入“一”字跌停板开盘，巨量抛盘死死盯住跌停板价格。这种情况下，即使挂单也无人接货，所以很难撤出筹码！急剧缩量正是由此造成的。次日开始，三根并排星阳线形成了止跌特征，趋势线开始脱离红柱体。3 月 18 日，携量涨停板展开强势反扑，不仅对并排星阳线的止跌作用给予肯定，同时促使昨日已经脱离趋势线的红柱体快速拉长。红柱体无法重新藏入趋势线，说明股价进入飘柱诱多状态，预示涨停反扑开启虚拉诱多趋势，所以这里只适宜快进快出的短线交易。3 月 19 日，股价形成低开高走趋势，持续放量推高并开始冲击前期技术平台，说明股价推高以后完成“内腾空”起势的【第五预期】。短线介入必须根据【预期】和分时探顶或减弱特征，及时锁定盈利，即使采取波段布局和运作，也要采取逢高减筹策略。理由如下：①股价经历连续急拉以后完成多段【预期】，最终收盘形成“破而后落，顶部反转”探顶特征并确立<对望格局>双轨；②红柱体重新拉长却无法藏入趋势线，说明股价进入飘柱诱多状态，预示股价和指标趋势到达此轮攻势的极限区域；③盘中放量推高以后却无法封上涨停板，量价表现出“金玉其外，败絮其中”探顶特征，庄家逃脱不了诱多派发的嫌疑。

（4）复权状态下可以看出，2012 年 12 月 4 日收出的底部，属于其历史低点，至 2013 年 1 月 10 日的反弹高点，构筑了第一波上涨浪。2013 年 1 月 10 日至 2014 年 3 月 4 日，时间跨度长达 14 个月的区间盘整趋势，构筑了第二波调整浪。2014 年 3 月 5 日至 19 日的快速急拉攻势，构筑了第三波上涨浪。3 月 19 日至 4 月 28 日的回落趋势，构筑了第四波调整浪。4 月 28 日至 7 月 23 日的多头涨势，构筑了第五波上涨浪。7 月 23 日至 2015 年 1 月 19 日的回落趋势，构筑了第六波调整浪。2015 年 1 月 19 日至 6 月 11 日的大幅涨势，构筑了第七波上涨浪。“波浪理论”不是简单的数浪游戏，机械数浪并不可取，更不能固化波浪结构。五波驱动浪和三波回调浪是构成“波浪理论”的理论基础，但实战交易必须实事求是，毕竟八浪以外还有延伸浪。也就是说，浪起浪落，总有其因。日线股价结束一波多头涨势以后，到达【预期】并确立<对望格局>双轨，并不代表周线或月线趋势已经走完或减弱。周线或月线股价出现调整趋势，日线股价必然存在一个或多个回调低点，蕴含极多的低吸机会。

（5）技术操盘不是儿戏，一旦把其作为终身职业，除了学习必要的技术，还要有一颗强大的心脏支撑（过硬的心理素质）。股市赢家不仅是技术上取得进步，更是心态成熟与否的极致体现。任何人都不可能靠赌运赢取人生（财富），运气好时或许能在某段时间内赚取短线利润，遇上长期牛市也能赚点零花钱，但这是不可持续的，最终结局必然是沦为输家。随着股价运行规律而变，跟着庄家行动而动，做到知行合一，盈亏自然。有人通过自学成才，但成才率极低！有人通过参加培训学习，而后入道，但自作聪明者太多！不管通过哪种途径学习和提升自己，必须不断地付出努力，才有可能实现超越。

★ 招数小结

（1）股价围绕60日均线区间（均线系统）展开长期的盘整趋势，实质上与“波浪理论”的第二波调整浪形成重合（有时与“波浪理论”的第四波调整浪形成重合）。“波浪理论”的上涨浪由五波浪型构成，下跌浪由三波浪型构成。上涨浪的五波浪型包括第一浪、第三浪和第五浪推升浪，第二浪和第四浪调整浪，这是比较常见的上涨浪结构。上涨浪的第一浪属于股价脱离底部的携量反弹趋势，其是庄家加大收集筹码的一段小幅拉升趋势；第二浪为调整浪，是庄家利用区间盘整趋势实现连续增仓控盘筹码的阶段，也有化解、修复、洗盘和蓄势的现实与技术意义；第三浪为大幅拉升（快速急拉）的主升浪，其上涨幅度和速度，多为上涨浪之最；第四浪是大幅拉升以后的调整浪，其作用是为第五浪的虚拉诱多展开铺垫；第五浪为上涨浪的最后一波推升浪，其作用是实现虚拉诱多趋势并掩护庄家撤退。“腾空”强攻特征多数出现在调整浪的末端（出现在第二浪调整浪的末端比较多见），是结束调整浪以及推起主升浪的强势开端。

（2）区间盘整阶段的前期波动大，后期波动小，盘整时间长了容易构筑一段“长期横向盘整”格局。长期盘整的技术目的是为了化解股价和均线的大幅发散状态，修复趋势线和零轴线的悬空抬升状态。股价经历长期的化解和修复趋势，洗盘特征充分，蓄势效果理想。盘整时间短了，难以完成化解、修复、洗盘和蓄势，匆忙起势只有小行情，多数表现出虚力推升特征。一般情况下，区间盘整趋势短则两三个月，长则以季度或年度计算。

（3）上蹿下跳、伏低蹿高的反复走势是区间盘整阶段的典型特征，在此过程中经常收出各种转势特征和强攻特征。“连阳推动，必有所图”、“顺水推舟，事半功倍”、“项庄舞剑，意在沛公”、“围点打援，连成一片”、“击鼓传花，连绵不绝”、“塞翁失马，焉知非福”等转势特征比较常见，也反复出现；“短回中”、“短回长”、“反攻三线”、“反攻四线”和“腾空”等强攻特征交替出现，或以结合体出现。收出“腾空”强攻特征之前（不管是“内腾空”还是“外腾空”），股价已经形成止跌企稳特征，所以“腾空”之前就可以实施低吸。“腾空”区域开始展开狙击，狙击成本虽然比低吸区域高了一些，但不能因此产生恐高的抵触情绪，毕竟技术面代表了一切。

（4）收出“内腾空”强攻特征，说明股价未能有效突破区间盘整上轨，所以以区间盘整上轨作为股价起势以后的【第一预期】，但这个上轨的压力不大，毕竟股价经历了长期的区间盘整趋势，化解、修复、洗盘和蓄势都已充分，说明场

内浮筹已经不多，抛压已经很小。因此，收出“内腾空”强攻特征以后，股价有可能快速突破区间盘整上轨，增筹不能犹豫。收出“内腾空”强攻特征以后，股价如有回撤需要，最好不要重仓留守，及时减筹才能回避调整，最大地保证资金和操盘安全。做好高抛低吸并不容易，不仅需要精准的掐点技术，还要有强大的心脏（心理素质）支撑，二者缺一不可。

（5）股价围绕 60 日均线区间（均线系统）展开长期的盘整趋势，时间越长越好。股价和均线系统存在发散状态，趋势线和零轴线存在悬空抬升状态，匆忙选择推起股价，攻势难言真正强势，多数时候形成一波短期涨势，或是虚力行情。区间盘整时间越长，化解、修复、洗盘和蓄势的效果越好，强攻特征和转势特征的可信度越高，后市涨幅及其【预期】往往越大。狙击虽有短期被套可能，但市场和庄家将会给予自动修正。发现月线或周线股价处于强势范畴，日线股价形成下蹲趋势，反而是一个难得的低吸机会。

（6）跳空幅度原则上不得超过 5.0%，跳空缺口大了，将不利于维护和保持跳空强势，攻势容易衰竭。实现“腾空”当日以及形成回撤的过程中，最好不要回补跳空缺口，否则容易受到缺口下方的筹码牵制，这将破坏跳空强势的连续性，后市股价极易形成一段推倒重来趋势，保持并延伸区间盘整趋势，重新酝酿变盘时机。

（7）无论是“外腾空”还是“内腾空”强攻特征，采取涨停板起势，盘中最好不要反复裂开涨停口子成交。一旦反复裂开涨停口子成交，势必带出巨大量能，进而影响后市攻势的连续性和稳定性。大部分投资者有追涨杀跌的交易习惯，喜欢寻找涨停板或大阳涨幅起势的个股。实现“腾空”当日且伴随巨量成交，说明股价正在构筑“旱地拔葱，避其锋芒”转势特征，那么后市股价将会形成一段或长或短的明显回撤趋势，推倒重来趋势十分常见。因此，跳空缺口符合原则要求，量能又呈现出稳步放大状态，才是真实有力的“腾空”强攻特征，而且这样起势容易保持跳空强势的连续性。跳空缺口大了，或者说量能过大，应当把其看作“旱地拔葱，避其锋芒”转势特征的技术范畴，提示股价需要转入缩量回撤趋势。

（8）收出“腾空”强攻特征以后，股价容易形成连续大涨攻势，甚至形成连续涨停的快速急拉攻势，涨幅惊人。“腾空”以后形成边拉边撤的盘升格局，容易构筑一波大级别的波段行情（牛市），必须保持耐心操盘。无论从哪里展开狙击，必须认清其【预期】位置，尽可能地拿下整段趋势。周期不同，趋势不同，【预期】也不同。股价和指标趋势未走完的情况下，死捂筹码未尝不可，高抛低吸更值得学习。

（9）股价处于相对的低位区间展开震荡或在区间盘整过程，庄家突然采取连

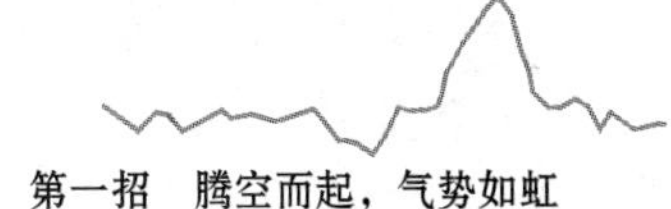

续“腾空”的大阳线或涨停板进行极速拔高，股价短期内到达某个【预期】并戛然而止，随之停留在相对的高位区域展开长期的盘整趋势，或者回调至大线区域，酝酿新的变盘时机。形成这种走势的个股，往往出现在题材股的反复炒作，最终实现的整体涨幅十分惊人，应当采取大周期指导实战。庄家突然采取连续“腾空”的大阳线或涨停板进行极速拔高，虽然逃脱不了诱多推高的嫌疑，但这是庄家采取攻击性手段且不计成本地掠夺筹码的典型手法。只要股价停留在相对的高位区域经历长期的盘整趋势，跟风追涨浮筹将被庄家彻底清洗，股价和均线系统的发散状态逐渐化解，趋势线和零轴线的悬空抬升状态修复趋好。成熟的强攻特征一旦重新降临，将会推起一段大级别的波段趋势，而且其整体涨幅比连续“腾空”阶段大得多。如果周线或月线股价构筑此类走势特征，往往酝酿一波超级牛市，甚至形成史无前例的大行情，所以不要轻易放弃。

（10）“腾空”强攻特征有攻击型和防御型之分，两者的区别在于：收出攻击型强攻特征以后，后市股价极易形成连续涨势，快速急拉攻势也多见，涨幅大，探顶快，但狙击点位少，狙击时机不易把握；收出防御型强攻特征以后，股价虽然容易受到区间上轨的阻压，随之形成一段或长或短的明显回撤趋势，但股价经历回撤以后的狙击点位多，狙击时机容易把握，狙击时间充裕，涨幅也大，只有极少数防御型强攻特征形成短线急拉攻势，多数形成长期涨势。“外腾空”强攻特征多属攻击型，“内腾空”强攻特征多属防御型。短平快的投资者偏重于“外腾空”强攻特征，喜欢其强攻力度和涨速；成熟的理性投资者偏重于“内腾空”强攻特征，喜欢其充裕的参与时机以及趋势的稳定性。无论是“内腾空”还是“外腾空”强攻特征，与后市涨幅大小并无必然关系，防御型的整体涨幅并不见得小。

（11）股指一旦形成“腾空”强攻特征，个股将会产生大批量“腾空”强攻特征。2010 年 9 月至 10 月，股指在区间盘整过程收出两个“腾空”强攻特征，同步实现“腾空”强攻特征的个股遍地皆是，也都推起了一波快速急拉攻势。2014 年 9 月 1 日至 11 月 24 日，股指在区间盘整过程多次收出“腾空”强攻特征，同步实现“腾空”强攻特征的个股多不胜数，个股牛市更是遍地开花。期间以银行、证券和保险为代表的金融板块及其个股（包括类金融板块），推起一轮快速的疯狂涨势。

（12）实战意义大的强攻特征，有“反攻三线”、“短回中”、“反攻四线”、“短回长”和“腾空”等强攻特征。这是庄控系统的核心的强攻招数，不妨多下功夫研究。选股也好，操盘也罢，离不开这强攻五式。

★ 构筑方式及表现特征

“腾空而起，气势如虹”强攻招数有以下四种常见的构筑方式及表现特征：

第一种，大恒科技（600288），如图 1-10 所示。

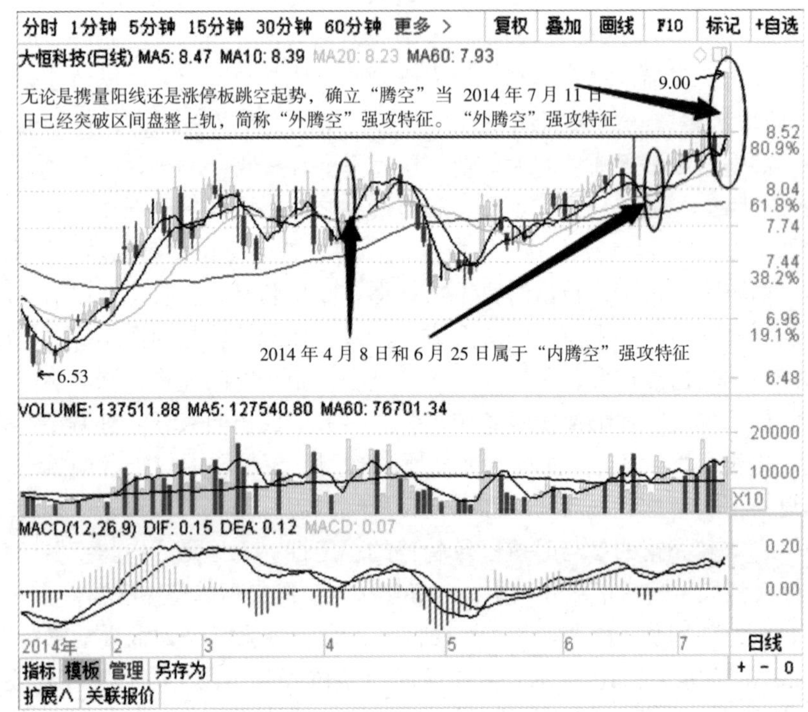

图 1-10 “外腾空”强攻特征说明股价已经突破了区间盘整上轨

无论是采取携量阳线还是涨停板跳空起势，确立“腾空”当日已经突破区间盘整上轨，简称“外腾空”强攻特征。

“外腾空”强攻特征多属攻击型，后市攻势往往表现强势，涨速快，涨幅大，它是产生牛股的集中营。收出“外腾空”强攻特征以后，有的形成连续涨停攻势，有的形成大幅急拉攻势，有的中途停留时间很短，有的中途只有锯齿般的调整状态，有的中途采取横盘方式进行调整，只有少数会形成边拉边撤的长期盘升趋势。

构筑“外腾空”强攻特征之前，股价已经形成止跌企稳特征，或已形成其他类型的强攻特征，如“反攻三线”、“反攻四线”、“短回中”、“短回长”等强攻特征。

因此，“外腾空”之前的止跌企稳或企稳反转区域，应当根据分时趋势的反转买点实施低吸（增筹），“外腾空”当日增至重仓范畴。若“外腾空”之前没有买入，此时不要再犹豫了。一旦错过了“外腾空”起势，建议投资者不要追高，除非“外腾空”以后的推高过程出现明显的调整趋势，这个时候可以借用（参考）分时趋势的反转买点实施狙击。“外腾空”强攻特征的攻势强悍，涨速快，涨幅大，不要轻易放弃。

第二种，中材科技（002080），如图 1–11 所示。

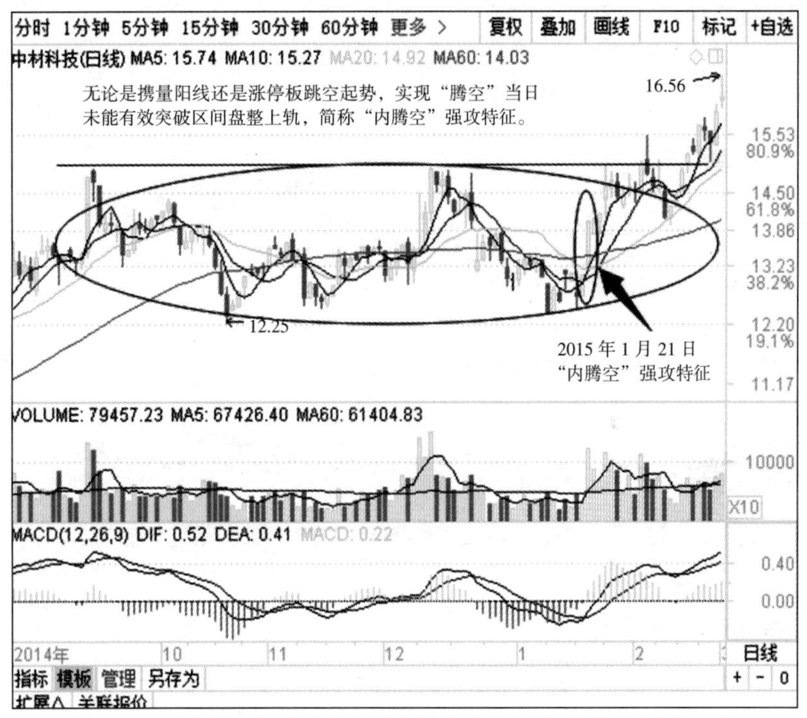

图 1–11 “内腾空”强攻特征说明股价未能有效突破区间盘整上轨

无论是采取携量阳线还是涨停板起势，确立“腾空”当日未能有效突破区间盘整上轨，简称“内腾空”强攻特征。

确立“内腾空”强攻特征，说明股价未能有效突破区间盘整上轨，一般把其看作防御型强攻特征。区间盘整上轨是“内腾空”起势以后的【第一预期】，但其阻力不大，毕竟股价经历长期的区间盘整趋势，该化解的已经化解，该修复的已经修复，该收拢的已经收拢，该清洗的已经出局。因此，确立“内腾空”强攻特征以后，股价也有可能形成连续涨势，甚至形成连续涨停攻势。

确立“内腾空”强攻特征以后，发现股价冲高并触及区间盘整上轨，随时做好减筹准备。利用内平台对望并展开回撤趋势，蕴含较多的低吸机会，狙击时机很好把握。回撤以后只要形成止跌企稳或企稳反转趋势，股价将会进入大幅拉升的主升浪，甚至形成快速急拉攻势。相对来说，“内腾空”的狙击点位比“外腾空”多，狙击时机更易把握。“内腾空”和“外腾空”强攻特征虽有攻击型和防御型之分，但其涨幅没有大小之分，“内腾空”的整体涨幅未必比“外腾空”小。

第三种，景兴纸业（002067），如图 1-12 所示。

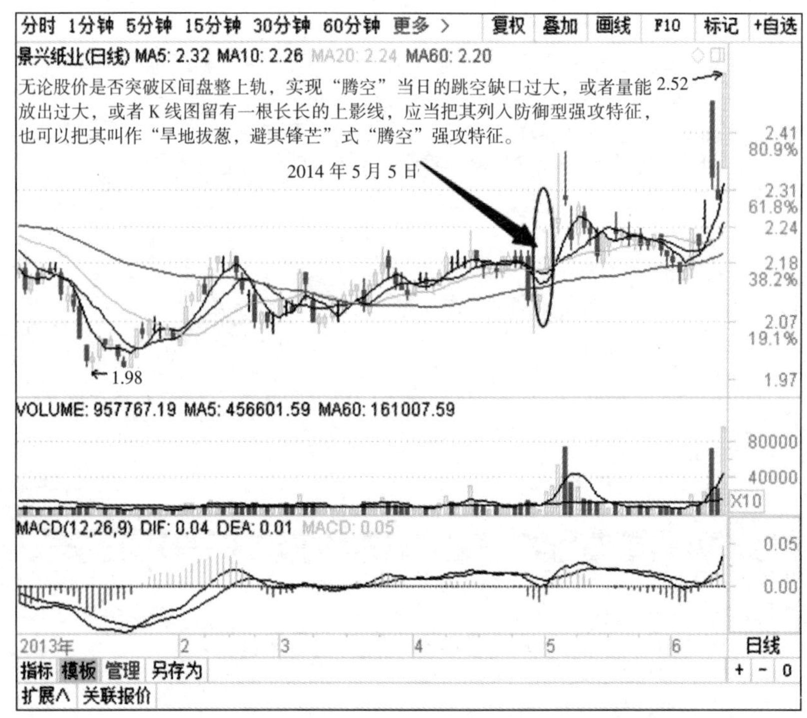

图 1-12 “旱地拔葱，避其锋芒”式“腾空”强攻特征

无论股价是否突破区间盘整上轨，实现“腾空”当日的跳空缺口过大，或者量能放出过大，或者 K 线图留有一根长长的上影线，一般把其看成防御型强攻特征，也可以理解为“旱地拔葱，避其锋芒”式“腾空”强攻特征。

实现“腾空”当日的跳空缺口过大，量能放出过大，说明庄家突然投入大量资金进行筹码掠夺，跟风追涨浮筹也有不少。如果 K 线图留有一根长长的上影线，说明其上方存在强力阻压，预示股价短期内难言强势！转入回撤趋势概率较大。因此，构筑“旱地拔葱，避其锋芒”式“腾空”强攻特征，可以把其理解为防御型强攻特征。后市股价必须经历一段缩量回撤趋势，才能蓄起新的多头。化解跳空起势过急、量能放出过大的缩量回撤过程，也是驱赶追涨浮筹的洗盘过程，更是重新蓄势的必要过程。缩量回撤趋势短则几天时间，长则经历一段推倒重来趋势。无论如何，必须耐心等待股价回撤，进而关注回撤过程中的止跌企稳或企稳反转特征，然后借用（参考）分时趋势的反转买点实施低吸。回撤并不是坏事，懂得利用回撤实施低吸，才叫真本事。

第四种，巨化股份（600160），如图 1–13 所示。

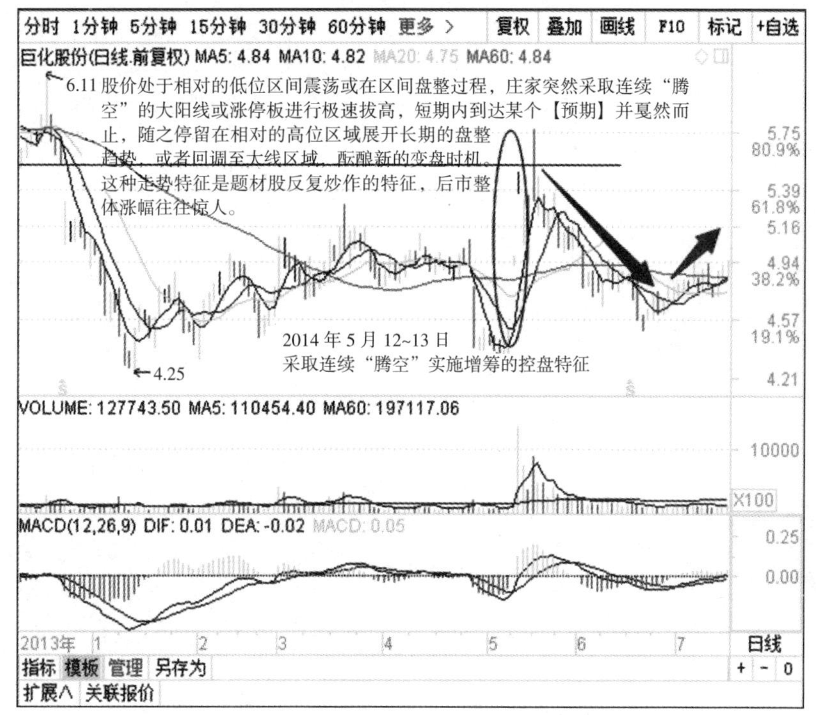

图 1–13　采取连续“腾空”实施增筹的控盘特征

股价处于相对的低位区间展开震荡趋势或在区间盘整过程中，庄家突然采取连续“腾空”的携量大阳线或涨停板进行极速拔高，股价短期内到达某个【预期】并戛然而止，随之停留在相对的高位区域展开长期的盘整趋势，或者回调至大线区域反复波动，酝酿新的变盘时机。

庄家突然采取连续“腾空”的携量大阳线或涨停板进行极速拔高，虽然逃脱不了诱多推高的嫌疑，但这是庄家采取攻击性手段且不计成本地掠夺筹码的典型手法。一般情况下，连续“腾空”的携量大阳线或涨停板至少持续两天，有的是巨量拔高。随后股价停留在相对的高位区域展开长期的盘整趋势，或者跌回大线附近反复波动。股价和均线系统的发散状态获得化解，趋势线和零轴线的悬空抬升状态消失殆尽，成熟的强攻特征一旦降临，将会推起一波大级别行情，而且其的整体涨幅比连续“腾空”阶段大得多。构筑此类走势特征的个股，往往出现在题材股的反复炒作，最终实现的整体涨幅惊人，应当采取大周期指导实战。周线或月线构筑类似的走势特征，往往酝酿一波超级牛市，甚至形成史无前例的大行情，所以不要轻易放弃。

第二招　溃坝决堤，覆水难收

——反复盘顶过程突然收出“跳空阴线”的实战意义

一、招数概况及策略剖析

（一）图形识别

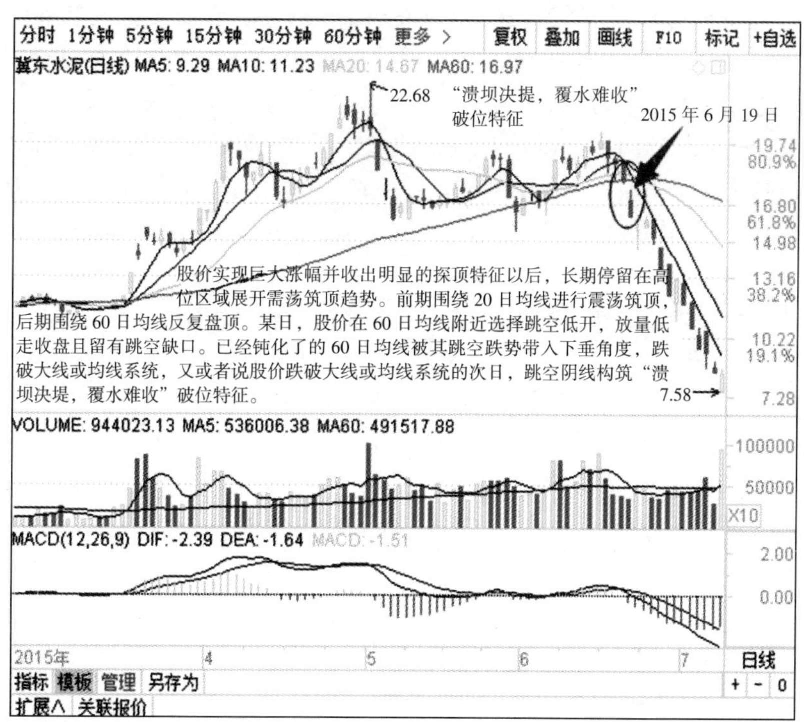

图 2-1　冀东水泥（000401）构筑“溃坝决堤，覆水难收”破位特征的走势

（二）招数构成与总结

（1）股价经历长期的大幅上扬，已经实现巨大涨幅。有的已经超越前期大部分阶段性顶部，且已实现多段【预期】；有的已经突破前期历史平台，且已连创历史新高。

（2）股价和指标出现减弱趋势并收出一些明显的探顶特征以后，停留在高位区域展开长期的震荡筑顶趋势。前期围绕 20 日均线展开震荡筑顶趋势，诱多推高特征多形成于此，同时促使 20 日均线由上行至钝化角度转换，5 日、10 日和 20 日均线逐渐趋于收拢。待股价跌破已经钝化了的 20 日均线以后，向下寻找仍然上行的 60 日均线作为支撑。

（3）股价回调至 60 日均线附近，MACD 技术指标在死叉状态下落入零轴线运行。明显上行的 60 日均线支撑着股价，使得股价不再继续下挫。出现止跌企稳特征以后，股价展开震荡反弹趋势或形成窄幅震荡趋势。震荡反弹趋势有可能突破震荡筑顶区间上轨，创出此轮行情新高，但不多见。股价表面上呈现出强势反转特征，但对于实现了巨大涨幅的股价来说，这只是一波短促的弱势反弹趋势，而且股价反弹以后又将快速形成探顶回落趋势。假如股价围绕 60 日均线（均线系统）展开窄幅震荡趋势，必将促使原来明显发散的均线系统趋于收拢，60 日均线也开始出现钝化角度。

（4）股价围绕 60 日均线区间（均线系统）展开反复盘顶趋势，时而跌破大线或均线系统支撑，时而站稳大线或均线系统之上，趋势线反复缠绕零轴线。某日，股价在 60 日均线附近选择跳空低开，放量低走收盘且留有跳空缺口，已经钝化了的 60 日均线被其跳空力度带入下垂角度。反复盘顶过程收出这种留有跳空缺口的下跌阴线，叫作“溃坝决堤，覆水难收”破位特征。

★ 一句话总结

股价经历长期的大幅上扬，且已收出明显的探顶特征；前期围绕 20 日均线展开震荡筑顶趋势，股价和指标趋势明显减弱，诱多推高特征多形成于此，同时促使高位的三条均线趋于收拢，中线角度趋于钝化；待股价跌破 20 日均线，向下寻求仍然上行的 60 日均线作为支撑；随之围绕 60 日均线或均线系统展开反复盘顶趋势，均线系统趋于收拢，大线趋于钝化；某日，股价在 60 日均线附近选择跳空低开，放量低走且留有跳空缺口收盘，已经钝化了的 60 日均线被其跳空力度带入下垂角度；反复盘顶过程收出这种留有跳空缺口的下跌阴线，叫作“溃坝决堤，覆水难收”破位特征。

（三）深层剖析与要领感悟

（1）股价经历长期的大幅上扬以后，已经实现巨大涨幅。庄家控盘筹码有了大幅盈利，顺利出局成为重中之重。庄家为了顺利派发这些获利巨大的控盘筹码，必然采取各种障眼法实施诱多。前期围绕 20 日均线展开震荡筑顶趋势，庄家的目的是利用震荡筑顶阶段的弱势反弹趋势实现诱多派发；待股价跌破钝化的 20 日均线以后，向下寻找仍然上行的 60 日均线作为支撑，在此形成的反弹趋势或震荡趋势，还是为了实现诱多派发。

（2）反复盘顶过程成功构筑"溃坝决堤，覆水难收"破位特征，说明高位追入且不设止损位的跟风追涨浮筹，已被庄家拴在跳空缺口上方的盘顶区间，预示这些筹码在短期内难以找到解套机会，往往陷入大幅下挫趋势的第三浪回调，长期被套也有可能。及时斩仓出局虽然亏损，但起码不会继续放大亏损，而且保护本金不受大的损失，才有从头再来的机会。

（3）股价在高位区域展开长期的反复盘顶趋势，庄家派发获利巨大的控盘筹码是现实需要，逐渐瓦解均线系统是技术需要。股价探顶回落并跌破 20 日均线，向下寻找仍然上行的 60 日均线作为支撑。待股价逐渐瓦解 60 日均线或均线系统以后，需要向下寻找新的支撑点。累积的市场风险一旦通过跳空缺口打开，犹如溃坝之水泛滥成灾，断崖式下挫时有发生，寻底或解套都遥遥无期。即使下挫过程中出现了抵抗趋势，也是为了诱多。

（4）"溃坝决堤，覆水难收"破位特征出现在股价缠绕 60 日均线的反复盘顶过程，跌破 60 日均线或均线系统的次日，这种破位特征比较多见。其是股价破位的典型特征，也是加速股价下挫的破位特征，融券或加空趋势都可以。跳空阴线恰好跌破 60 日均线，说明股价和均线汇合构筑了两种破位特征，分别是"溃坝决堤，覆水难收"和"抽刀断水，流水无情"破位特征。跳空阴线一天之内跌破均线系统，包含了"反复筑顶，下破四线"、"抽刀断水，流水无情"和"溃坝决堤，覆水难收"这三种破位特征。

（5）反复盘顶过程只要收出破位特征，后市股价往往形成加速下挫趋势。股价未经大幅上扬趋势，只是从低位区间展开反弹并越过 60 日均线，随之围绕 60 日均线区间（均线系统）展开长期的盘整趋势，期间经常收出破位特征，跳空阴线也很常见，但不能把其看成破位特征，毕竟这是一段正常的区间盘整趋势，使用破位特征进行洗盘（打压）也很正常。因此，区间盘整阶段收出跳空阴线，可以把其理解为"破釜沉舟，背水一战"止跌特征。即使顺势打压的挖坑跌势较大，也是为了加大洗盘力度，或是受到了股指影响。

（6）构筑"溃坝决堤，覆水难收"破位特征的逃命策略。反复盘顶过程经常推起虚拉诱多趋势以及收出各种诱多特征，预示逢高撤退机会很多。股价和指标趋势进入明显的高位区域时，必须采取减筹策略；股价和指标趋势有了减弱迹象，必须采取清空策略。贪图更高的价格，想得到更多的盈利，进而选择扛单或追高，都是漠视股价运行规律的愚者表现，终究难逃厄运。反复盘顶过程成功构筑“溃坝决堤，覆水难收”破位特征，说明股价开始进入大幅下挫趋势的第三浪回调。

反复盘顶过程成功构筑“溃坝决堤，覆水难收”破位特征，逃命策略只有一个：无论此时盈利多少，也不管何时介入，即使此时存在亏损（被套），也要及时抛出所有筹码。

二、招数及实例解读

操盘实例一　紫光国芯（002049）

◆ **图形识别**

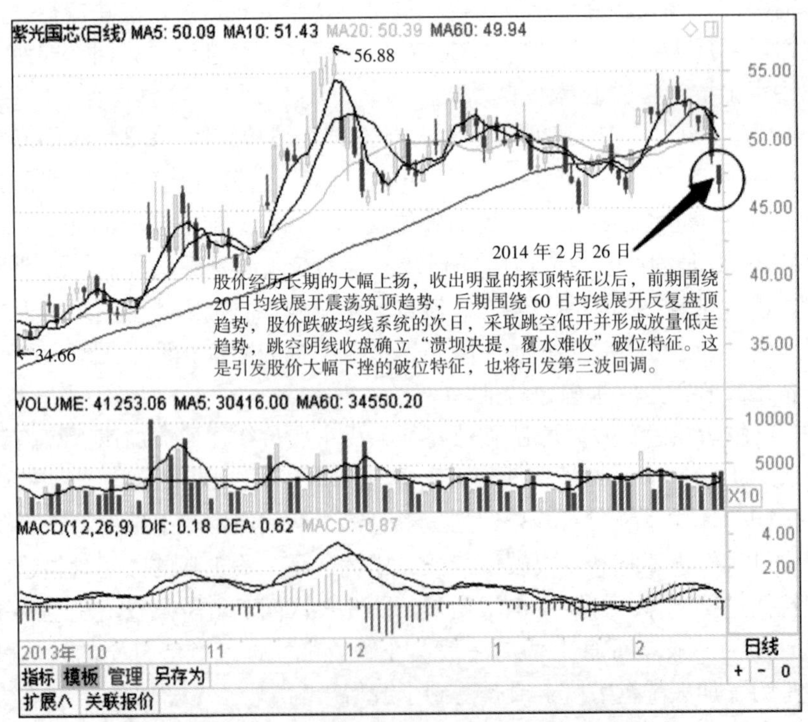

图 2-2　构筑“溃坝决堤，覆水难收”破位特征的走势

◆ 要点回放

如图 2-2 所示：

（1）不管是复权还是除权状态，紫光国芯（002049）的股价总是不断地创出历史新高。复权状态下可以看出，2005 年 6 月 6 日上市日成为历史低点，随后股价一路盘升，10 年时间实现 6600%涨幅，振幅更是高达 7229%。对于“价值投资”氛围尚未成熟，熊长牛短的 A 股市场来说，经历 10 年牛市的个股极其罕见，持筹 10 年时间的投资者更是凤毛麟角，即便是上市公司的原始股东，途中也有所减持，所以说其 10 年涨幅只是一组复权数字罢了。无论从哪个角度展开布局和运作，即使是基本面和技术面的佼佼者，缺乏巴菲特的独特慧眼和强大的心理承受能力，很难做到长期坚持，就算坚持了，买到的个股也没有那么高的回报率。国内一些投资机构以及所谓的股市专家，总是在嘴皮子上鼓吹价值投资，却没有发现或实现价值投资的独特慧眼。某些投资机构每年推荐的所谓“金股”，次年十之八九沦陷，甚至成为当年的熊股代表！目前为止，国内还没有一家投资机构或个人投资者，做到真正意义上的价值投资！牛市末端被套的投资者，倒是大有人在，或许只有他们配得上“价值投资者”这个称呼！

（2）2013 年 11 月 29 日，股价经历长期的大幅上扬以后，三根并排星阳线出现在高位区域，预示庄家正在酝酿方向，最终选择加速攻击还是选择回落调整，有待后市走势验证。12 月 2 日，选择跳空低开并形成放量低走趋势，最终以跌停板价格报收。说明股价形成了“闸门洞开，一泻千里”破位特征，其是庄家经过深思熟虑以后的方向选择。无论从哪里买入，也不管此时盈利多少，就算是从高位区域买入且有亏损，当前盘面既然已经形成跳空下跌的破位特征，必须当机立断，立即撤退所有多头筹码。

（3）股价虽然快速跌破 20 日均线支撑，但其上行角度以及止跌阳线形成了缓慢推起，进而围绕 20 日均线展开震荡筑顶趋势。从表面上看，股价和均线汇合形成“短回中”强攻特征，这是股价重获强势的意思。其实不然，趋势线保持逐渐下行状态，说明股价和指标趋势正在减弱运行。这就意味着，如果多头选择重新崛起，当务之急是必须把 MACD 技术指标的弱势特征进行化解。12 月 24 日，携量阳线虽然促成“短回中”强攻特征，但中线却在往下运行，说明股价将会受到中线下行的力度牵制，预示股价短期内难以实现反转趋势，暗示后市股价必须转入调整趋势化解不利因素。

（4）2014 年 1 月 10 日，明显高位的三条均线形成收拢以后，股价开始跌破三线支撑并靠近上行的 60 日均线，随之围绕中、大线之间展开窄幅震荡趋势。1 月 17 日，高位股价首次跌破 60 日均线支撑，但股价并未形成快速下挫趋势。受到 60 日均线的上行角度支撑以及“四连阳”推起，股价重新站稳均线系统之上。

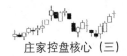

1 月 28 日，窄幅震荡趋势已经促使四条均线趋向收拢，下跌阴线同时捅破这四条均线并成功构筑“下破四线”破位特征。虽然如此，但股价依然没有立即形成破位下挫趋势，大幅下挫趋势的第三浪回调也没有如期而至，因为 60 日均线的上行角度仍然发挥着强力支撑作用。2 月 7 日，经过春节假期休息，买盘推动股价向上穿透四条均线并成功构筑“反攻四线”强攻特征。这个“反攻四线”强攻特征存在致命缺陷：60 日均线的上行角度明显过大，说明反攻之前的震荡时间不足，反攻速度又过快了。2 月 13 日，盘中股价形成波形推高趋势以后，回补前期跳空缺口明显受压，冲高回落收盘及时确立<对望格局>双轨。

（5）股价转入内平台的对望调整趋势，长期上行的 60 日均线开始呈现出钝化状态。2 月 25 日，高开低走大阴线再次捅破四条均线支撑，成功构筑“下破四线”破位特征，已经钝化了的 60 日均线被其跌势快速带入下垂角度。说明股价和均线再次发生质的改变，破位趋势明显许多。次日，承接前一日“下破四线”的破位力度，当日采取跳空低开并形成放量低走趋势，最终收出一根留有跳空缺口的下跌阴线，确立“溃坝决堤，覆水难收”破位特征。

◆ 操盘策略

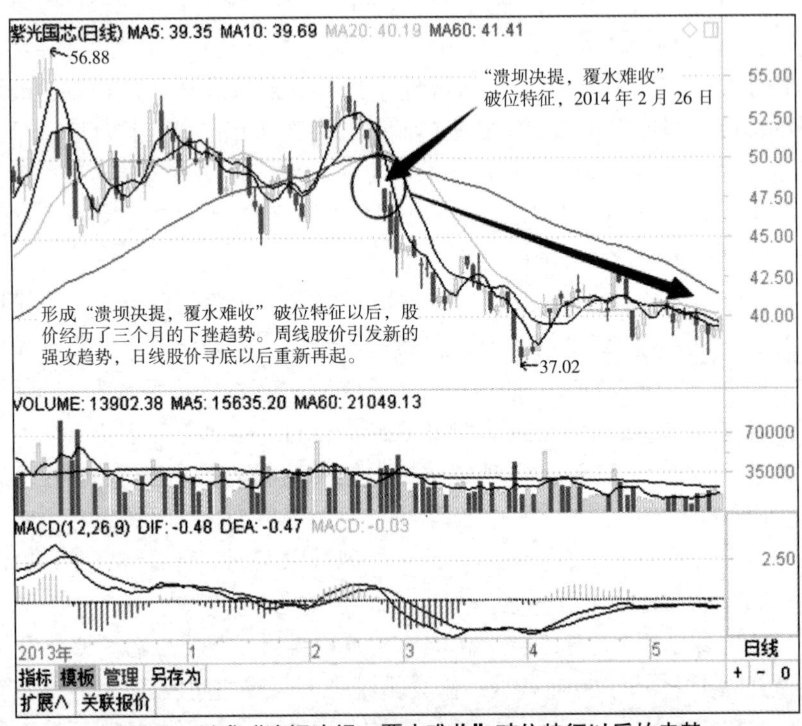

图 2-3　形成“溃坝决堤，覆水难收”破位特征以后的走势

如图 2–3 所示：

（1）2014 年 2 月 26 日，选择跳空低开并形成了放量低走趋势，昨日最低价与当日最高价之间存在缺口，说明当日股价没有回补跳空缺口，下跌阴线成功构筑“溃坝决堤，覆水难收”破位特征。其不仅保持了“下破四线”的破位趋势，跳空下跌还加速了破位空头趋势。多头不能有幻想存在，空头可以加重筹码。反复盘顶过程构筑了一段明显的抵抗趋势（中继平台），不断地收出假破特征和假攻特征，必将延伸抵抗趋势。即使股价震荡反弹或者创出此轮行情新高，也是虚拉诱多的推高趋势。

（2）该股收出“溃坝决堤，覆水难收”破位特征以后，下挫趋势虽然不大，而且一波空势下跌也直接寻出底部，但从股价形成破位之时开始计算，一个多月的快速下挫趋势，跌幅接近 30%，扛单未必好受。3 月 31 日，股价经历快速下挫以后寻出底部价格，接着转入一个多月的震荡筑底趋势。5 月中旬以后，随着量能的稳步放大，指标的背离推动，展开反弹并脱离震荡筑底区间，快速越过 60 日均线封阻。

（3）5 月 30 日，股价推高回补并站稳了前期的“溃坝决堤，覆水难收”跳空缺口，致使股价留有惯性推力。次日，冲高回落收盘确立<对望格局>双轨，同时展开对望调整趋势。6 月初至 7 月中旬，一个半月的对望调整趋势就像一段震荡筑顶趋势，但其与震荡筑顶趋势有着质的区别。6 月下旬的上蹿趋势虽然确立了“短回中”强攻特征，但其是一个假攻特征。理由如下：股价和均线系统的发散状态还没有化解，趋势线和零轴线的悬空抬升状态也依然存在。7 月中旬以后，股价已经跌至大线之上，并形成了缓慢横移的震荡趋势，促使股价和均线系统的发散状态逐渐收缩。MACD 技术指标随着震荡趋势逐渐下行，趋势线重新落入零轴线区域，悬空抬升状态消失殆尽。7 月 24 日，盘面收出一根“触底回升，金针探底”K 线图，说明股价在 60 日均线获得强力支撑。这种 K 线图出现在探底过程或震荡筑底阶段，属于股价完成探底的寻底特征；出现在对望调整过程或区间盘整阶段，属于股价完成洗盘的止跌特征；出现在探顶过程或震荡筑顶阶段，属于股价完成诱多的探顶特征。同样一根 K 线图，出现位置不同，市场意义不同，实战意义也不同。

（4）7 月 29 日，股价由“金针”展开“四连阳”反弹，并重新站稳中线之上，成功构筑“短回中”强攻特征，重新点燃一波真实有力的多头趋势。或许投资者会说，日线股价从高位区域破位下行，不斩仓出局，耐心扛几个月时间，重新反弹以后也有盈利机会，甚至还有盈利机会。的确，这种情况时有发生，但有没有想过，套着怎么赚钱？深套需要多长时间？股价什么时候才能完成寻底或止跌？套着又如何把握新的机会？解套了又怎么知道不会再次被套？日线股价寻底以后重新起势，这是由于周线趋稳并重新强势的原因，所以扛单几个月时间获得了解套。假如大周期确立破位空头趋势，下挫和寻底时间遥遥无期，还能这么快解套吗？攻势末端追高的投资者，被套滋味如何？相信股民已经深有体会。

（5）“短回中”强攻特征引发了两个月涨势，日线和周线股价推起一波接近40%涨幅。不可忽略的一点是，日线和周线股价的重新强势，月线股价正在构筑“顶背离”趋势。这就不难理解，为何日线和周线股价经历探顶回落或调整趋势，实现寻底或止跌以后又选择重新起势，而且经过这样的反复盘升以后，股价的顶底价格一个比一个高，最终实现巨大涨幅才终结长期牛市。“以大指小”是选股和操盘的两大核心原则之一。月线决定周线，周线决定日线，日线决定分时，大分时决定小分时。多头开多单，空头开空单，也是由“以大指小”原则决定的。2014 年 9 月末，日线股价推高以后进入“顶背离”区间，周线和月线股价推高以后开始进入飘柱诱多状态。2015 年 1 月初至 6 月初，日线股价经历 3 个月的明显回调以后，又是“金针探底”K 线图推开一轮新的日线和周线涨势，而且股价不断地创出历史新高，构筑了月线趋势的“顶上顶”格局。这就意味着，月线股价实现企稳反转趋势，周线和日线股价将会实现大幅涨势，就算月线股价只推起一两个月的反弹行情，周线和日线股价也能实现不小的涨幅。大周期趋势未走完的情况下，小周期收出破位特征，其是一种假破特征，而且提示股价进入调整，暗示后市存在低吸机会。

（6）理念不清，趋势不明，总会遇到是“投资”还是“投机”的艰难抉择，产生做“短线”还是做“波段”的犹豫。在此提醒每一位投资者，股市涨跌有其自身的运行规律，从不以人的意志为转移。尊重股价运行规律，建立一套完善的成熟且稳定的控盘体系，才能在股市中长期生存。即便利用业余时间交易，也要学习必要的基础知识和操盘技术。认为自己做到谨慎就不会出现纰漏？认为自己通读一遍书籍就已经全懂？认为不做止损且长期扛单就不会亏损？认为自己足够聪明就不会犯错？每个人都是聪明人，但真正弄懂股价运行规律的聪明人，少之又少。股市赢家既知道进，也知道退，做好进退有度，才是取胜之道，进退无度，股市将成为一台无情的绞肉机。

操盘实例二　新天科技（300259）

◆ 图形识别

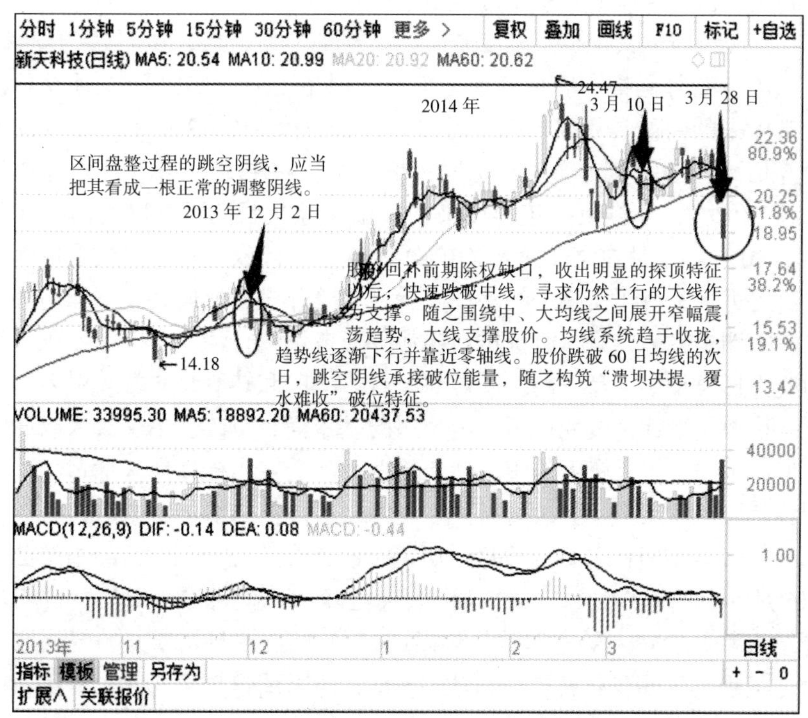

图 2–4　构筑“溃坝决堤，覆水难收”破位特征的走势

◆ 要点回放

如图 2–4 所示：

（1）细心的投资者应当发现，高送转题材是 A 股市场每年必炒的一道“盛宴”，只要与高送转题材沾上边，股价总在高送转题材确认之前完成“先知先觉”般的大涨（公告发布之前）。根据以往的炒作规律可以看出，每年下半年开始，都会产生一批高送转且被大肆炒作的个股，炒作时间相对集中，炒作周期较短，且多发于次新股。值得注意的是，无论股指多么低迷，即使股指处于长期熊市，个股只要有了高送转题材，股价总能实现逆势而动。可是，只要市场嗅到一丝高送转题材的朦胧利好，只要高送转题材获得广大投资者的认可，股价就已经完成大幅炒作。上市公司发布高送转预案时，股价要么处于明显的探顶区域，要么形成虚拉诱多的推高趋势，要么形成冲高回落的“见光死”行情。实施高送转以后，少数个股形成填权行情，所以填权行情也是强庄炒作的一种题材。有必要提

醒广大投资者，必须谨慎对待那些经历过爆炒且事后确认的所谓的热点题材。庄家忽悠普通投资者无须付出多大成本，只要股价经历大幅上扬并进入明显高位，任何一丝利好消息都能起到推波助澜的作用，普通投资者的赚钱欲望和追高热情将被彻底点燃，庄家撤退起来非常容易。

（2）新天科技（300259）自 2011 年 8 月末上市以来，从不缺乏题材炒作，庄家也毫不吝啬筹码推高股价，使之独立于股指走势。2012 年 1 月 6 日，股价探出上市以来的新低。复权状态下可以看出，股价由 2012 年 1 月 6 日进入推升趋势，经历了长期的盘升通道，顶底价格一个比一个高，2015 年 6 月 5 日收出明显的顶部价格，才结束三年半以来的牛市。除权状态下可以看出，2012 年 1 月 6 日至 2015 年 5 月 22 日之间，实施了三次分红除权，每个除权缺口都获得了回补。由此可见，每年实施分红除权以后，股价并没有形成大幅下挫趋势，经历或长或短的调整趋势以后，股价重新起势并形成填权行情，所以也促成了复权状态下的股价形成长期的盘升趋势。表面上看，送股和转股是非常吸引人的，即使这只是一种数字游戏，改变不了上市公司的基本面，也改变不了买入以后的持筹成本，但却阻挡不了投资者的跟风炒作热情。高送转题材算是 A 股市场每年必炒的中国特色，庄家从来不会放过，投资者的跟风炒作热情年年如是。

（3）2013 年 10 月 15 日，股价经历持续的盘升趋势以后，已经回补前期除权缺口（6 月 5 日的除权缺口），冲高回落收盘确立<对望格局>双轨，说明填权行情已经结束。股价转入对望调整趋势以后，回落至 60 日均线并缠绕均线系统波动，随之呈现出区间盘整特征。11 月 18 日，连阳反弹趋势促使股价重新站稳中线之上，成功构筑“短回中”强攻特征。这个“短回中”强攻特征存在致命缺陷：股价站稳中线时，中线仍然存在下垂角度。说明“短回中”之前的震荡时间不足，起势力度不足，预示后市股价必须转入调整趋势进行修复。12 月 2 日，接近跌停板的跳空阴线跌破均线系统支撑，成功构筑“下破四线”和“溃坝决堤，覆水难收”双重破位特征，同时把上行的 60 日均线带入钝化状态。有一点是必须明确的，股价只是经历持续盘升趋势，未经大幅上扬趋势，展开对望调整或处于区间盘整过程，期间收出任何一种破位特征都是假破特征。采取小幅回档或挖坑跌势进行调整，都是庄家刻意营造的技术手段，目的是为了化解、修复、洗盘和蓄势。普通投资者认为庄家阴险，觉得庄家控盘总是出人意料。其实不然，庄家每走一步都有其深意，弄懂盘面走势及其变化，才能深刻理解庄家的控盘意图，只是普通投资者无法领悟庄家控盘的真实意图罢了。跳空大阴线跌破均线系统以后，股价并未形成大幅下挫趋势，也从侧面反映出，跳空大阴线并非真实的破位特征，而且股价从次日开始，由于买盘的顽强抵抗，出现了明显的止跌特征。持续上行的 60 日均线开始出现钝化状态，均线系统逐渐收拢，趋势线靠近零轴线，随时迎合方向选择。

(4) 12 月 13 日，股价站上趋稳的 20 日均线，说明股价再次进入“短回中”强攻范畴，缩量推升表明企稳反转力度不足。12 月 17 日，股价站稳 20 日均线的第三天，阳线向上穿透已经收拢的均线系统，成功构筑“反攻四线”强攻特征。量价企稳反转力度不足，MACD 技术指标仍然存在死叉状态，都是压制股价暂时无法展开强攻趋势的不利因素。12 月 20 日，经历两天缩量回撤以后，携量阳线向上穿透 5 日、20 日和 60 日均线，说明股价和均线汇合构筑了特殊状态的“反攻三线”和“短回中”双重强攻特征。既对前方量价反扑力度不足的“反攻四线”做出确认，也将引发一波真实有力的多头征程。其符合强攻特征的技术条件：“反攻三线”本身是一种强攻特征，MACD 技术指标贴着零轴线转入金叉状态，均线系统黏合并呈现出发力向上状态，量价呈现出完全反扑之势。通过以上分析可以明白，这根携量阳线的强攻特征非常完美，新的多头征程值得期待。

(5) 2014 年 2 月 18 日，在除权状态下可以看出，股价经历两个月涨势以后，最后一波虚拉攻势回补了前期除权缺口（2012 年 5 月 17 日），冲高回落收盘说明股价拉升完成填权并确立<对望格局>双轨。平台即【预期】，缺口也是【预期】，对望即调整，调整即回避，回避意味着逢高减筹或清空。投资者对【预期】和<对望格局>双轨的认识程度有多深？是否懂得及时回避即可体现。一名成熟的理性投资者，有着完善的技术体系和强大的心理承受能力，绝不盲目追求短线收益，更不轻易放弃符合规律性的东西。每个进入股市的投资者，都希望自己取得成功，也想赚钱（赚得比别人多），但现实情况却非常残酷，真正掌握规律，且能做到持续稳定盈利的投资者，只有极少数。

(6) 2 月 25 日，股价探顶以后直接进入快速回落趋势，同时跌破高位三线并确立“下破三线”破位特征。次日，跳空阴线不仅延续了“下破三线”的破位趋势，也将股价带入“闸门洞开，一泻千里”跌势区域。股价跌至上行的 60 日均线，获得了均线的强力支撑。3 月 5 日，止跌反弹趋势缓慢推起，股价重新站稳 20 日均线。3 月 7 日，股价企稳 20 日均线的第三天，阴线再次跌破 20 日均线支撑。2 月 18 日的顶部确立为股价的“头部”，3 月 7 日再次（第二次）跌破 20 日均线，确立为股价的“肩部”，同时结合 MACD 技术指标逐渐下行的趋弱特征，可以得出以下结论：股价和指标趋势汇合成功构筑“头肩顶”形态。多空能量在高位区域展开争夺，确立“头肩顶”形态说明多头能量败退，空头能量开始掌控主动。次日，空头能量采取跳空下跌，成功构筑“溃坝决堤，覆水难收”破位特征。60 日均线存在明显的上行角度，发挥着强力支撑作用，使得股价不再下挫。庄家把股价控制在中、大线之间展开窄幅震荡趋势，均线系统的收拢趋势更加明显，趋势线逐渐下行并靠近零轴线，暗示庄家酝酿新的质变方向，多空都有可能发生。

（7）3 月 17 日和 21 日，这两个“反攻三线”强攻特征存在同样的致命缺陷：实现反攻时的 20 日均线都有下垂角度存在。说明股价实现反攻之前的震荡时间不足，不可避免地要展开一段调整趋势。3 月 27 日，股价表面上采取跳空低开，实质上它的低开幅度并没有低过昨日最低价，说明它们之间不存在跳空缺口，所以这根低开阴线并不是“溃坝决堤，覆水难收”破位特征。最终收盘跌破 60 日均线支撑，绿柱体取代红柱体并快速拉长，MACD 技术指标在零轴线附近转入死叉状态，表明股价跌破 60 日均线构筑了“抽刀断水，流水无情”破位特征。次日，跌势能量承接前一日破位趋势，采取跳空低开，开盘价成为当日最高价，放量低走以后留有跳空缺口收盘，说明股价成功构筑“溃坝决堤，覆水难收”破位特征。

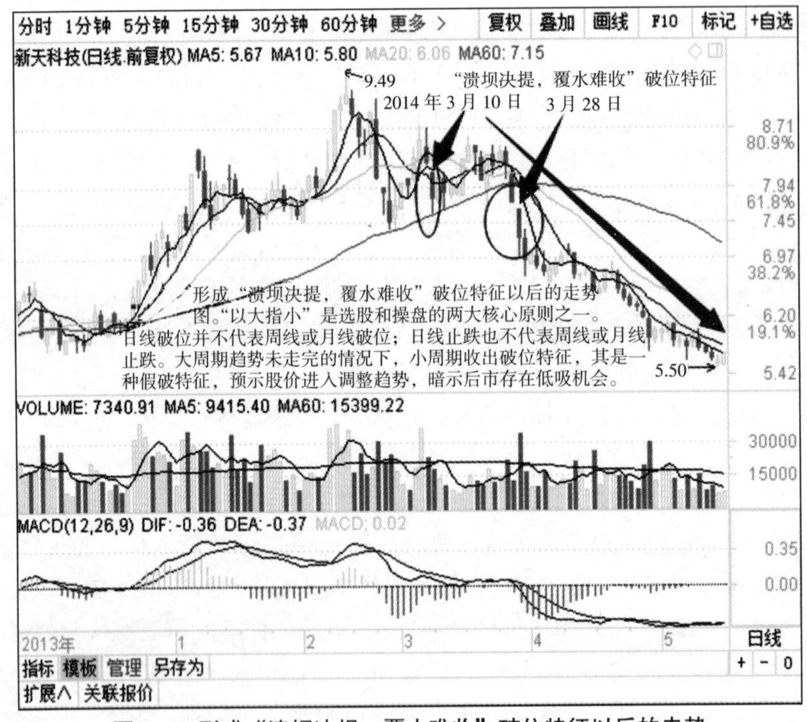

图 2–5　形成“溃坝决堤，覆水难收”破位特征以后的走势

◆ 操盘策略

如图 2–5 所示：

（1）2014 年 3 月 28 日，“溃坝决堤，覆水难收”跳空阴线不仅延续了“抽刀断水，流水无情”破位趋势，同步扩大了 MACD 技术指标的死叉状态，绿柱体

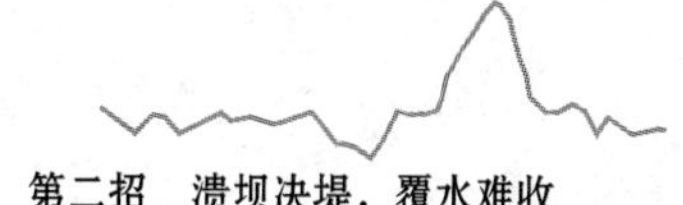

继续拉长，趋势线开始下穿零轴线。因此，这里不能持多，更不能开多，加空趋势是对市场、庄家、规律和资金的最大尊重。日线破位的真假性必须通过大周期判断，这是“以大指小”原则决定的。通过其周线趋势可以看出，除权股价已在2月中旬完成飘柱诱多趋势，此时处于回落过程，趋势线也在同步下降。这就意味着，日线股价反复构筑的强攻特征是假攻特征，目的是为了实现诱多派发，逐渐打破大线平衡并构筑破位特征，说明股价需要向下寻求支撑。

（2）日线股价经历1个多月的持续下跌以后，已经跌去30%以上的跌幅。5月23日，分红除权虽然留下较大的跳空缺口，但其日线和周线股价与前期技术底部基本一致，说明跌势完成【预期】并确立<对望格局>双轨。随后股价虽然弱势运行，但其已经实现缓慢反弹趋势，采取复权分析更加明显。日线股价经历一个多月的下挫以后，指标趋势已经呈现出超跌超卖征兆，说明股价下跌动能逐渐减弱，而且日线股价寻底已经明朗，预示股价随时都有可能展开超跌反弹趋势。周线股价经历“顺水抽风再顺水”的调整趋势以后，已经跌至大线附近波动，且已形成明显的止跌特征。月线股价经历“两连阴”回撤，其中线以及并排星阳线发挥着强力支撑。由此可见，股价反弹一触即发。7月下旬，股价受到60日均线的二次反压趋势，止跌企稳以后实现“九连阳”推升并进入“短回中”强攻区域。

（3）2014年12月初，日线股价推升实现了翻番行情。随后日线股价再次经历快速的挖坑跌势，1个月以后完成寻底并重新推起。2015年6月初，日线股价推升实现了翻两番行情。根据各个周期趋势分析以后，可以得出以下结论：2014年12月的日线挖坑跌势，周线股价形成了对望调整趋势，月线股价只有一根阴线回调。因此，日线股价形成破位下挫趋势，周线或月线股价未必是破位趋势，只是经历短暂调整；日线股价推起一轮新的涨势，周线或月线股价还是原来的强势行情。由此可见，日线构筑顶部或底部，反转或破位，只是波段布局和运作的一种手段，短线和高抛低吸亦然。周线或月线趋好的情况下，日线出现明显的回调趋势，反而是一个难得的低吸机会。

（4）对待行情不要我以为，对待庄家不必对着干，对待规律不能漠视它，对待自己不可放纵。我们进入股市，从一无所知到拥有一定的认识，必须经过市场的千锤百炼，也要经历牛熊行情的真实体会。懂得金融或经济类基础知识，不代表会做盘。抱着股市能够赚快钱、获暴利的念头入市，那是一厢情愿。入市以后每天重复相同的动作，一味地凭着感觉做盘，又不断地开单和平单，总觉得股价会按照自己的想法变动，潜意识地影响着做盘。买了亏了砍了，砍了再买再砍。有的止损不够坚决，有的一味死抗，即使盈利了，也不知道如何锁定【预期】盈利，常常幻想股价高了更高，想象股价突破了还能再突破！完全进入一种盲目的循环往复，莫名地做，莫名地亏，本金缩水严重。知难而退者，从此不踏入股市半步，但没有几人服输。于是剑走偏锋，抵押固定资产做股票，甚至融资放大杠杆，赌局越做越大，最终落下极其悲凉的人生。

操盘实例三　汇川技术（300124）

◆ 图形识别

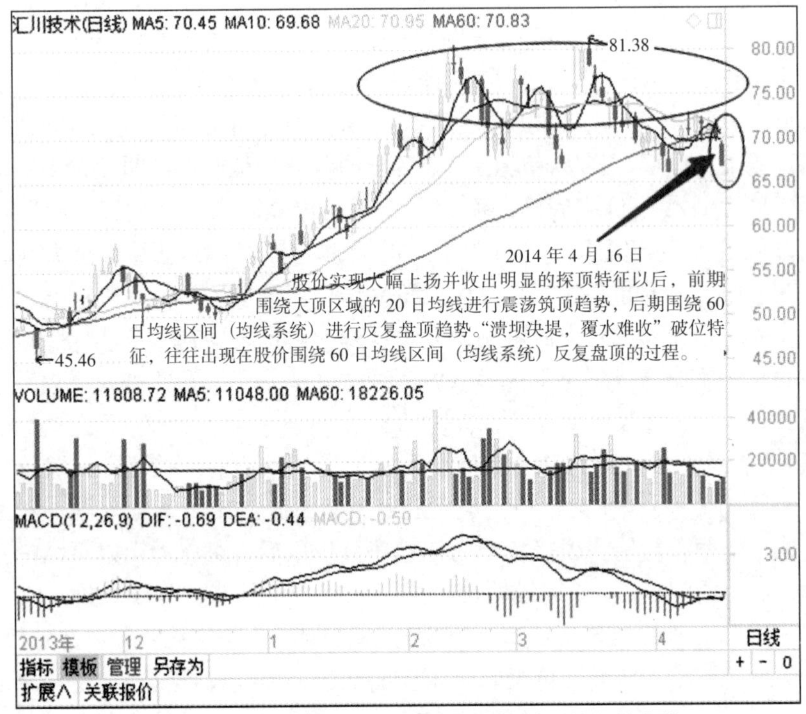

图 2-6　构筑"溃坝决堤，覆水难收"破位特征的走势

◆ 要点回放

如图 2-6 所示：

(1) 写该实例之前，先写一段与之相关的题外话。经常有人问及："创业板的风险大不大？到底能不能做？"这种问题已经不止一次被问及，笔者也不止一次回答了。2004 年深市推出中小板，在其推出前后的一段时间，曾经有过这样的讨论和疑问。相对主板的上市条件，中小板比主板低一些。2009 年推出创业板以来，这样的讨论和疑问也从未间断。创业板的上市条件比中小板还低一些，投资者入市参与，必须签署一份有关投资风险的协议，而且还有入市时间的门槛要求。虽然创业板推出已有七年时间，至今仍然存在这种讨论和疑问，投资者的

入市门槛要求暂时没有改变。

（2）新三板脱胎于老三板（股转系统），这两三年搞得风生水起，目前挂牌的公司数量远远超过沪深两市的上市公司总量，相信再往后几年，新三板挂牌的公司数量将会呈现出爆发性增长。围绕投资者参与新三板的讨论和疑问始终不断，毕竟新三板的上市条件又比创业板低了许多，多元化的交易方式，且无涨跌幅限制。个人投资者参与新三板的入市门槛非常高，要求个人账户达到500万资金量，99%的个人投资者都被拒于门外。讨论这些有意义吗？实质意义不大。A股市场处于尚未成熟的初级发展阶段，无论是机构还是个人投资者，投机是一种正常现象，也是存活下来的技术手段。新三板的交易制度和投资环境，虽然存在诸多问题亟待解决，但这些与个人有关吗？主板上市公司的年收入和盈利率虽然稳定，尤其是蓝筹股，但并不见得其涨幅比创业板的个股好。由此可见，只要个股趋势符合技术条件，完全不用管它是什么板块，更不用考虑它的市值大小，照做就是。创业板和新三板蕴含的机会，实在不可小觑，说不定它们当中会产生未来的世界级公司。

（3）上市公司的经营状况和收入水平的高低，普通投资者左右不了，这是大股东以及决策层要面临和解决的问题。操盘风险的大小并非由板块和个股决定，决定和控制风险的关键因素是人，以及由人执行的控盘体系。主板也好，创业板也罢，凭着主观感觉和一时喜好买卖，结果往往不尽如人意。技术分析常常被定义为投机取巧。根据技术手段做出的所有决定，对于价值投资来说，都属于投机范畴。投资是指根据基本面因素做出的决定，坚持长线持有，视为投资范畴。这两大阵营因分析手段和持有时间不同，有着明显的分界线。这样理解本质上没有错误，但就目前的A股市场来说，在政策法律和投资环境尚不完善的情况下，这样理解就大错特错。通过某种技术手段进行分析并做出交易决定，难道就不能盈利吗？非也。拥有完善的技术手段和强大的心理承受能力，盈利的可能性很大。基本面研究精透，反而不管用。A股市场的投机氛围浓厚，且存在大量“铁公鸡”和“不死鸟”，价值投资很难得到保障。即使是成熟的资本市场，也没人能保证价值投资就一定盈利。普通投资者的投资行为后知后觉，总在题材炒作的末端接货，最终沦为无奈的所谓的“价值投资者”！投资大师巴菲特不参与A股市场，却在港股市场抄底中国石油，不完善的市场制度（政策限制）是一个因素，投资环境的不成熟，也是他考虑的重要因素。

（4）“不管黑猫白猫，抓住老鼠就是好猫”，邓小平同志的著名论述，非常适合我们。不管采取哪种手段，投机也好，投资也罢，只要做到长期保持稳定盈利，就是一种好手段。以目前A股市场的投资环境来说，懂得技术分析总比研究基本面强。技术分析不必考虑基本面因素，技术手段的完善是关键。说了这么多关于板块和个股、技术面和基本面、政策面和投资环境等题外话，就是想告诉大家一个道理：任何板块及其个股都有风险，主板及其个股风险并不见得小，相反，创业板及其个股的流通市值小，股性活跃度高，流通性强，其所蕴含的机会往往比主板及其个股多。根据商务部研究院信用评级与认证中心最新发表的评估报告可以看出，主板公司的财务安全指数远低于中小板和创业板。简单地认为主板及其个股风险小，而其他板块及其个股风险大，这是主观上的肤浅认识。按照技术手段精选个股，严格掐点进退，不断总结成败，才是降低风险的根本。

（5）2012 年底至 2014 年 2 月，创业板指数实现了 150%涨幅，上证指数基本持平，深证成指反而下跌了 5%左右。主观认为创业板及其个股风险大，又漠视技术分析，甚至拒绝创业板个股，不是脑子进水了，就是钱多了。2012 年底至 2015 年第二季度，创业板指数及其个股走势成为市场中最耀眼的明星。与此同时，创业板及其个股经历两年多的牛市推动，指数翻了四番多，个股牛市遍地皆是。根据汇川技术（300124）的复权走势可以看出，2012 年 8 月 2 日探出上市以来的新低，股价比板块指数提前四个月完成寻底。2014 年 3 月 18 日探出当时的历史高价，整体涨幅已经接近四倍。由此可见，股价完成寻底比板块指数提前四个月，而板块指数只有两倍涨幅时，股价已经接近四倍涨幅，这些都是强庄控盘的强势恒强特征。

（6）每期培训都会告诫学员，股指走势对于强庄控盘的强势恒强个股来说，指导意义不大，而且强庄个股多数时候与股指走势不同，甚至逆势而动。股指猛涨，庄股顺势猛拉，或是小幅上涨；股指小幅上涨，庄股猛拉是常有的事，或是提前进入调整趋势；股指猛跌，庄股顺势回调，或是采取小幅调整；股指小幅调整，庄股可能提前调整了，逆势而动也不足为奇。股指走势只能作为操盘时的参考，个股趋势才是关键。因此，庄股往往比股指走势提前寻底、反弹、调整和启动，抑或有着明显的强庄控盘的技术特征，实战价值大。股指形成长期暴跌或暴涨趋势，或者形成长期牛市或熊市，才对个股走势影响深远。即便如此，总有少数强庄个股特立独行，总能演绎出与众不同的走势。能否做到提前识别强庄个股，斩获不一样的趋势，技术分析发挥了关键作用。股指期货、国债期货、融资融券、分级基金、个股期权、沪港通和深港通等新业务的先后推出，符合条件的个人投资者，不仅拓宽了投资渠道和交易品种，也改变了长期以来不能做空的单边限制。各类指数走势，尤其是上证指数和深证成指的波动，总是牵动着亿万投资者的心。可是，普通投资者往往赚了指数，亏了个股。不管什么时候，不必过分在意股指走势，不妨把其当成一只超级大盘股看待。投资也好，投机也罢，可以通过股指期货的交易与沪深指数实现对接。

（7）2014 年 2 月 18 日，股价推至大顶以后，随之围绕高位区域的 20 日均线

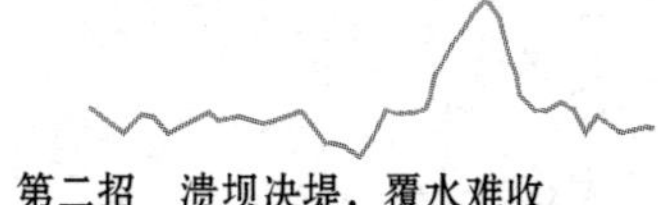

进行震荡筑顶趋势，趋势线呈现出逐渐下行的趋弱态势。3 月 18 日，股价跳空反弹以后虽然创出此轮行情新高，但冲高回落收盘成功构筑一个顶部区间的“破而后落，顶部反转”形态，说明这两个探顶特征确立<对望格局>双轨。虽然跳空反弹趋势创出此轮行情新高，MACD 技术指标也被反弹推力带入金叉状态，但 MACD 技术指标仍然保持一种逐渐下行的趋弱态势，说明股价和指标趋势汇合成功构筑“顶背离”形态，预示跳空反弹趋势属于虚拉诱多的推高趋势，暗示股价随时都有可能转入大幅下挫趋势，最好逢高清空筹码。

（8）股价从“顶背离”区域转入回落趋势，并快速跌破已经趋向钝化的 20 日均线，寻求仍然上行的 60 日均线作为支撑。4 月 2 日，阴线首次跌破高位区域的 60 日均线，MACD 技术指标扩大死叉状态且已进入零轴线下方。上行的 60 日均线以及 K 线组合起到了强力支撑作用，致使股价围绕中、大线之间展开上有阻压、下有支撑的窄幅震荡趋势，说明均线系统更加收拢，MACD 技术指标贴着零轴线运行，预示股价和指标随时迎合方向选择。4 月 15 日，阴线携量下跌并跌破所有均线支撑，说明股价和均线汇合同时构筑了“下破四线”和“抽刀断水，流水无情”破位特征，说明股价结束中继平台抵抗，拧开大幅下挫趋势的第三波回调。MACD 技术指标被其跌势能量重新带入死叉状态，预示股价和指标趋势成功构筑“顶上再破”的破位格局。次日，跌势能量承接前一日破位趋势，采取跳空低开并形成放量低走趋势，阴线收盘且留有跳空缺口，说明股价成功构筑“溃坝决堤，覆水难收”破位特征。不仅延伸了破位趋势，还把股价带入加速下挫过程。

◆ **操盘策略**

如图 2-7 所示：

（1）2014 年 4 月 16 日，双重破位特征致使股价跳空低开，形成放量低走以后采取阴线收盘且留有跳空缺口，确立“溃坝决堤，覆水难收”破位特征。这里不能持多或做多，当务之急是快速撤离所有多头筹码，进而加空趋势。“腾空而起，气势如虹”强攻区域做多或加多趋势，能够实现资金增加和人生的腾飞梦想，“溃坝决堤，覆水难收”破位区域做空或加空趋势，同样能够实现资金增加和人生的腾飞梦想。

（2）明确股价趋势和位置非常重要。涨势能够赚钱，跌势同样赚钱。操盘必须建立原则：多势只做多单，空势只做空单。有的投资者喜欢在“顶背离”区间狙击做多，追求股价虚拉诱多的反弹差价。不可否认，虚拉诱多的推高过程的确存在短线机会，在买卖点位掐准的情况下，通过快进快出确实能够实现盈利。可是，股价一旦脱离高位区域并落入 60 日均线附近展开窄幅震荡趋势，即使掐点技术精湛，股价也有可能快速掉头或形成快速破位趋势，操盘风险大。受阻于中

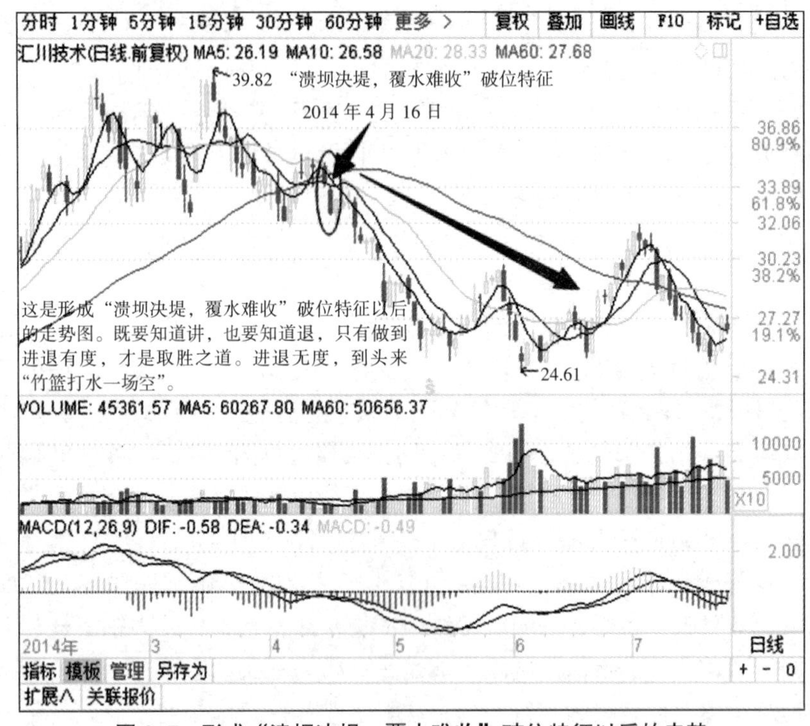

图 2–7 形成“溃坝决堤，覆水难收”破位特征以后的走势

线且再次跌破 60 日均线支撑，确立“顶上再破”的破位趋势，说明股价破位回落速度极快，仍然停留在做多思维，极易陷入“下破四线”或“抽刀断水，流水无情”破位趋势。“溃坝决堤，覆水难收”跳空阴线往往承接前一日破位趋势，说明股价下挫已成为板上钉钉的事实。股价破位了必须及时砍掉多单，不然只会令人“抽刀断水水更流，举杯消愁愁更愁”。股价连续破位以后，快速下挫趋势将使多者痛、空者快。

（3）招数及其演变并不复杂，最复杂的莫过于人们对它的态度；庄家控盘手段及其变化也不复杂，最复杂的莫过于人的内心变化。苦苦挣扎的投资者，都曾经对交易有美好憧憬和向往。可是，入市交易以后，总是认为自己比别人聪明，甚至觉得比庄家还要聪明，别人赚不到的自己能赚到，别人看不懂的自己一眼就能看穿，结果是“聪明反被聪明误”。每个进入股市的投资者，内心深处都有一个梦（目标），至少是想通过股票交易改变经济现状（窘境），实现人生和财务上的双重自由。不幸的是，大部分投资者经过长期的苦苦挣扎以后，依然找不到一个明确的交易方向，账户本金一天比一天少。不服输也好，自作聪明也罢，付出的代价越来越高。有的投资者崇尚价值投资，以巴菲特为崇拜对象，买入以后长线持有，等待时间玫瑰的绽放，结果玫瑰花还没绽放，本金已经严重缩水，甚至连生命之花都快凋谢了。有的投资者过分迷恋某种技术手段，技术上迟迟无法实现衔接、串联和融合。有的投资者只是认识了一些简单的K线图，就以为什么都懂了，认为庄家控盘手段及其变化也就那么回事。然后通过高频交易以求实现短线暴利，可悲的是，到头来“竹篮打水一场空”。

操盘实例四　奥瑞金（002701）

◆ 图形识别

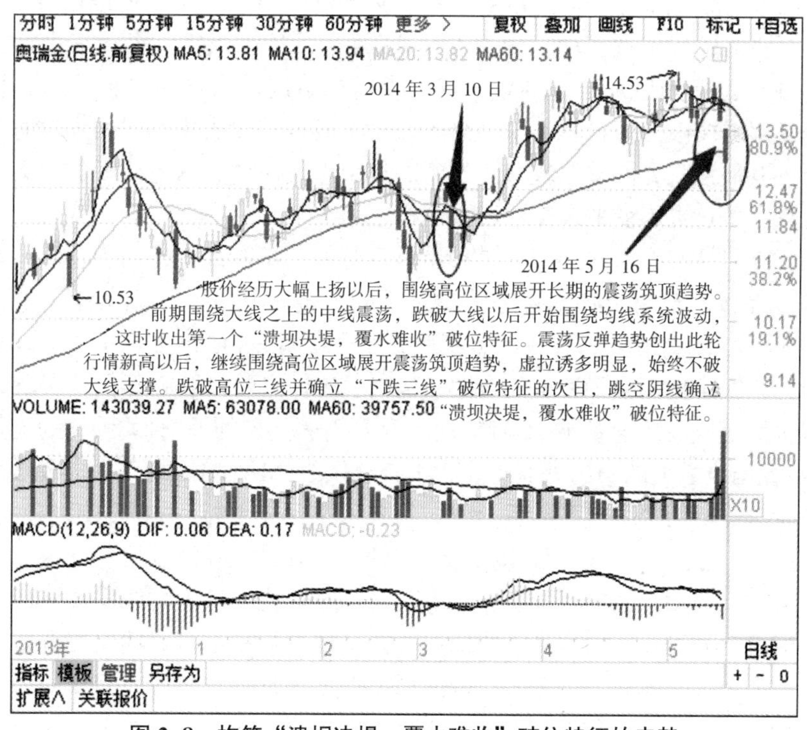

图 2-8　构筑“溃坝决堤，覆水难收”破位特征的走势

◆ 要点回放

如图 2-8 所示：

（1）2012 年 12 月至 2014 年 4 月，奥瑞金（002701）的长期多势实现了翻两番行情，而且它的长期多势完全独立于股指走势。因此，操盘重点关注个股走势，而不是股指走势，认清趋势和熟练运用招数是核心。回顾奥瑞金（002701）独立于股指的长期多势，将会发现该股庄家多次采取了诱空手段进行打压，相同的诱空手段重复使用。股价每次经历一波诱空打压并出现止跌以后，日线和周线

股价又快速形成企稳反转趋势，或转入一段区间盘整趋势，从而构筑月线级别的大波段行情。

（2）2013 年 6 月 21 日，股价从“头肩顶”区域形成回落，当日采取跳空低开并形成携量低走趋势，阴线收盘跌破大线且留有跳空缺口，说明股价成功构筑“溃坝决堤，覆水难收”和“抽刀断水，流水无情”结合型破位特征。股价经历短暂下挫以后，止跌特征支撑股价不再下行，MACD 技术指标的空势特征逐渐趋弱。8 月 9 日，股价在 60 日均线之下经历 1 个多月的震荡趋势以后，携量反弹并重新站上 60 日均线，股价回补了前期跳空缺口。随后股价围绕 60 日均线区间（均线系统）展开长期的盘整趋势，原来明显发散的均线系统逐渐收拢，MACD 技术指标在零轴线附近波动。10 月初至 11 月初，“短回中”、“短回长”和“反攻四线”强攻特征先后形成，MACD 技术指标开始进入明显的多头状态。11 月 5 日，携量阳线突破区间盘整上轨，终于迎来了股价“突出重围”的强攻时刻，随之引爆一波强强联合的多头攻势。不断的量变引发质变，这是哲学的三大定律之一，也是一条亘古不变的定律，股市同样适用。

（3）12 月 9 日，股价经过一波持续推升趋势，不断地创出历史新高，盘中股价推至涨停板却没有封住涨停板，最终报收“金玉其外，败絮其中”携量大阳线，提示“突出重围”的强攻趋势到此为止。次日，“白色十字星”与昨日大阳线构成“阳线孕伪阳线”K 线组合图，也叫“心怀鬼胎，居心不良”探顶 K 线组合。股价回落以后快速跌破 20 日均线，寻求仍然上行的 60 日均线作为支撑。股价在 60 日均线之上的不远处获得止跌，接着围绕 20 日均线震荡并形成缓慢盘升趋势。股价经历两个多月的缓慢盘升以后，原来明显上行的 60 日均线趋向钝化，均线系统逐渐收拢，MACD 技术指标在零轴线上方波动并形成了悬空抬升状态。

（4）2014 年 2 月 25 日，股价放量下跌并同时跌破四条均线支撑，成功构筑“下破四线”破位特征。60 日均线依然存在小幅上行角度，说明其发挥着强力支撑支持，预示“下破四线”破位特征欠缺力度。3 月 5 日，股价经历短暂下挫以后，“连阳推动”形成止跌企稳特征，股价重新站稳均线系统之上，采取跳空高开且留有缺口收盘，说明跳空阳线确立“内腾空”强攻特征。中线在上，跳空阳线站稳其上，伴随着“短回中”强攻特征。3 月 10 日，“五连阳”以后展开回撤趋势，采取跳空低开且留有缺口收盘，说明跳空阴线确立“溃坝决堤，覆水难收”破位特征。中、大均线的上行角度已经消失，且已有了小幅下垂角度，绿柱体快速取代刚刚露头的红柱体，说明 MACD 技术指标被股价跌势快速带入死叉状态。假如说股价已经由多翻空，这根跳空阴线属于破位趋势的开始，此时应当为看空趋势。假如说这根跳空阴线属于回撤趋势的连续过程，那么股价下跌属于正常的回撤趋势，而不是破位，此时应当耐心等待股价止跌。次日开始，不仅出

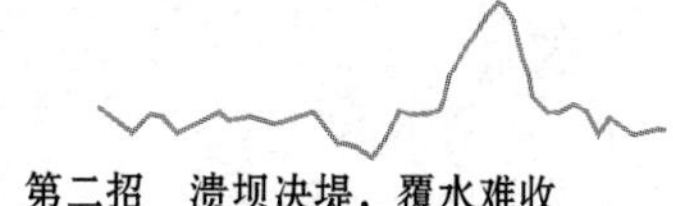

现止跌企稳特征，股价重新站稳均线系统之上，“短回中”来了，“反攻四线”也来了，MACD 技术指标的金叉状态伴随而至。这就意味着，3 月 10 日采取跳空下跌并非构筑“溃坝决堤，覆水难收”破位特征，这是股价收出“五连阳”、“内腾空”和“短回中”强攻特征以后，庄家刻意实施的一种正常的回撤手段。采取跳空下跌进行诱空打压，不仅加大了持筹者的恐慌情绪，同时驱赶不坚定的浮筹出局。股价下跌以后形成企稳反转特征，必须逢低吸筹；确立强攻特征，必须及时转换思维。明白了这些，后面工作的开展也就好办多了。

（5）3 月中旬确立“短回中”强攻特征以后，股价实现快速推升趋势，触及前期历史平台并创出新的高度，出现停顿迹象说明股价推升完成【预期】并确立<对望格局>双轨。随着对望调整趋势的展开，红柱体逐渐脱出趋势线，说明指标趋势开始减弱。4 月 1 日，经历一周对望调整趋势以后，携量大阳线重新推起并突破<对望格局>双轨，股价创出新的历史高度。红柱体虽然重新拉长，但其无法超越股价确立对望时的红柱体长度，而且红柱体重新拉长也无法藏入趋势线，说明股价震荡反弹并创出历史新高，正在构筑一段飘柱诱多的虚拉趋势。假如股价携量反弹且将重新拉长的红柱体藏入趋势线，那么股价和指标趋势获得了重新强势，后市涨幅值得期待。飘柱诱多的虚拉趋势，顾名思义，就是说股价经历调整趋势以后，红柱体脱出趋势线并呈现出缩短状态，反弹趋势明显向上或已超越调整前的价格高度，促使缩短了的红柱体重新拉长，趋势线保持着整体抬升状态，可是红柱体重新拉长却无法藏入整体抬升状态的趋势线，所以不管反弹趋势能否超越调整前的价格高度，都可以把这几天的短暂反弹叫作飘柱诱多的虚拉趋势。

（6）3 月末至 4 月中旬，股价在高位区域展开震荡筑顶趋势，经历了两次飘柱诱多的虚拉趋势，说明庄家利用虚拉趋势实现抛筹。股价回落以后跌破 20 日均线，寻求仍然上行的 60 日均线作为支撑。4 月 23 日，低开高走阳线恰好从 60 日均线展开反弹，说明股价获得了止跌。5 月 6 日，股价经过弱势反弹以后，虽然创出历史新高，但趋势线却保持着逐渐下行的悬空状态，说明股价和指标趋势严重背离并构筑“顶背离”形态。必须及时清空所有多头筹码，哪怕是追高的，即使有亏损存在，也要当机立断。

（7）5 月 8 日，股价携量下跌并同时跌破高位区域的三条均线支撑，说明股价和均线汇合成功构筑“下破三线”破位特征。5 月 15 日，股价经历短暂的顽强抵抗以后，携量下跌再次构筑“下破三线”破位特征，同步扩大了中线下垂角度，使得股价破位更加真实。5 月 16 日，空头能量承接昨日破位趋势，采取跳空低开并形成携量低走趋势，阴线收盘跌破大线且留有跳空缺口，说明股价成功构筑“溃坝决堤，覆水难收”和“抽刀断水，流水无情”结合型破位特征。

◆ 操盘策略

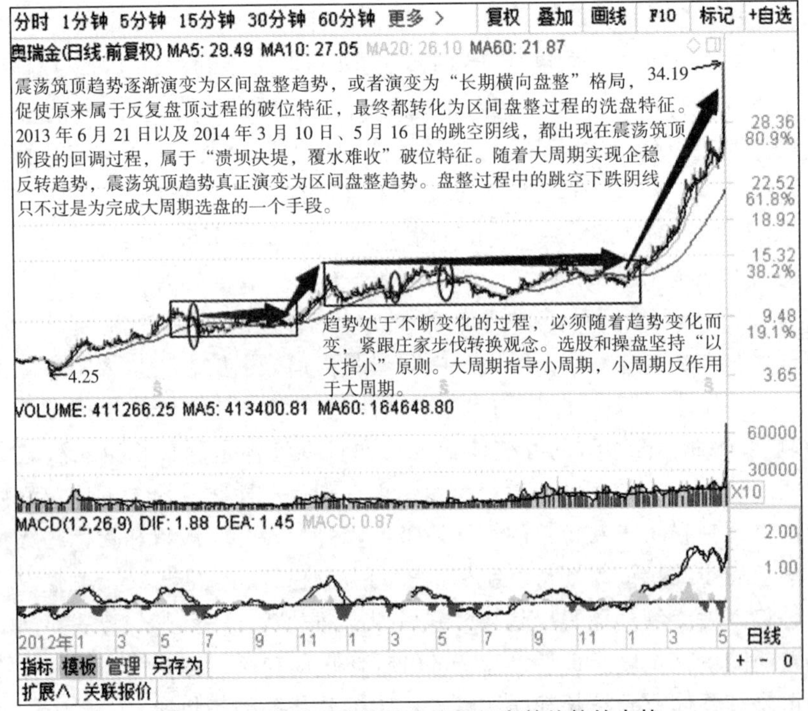
分时 1分钟 5分钟 15分钟 30分钟 60分钟 更多 > 复权 叠加 画线 F10 标记 +自选
奥瑞金(日线,前复权) MA5: 29.49 MA10: 27.05 MA20: 26.10 MA60: 21.87
震荡筑顶趋势逐渐演变为区间盘整趋势，或者演变为“长期横向盘整”格局，促使原来属于反复盘顶过程的破位特征，最终都转化为区间盘整过程的洗盘特征。2013 年 6 月 21 日以及 2014 年 3 月 10 日、5 月 16 日的跳空阴线，都出现在震荡筑顶阶段的回调过程，属于“溃坝决堤，覆水难收”破位特征。随着大周期实现企稳反转趋势，震荡筑顶趋势真正演变为区间盘整趋势。盘整过程中的跳空下跌阴线只不过是为完成大周期选盘的一个手段。
34.19
28.36
80.9%
22.52
61.8%
18.92
15.32
38.2%
9.48
19.1%
3.65
4.25
趋势处于不断变化的过程，必须随着趋势变化而变，紧跟庄家步伐转换观念。选股和操盘坚持“以大指小”原则。大周期指导小周期，小周期反作用于大周期。
VOLUME: 411266.25 MA5: 413400.81 MA60: 164648.80
60000
30000
X10
MACD(12,26,9) DIF: 1.88 DEA: 1.45 MACD: 0.87
2.00
1.00
2012年 1 3 5 7 9 11 1 3 5 7 9 11 1 3 5 日线
指标 模板 管理 另存为
扩展∧ 关联报价

图 2-9 震荡筑顶趋势演变为区间盘整趋势的走势

如图 2-9 所示：

(1) 2015 年 5 月 16 日，成功构筑“溃坝决堤，覆水难收”和“抽刀断水，流水无情”结合型破位特征，说明股价向下寻求支撑。在其确立之前的一年半时间，股价经历了长期盘升趋势，实现了翻两番的行情。细心的投资者应当可以发现，长期盘升趋势构成了一段比较完整的五波浪型结构，庄家控盘手段极其高明。2012 年 12 月 3 日至 2013 年 5 月 22 日，属于其第一波上涨浪；2013 年 5 月 22 日至 10 月下旬，属于其第二波调整浪；10 月下旬至 12 月 11 日，属于其第三波上涨浪；12 月 11 日至次年 3 月中旬，属于其第四波调整浪；2014 年 3 月中旬至 5 月 6 日，属于其第五波上涨浪。长期盘升趋势一波比一波高，每波调整也都形成了一段区间盘整趋势。

(2) 每一波调整趋势的展开及其深入，庄家都采取了假破特征进行诱空打压，跳空阴线也有多次出现，这一次确立的破位特征是真是假呢？第五波上涨浪推起以后，股价停留在高位区域展开震荡筑顶趋势，震荡下行过程收出任何形式的破位特征，都是终结多头的明确提示，也是看空和加空趋势的开始。股价围绕

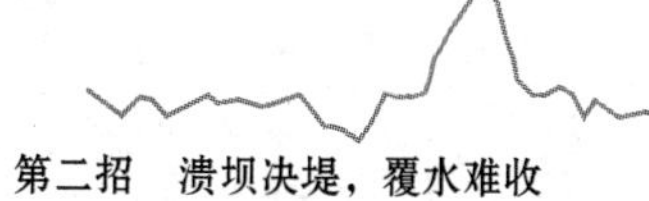

高位区域的20日均线展开震荡筑顶趋势，或者围绕60日均线（均线系统）展开反复盘顶趋势，构筑一段明显的中继平台。不仅迷惑跟风追涨浮筹留守，而且诱使场外资金持续进场接货。一旦确立“溃坝决堤，覆水难收”破位特征，说明股价已经脱离明显的高位区域或反复盘顶区域，这是真实有力的破位特征。不管是做多还是做空趋势，开单时不必过分追求完美，但第一仓筹码的建立，必须把握好开单时机，不然做多有可能追高了。做空有可能追低了。违反原则开单，不仅扩大止损价格，【预期】盈利也相应缩小，同时放大了操盘和资金风险。一旦错过了最佳的开单时机，追高或追低开单都违反原则，这是炒股大忌。

（3）说来也巧，该股实施高送转当日恰好形成“溃坝决堤，覆水难收”破位特征。虽然高送转题材是A股市场每年必炒的热点题材，但热点题材往往事后确认。通过任何正规途径都能获知的利好消息，说明你知，他知，我知，每个人都知道了，不能把其看成“利好消息”，毕竟股价在此之前已经实现爆炒。个股蕴含利好，普通投资者不可能提前知晓，通过技术手段进行分析除外。任何所谓的热点题材确认前，股价总会实现“先知先觉”般的惊人涨幅，隔三岔五的疯涨使得投资者迟迟不敢下手，害怕自己追高了。题材确认时，普通投资者以为将对股价产生极大的催化作用，不管三七二十一，投入大量资金疯狂扫货，稍有迟疑还觉得自己追慢了，甚至有一种不买入就对不起“利好消息”的感觉。可是，股价经过事前爆炒，这个时候开始犹豫不前，升势变得凝重，出现冲高回落或者形成破位特征的也有不少。该股实施高送转当日恰好出现破位特征，难道这只是一种巧合吗？当然不是。普通投资者认为这是利好股价的催化剂，买入了不会错。所以拼了命也要买入。庄家却不然，借着利好（题材确认）兑现利润。由此可见，利好消息往往是为了配合庄家撤退，埋单的永远是那些“后知后觉”的普通投资者。选股和操盘要以技术为准，任何时候都不要忘记这个原则。热点题材确认时，买入做多的不妨反其道而行之，或许还能收到令人意外的效果。

（4）收出“溃坝决堤，覆水难收”和“抽刀断水，流水无情”结合型破位特征以后，股价经历两个多月的下挫趋势，已经到达前期第四波调整浪的底部附近，说明前期底部成为此轮下挫趋势的【预期】和支撑。7月下旬，股价完成寻底以后展开明显反弹趋势，两个半月以后到达前期第五波上涨浪的顶部区域，说明前期顶部成为此轮反弹趋势的【预期】和阻压。10月9日收出“金玉其外，败絮其中”诱多特征以后，股价展开对望调整趋势，并形成了一波顺势打压的挖坑跌势。2014年12月31日开始，股价完成寻底并展开快速反弹趋势。2015年1月下旬，快速反弹趋势已经推至前期顶部，明显受阻以后确立<对望格局>双轨。对望调整趋势如期展开，两周以后实现企稳反转并突破所有历史平台，突破攻势一发不可收拾。5月13日，晚间发布停牌公告，而在停牌前的一周时间，已经推起一波快速急拉攻势。

（5）历史虽然不会简单地重复，但总有着相似的过程和结果。2013 年 5 月 22 日至 10 月下旬的第二波调整浪和 12 月 11 日至次年 3 月中旬的第四波调整浪，属于五波推动浪的其中两波调整浪，有着相似的调整趋势。格局放大以后不难发现，2013 年 12 月 11 日至 2015 年 1 月初的 14 个月时间，构筑了一段“长期横向盘整”格局，其包含了 2013 年 12 月 11 日至次年 3 月中旬的第四波调整浪，也包含了 2014 年 3 月下旬至 5 月 6 日的第五波诱多浪。由此得出以下结论：波浪趋势永不停止，而趋势总是处于不断的变化和延伸过程；大周期和小周期都是相对独立的系统，大周期包含了小周期，小周期是大周期的一分子。

（6）震荡筑顶趋势是一段独立的趋势，随着时间的推移，以及各种因素的不断影响和改变，其可以转化为区间盘整趋势。因此，高位区域或反复盘顶过程构筑的破位特征，可以转化为区间盘整趋势的洗盘特征。2013 年 6 月 21 日和 2014 年 5 月 16 日收出的跳空阴线，都可以叫作“溃坝决堤，覆水难收”破位特征，隶属于震荡筑顶阶段。随着时间的推移，以及各种因素的不断影响和改变，震荡筑顶趋势转化为区间盘整趋势，破位特征转化为洗盘特征。由此可见，一个探顶特征在一段独立的趋势内是真实的顶部，趋势发生变化，格局放大了，探顶特征未必是真顶。第五波浪型构成一段完整的波浪趋势，时间长了，趋势变了，或许只是构筑长期趋势的某一波浪型。眼光放长些，格局放大些，将会看到不一样的东西。

（7）作为一名成熟的理性操盘手，一方面，强调自己的能力，做自己能够看得明白的投资；另一方面，不断地拓宽自己的能力边界。视野越宽广，才能在某个特定领域功夫扎得越深、看得更透。什么性格的人，读什么样的书，走什么样的路，决定人的一生。千万个投资者，读千万种书籍，有千万种方法，最终结果只有胜和负。大智大慧者，归根结底，还是得读懂人生这本书。人生如股，股如人生。多数时候，越是急于成功（盈利），越是不得要领。在这浮躁的市场，假如今天缺个角，明天裂个缝，那离塌陷也就不远了。投资过程既要防备庄家的黑手，也要跟上市场（趋势）的速变，还要在狼嘴边上有肉的时候赶紧下筷子，更要在趋势变坏之前及时抽身。

★ 招数小结

（1）根据“波浪理论”所述，回调趋势由下跌三浪构成。股价由明显大顶跌至 60 日均线附近，属于回调趋势的第一波下跌浪，跌幅往往不大，且围绕均线

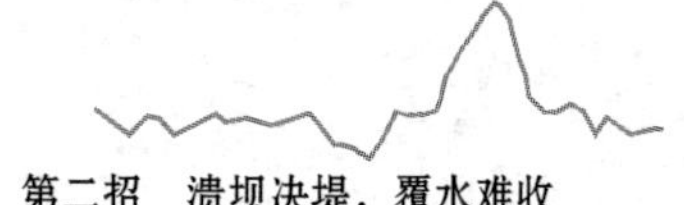

反复波动。围绕60日均线区间（均线系统）构筑一段抵抗趋势，震荡反弹或窄幅震荡也叫“回落中继平台”，属于回调趋势的第二波反弹浪，也叫中继平台或中继浪。股价瓦解均线系统以后收出各种破位特征，是终结反弹浪的提示，也是第三波下跌浪的开始。一般情况下，第三波下跌浪比第一波下跌浪的回调速度快，回调幅度也大。反复盘顶过程成功构筑“溃坝决堤，覆水难收”破位特征，说明股价进入加速下挫的破位趋势，也将开启大幅下挫趋势的第三波回调。

（2）围绕60日均线区间（均线系统）展开反复盘顶趋势，往往是先跌破60日均线或均线系统，紧接着确立“溃坝决堤，覆水难收”破位特征。有的破位当日恰好跌破60日均线或均线系统，同时构筑多种破位特征，如“反复筑顶，下破四线”、“抽刀断水，流水无情”和“溃坝决堤，覆水难收”等破位特征。股价跌破60日均线或均线系统以后，短期向上冲击中、大均线并受其反压，极易构筑“溃坝决堤，覆水难收”破位特征。无论是构筑单一破位特征，还是构筑结合型破位特征，必将引爆一波破位大跌趋势。构筑“溃坝决堤，覆水难收”破位特征当日，MACD技术指标的死叉状态往往同步放大，预示股价和指标趋势同时迎合空头趋势。

（3）反复盘顶过程收出任何破位特征，可信度极高。无论从哪里买入，也不管盈亏多少，即使是从明显的大顶区域追入，也必须当机立断，撤出所有筹码。“溃坝决堤，覆水难收”破位特征往往出现在其他类型的破位特征之后，从严格意义上说，其属于加空趋势的破位招数。股价由空翻多，或由多翻空，质变时机由市场和庄家说了算。庄家通过各种具体的招数提示，必须尊重它。千万不要有一种不认输、不服软的赌徒心理，更可怕的是逆势开单，这样只会陷入被动挨打的套牢局面。

（4）波段牛股经常采取破位特征实现打压，进而起到震慑和清洗作用。尤其是股价由震荡筑顶趋势演变为区间盘整趋势，庄家经常采取跳空阴线进行诱空砸盘。股价未经大幅上扬趋势，或者未经快速急拉攻势，脱离低位区间并越过60日均线以后，围绕60日均线区间（均线系统）展开长期的盘整趋势，时而小幅推升，时而挖坑下跌，时而上蹿下跳，时而伏低蹿高，期间收出的破位特征都是一种假象，股价并非真的破位。例如：区间盘整过程收出“下破三线”、“下破四线”、“溃坝决堤，覆水难收”等破位特征，只不过是庄家采取了顺势打压的挖坑手段，目的就是为了加强震慑和清洗浮筹。挖坑过程不必恐惧，回撤洗盘也是好事，一名成熟的理性投资者，应当从区间盘整趋势寻找合理的建仓（低吸）机会。股价由震荡筑顶趋势演变为区间盘整趋势，即使破位特征属于正常的回撤阴线，也不能贸然抢筹。

（5）无论跳空缺口大小，哪怕只有一分钱没有回补缺口，破位特征也成立。

原则上不得回补跳空缺口，回补就有可能延长盘顶趋势。破位次日或短期内形成反弹趋势，最好不要回补跳空缺口。不回补跳空缺口，有利于维持跳空下跌的力度和连续性，也让那些从跳空缺口上方买入的投资者无法获得解套机会。构筑"溃坝决堤，覆水难收"破位特征以后，股价出现短暂抵抗或者形成小幅反弹趋势，两条大线将会形成强力阻压。

（6）日线股价展开震荡筑顶趋势，判断股价破位的真假性，必须结合周线或月线趋势。震荡筑顶过程时而创出此轮行情新高，时而跌破中线或大线支撑，都是为了构筑大周期的虚拉诱多或破位特征。一般情况下，股价涨幅越大，震荡筑顶时间越长。庄家控盘量大且获利甚巨，一时难以完全撤离，又不想采取跌势派发，经常构筑反复盘顶趋势。

（7）日线破位极有可能出现在长期牛市的换挡途中。根据日线趋势分析，这是真实的破位特征，根据大周期趋势判断，日线破位下挫只是大周期的调整需要。趋势总是处于不断变化的过程中，必须随着趋势变化而变，紧跟庄家步伐转换观念。无论什么时候，选股和操盘需要坚持"以大指小"原则，大周期指导小周期、大周期套小周期。

★ 构筑方式及表现特征

"溃坝决堤，覆水难收"跳空阴线有以下三种常见的构筑方式及表现特征：

第一种，汇川技术（300124），如图 2-10 所示。

股价实现大幅上扬并收出明显的探顶特征以后，前期围绕大顶区域的 20 日均线进行震荡筑顶趋势，后期围绕 60 日均线区间（均线系统）展开反复盘顶趋势。"溃坝决堤，覆水难收"破位特征，往往出现在股价围绕 60 日均线区间（均线系统）反复盘顶的过程中。

股价实现大幅上扬并收出明显的探顶特征以后，前期围绕大顶区域的 20 日均线进行震荡筑顶趋势，期间形成弱势反弹趋势并有可能创出此轮行情新高，也有可能只是缠绕 20 日均线震荡且不创此轮行情新高。待股价跌破已经钝化了的 20 日均线，向下寻找仍然上行的 60 日均线作为支撑。接着围绕 60 日均线区间（均线系统）展开反复盘顶趋势，股价有可能只是反复缠绕 60 日均线，也有可能在两条大线之间展开窄幅震荡趋势，还有可能形成一段虚拉诱多趋势，多数时候不创此轮行情新高。

反复盘顶过程容易产生各种破位特征，结合型破位特征比较多见。"溃坝决堤，覆水难收"破位特征往往出现在股价跌破 60 日均线或均线系统的次日，60

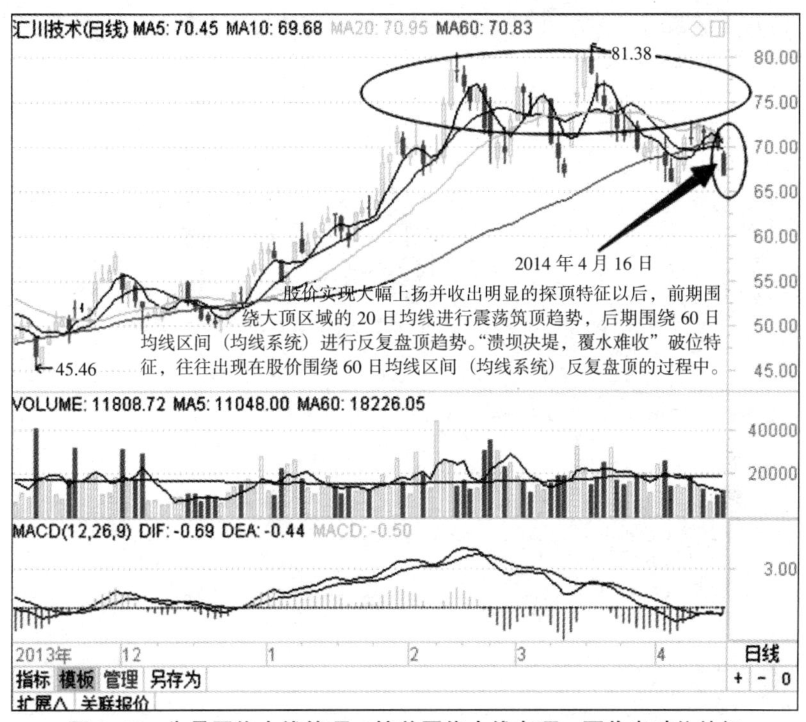

图 2-10　先是围绕中线筑顶，接着围绕大线盘顶，再收出破位特征

日均线之上较少出现。反复盘顶趋势不仅可以顺利派发获利巨大的控盘筹码，而且收拢并瓦解均线系统的多头趋势。MACD 技术指标多数时候靠近零轴线波动，随时迎合股价方向选择。股价实现巨大涨幅，庄家控盘筹码获利丰厚，反复盘顶趋势不失为一种高明的诱多和派发手段。盘顶时间越长，散户投资者追高越多，庄家越容易实现高位派发。跳空缺口一旦打开，累积的市场风险犹如溃坝之水泛滥成灾，再想解套就难了。

第二种，三全食品（002216），如图 2-11 所示。

股价实现大幅上扬并收出明显的探顶特征以后，高位停留时间极短并快速跌破 20 日均线支撑，随之围绕 60 日均线区间（均线系统）展开反复盘顶趋势，反复盘顶过程构筑"溃坝决堤，覆水难收"破位特征。

股价到达明显大顶以后快速回落，直接跌破 20 日均线并寻求上行的 60 日均线作为支撑。说明股价在大顶区域的 20 日均线之上，缺少一段诱多功能的震荡筑顶趋势。一般情况下，快速回落趋势虽然容易跌破 60 日均线，但其上行角度将会形成强力支撑。也从侧面反映出，大顶区域追高的投资者，买入以后就处于亏损状态。

庄家把股价控制在 60 日均线区间（均线系统）附近展开反复盘顶趋势，目

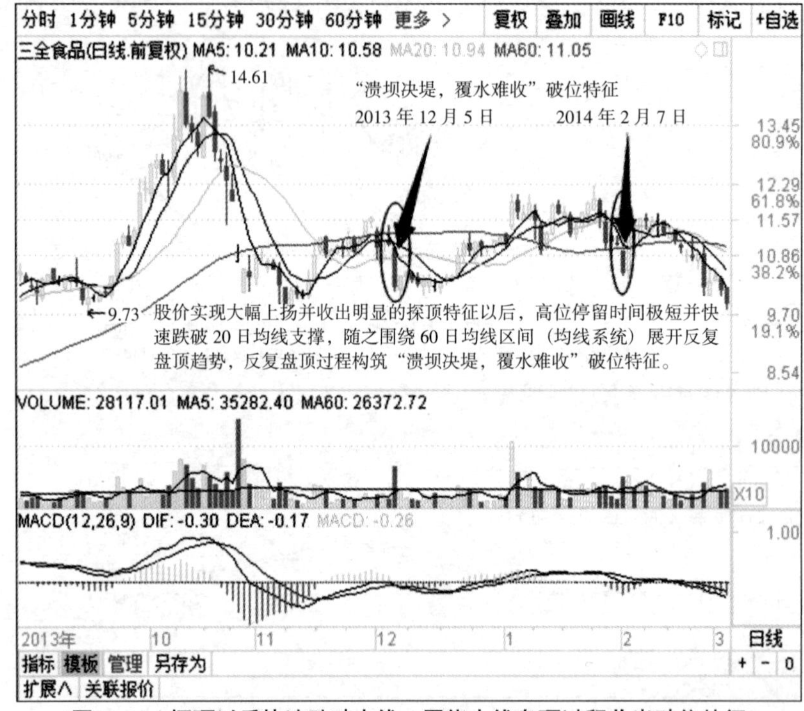

图 2-11 探顶以后快速跌破中线，围绕大线盘顶过程收出破位特征

的是为了诱多派发。反复盘顶趋势有可能创出此轮行情新高，但不多见，多数选择窄幅震荡趋势进行。MACD 技术指标落入零轴线以后，随之围绕零轴线反复缠绕。被套者补仓，观望者变成持筹者，庄家逐渐实现派发。均线系统收拢以后，股价跌破 60 日均线或均线系统，次日选择跳空低开并形成低走阴线，确立“溃坝决堤，覆水难收”破位特征。如果跳空阴线同时跌破 60 日均线或均线系统，即构筑结合型破位特征。“溃坝决堤，覆水难收”破位特征表明股价结束反复盘顶趋势，进入跌势的加速阶段，预示追高浮筹在短期内难以解套。即使跳空阴线只有缩量状态，也难改变跌势格局。震荡筑顶或反复盘顶时间长了，将会演变为区间盘整趋势，一旦大周线出现转强特征，股价又能重拾升势。这个时候必须高度关注其变盘时机，随时做好再进准备。

第三种，连云港（601008），如图 2-12 所示。

股价实现大幅上扬并收出明显的探顶特征以后，停留在高位区域并围绕 20 日均线展开长期的震荡筑顶趋势，股价始终不破 60 日均线支撑，并缓慢靠近 60 日均线。股价震荡前移促使上行的 60 日均线逐渐减缓，原来明显发散的均线系统有所收拢，趋势线逐渐下行且已靠近零轴线。某日，跳空下跌阴线直接跌破 60 日均线或均线系统支撑，确立“溃坝决堤，覆水难收”破位特征；或者说股

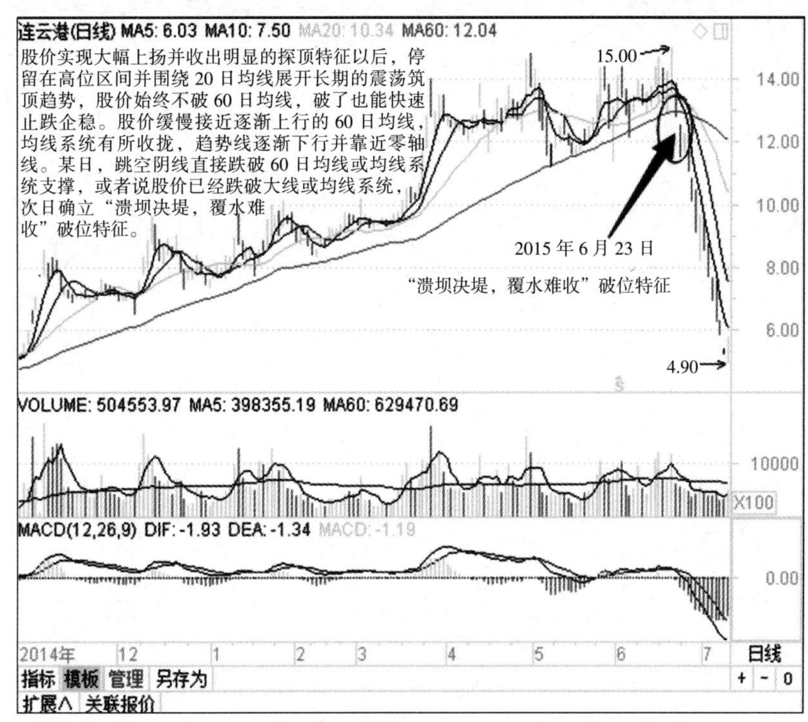

图 2-12　股价长期处于大线上方震荡，均线系统收拢以后收出破位特征

价已经跌破 60 日均线和均线系统，次日确立“溃坝决堤，覆水难收”破位特征。

股价停留在高位区域并围绕 20 日均线展开长期的震荡筑顶趋势，弱势反弹过程极有可能创出此轮行情新高。股价在高位区域保持震荡前移态势，始终不破 60 日均线并逐渐靠近它，即使某日盘中股价跌破了 60 日均线，收盘也企稳大线之上，原来明显发散的均线系统有所收拢。震荡筑顶时间越长，诱多推高效果越好，散户接货越多，庄家抛筹越容易。60 日均线虽然呈现出逐渐抬升趋势，但只要股价在 20 日均线之上的高位区域震荡时间长了，60 日均线的上行角度将会逐渐削弱。MACD 技术指标转入死叉状态以后，趋势线逐渐下行，且已靠近零轴线运行。

跳空下跌阴线直接跌破 60 日均线或均线系统支撑，确立“溃坝决堤，覆水难收”破位特征；或者说股价已经跌破 60 日均线和均线系统，次日确立“溃坝决堤，覆水难收”破位特征。破位跌势带动趋势线快速落入零轴线下方，绿柱体和死叉状态也在明显放大。破位特征表明股价选择了方向，说明庄家已经完成大部分筹码派发，甚至已经弃庄，空头开始掌控盘面主动。“溃坝决堤，覆水难收”不仅是一根跳空阴线，还是一个延续和加速空头趋势的破位特征，预示股价开启大幅下挫趋势的第三波回调。

第三招　破釜沉舟，背水一战

——大幅下挫以后收出“跳空 K 线”的实战意义

一、招数概况及策略剖析

（一）图形识别

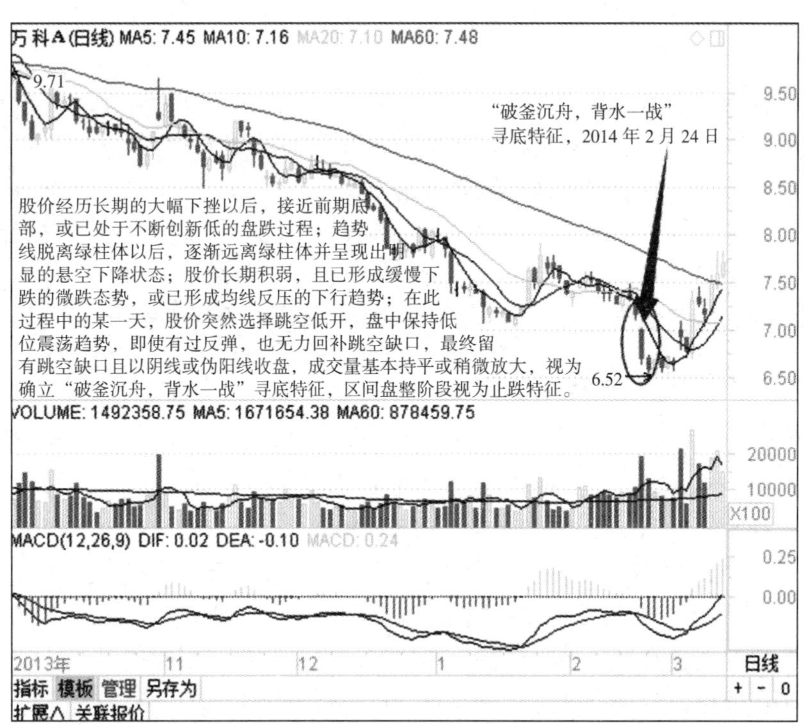

图 3-1　万科 A（000002）构筑“破釜沉舟，背水一战”寻底特征的走势

（二）招数构成与总结

（1）股价经历长期的大幅下挫趋势以后，已经下跌较大幅度，接近前期底部附近，或已处于不断创新低的盘跌过程。量能呈现出持续萎缩迹象，甚至是地量交投状态，说明空头能量日渐衰弱。

（2）最后下挫阶段形成缓慢下跌的微跌态势，或已形成均线反压的下行趋势，MACD 技术指标长期处于死叉状态且远离零轴线。趋势线脱离绿柱体以后，逐渐远离绿柱体并呈现出明显的悬空下降状态。这些说明股价和指标趋势有了超跌超卖征兆，暗示股价随时都有可能实现寻底、止跌和超跌反弹。

（3）在此行情中的某日，股价突然选择跳空低开，盘中保持低位震荡趋势，即使盘中有过反弹趋势，也无力回补跳空缺口，最终留有跳空缺口且以阴线或伪阳线收盘，成交量基本持平或微微放大。

（4）股价经历长期的大幅下挫以后，进入缓慢下跌的微跌态势，或已形成均线反压的下行趋势，说明股价和指标趋势有了超跌超卖征兆。在此行情中的某日，股价突然选择跳空低开，收出一根量能基本持平或稍微放大，且留有跳空缺口的阴线或伪阳线，视为确立“破釜沉舟，背水一战”寻底特征。

★ 一句话总结

股价经历长期的大幅下挫以后，接近前期底部附近，或者处于不断创新低的盘跌过程；MACD 技术指标长期处于零轴线下方，趋势线和零轴线的悬空下降状态非常明显；股价长期积弱且已形成缓慢下跌的微跌态势，或已形成均线反压的下行趋势；在此行情中的某日，股价突然选择跳空低开，盘中保持低位震荡，即使盘中有过反弹趋势，也无力回补跳空缺口，最终留有跳空缺口且以阴线或伪阳线收盘，量能基本持平或稍微放大，视为确立“破釜沉舟，背水一战”寻底特征。

（三）深层剖析与要领感悟

（1）股价经历长期的大幅下挫以后，有的跌至前期某个阶段性底部附近，有的跌至前期大底附近，有的处于不断创新低的盘跌过程，说明股价跌幅较深，预示空头长期掌控主动，多头溃败且毫无反击之力。

（2）最后下挫阶段进入缓慢下跌的微跌态势，或在低位形成抵抗趋势，表明空头能量正在逐渐减弱。MACD 技术指标长期处于死叉状态，且远离零轴线运行，两条趋势线呈现出明显的悬空下降状态，说明股价和指标趋势有了超跌超卖征兆，暗示股价随时都有可能实现寻底、止跌和超跌反弹。

（3）微跌过程或受均线反压的下行过程中，突然收出一根留有跳空缺口的阴线或伪阳线，并不是说股价延续和加速大幅下挫趋势，恰恰相反，这空头能量消耗已至极致的衰竭表现。它的形成往往加速股价完成寻底，预示股价极有可能在此形成最后一跌，这是一种诱空逼多力度较大的技术手段。“破釜沉舟”和“背水一战”都是一种勇气体现，看谁能扛到最后。

（4）量能呈现出持续萎缩迹象，甚至是地量交投状态，说明空头能量日渐趋弱，这也是股价实现寻底之前的典型的量能特征。下挫过程伴随着放量状态，股价难言底部，成功寻底的可能性小。只有经过一段放量再缩量的微跌或抵抗过程，最大程度上削弱空头，股价才有可能实现寻底。

（5）采取跳空下跌，主要目的是为了震慑那些一直扛着且已大幅亏损的浮筹，加剧他们的恐慌心理，使其忍受不了而割肉出局，所以量能基本持平或微微放大。场外资金发现股价跳空下跌，也不敢进场抄底。殊不知，这里往往形成股价最后一跌，寻出股价底部。

（6）收出“破釜沉舟，背水一战”跳空 K 线当日或短期内，必须形成这三种表现特征，股价才有可能完成寻底。

第一种，跳空 K 线属于伪阳线特征，很有可能构筑结合型寻底特征，提高股价寻底概率。例如：“破釜沉舟、背水一战”和“低开高走，釜底抽薪”寻底特征的结合，“破釜沉舟、背水一战”和“触底回升，金针探底”寻底特征的结合。

第二种，次日立即形成量价反扑之势，既简单又直接地有效确认，而且容易构筑其他类型的寻底特征或结合型寻底特征，例如：“鸾凤和鸣，琴瑟和谐”寻底特征、“启明之星，底部可期”寻底 K 线组合。因此，结合型寻底特征的市场意义大，股价完成寻底的可信度高。

第三种，股价短期内围绕跳空 K 线的上、下轨价格展开窄幅震荡趋势，既不明显下跌，也不反弹向上。窄幅震荡过程收出一种新的寻底特征或结合型寻底特征，再次提示股价实现寻底，同时确认跳空 K 线的底部。例如：收出跳空 K 线以后，窄幅震荡过程构筑“底背离”形态、“头肩底”形态、“十月怀胎，瓜熟蒂落”、“星星之火，可以燎原”、“凤凰涅槃，浴火重生”等寻底或反弹特征，极大地提高了股价完成寻底的可信度。

（7）构筑“破釜沉舟，背水一战”寻底特征的吸筹技巧。“破釜沉舟，背水一战”跳空 K 线多数时候收出一根跳空阴线，所以只能关注，而不能抄底。收出伪阳线有可能构筑结合型寻底特征，这个时候吸入一成筹码为宜，具体的吸筹技巧如下：

第一，次日形成量价反扑之势，吸入一成筹码为宜。

第二，假如次日未能形成量价反扑之势，不宜抄底吸筹。股价围绕低位区域展开窄幅震荡趋势，收出新的寻底特征，再考虑吸筹。

第三，“拨开迷雾，重见光明”转势特征确认之前，吸筹也好，增筹也罢，必须控制在五成筹码以内，在它之后寻机增筹比较安全。

二、招数及实例解读

操盘实例一　金瑞科技（600390）

◆ **图形识别**

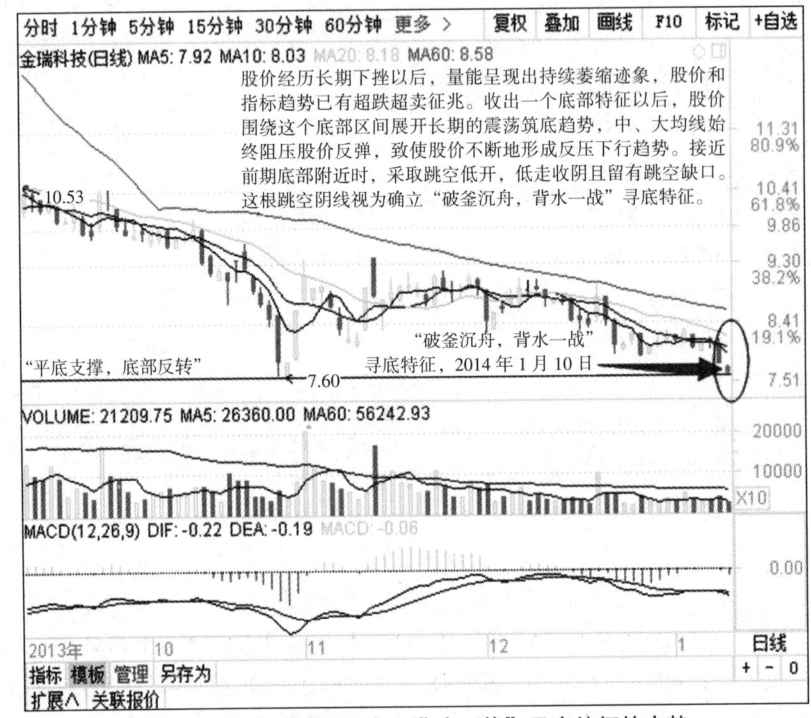

图 3-2　构筑“破釜沉舟，背水一战”寻底特征的走势

◆ **要点回放**

如图 3-2 所示：

（1）题材股常年不衰，牛股多产于此。热点题材的不断轮动，不仅激发了市场人气，也极大地提高了投资者的赚钱欲望。甚至可以这么说，热点题材的不断轮动产生牛市，并成为推动牛市前进的强大引擎。现实情况的确如此，任何一波大级别的牛市行情，都是热点题材不断轮动的结果。即使平时股性不活跃的长期沉寂的僵尸股和超级大盘股，只要与题材沾点关系，股性激活了也能涨翻天。由

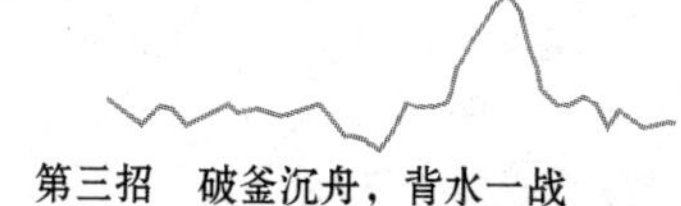

于热点题材的不断轮动，容易形成一种强势合力，不知不觉中把某个板块指数及其个股价格推上一个新高度，把股指推上一个新台阶。所以说热点题材的不断轮动，确实是产生牛市以及推动牛市前进的强大引擎。这个时候谁抓住了，谁骑上了牛股，绝尘而去相当轻松。

（2）炒股票就要炒题材，这句话本身没有错，但每种题材炒作以及题材轮动，总是事后确认。也就是说，股价涨至平时难以企及的高度，市场面才会确认，普通投资者才会知道热点题材的存在。这就不得不提醒我们，任何热点题材炒作，都要做到事前确认，不然都会沦为炮灰。提前确认题材的方法有很多，主要有三种：第一种，提前获得不为人知的内幕消息，但普通投资者不可能提前知晓，所以这条路是行不通的。第二种，寄生于能够提前获知内幕消息的某个投资机构和财团，或者成为他们的一分子，与其共同进退，但普通投资者没有“同流合污”的机会，甚至连庄家是谁都不知道，所以这条路也是行不通的。第三种，建立一套完善、成熟且稳定的操盘模式，通过盘面变化以及各种异动迹象，采用根据技术手段提前感知市场趋势的转变，发现有增长潜力的题材（个股），这条路是可以走的，还能走得好。

（3）金瑞科技（600390）从不缺乏题材，庄家也乐此不疲地炒作。2013 年 5 月的连续涨停攻势，就是每年必炒的高送转题材引发的行情。4 月 22 日，“五连阳”推升以后站稳 60 日均线，说明股价进入“短回长”强攻范畴。5 月 3 日，经历短暂的横盘回撤以后，实现企稳反转并以特殊状态的“反攻三线”启动强攻趋势。5 月 6 日，携量涨停板突破横盘上轨，带动 5 日均线快速回勾，并与 60 日均线完成对接，而且两线交点稳稳地托住携量涨停板，说明“短回长”和“石破天惊，雷霆万钧”强攻特征形成了强强联合，从此拧开一段连续涨停的暴力攻势。5 月 13 日，经过连续涨停的快速急拉攻势以后，开始出现“悬空而行，危在旦夕”和“冲高回落，单针见顶”结合型探顶特征，说明这一轮快速急拉攻势完成【预期】并确立<对望格局>双轨。随后股价停滞不前，对望调整过程也收出了各种探顶特征，而且构筑了一段明显的虚拉诱多的推高趋势。庄家先后通过“闸门洞开，一泻千里”、“长阴破位，倾盆大雨”、“火烧连营，铩羽而归”、“飘三柱”、“冲高回落，单针见顶”和“心怀鬼胎，居心不良”等探顶特征，不断地提示股价顶部。

（4）理解并熟练运用技术，这一段起势规律明显，连续涨停的快速急拉攻势不难把握。技术是一种条件反射能力的体现，普通投资者不易做到。首先，必须学习有用的知识，然后逐个、逐点地理解；其次，利用模拟盘进行实践检验，或使用少量资金进行实战检验，理解并加深股价运行趋势，每种招数至少检验三遍，甚至更多；再次，通过大量的实战交易，不断地修正和强化技能，培养技术

操盘的严谨性、规范性和准确性，进而提高并实现技术和心态上的串联、融合与衔接；最后，建立一套符合自己性格特点，完善、成熟且稳定的操盘模式，一辈子坚持它。条件反射能力，就是技术和心态的完美结合，专属于股市赢家。

（5）2013 年 5 月下旬至 8 月下旬，通过它的复权状态可以看出，股价停留在相对的高位区域展开长期的震荡筑顶趋势，期间实施了高送转。周线股价实现探顶以后，对望调整趋势构筑了一段明显的虚拉诱多的推高趋势。“后知后觉”的投资者，题材确认时才从高位追入，日子肯定不会好过。8 月下旬，股价跌破中线以后，围绕中、大均线之间展开窄幅震荡趋势。9 月 25 日，“顶上再破”趋势向下收阴，而且阴线同时跌破 5 日、10 日和 60 日三条均线支撑，说明股价和均线汇合构筑了一种特殊状态的“下破三线”破位特征。这表示股价经历反复盘顶趋势以后，破位特征开始撕开大幅下挫的第三波回调。看空趋势是信心，做空趋势是勇气，加空趋势是智慧。

（6）10 月 29 日，股价经历一波快速下挫趋势以后，指标空势已经趋弱，大阴线价格开始接近 6 月 25 日的区间低价，说明股价下挫以后完成跌势【预期】并获得了支撑。10 月 30 日，股价采取小幅低开，盘中多数时间选择围绕开盘价和前一日收盘价之间进行波动，收盘价和前一日收盘价完全一致，说明股价形成了“低开高走，釜底抽薪”寻底特征。指标空势趋弱的情况下，这根 K 线图虽然有了寻底特征，但存在明显的缺陷：跳空低开幅度较小，量价也没有形成完全反扑之势。这就意味着，还不能确定股价完成探底，而且需要收出更多的寻底特征支持。

（7）10 月 31 日，股价选择跳空高开 1.0%，早盘前的十五分钟虽有回落运行，但没有回补跳空缺口，买盘涌入以后推高股价，午盘早段时间形成直线封停。携量涨停板出现在低位区域且留有跳空缺口，说明符合了“出其不意，攻其不备”招数特征，预示该股蕴含尚未对外公开的利好，所以庄家不计成本地掠夺低位筹码并推高股价。通过这三天的 K 线图可以看出，“阴线 + 星线 + 阳线”K 线组合图，符合“启明之星”寻底特征。次日，股价依然跳空高开，携量高走以后迟迟无法推入涨停，而且盘中多数时间都在高价区域围绕均价线震荡成交，最终留有跳空缺口且以巨量大阳线收盘。通过连续三天的涨势可以看出，形成“红三兵”推高以后触及 20 日均线，受其阻压迟迟无法推入涨停。由此可见，股价继续反弹的可能性很小，毕竟股价经历“红三兵”推动并受到中线强力阻压，已经有了回撤需要，所以说股价转入反压下行趋势，才符合技术要求。

（8）11 月 12 日，股价经历均线反压下行以后，采取跳空起势且以直线封停，携量涨停板留有跳空缺口收盘，说明股价在低位区域第二次构筑“出其不意，攻其不备”招数特征，预示该股蕴含的利好绝不一般，不然庄家也不会在股价低位反复使用相同的技术手段，不计成本地进行筹码掠夺。携量涨停板及时带动MACD技术指标转入金叉状态，促成了股价和指标的“头肩底”形态。可是，股价反弹并未脱离筑底区间上轨，20日均线的下垂角度依然发挥着强力阻压作用。随后股价继续围绕低位区域展开震荡筑底趋势，20日均线逐渐修复趋好，趋势线逐渐抬升并靠近零轴线。

（9）12月5日，股价震荡反弹以后站上趋稳的20日均线，趋势线在零轴线下方实现缓慢抬升状态，且已靠近零轴线，第三次转入金叉状态，说明股价和指标再次确立“头肩底”形态。随后股价依然没有实现反弹趋势，继续保持低位震荡趋势，MACD技术指标重回死叉状态运行，主要是受到股指大幅下挫的影响。12月19日，携量阳线向上穿透低位三线并成功构筑“反抽三线”转势特征，可是60日均线的下垂角度开始成为股价无法逾越的一道鸿沟。股价保持着均线反压的缓慢下行，趋势线跟随股价同步下降。

（10）2014年1月初，股价受到均线反压，形成震荡下行且已靠近前期底部，随之围绕10日均线展开横向震荡趋势。MACD技术指标及时脱出空势封锁，随着震荡趋势缓慢靠近金叉状态。可是，股价并没有形成一波像模像样的反弹趋势，空头能量继续实施逼多。1月10日，空头采取砸盘并引发了股价的跳空低开，盘中股价经历多次反弹也无力回补跳空缺口，最终收出一根留有跳空缺口的下跌阴线。这是大幅下挫趋势的延续和加速，还是股价的最后一跌？继续往下看。

◆ **操盘策略**

如图3-3所示：

（1）2014年1月10日，股价跳空低开且形成低走阴线收盘，阴线最高价和昨日最低价之间，虽然只有一分钱没有回补跳空缺口，但这也能说明股价成功构筑“破釜沉舟，背水一战”寻底特征。股价经历快速下挫并探出一个底部价格以后，随之围绕这个底部价格区间展开长期的震荡筑底趋势，庄家利用强力手段不断地掠夺低位筹码，又不断地利用均线反压股价，使得投资者无所适从。最后一次反压接近前期底部，采取跳空阴线向下砸盘，不仅加剧持筹者的恐慌情绪，使其割肉出局，也让观望者心里没底，不敢进场。殊不知，股价长期积弱运行，处于震荡筑底阶段或受均线反压下行，出现跳空下跌并不是延续和加速大幅下挫趋势，恰恰相反，这是空头能量消耗已至极致的衰竭表现。跳空阴线的形成往往加速股价完成探底，预示股价极有可能在此形成最后一跌，这是一种诱空逼多力度较大的技术手段。“破釜沉舟”和“背水一战”都是一种勇气表现，就看谁扛得住。

（2）跳空阴线的最低价和2013年10月30日的底部最低价完全相等，而且跳空阴线的收盘价又在它的最低价之上，说明股价围绕一个底部区间价格展开长期的震荡筑底趋势，成功构筑了“平底支撑，底部反转”寻底特征。其寻底作用

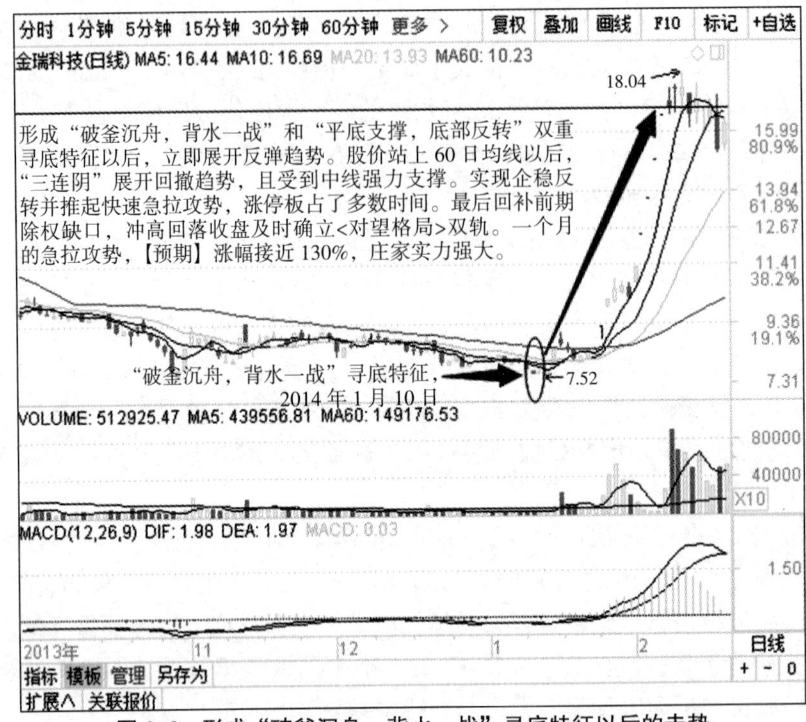

图 3-3 形成“破釜沉舟，背水一战”寻底特征以后的走势

比“破釜沉舟，背水一战”寻底特征大得多，极大地提高了股价实现寻底的可信度。2014 年 1 月 14 日，跳空阴线的第三天，盘中形成快速下探以后虽然跌破平底价格，但它止跌回升并企稳平底价格之上收盘，说明这根 K 线图融合了两种招数特征，其分别是“触底回升，金针探底”和“破而后立，底部反转”寻底特征。从股价长期停留在低位区间震荡可以看出，2013 年 11 月 1 日形成“红三兵”推升以后，长期的震荡筑底趋势停留在“红三兵”的上、下轨价格展开，上有阻压、下有支撑的震荡筑底趋势经历了两个多月时间。虽然这一段震荡筑底趋势属于底部区间范畴，但它的轨道价格的阻压和支撑极其明显，就像构筑了一段“长期横向盘整”格局。震荡筑底过程先后收出各种寻底特征，包括结合型寻底特征，不仅提高了股价实现寻底的概率，也为资金布局提供了技术依据。

（3）1 月 15 日，股价选择跳空高开，大量买盘快速涌入并促使盘中股价直线拔高，仅仅用了 5 分钟时间，直线拔高趋势已经封死涨停板价格。采取跳空手段，又有大量买盘快速涌入、直线拔高的速度、封停的时间和决心，完全出乎意料。携量涨停板留有跳空缺口收盘，说明其符合“出其不意，攻其不备”招数特征。携量涨停板带动中线趋稳并站上中线，说明其又符合“拨开迷雾，重见光明”招数特征，预示股价即将脱离筑底区间上轨。股价处于低位区间展开横向震荡两个多月，已经是庄家第三次采取跳空手段拔高股价，为何庄家反复采取这种跳空手段拔高股价呢？根源在于还没有明确的题材。通过盘面变化及其异动迹象可以明白，庄家反复采取“出其不意”的跳空手段拔高股价，就是为了达到“攻其不备”的目的，也是庄家不计成本地掠夺低位筹码的典型手法和结果。提前感知市场趋势的转变，发现有增长潜力的题材（个股），又能做到“先知先觉”，必然成为股市赢家。

（4）次日，采取跳空上攻虽然站稳 60 日均线之上，但冲高回落的收盘特征表明股价明显受阻，而且阴线量能比前一日携量涨停板还要放大两倍，抛压不容小视。就算量能急剧放大是庄家刻意为之，也要采取缩量趋势对其进行化解。1 月 21 日，“三连阴”顺势回撤并呈现出逐渐缩量状态，不仅获得了中线支撑，低开高走的小阳线也形成了明显的止跌特征。1 月 24 日，涨停板从 60 日均线上方跳空起势，开启一波以涨停板为主的快速急拉攻势。2 月 14 日，经历一个月的快速急拉攻势以后，当日股价冲高以后回补了前期除权缺口，回落收盘确立<对望格局>双轨。一段以涨停板为主的快速急拉攻势，【预期】高达惊人的 110%涨幅，庄家控盘实力之强，毋庸置疑。

（5）投资者应当明白，股价处于震荡筑底阶段，抄底吸筹必须要轻，增筹依据必须充分。一般情况下，建议投资者不做抄底行情，但不能漠视庄家反复采取“出其不意，攻其不备”进行掠夺筹码的异动迹象，而且股价站稳大线以后，回撤又以中线止跌，随之引发一段以涨停板为主的暴利攻势，这都是强庄控盘的典型特征。有的学员经过培训学习以后，虽然学会借用（参考）分时趋势的反转买点介入，但对于这些规律明显且强庄控盘的强势恒强个股，往往缺乏一种追涨勇气。归根结底，都是由于过往盲目做单留下了太多的失败阴影，心理上产生一种莫名其妙的追涨恐惧感。失败阴影长久挥之不去，从而造成漠视规律，不相信规律的扭曲心理。要想彻底消除恐惧感，完全抹去失败阴影，不妨这样做：发现规律形成之时，毫不犹豫地投以断然一击，最初不敢投入重仓狙击不要紧，可以先投入少量资金进行实战检验，寻找感觉。严格按照学习过的技术做盘，经过一次又一次的检验和强化，必从成功的喜悦中重拾信心，恐惧感和失败的阴影随之消散。

（6）抓住一个强势股不容易，做一波大级别行情也不简单，拘泥于过去只会让人倒退，更无法进入体道和悟道过程。学习炒股票，就像学武功一样。招数是死的，使用招数的人是活的。学招必须活学，用招也要活用。无论如何，就算学会了所谓的绝招，不懂得活学活用，最终都会被别人打败。活学活用也只是学习的第一步，要想达到信手拈来的高手境界，必须做到出手无招无息。无招无息并不是说没有招数，而是说所有招数都经过大量的实战串联、融合与衔接，一气呵成，一招都不能落下，然后用一种看似没有招数的招式与人过招，举手投足之间都是凌厉的攻势，那就胜了。庄家面对这样的技术高手，也是无可奈何。学习技术，不是与庄家为敌，而是要了解庄家的控盘手段及其变化，及时弄懂规律。跟着庄家行动而动，随着股价变化而变。庄家每次发动行情，技术高手都懂得如何借力打力、顺势而为，哪里介入好些，什么时候帮助庄家抬轿，已然达到随心而发的至高境界。

操盘实例二　安凯客车（000868）

◆ 图形识别

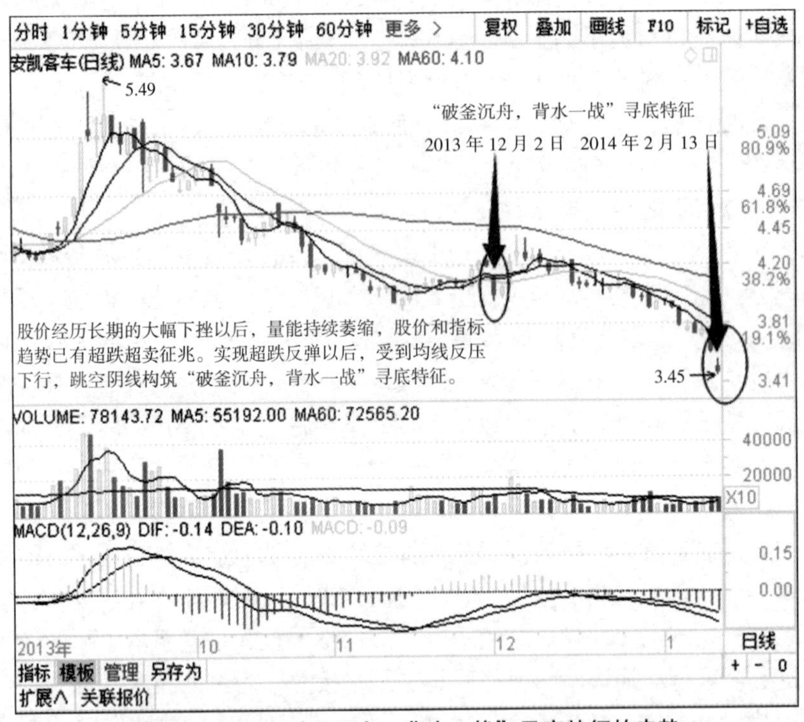

图 3-4　构筑"破釜沉舟，背水一战"寻底特征的走势

◆ 要点回放

如图 3-4 所示：

（1）根据"缺口理论"所述，跳空缺口分为四种类型：普通型缺口、突破型缺口、持续型缺口和消耗型缺口。缺口，又称跳空，它是行情延续过程中经常出现的一种技术图形。当缺口出现以后，行情往往朝着跳空方向延伸，甚至形成加速趋势，而该缺口也将成为日后趋势反转的支撑或阻压。因此，利用各种缺口对

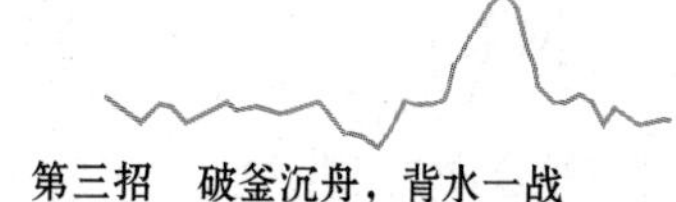

趋势进行研判，也是投资交易的重要手段之一。缺口的支撑或阻压作用等同于技术平台（复权和除权都成立）。股价实现上涨以后回补前期跳空缺口（包括分红除权缺口），前期跳空缺口上方的K线图的最低价存在强力阻压，体现出【预期】和<对望格局>双轨特征。反之，股价出现下跌以后回补前期跳空缺口，前期跳空缺口下方的K线图的最高价将有强力支撑，同样体现出【预期】和<对望格局>双轨特征。认识缺口，首先必须弄明白股价运行趋势（方向），包括当前股价所处的位置，然后根据股价趋势及其位置判断缺口的类型，进而采取相应的技术手段。

（2）传统的经典理论有："波浪理论"、"缺口理论"、"切线理论"、"形态理论"、"K线理论"、"股票箱理论"、"反射理论"、"趋势理论"、"江恩理论"和"道氏理论"等。投资者不必通读传统的经典理论，毕竟精力有限，也不现实。技精于道，研究并精通两三种，然后把它们融合在一起，为自己所用，做好了也不简单。融合能力越强，控盘体系越完善，实战效果越好，盈利的可能性越大。化繁为简，这里不从理论上讨论缺口，只通过庄家控盘体系的每个具体的招数分析缺口，理解并提高实战把握。例如，"腾空而起，气势如虹"强攻特征，属于区间盘整阶段的突破型缺口，"溃坝决堤，覆水难收"破位特征也是突破型缺口，但这是向下突破的；"破釜沉舟，背水一战"寻底特征，属于空势末端的消耗型缺口，"悬空而行，危在旦夕"探顶特征，属于多势末端的消耗型缺口；"出其不意，攻其不备"转势特征，属于快速脱离底部的普通型缺口（有时候属于突破型缺口），"闸门洞开，一泻千里"破位特征，属于快速脱离高位的普通型缺口（有时候属于突破型缺口）。

（3）读书不能死读，学招也要活学活用。无缝衔接、融合和串联的技术能力，就是活学活用的最高境界，实战交易必须做到如此。传统的经典理论非常实用，必须熟读几部并认真研究，然后通过不断的实践检验、积累、强化和总结，把那些看似空洞的理论知识转化为对实战有用的技术。有的人看了几本股票书籍，开始觉得什么都懂了，却连风险都不会控制。有的人走马观花地游览书籍，认为已经把握了庄家的控盘核心，好像一切都在自己的掌握之中。殊不知，这些人常常踏入庄家构筑的陷阱，一次又一次地沦为炮灰。下面从安凯客车（000868）的盘面缺口分析其趋势及变化。

（4）复权状态下可以看出，该股于2012年1月5日探明底部价格，随之推起一波持续两个多月的反弹趋势。3月16日，"冲高回落，单针见顶"K线图终结反弹趋势，从此进入长期的区间盘整趋势。不难看出，3月16日的顶部价格成为区间盘整阶段的上轨，7月31日的回调低价成为区间盘整阶段的下轨。虽然股价经历了两年多的区间盘整趋势，波动幅度甚至可以形容为宽幅震荡趋势，但其下轨支撑和上轨阻压十分明显。区间盘整趋势的宽幅震荡，使得每一波反弹和回调趋势，都有明显的波浪构成。说明每一波反弹和回调趋势，既包含在长期的区间盘整趋势内部，也是一段相对独立的小趋势，而且小趋势也有波浪结构。由此可见，每一波反弹趋势都有底和顶的持续过程，回调趋势也有顶和底的持续过程。

（5）2013 年 9 月中旬，股价形成快速反弹趋势以后，明显减弱并转入快速回调趋势。10 月 11 日，股价受到“顶上再破”的跌势带动，采取跳空低开并形成低走阴线收盘，存在缺口的跳空阴线虽然处于大线之上收盘，但股价向下突破并形成了跳空跌势，即使不属于反复盘顶过程构筑的“溃坝决堤，覆水难收”破位特征，也是股价需要回调的明确提示。因此，只要盘面收出这种跳空突破的回调趋势，必须及时回避。股价在 60 日均线下方经历两周抵抗以后，回调趋势继续向下，并逐渐接近前期下轨价格。11 月初开始，虽然股价形成了逐渐下行的微跌态势，但微跌态势不仅促使趋势线脱离绿柱体，同时带动趋势线逐渐远离零轴线和绿柱体，而且绿柱体呈现出缩短再拉长的明显变化，说明股价和指标趋势进入了超跌超卖状态，暗示股价随时都有可能完成止跌，并形成超跌反弹趋势。

（6）11 月 14 日，股价已经回调至前期下轨价格附近，获得支撑并形成止跌回升特征，说明回调趋势完成【预期】并确立<对望格局>双轨。随之展开缓慢反弹趋势，“连阳推动”以后靠近 20 日均线。MACD 技术指标虽然转入金叉状态，但趋势线离零轴线较远，说明指标趋势仍然处于弱势范畴，所以说超跌反弹趋势只是具备了修复意义，却无法改变趋势的整体格局。12 月 2 日，由于股价受到 20 日均线的反压，当日采取跳空低开，并形成了放量低走趋势，说明跳空阴线成功构筑“破釜沉舟，背水一战”止跌特征。虽然阴线留有跳空缺口，但它不是突破型缺口，而是消耗空头能量的消耗型缺口，实质上这是一种典型的诱空逼多手段。MACD 技术指标虽然处于金叉状态运行，但趋势线处于零轴线下方，而且趋势线离零轴线还有一定距离，跳空阴线带动并致使持续拉长的红柱体开始缩短，说明股价进入底部断势的反复过程。这就意味着，股价必将维持低位区间的震荡筑底趋势，酝酿成熟的底部特征。底部断势的反复过程，属于一段化解和修复虚力的持续过程。

（7）12 月 4 日，携量阳线向上穿透低位三线，成功构筑“反抽三线”转势特征。携量阳线虽然带动缩短了的红柱体重新拉长，但红柱体的长度并没有跟随股价高度，而且股价和指标趋势已经进入底部断势的反复过程，这是一段化解和修复虚力的持续过程，说明股价的反弹力度有限。12 月 5 日，“三连阳”的第三根阳线呈现出缩量推升状态，K 线图也存在冲高回落的上影线，说明股价反弹以后有了转势的要求。20 日和 60 日均线存在明显的发散状态，说明股价在低位区间的震荡筑底时间不足，底部基础夯实不够充分，反弹趋势缺乏真实的力度支持。因此，股价转入回撤趋势是大概率。庄家控盘手段及其变化，以及市场（趋势）的转变，注定股价回撤方式的多样性。无论什么时候，什么位置，发现股价有回撤需要，逢高减筹是最基本的技术要求。抄底行为本身蕴含的风险比其他时候都大，所以抄底了也要及时止盈（减筹），不然盈利将会跟随股价回撤，亏损也有可能发生。设置止损位非常重要，止损出局虽然发生亏损，但获得了重来机会，总好过扛着亏损单子天天盼涨（解套）。

（8）股价形成反压下行趋势以后，趋势线贴着零轴线向下拐头，并重新转入死叉状态。下行趋势不仅跌破了 20 日均线，还把 20 日均线带入下垂角度，说明 20 日均线由支撑转化为阻压。2014 年 1 月 6 日，阴线跌破区间的次下轨支撑，说明前期实现的超跌反弹趋势构筑了一段中继平台。股价跌破区间的次下轨支撑，不仅延伸了回调趋势，也要向下寻找更低的区间下轨作为支撑，说明股价的回调【预期】还要扩大。根据倒转技术理解，多头趋势突破<对望格局>双轨，必须向上寻找更高的技术平台或跳空缺口作为涨势【预期】。成功抄底和逃顶可以暂获超额利润，学会止盈和止损可以保持稳定盈利。

（9）股价经历持续回调以后，虽然 MACD 技术指标在零轴线下方保持死叉状态，但趋势线却始终没有藏入绿柱体，说明指标趋势一直处于虚力诱空状态，可以把其理解为超跌超卖的逼多趋势，也可以理解为 MACD 技术指标的失真状态。2014 年 1 月 13 日，股价采取大幅跳空低开，早盘虽然有过反弹，但无力回补跳空缺口，逐渐低走且留有跳空缺口收盘，跳空阴线成功构筑“破釜沉舟，背水一战”止跌特征。

◆ **操盘策略**

如图 3–5 所示：

（1）无论除权与否，股价回调已经形成持续缩量跌势，而且接近区间下轨价格，说明这一波股价回调基本完成跌势【预期】。2014 年 1 月 13 日，采取大幅跳空低开并形成低走趋势收盘，跳空阴线确立“破釜沉舟，背水一战”止跌特征。表面上看，跳空阴线形成了一种加速回调特征，实质上是空头能量消耗已至极致的体现，股价往往形成最后一跌。

（2）“破釜沉舟”和“背水一战”是中国历史上两场知名度很高的战役，被引为战争史上的经典，甚至还被赋予了文化哲学的意味。前者比喻人如果有了必死的决心和信念，就没有干不成的事；后者形容人到了走投无路的地步，反而会激起巨大的勇气，杀出一条血路。实际这两场战役从兵法上看，是两个军事上的骗局。战争目的是消灭敌人和保存自己，而不会孤注一掷地把战争结局事先设定为同归于尽，更不会有意让自己陷入没有退路的危险境地。正因为如此，高明的

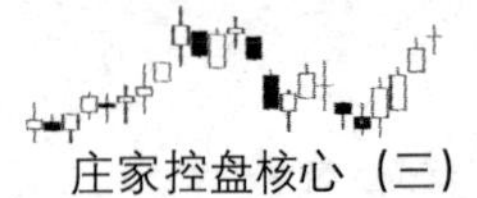

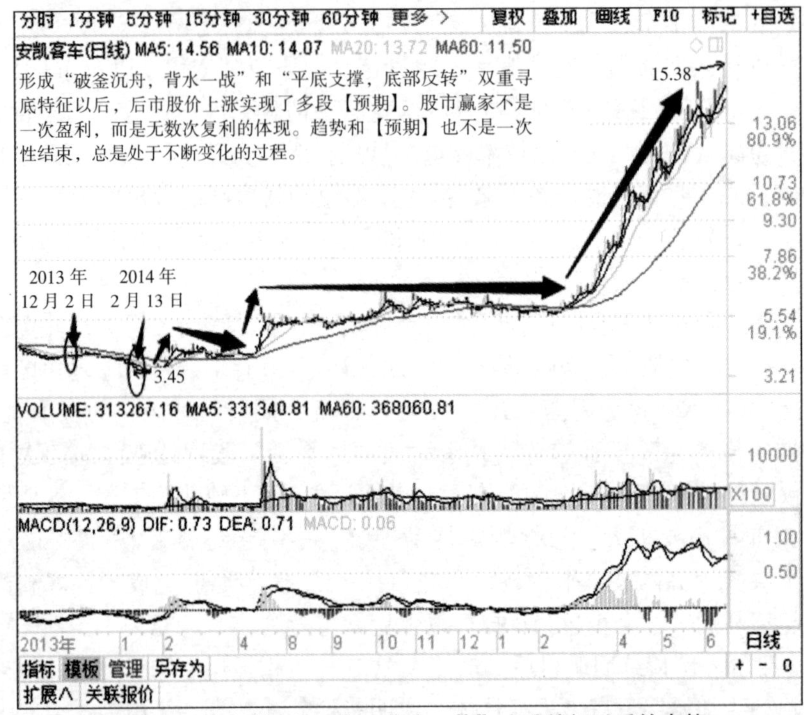

图 3-5 形成“破釜沉舟，背水一战”止跌特征以后的走势

将军常常利用这种心理，编织出“破釜沉舟”和“背水一战”的骗局诱人上当，不仅瞒过了对手和双方的将士，也瞒过了不少所谓的历史学者。“破釜沉舟”真正的作用并不在于它的表面效果，而在于它采取了一种佯攻战略上的虚张声势。秦将章邯不识项羽诡计，终于被另一支楚军偷袭了粮仓，招致大败。“背水一战”更是如此，韩信行此计的目的是在诱敌，以“置之死地而后生”的部署引诱赵军倾巢追击，暗中将伏兵埋在赵营旁边，乘机夺寨换旗，然后两面夹击，取得胜利。

（3）股票市场就像战场，交易就像两军对垒。庄家时刻效仿古人，无所不用其极，有过之而无不及。庄家利用散户投资者无法忍受股价持续回调的心理，而且亏损一再扩大，最后庄家采取跳空低开的手段向下砸盘，且以低走方式运行和收盘，这样造成和加剧了持筹者（长期亏损的或抄底浮筹）的恐慌情绪，最终无法忍受这样的跳空下跌，于是选择斩仓出局，纷纷响应庄家诱空的号召。迟迟没有动手抄底的观望者，发现股价形成跳空下跌，连大气都不敢喘，依然不敢动手抄底。聪明一世，糊涂一时！竟然没有识破庄家控盘手段及其变化，说明这些人根本不懂得技术，心理承受能力不堪一击，所以庄家不费吹灰之力，就击溃持筹者的最后防线，打消了观望者的抄底念头。

（4）收出“破釜沉舟，背水一战”止跌特征以后，庄家参照这个底部价格展开震荡趋势。1月20日，阴线的最低价和1月13日的最低价完全一致，说明已确立“平底支撑，底部反转”止跌特征。这种阴线式止跌特征，必须获得量价反扑支持，才能真正确认。1月20日和21日，这两天的最低价完全相等，说明这两天的最低价又构筑一个“平底支撑，底部反转”止跌特征。“四连阳”快速推起且已触及20日均线，下垂角度阻压股价反弹。2月10日，股价还没有来得及夯实底部基础，均线系统也没有趋向收拢，留有跳空缺口且站稳大线的涨停板开始极速上蹿，说明庄家开始引发多头战火。根据长期的区间盘整趋势进行判断，这是“腾空而起，气势如虹”强攻特征，根据股价回调的独立趋势进行判断，这是“出其不意，攻其不备”转势特征。不管如何看待它，后市股价必将向上并快速脱离坑底。次日，股价采取大幅跳空高开，并形成高举高打的涨停趋势。涨停板触及前期中继平台，说明股价极速脱离坑底并完成反弹【预期】。盘中反复裂开涨停口子成交，说明大量买盘和卖盘实现交换，致使跳空涨停板呈现出巨量特征。2月12日开始，对望调整趋势形成一段化解、修复、洗盘和蓄势的区间。7月11日，包括三个月停牌时间在内，一纸控股股东变更消息见诸于报，重新开盘以后的连续“一”字涨停攻势，取代了停牌前的区间盘整趋势。即使想进去帮忙，庄家也用不着旁人插手。

（5）7月16日，连续“一”字涨停攻势进入第四天，在复权状态下可以看到，涨停板价格和前期技术平台的最高价分毫不差，说明连续“一”字涨停攻势顺利到达内平台的顶峰。9点37分开始，巨量抛盘取代封停买单，涨停板裂开口子成交并向下运行。由于抛盘不断外流，致使盘中股价明显偏弱运行，而且大部分时间都在均价线之下震荡成交。午盘14点30分，买盘掌控主动权，并把股价重新推入涨停板价格，由于买卖盘的不断拉扯，直到收盘前一刻钟，股价才封死涨停板价格。此时涨停板的量能不仅比前一日放大接近20倍，而且“一”字涨停的K线图下方还有一根长长的下影线，这意味着什么？谁在出货？谁在接货？“一”字涨停的K线图变成“锤头”K线图（也叫“T”形图），就像耶稣被钉在十字架上的模样，也像套了绳套上吊的模样，使用“吊颈线”形容比较贴切。“吊颈线”是股价实现探顶的K线特征，而且伴随巨量成交，庄家意欲何为？“吊颈”意味着死亡，“吊颈线”意味着股价多头攻势终结，就算股价多势还没有断气，离死亡也不远了。

（6）庄家构筑一段区间盘整趋势用了两年多时间，难道只是为了开启一波四天涨停攻势吗？当然不是。连续四天的“一”字涨停攻势（包括最后的“吊颈线”涨停板），不仅处于区间盘整趋势的内部，而且这四天涨停趋势只是区间盘整趋势内部的一波小反弹趋势。“吊颈线”的涨停板价格和2013年5月14日的技术平台高价完全相同，而且伴随巨量特征，说明“吊颈线”的涨停板价格受到了巨大的卖盘抛压，说明它们在内平台区间确立《平顶对望》双轨，提示股价即将展开对望调整趋势，后市股价继续保持区间盘整趋势。2014 年 7 月 16 日至次年 2 月下旬，股价围绕均线系统展开的“长期横向盘整”格局，延续着股价 2012 年 3 月 16 日以来的区间盘整趋势。因此，2012 年 3 月 16 日至 2015 年 2 月下旬，这是一段完整的区间盘整趋势，在这期间形成的反弹和回调趋势（上蹿下跳、伏低蹿高的反复走势），都在这段区间盘整趋势内部进行，而且每波反弹和回调趋势，都是一波相对独立的小趋势。涨跌自有规律，看清趋势自明。

（7）有人认识它，有人不懂它，有人漠视它，有人尊重它。认识它，起码做到逢高减筹，利用内平台的阻压锁定大部分【预期】；不懂它，选择留守或涨停追高都有可能；漠视它，这是不尊重庄家以及股价运行规律的愚者表现；尊重它，大智大慧者，这样的人必然成为股市赢家。减筹以后不仅回避了七个月的“长期横向盘整”格局，股价重新强势也能收入囊中。选择留守或涨停追高，面对七个月的“长期横向盘整”格局将非常难受。不尊重庄家以及股价运行规律，即使暂时不亏钱，终究没有一个好下场。做完一波行情，起码要学会减筹，这是最基本的技术要求。然后耐心等待新的机会到来，没有好的机会之前，看不明白趋势的发展，宁愿错过它，也不要贸然抢进。只有那些寻求短线快感且追涨杀跌的投资者，才会觉得一天不做是浪费机会。而且一天不做心里堵得慌，手里没票总是感觉空落落。

（8）股市赢家并不是说一次盈利，而是由无数次盈利的复利构成。2015 年 2 月下旬，股价重新进入强势攻击范畴，先是确立“短回长”强攻特征，接着形成“内腾空”强攻特征，然后采取“外腾空”强攻特征突破“长期横向盘整”上轨。构筑一段月线级别的大趋势，引发了日线和周线股价的重新强势，这才是庄家的真正目的。

操盘实例三　万向德农（600371）

◆ 图形识别

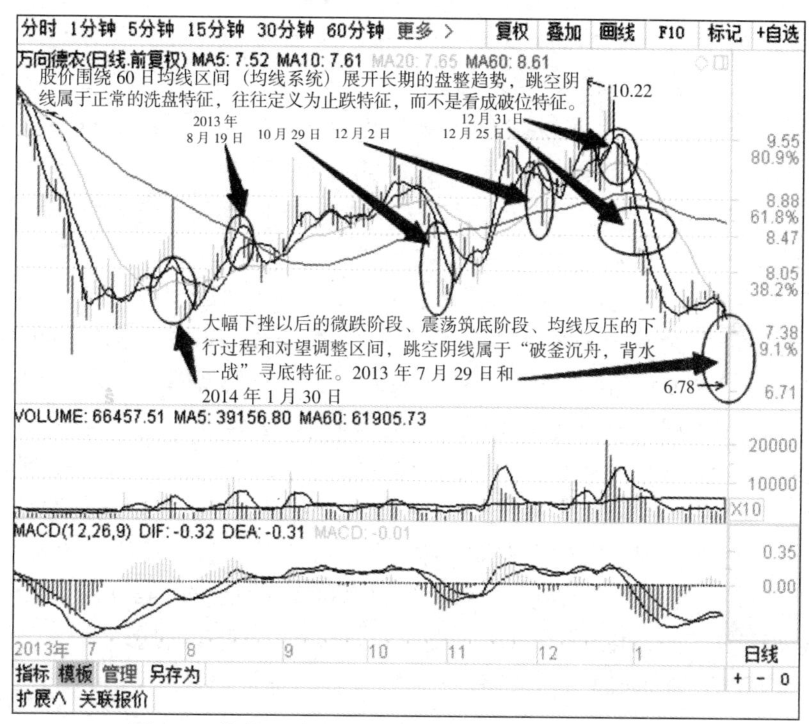

图 3-6　构筑“破釜沉舟，背水一战”寻底特征的走势

◆ 要点回放

如图 3-6 所示：

（1）2013 年 6 月 25 日，上证指数探出四年熊市以来的新低，个股跌幅有过之而无不及，多数创出了历史新低。当日股指深幅下探以后实现大逆转，留下一根从未有过的超长下影线。万向德农（600371）跟随股指经历长期的大幅下挫以后，当日盘中下探虽然打到跌停板价格，但受到股指的大逆转带动，最终形成“触底回升，金针探底”寻底特征。次日开始，股价在低位区间展开震荡筑底趋势，逐渐修复大幅下垂的 20 日均线，同时收拢低位区间的三条均线。MACD 技术指标转入金叉状态以后，趋势线随着股价震荡，并形成缓慢抬升状态，趋势线和零轴线的距离逐渐收缩。

（2）7 月 26 日，股价冲高以后回补了前期下挫阶段的跳空缺口，冲高的价格恰好触及下垂的 60 日均线，再加上均线系统存在的明显发散状态，都对股价反弹形成了强力牵制，所以股价冲高回落并转入对望调整和反压趋势。7 月 29 日，反压能量致使股价跳空低开，并形成低走趋势收盘，跳空阴线确立“破釜沉舟，背水一战”寻底特征。红柱体快速缩短，趋势线在零轴线下方勾头，20 日均线由上行角度趋向钝化。8 月 5 日，股价经历横盘震荡四个交易日以后，携量阳线带动微垂的 20 日均线转向趋稳角度，股价站稳中线之上，成功确立“拨开迷雾，重见光明”转势特征。MACD 技术指标处于临界区域波动，携量阳线的力度带动红柱体重新露头，DIF 趋势线贴着 DEA 趋势线往上勾头，说明 MACD 技术指标在零轴线下方成功构筑“凤凰涅槃，浴火重生”转势特征（如果趋势线处于零轴线之上，可以叫作反转特征或反攻特征）。转势特征促使股价快速脱离低位区间，并开始进入 60 日均线之上运行。

（3）8 月中旬，股价虽然越过了大线运行，但阻压股价反弹的不利因素十分明显，包括均线系统的明显发散状态，大幅下垂的 60 日均线。随后股价围绕 60 日均线区间（均线系统）展开长期的盘整趋势，时而伏低蹿高，时而上蹿下跳。8 月 19 日，采取跳空低开，并形成低走趋势收盘，这是区间盘整阶段的“破釜沉舟，背水一战”止跌特征，而不是低位区间的寻底特征。9 月 2 日，股价实现企稳反转以后，携量阳线回补了 8 月 16 日的跳空缺口，携量阳线又站稳跳空缺口的最低价之上，预示股价存在惯性推高动能。9 月 3 日，股价继续向上推进，携量阳线回补了 6 月 7 日的跳空缺口，但收盘价无法站稳前期缺口的最低价，而且 K 线图存在冲高受阻的上影线，说明它们及时确立<对望格局>双轨。随之展开对望调整趋势，既是确立<对望格局>双轨以后的正常回撤趋势，也是化解、修复、洗盘和蓄势的技术要求。

（4）对望调整趋势受到 20 日均线的支撑，说明股价形成了一段横盘调整趋势。10 月 14 日，买盘推动股价向上，尝试突破双轨阻压，但卖盘阻压并压制股价，收盘价处于双轨之下，使之确立了<对望格局>的三轨道。就算买盘强大，这个时候采取强攻也不明智。因为股价和均线系统存在明显的发散状态，趋势线和零轴线之间也有悬空抬升状态，所以需要一段化解、修复、洗盘和蓄势的过程，消除虚力特征的不利因素。10 月 23 日，阴线跌破三线支撑，说明庄家采取“下破三线”的回调姿态进行刻意回档。股价快速跌破大线支撑，回档趋势转换为顺势打压的挖坑跌势，说明庄家开始加大洗盘力度。股价和均线系统的发散状态得到了化解，趋势线和零轴线的悬空抬升也已消失，说明虚力特征不再存在。10 月 29 日，大阴线虽然形成跳空下跌，但这是区间盘整阶段加大洗盘力度的技术手段，叫作“破釜沉舟，背水一战”止跌特征，并非破位特征。虽然不是破位特征，也要耐心等待股价形成止跌企稳或企稳反转特征，再展开低吸（增筹）。即使有了止跌企稳或企稳反转特征，也要学会借用（参考）分时趋势的反转买点

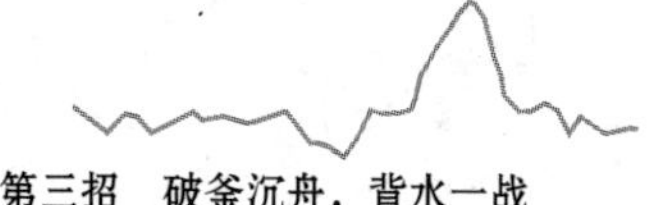

进行吸筹，不然短期有被套可能。

（5）11 月 5 日，“红三兵”推起并形成了止跌企稳特征，但同时又受到大线反压。11 月 13 日，股价经历一周反压以后，携量阳线向上穿透 5 日、20 日和 60 日三条均线，成功构筑特殊状态的“反攻三线”强攻特征，这是股价实现企稳反转的明确提示。11 月 14 日，携量涨停板突破区间盘整上轨，同时带动 5 日均线向上并靠近 60 日均线，预示“短回长”强攻特征推开突破序幕。次日，午盘股价形成波形推高以后，盘口指标由偏软转向偏弱态势，最终收出“冲高回落，单针见顶”K 线图。股价才开始启动突破攻势，接着就形成探顶特征，这是为何呢？探顶特征是真的吗？难道庄家构筑一段区间盘整趋势只为一天突破行情？相信这些疑问已经不止一次地困扰投资者。

（6）弄明白这些问题其实不难，立即将股价的复权和除权状态转换一次，仔细看了就会明白。也就是说，无论股价处于哪种状态，上扬以后完成【预期】并确立<对望格局>双轨都是真实的，反向理解也是。除权状态下可以看出，股价冲高以后回补了 7 月 5 日的分红除权缺口，任何缺口都等同于技术平台。这就意味着，除权状态下的分红除权缺口，属于“短回长”突破攻势的【第一预期】。因此，股价冲高以后收出探顶回落的 K 线特征，提示股价上扬以后完成【预期】并确立<对望格局>双轨。即使股价只是短期探顶，也是真实的。确立<对望格局>双轨，意味着股价需要调整，此时必须把仓位降下来。任何时候选股和操盘，都必须时刻转换复权和除权这两种状态，看清楚它的【预期】压力在哪里，及时实施逢高减筹，疑问随之减少。

（7）有的投资者看了《庄家控盘核心（一）· 强势股狙击法》，然后根据书中介绍的某种强攻招数实施狙击，根本不考虑实施强攻特征的各种条件是否成熟，也不考虑影响股价运行趋势的不利因素，主观上认为只要出现了强攻特征，股价就能实现千篇一律地飞涨。即使股价上扬以后完成【预期】并确立<对望格局>双轨，要求把仓位降下来，这部分投资者又总是觉得赚得太少，不愿意撒手（减筹），而且还认为股价回撤幅度不大，回撤时间不会长，同时内心期盼股价突破一个又一个对望压力，于是选择满仓持筹。对待行情，笔者以为，和庄家拧着干，漠视市场速变以及股价运行规律，又随着自己的感觉和一时喜好买卖，最终只有死路一条。交易就像人生，没有舍哪有得，想得必有舍。“将欲取之，必先予之”所讲的就是舍得有大义，弄明白了才能做好技术。

（8）12 月 2 日，回调过程选择跳空低开，早盘有过反弹，但买盘无力回补跳空缺口，形成低走以后收出跳空阴线，并跌破中、大均线支撑。还是那个意思，区间盘整阶段和对望调整过程的跳空阴线，属于正常的洗盘手段。12 月中旬，多头尝试突破双轨，还是失败了，失败的原因很简单，股价展开对望调整趋势，趋势线在零轴线上方运行并形成了悬空抬升状态，说明指标趋势存在悬空虚力特征，所以股价突破不了双轨阻压，冲高是虚力诱多。因此，最好逢高减筹，回避修复悬空虚力特征的过程。12 月 25 日，跳空阴线向下砸盘，还是正常的洗盘特征。由于股指的连续大跌影响，庄家顺势挖坑，不仅将股价快速压下 60 日均线，MACD 技术指标也快速转入死叉状态。12 月 31 日，跳空阴线形成带量下跌特征，说明庄家加大了洗盘力度。趋势线在死叉状态下转入零轴线，说明指标趋势的悬空虚力特征不复存在。虽然顺势打压的挖坑跌势不能定义为破位趋势，但挖坑过程一旦出现持续跳空特征，至少说明庄家加大回调趋势和时间，满仓持筹肯定不对，扛着单子天天盼涨，只会让人难受。

(9) 无论是复权还是除权状态，股价经过这一波挖坑下跌以后，已经跌至前期底部附近。2014 年 1 月 13 日至 16 日，“四连阳”推起止住了股价跌势，趋势线脱离绿柱体并逐渐缩短。股价在低位区间展开震荡筑底趋势，MACD 技术指标在零轴线下方转入金叉状态，趋势线在零轴线下方实现缓慢抬升状态。1 月 24 日，股价震荡反弹触及了 20 日均线，其明显下垂阻压着股价反弹，说明股价开始进入均线反压趋势。

(10) 1 月 30 日，均线反压致使股价下行，当日选择跳空低开，早盘有过反弹，但无力回补跳空缺口，逐渐低走以后探至跌停板价格，并跌破前期底部支撑。无论是复权还是除权状态，收盘价虽然不是跌停板价格，但却在前期底部之下收盘，表面上形成了一种跳空破位趋势。其实不然，跳空阴线出现在大幅下挫以后的微跌阶段、震荡筑底阶段、均线反压过程，属于消耗型缺口，并非突破型缺口，所以叫作“破釜沉舟，背水一战”寻底特征。

◆ **操盘策略**

如图 3-7 所示：

(1) 2014 年 1 月 30 日，根据跳空阴线的位置，从跌势能量消耗的角度考虑，股价是“破釜沉舟，背水一战”寻底特征。可是，K 线图毕竟是阴线特征，量价必须获得反扑支持，才能对股价完成寻底做出确认。MACD 技术指标快速向下且已接近临界区域，两线负值比指标第一次实现金叉之前的负值明显缩小，说明两线角度整体抬升。这就意味着，股价反压下行并创出此轮回调新低，MACD 技术指标并没有跟随股价创出回调新低，跳空阴线的诱空逼多成分较大。假如股价实现快速反弹，那么股价和指标趋势极易构筑一种“底背离”形态，底部基础更加坚实，抄底理由充分许多。由此可见，均线反压的下行过程形成了跳空下跌，预示跌势能量消耗巨大，而且多头已被逼至后无退路的危险区域，必然展开疯狂反扑。所以说这根跳空阴线极有可能是大幅下挫趋势的最后一跌，被套和抄底浮筹会因恐惧情绪加剧而抛掉筹码。

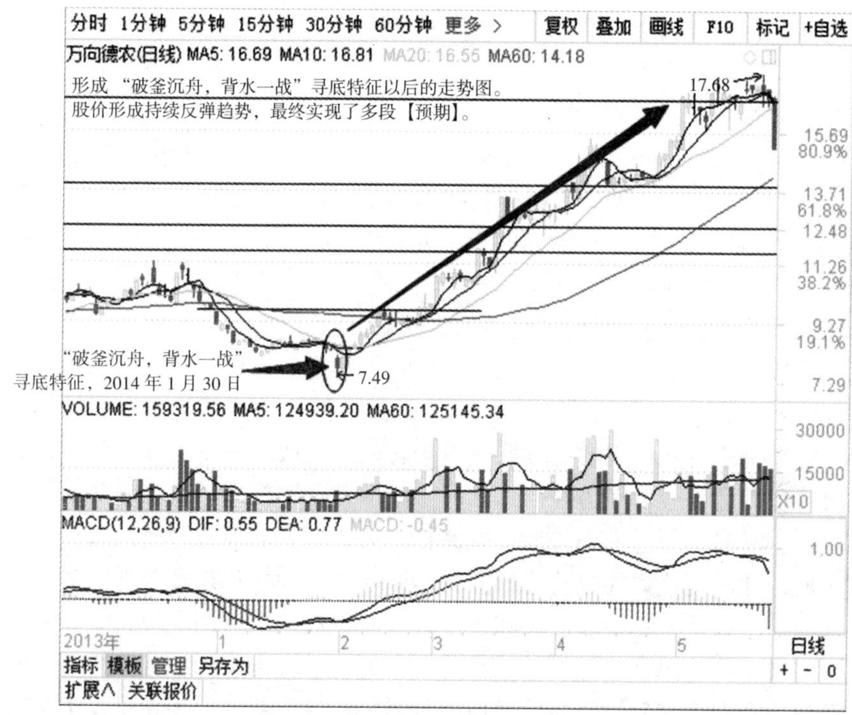

图 3–7　形成“破釜沉舟，背水一战”寻底特征以后的走势

（2）2 月 7 日，农历新年过后，缩量阳线促使 MACD 技术指标的负值和两线角度与节前保持一致。量能没有及时跟上，主要是由于跳空阴线的量能过大所致。2 月 10 日，携量阳线向上穿透低位三线，20 日均线被其带入趋稳角度，说明股价和均线汇合成功构筑“反抽三线”和“拨开迷雾，重见光明”这两种转势特征。MACD 技术指标获得反弹能量带动，DIF 趋势线贴着 DEA 趋势线开口上勾，红柱体重新露头，说明股价和指标汇合成功构筑“凤凰涅槃，浴火重生”转势特征，同时确认“底背离”形态。一天之内形成四种转势特征，不仅提高了股价反弹的可信度，而且脱离低位区间是大概率，这里适宜增至五成筹码。

（3）2 月 17 日，股价形成持续放量反弹趋势，“七连阳”推升以后站稳大线之上，预示庄家“必有所图”。60 日均线的明显下垂以及均线系统的发散状态，开始成为股价反弹的强力牵制。第七阳的最高价回补了前期跳空缺口，收盘价处于跳空缺口的最低价之下，说明已及时确立<对望格局>双轨。次日开始的对望回撤趋势，调整幅度小，量能明显萎缩，5 日均线向上回抽并与 60 日均线在调整过程中完成对接。

（4）2 月 26 日，股价在 20 日均线之上展开窄幅震荡的缩量趋势，携量阳线

向上穿透 5 日、10 日和 60 日三条均线，说明股价和均线汇合成功构筑特殊状态的“反攻三线”强攻特征。特殊状态的“反攻三线”强攻特征，还有另外一种构筑方式及表现特征：股价在 10 日均线之上震荡，止跌以后采取携量阳线（涨停板）穿透 5 日、20 日和 60 日三条均线。一般情况下，股价由低位区间展开反弹并越过 60 日均线以后，展开窄幅震荡的缩量趋势，调整幅度小，且以 10 日或 20 日均线作为支撑，往往形成一段“短期横盘调整”格局，实现企稳反转时，极易构筑这两种特殊状态的“反攻三线”强攻特征。特殊状态的“反攻三线”强攻特征，出现的位置以及股价实现企稳反转时穿透均线的状态，都与正常的“反攻三线”强攻特征有着明显区别。成功构筑特殊状态的反攻特征，暗示该股蕴含不为外知的利好，庄家又来不及围绕 60 日均线区间（均线系统）展开长期的盘整趋势，随之采取特殊状态的反攻特征引爆行情。该股收出特殊状态的“反攻三线”强攻特征以后，股价经历两个多月的持续推升，实现超过 70%的涨幅。

（5）5 月 17 日，对外发布控股股东减持的公告。为何股价经历持续推升并到达顶部区域，才出现这样的减持公告呢？弄明白这个问题很简单。任何人（包括庄家）买入做多以后，都想股价上涨，没有人希望股价下跌，也没有人想斩仓出局。控股股东减持筹码，也想卖一个好价钱，愿意与其配合的庄家（资金）数不胜数。散户投资者后知后觉，最后发现股价进入快速涨势，以为自己又要错过行情了，不管三七二十一，股价涨得越猛追高热情越浓。可是很不幸，最后留给普通投资者的往往不是一段持续高走趋势，而是一段推高以后的震荡筑顶趋势，抑或是探顶回落趋势。就算后市股价没有形成大幅下挫趋势，股价也由震荡筑顶趋势演变为长期的区间盘整趋势。

（6）5 月 27 日，股价在高位区域构筑一段震荡诱多的“顶背离”形态以后，跌停板快速下跌并确立“下破三线”破位特征，随之引出一波断崖式下挫趋势。6 月 20 日，18 个交易日跌去了 40%，飘柱诱空状态开始止住跌势。新的一轮波浪推势也由此开始。6 月 20 日至 9 月 30 日，这是股价的第一波上涨浪（包含震荡筑底阶段和小幅拉升阶段）；9 月 30 日至次年 2 月中旬，这是股价的第二波调整浪（区间盘整阶段）；2015 年 2 月中旬至 5 月 20 日，这是股价的第三波主升浪（大幅拉升阶段）；5 月 20 日至 6 月初，这是股价的第四波调整浪；6 月初至 15 日，这是股价的第五波诱多浪（第四波调整浪和第五波诱多浪合并为震荡筑顶阶段）。6 月 18 日，阴线跌破高位三线支撑并确立“下破三线”破位特征，说明股价由此进入大幅下挫阶段。这六大阶段和波浪趋势有高度重合的地方，也有不同之处。理解并熟练运用波浪理论，对于判断股价趋势的强弱和位置，实战意义极大。股价运行的六大阶段，属于庄控系统的核心内容，后面再述。

（7）通过日线、周线和月线趋势可以看出，2014 年 1 月末至 5 月中旬，日线

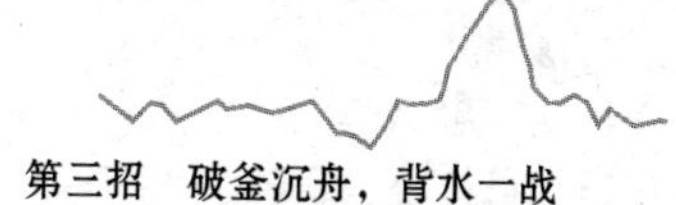

股价的持续推升实现了一波翻番行情。周线股价呈现出两组“连阳推动”状态，2月7日至4月11日实现了“十连阳”推升，4月25日至5月23日实现了“五连阳”推升。月线股价也是一组“连阳推动”状态，2014年2月至4月之间实现了“红三兵”推升。2014年5月末至次年2月中旬，日线股价先是形成一波大幅下挫趋势，接着形成震荡筑底趋势，然后是小幅拉升趋势，最后是区间盘整趋势。周线股价形成了第二波调整浪，呈现出区间盘整特征。月线股价在“红三兵”和“短回长”强攻特征以后，展开一段“短期横盘调整”格局。2015年2月中旬至6月中旬，日线股价形成一轮大幅拉升的主升浪（震荡筑顶结束），周线股价亦然（飘柱诱多结束），月线股价则在5月末形成“力不从心，虚张声势”探顶特征。

（8）A股市场具有浓厚的中国特色，股价和业绩往往产生逆向特征。这是为何呢？该股的2013年全年业绩亏损，2014年上半年业绩也是亏损的，2014年全年业绩只有小盈幅度。为何股价没有受到业绩亏损的拖累呢？为何股价和业绩会发生逆向特征呢？道理其实很简单。假如股价和业绩需要保持同向运动，那么庄家和散户投资者必须同时往一个方向使劲。这就意味着，庄家为散户投资者抬轿，散户投资者只要进来了，就有赚钱机会。可是，散户投资者的持筹量小，获利了结根本不用考虑会不会打压股价，那么最后谁为庄家的巨量撤退打掩护呢？显而易见，股价和业绩保持同向运动并不现实。因此，千万不要一厢情愿地认为股价和业绩会保持同向运动。一般情况下，股价经历长期的大幅上扬趋势，最后一段涨势最为疯狂。庄家要让其灭亡，必先使其疯狂。散户投资者的贪婪和欲望永不停止，不断地追高，庄家撤退起来十分容易。由此可见，股价只要进入最后的疯狂阶段，庄家并不是想做多趋势，而是为了顺利撤退做出一段诱多趋势。真正懂得回避和止盈的投资者，少之又少。

操盘实例四　天赐材料（002709）

◆ 图形识别

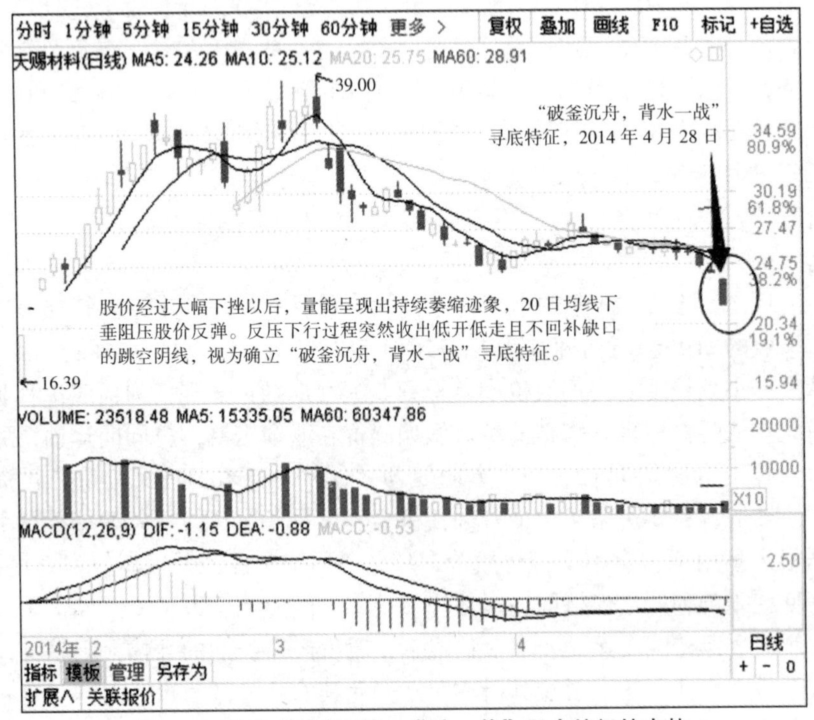

图 3-8　构筑"破釜沉舟，背水一战"寻底特征的走势

◆ 要点回放

如图 3-8 所示：

(1) 股指长期处于熊市运行，必然导致整体行情偏弱，投资氛围低迷。个股破发严重，底中有底，高价股稀少，低价股遍地，估值回归合理范畴，这些都是长期熊市的市场特征。2012 年底以来，中小板和创业板及其个股走势开始趋好，尤其是创业板和次新股，股价节节攀高。题材股方兴未艾，俨然成了创造财富的"乐园"。次新股炒作是 A 股市场独有的题材之一，必然长期存在，总会给人留下无限遐想的炒作空间。原因如下：第一，次新股的上市时间短，前期技术平台少，跳空缺口也少，说明拉升以后的阻力小，炒作空间巨大；第二，次新股的换手率大，且没有历史套牢盘，庄家容易收集筹码，轻松实现控盘目的，炒作成本小；第三，次新股的流通盘小，庄家易于控盘筹码，已被大幅炒作的次新股，流通盘小的占了多数；第四，有的次新股蕴含多种题材或者具有独特的题材，有的

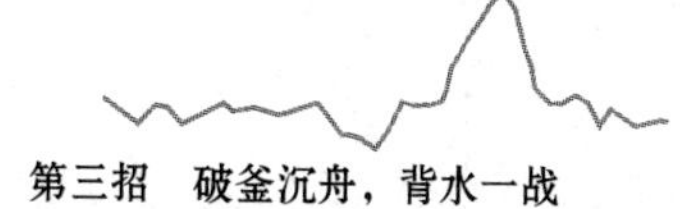

是细分领域的龙头，庄家粉饰一番不难实现炒作；第五，股指整体环境不好时，个股发行的平均市盈率相对低一些，这为后市炒作留下了充足的炒作空间和机会；第六，次新股往往存在收益率高、公积金高以及待分配利润丰厚等特点，说明次新股具备了高分红、高送转等炒作条件，所以成为必炒的一个题材。

（2）新股上市初期，60 日均线没有出现之前，无法认清和判断它的趋势，操盘风险大，尽量不要参与。参与上市不久的次新股，最好寻找强势恒强的个股，符合涨停板规律的必须重点关注，可以采取涨停板方式的实施狙击，同时控制好仓位，要求快进快出，发现苗头不对立即撤离。A 股市场的上市规则改动频繁，每隔一两年都有一次大的改动，可是依然存在较大缺陷。这是造成个股于上市日以及上市以后的趋势多变的原因之一，也是导致炒新交易的买方市场存在巨大风险的根本原因。上市时机的选择是影响股价走势的重要因素。选择熊市上市，股价往往在上市日形成制高点，随后多数经历长期的大幅下挫趋势，甚至是破发。新股上市以后不断地创出新低，股价何时完成寻底，普通投资者很难做出准确的判断。因此，上市日追高，或爆炒以后追高，可能面临巨大浮亏，天天做噩梦也不足为奇！

（3）中国石油（601857）于 2007 年底的牛市末端上市，上市日成为制高点，董事长还大放厥词："上市日的价格非常合理，非常值得投资。"即使经历 2014 年至 2015 年的疯狂牛市，股价也只涨回上市时的 1/3，上市时只要追高了，解套遥遥无期。真的值得投资吗？2010 年底上市的批量个股，多数也在上市日成为制高点，随后跟随股指经历持续的深幅回调。新股上市初期实现大涨攻势，探顶以后的回落速度也快，即便以阴跌方式回调，也容易导致大幅亏损。2013 年 12 月至 2014 年初，这段时间上市的新股，形成"先扬后抑再扬"的炒作规律。2014 年中修改了上市规则，推出了所谓的史上最严厉的遏制炒新制度——上市日涨跌幅限制和临停制度，效果不尽如人意，爆炒现象更加严重。一些经过包装且缺乏业绩支撑的新股上市以后，经过市场的持续爆炒，有的居然达到二三十个交易日的连续"一"字涨停，两三百元的高价股遍地开花。上市新规的致命缺陷，导致人为爆炒痕迹过重，必将普通投资者深埋其中！

（4）天赐材料（002709）的上市日期是 2014 年 1 月 23 日，它是 2013 年修改上市规则以来，较早获准上市的一批股票。自上市日起，股价推起一波大涨攻势，1 个多月时间实现了 120%的涨幅。3 月初，经过高位区间的虚拉诱多趋势以后，成功构筑"顶背离"形态，股价开始进入大幅下挫趋势。假如追高了又不止盈或止损，接下来的 2 个月时间，浮亏幅度达到 50%左右，解套需要半年以后。追涨无可厚非，以技术为重的投资者，都是清一色的追涨者。发现股价进入强势范畴，寻找一个合适的点位实施狙击，这是值得称赞的投资行为。追了却不止盈，又没有止损概念，【预期】和<对望格局>双轨成为一种摆设，破位特征视若无睹，这对认识股价运行规律没有任何好处，只会加剧心理负担。喜欢追高的散户投资者，不断地重复错误，账户本金不断地削减。要么半死不活地留恋市场，期待奇迹降临；要么源源不断地为市场贡献佣金和税金；要么从市场中消失。

（5）2014 年 3 月 3 日，股价和指标趋势汇合成功构筑“顶背离”形态。3 月 4 日和 7 日，创出新高的“冲高回落，单针见顶”K 线图，都是虚力诱多趋势，同时终结了上市行情炒作。3 月 10 日，采取跳空低开，盘中反弹无力且不回补跳空缺口，并形成放量低走趋势，阴线收盘且留有跳空缺口。跳空阴线不仅拉长了死叉状态的绿柱体，还把股价带入“闸门洞开，一泻千里”和“一刀两断，以绝后患”破位趋势。随后股价进入大幅下挫趋势，趋势线逐渐下降并落入零轴线下方运行。

（6）4 月 9 日，股价形成止跌并经过缓慢反弹以后，虽然越过 20 日均线，但均线下垂存在强力牵制；MACD 技术指标虽然转入金叉状态，但趋势线和零轴线的距离较远，说明指标力度不足。随后股价震荡下行，红柱体时而短、时而长，说明股价和指标趋势进入底部断势的过程，这是延伸震荡筑底趋势的典型手段。4 月 28 日，跌势能量承接前一日回补缺口的反压趋势，采取跳空低开，开盘价成为当日最高价，说明跳空缺口没有获得回补，放量低走以后也形成了大跌趋势，午盘 13 点 45 分，跌势探至跌停板价格成交，最终报收跌停板且留有跳空缺口。

◆ 操盘策略

如图 3-9 所示：

（1）2014 年 4 月 28 日，股价处于均线反压的下行过程，采取跳空下跌并收出留有跳空缺口的跌停板，说明这是“破釜沉舟，背水一战”寻底特征。均线反压致使股价创出此轮回调低价，MACD 技术指标也在同步下降，但趋势线始终没有藏入绿柱体，说明指标趋势一直处于飘柱诱空过程，预示股价和指标趋势进入超跌超卖区域。这就意味着，空头消耗巨大能量向下砸盘已至极限，多头已被逼至退无可退的危险区域，所以多头随时都有可能展开超跌反扑。一个人长期贫穷，积贫时间长了，就会想尽办法去挣钱，也会有钱的时候，即使钱挣得还不够多，也解决不了多大问题，但至少能够满足基本温饱，再求质变就容易了。因此，死扛单子且已大幅亏损的投资者，这里不妨大胆地追加补仓筹码，摊低持筹成本。从严格意义上说，跳空阴线构筑寻底特征，必须耐心等待量价反扑。阴线式寻底特征采取抄底或补筹，虽然不妥，也不是操盘正道，但好过一味地扛着盼涨。也比那些盲目抄底或补筹的行为强得多。根据技术止盈或止损，肯定不会扛单至此，一直扛着主要还是受到想赢怕输、喜涨怕跌的心理作祟。

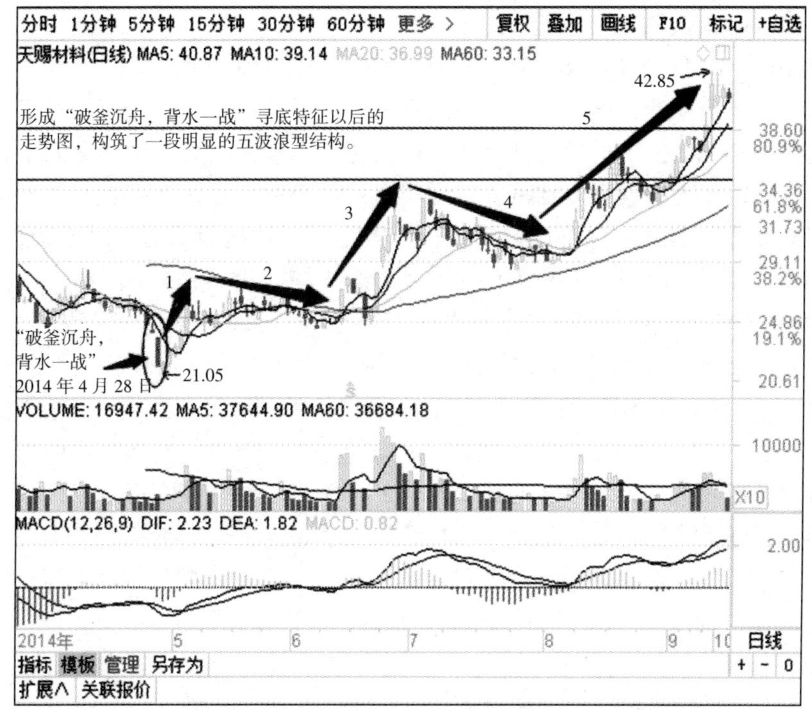

图 3-9　形成“破釜沉舟，背水一战”寻底特征以后的走势

（2）“上帝要让其灭亡，必先使其疯狂”。物极必反的道理都知道，但未必明白事情如何演变和转化。股票市场是这样，股价的多空转换也是这样，人生亦如此。大幅跳空低开或跌幅越大，空头消耗能量越甚，逼多力度越大，这是“破釜沉舟，背水一战”跳空阴线蕴含的市场意义。股价经历长期的大幅下挫，处于微跌阶段、震荡筑底阶段、均线反压下行阶段，跳空阴线往往形成股价的最后一跌。就像跑 1000 米，已经跑了 900 米，剩下 100 米到达终点，试问谁能保持百米起跑时的速度跑完剩下的 100 米距离？超越人类极限的事情，谁也无法做到。此时股价选择跳空下跌，并不是放大空势，而是空势进入最后的冲刺阶段，跳空一跌往往寻出股价底部。无论前面跑了多长时间，跑到最后的 100 米距离，身体再累也会拼尽全力加速冲刺，但最后冲刺的速度难以超越起跑时的爆发力。

（3）收出跳空阴线的次日开始，股价稳步放量推升并形成了“连阳推动”状态，说明股价完成寻底和反弹趋势同时展开，最后推起大阳线并跨入 20 日均线，同时带动 MACD 技术指标在零轴线下方转入金叉状态。由于股价在低位区间的震荡时间不足，“五连阳”推升直接跨入中线，使得低位的三条均线呈现出明显的发散状态，其阻压着股价反弹。庄家于是展开震荡趋势，化解三线距离，同时把趋势线逐渐拉入零轴线上方。股价冲击大线未果，继续保持震荡反压趋势，

MACD 技术指标重现死叉状态。

（4）6 月 10 日，携量阳线展开反扑之势，及时止住了反压趋势。6 月 13 日，巨量涨停板向上穿透均线系统，说明庄家采取“反抽四线”转势特征，终结反压震荡趋势，MACD 技术指标被其转势力度快速带入金叉状态。由于区间上轨存在阻压，涨停板又突然放大九倍量能，说明突然起势的涨停板锋芒过甚，预示股价有了回撤需要，当务之急是回避锋芒，所以庄家立即把股价引入对望调整趋势。6 月 23 日，股价回撤以后获得了中、大均线支撑，携量涨停板向上穿透 5 日、10 日和 20 日三条均线，说明庄家采取“反攻三线”强攻特征推开攻势。

（5）6 月 24 日，跳空阳线携量上攻，确立“外腾空”强攻特征。股价经历“五连阳”推升，并在最后两天的缩量推升中提示股价攻势乏力，表达股价行将回撤。回撤趋势不仅促使红柱体缩短，还把趋势线拖出了红柱体，说明指标趋势开始减弱，股价进入虚拉诱多区域运行。7 月 3 日，携量涨停板极速拔高，红柱体被其反转强力快速拉长，但红柱体拉长却无法重新藏入趋势线，说明股价进入飘柱诱多趋势，预示这一波涨势即将终结。次日，股价藏在前一日涨停板内部运行并收阴线，前一日拉长了的红柱体立即缩短，指标趋势减弱更加明显。因此，后市股价必有一段回调趋势，即使看好该股后市，这个时候也要逢高减筹。

（6）股价经过边拉边撤的波浪涨势，已经接近翻番行情。9 月 10 日，股价到达前期历史高点并站稳其上，预示股价存在惯性推力。9 月 30 日，停牌 20 天以后，重新开盘的股价经历了剧烈震荡，盘中伏低蹿高以后形成缩量推升趋势，最终收盘的缩量阳线留有一根长长的下影线。盘中振幅高达 16%的缩量阳线，留下长长的下影线有了“吊颈线”探顶特征，而且其本身就是一种“力不从心，虚张声势”探顶特征。次日，股价藏于前一日阳线实体内部运行并收伪阳线，“阳线孕伪阳线”K 线组合构筑“心怀鬼胎，居心不良”探顶特征。日线股价进入第五波上涨浪的末端，且已触及前期历史高点，探顶特征提示股价完成【预期】并确立<对望格局>双轨。

（7）由此开始，股价进入两个历史平台的对望调整趋势。调整时间较长，调整幅度较大，区间振幅超过 45%。对望调整趋势不仅跌破 60 日均线支撑，而且调整趋势形成一段典型的回调三浪特征。2014 年 12 日 1 日，反复盘顶以后的跳空阴线跌破 60 日均线支撑，成功构筑“溃坝决堤，覆水难收”和“抽刀断水，流水无情”双重破位特征。在这之前的反复盘顶趋势构筑了中继平台，在这之后的下跌趋势属于第三浪回调。

（8）2014 年 12 月 22 日和 29 日，这两根跳空阴线出现在第三浪回调的最后区域，体现出“破釜沉舟，背水一战”寻底特征。12 月 30 日，盘中股价深幅下探以后实现反弹，尾盘极速上蹿且留有一根长长的下影线，确立“触底回升，金针探底”寻底特征。次日，携量阳线展开反扑之势，不仅对阴线“金针”的寻底作用做出了及时确认，而且又构筑了一个全新的寻底特征，“阴线+星线+阳线”叫作“启明之星”寻底特征，其寻底作用更可靠。

★ 招数小结

（1）收出“破釜沉舟，背水一战”跳空 K 线，属于空头能量消耗已至极致的衰竭表现，它的出现往往形成大幅下挫趋势的最后一跌，也是一种诱空逼多力度较大的技术手段。跳空 K 线多数时候形成一根跳空阴线，低开高走且不回补缺口属于伪阳线特征。跳空阴线的跌幅越大，空头能量消耗越甚，诱空逼多力度越大。缺口的大小并不重要，哪怕只有一分钱没有回补缺口，也是成立的。缺口越大，震慑力度越大，恐慌性抛筹往往越多，而股价越容易完成寻底。

（2）跳空 K 线出现位置不同，市场意义不同，实战价值不同。在大幅下挫以后的微跌过程、震荡筑底阶段和均线反压的下行过程中，跳空 K 线叫作寻底特征。在区间盘整阶段的回档或挖坑过程，对望调整的回撤过程中，跳空 K 线叫作止跌特征。区间盘整阶段或对望调整区间只要出现跳空 K 线，并非破位特征，必须把它看成一根正常的调整阴线，而且它是庄家加大洗盘力度的震慑手段，蕴含了止跌意义，实战价值大。被套和抄底浮筹，受其跳空跌势影响，加剧了恐慌情绪，从而割肉出局，庄家却在暗中进行吸纳。

（3）寻底特征只是判断股价是否完成探底，股价未必真的完成探底，反弹趋势也未必降临。毕竟股价真正完成探底或展开反弹趋势，有待其他条件的完善与配合，所以盲目抄底吸筹，并不可取。跳空 K 线之后出现量价反扑之势，或者形成“连阳推动”状态，股价完成寻底的概率较大。

（4）大幅下挫以后的微跌过程，震荡筑底阶段、均线反压的下行过程，股价下跌虽然有可能创出此轮回调新低，但继续大跌的可能性小，而且这个时候收出的寻底特征比其他地方的寻底特征更可靠，股价完成寻底的可信度高。分红除权留下跳空缺口，并不是“破釜沉舟，背水一战”寻底特征，这个跳空缺口属于除权状态的【预期】。

（5）采取大幅跳空低开，甚至采取跌停板价格低开，盘中有过反弹且不回补缺口，最终收盘极有可能形成伪阳线特征，这是一根明涨暗跌 K 线图。伪阳线说明股价一天之内构筑了多重寻底特征，例如，“破釜沉舟，背水一战”和“低开高走，釜底抽薪”的结合，“破釜沉舟，背水一战”和“触底回升，金针探底”的结合，也有可能同时确立以上三种寻底特征。

（6）大幅下挫过程出现明显放量特征，这是正常的量能特征。微跌或反压过程呈现出持续萎缩迹象，甚至是地量交投状态，说明股价下跌动能已经不足。股价完成寻底之前，量能必须经历放量再缩量的持续过程，就算是震荡筑底阶段，量能也要经历这个过程。

（7）趋势线长期处于死叉状态且远离零轴线运行，说明指标和两线负值越来越大。股价和指标趋势有了超跌超卖征兆，后市股价极易形成超跌反弹趋势。即使超跌反弹的幅度不大，起码能减缓趋势线的悬空下降状态，逐渐收缩绿柱体，同时缩小指标和两线负值，为将来变盘（向下或向上）打下一定的技术基础。

（8）微跌过程或受均线反压的下行过程，采取连续跳空跌势进行加速诱空逼多，股价完成寻底的概率极大。

★ 构筑方式及表现特征

“破釜沉舟，背水一战”跳空 K 线有以下四种常见的构筑方式及表现特征：

第一种，万润股份（002643），如图 3–10 所示。

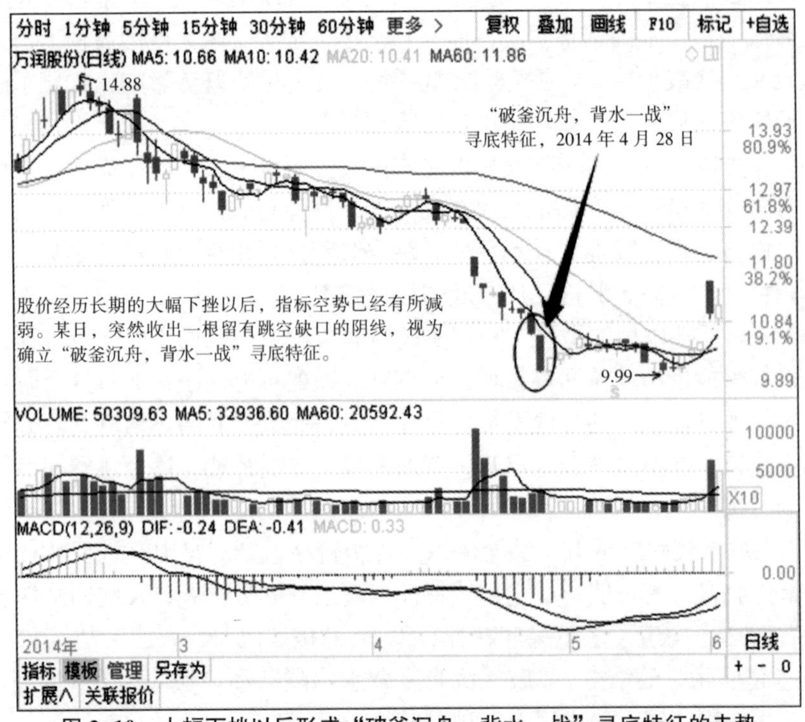

图 3–10 大幅下挫以后形成“破釜沉舟，背水一战”寻底特征的走势

股价经历长期的大幅下挫以后，指标空势已经减弱。某日，突然收出一根留有跳空缺口的阴线，视为确立“破釜沉舟，背水一战”寻底特征。

大幅下挫过程最猛烈的一波跌势，股价往往形成断崖式下挫，量能随之放大，而且这个时候的指标空势还没有减弱，期间收出任何一种寻底特征，都有可能是一种假底特征。即使股价以此为底部并构筑震荡支撑，后市股价也避免不了一段较长时间的震荡筑底趋势。因此，股价和指标空势减弱以后，才有可能寻出真实的底部特征。

出现缩量或地量交投状态，股价有可能保持微跌态势，或创出回调新低，所以说股价真正完成寻底，必须获得寻底特征和量价支持。许多人认为跳空阴线是加速股价下挫的破位特征，其实不然。股价和指标空势出现减弱以后，股价再次大跌的动能已经不足，采取跳空下跌只是为了加剧被套和抄底浮筹的恐慌情绪，使其认为股价再次进入加速下挫趋势，从而割肉出局，这种行为有利于庄家低位吸筹。因此，跳空阴线往往形成大幅下挫趋势的最后一跌，也容易探出股价的真实底部，所以其寻底可信度较高。

第二种，金瑞科技（600390），如图 3-11 所示。

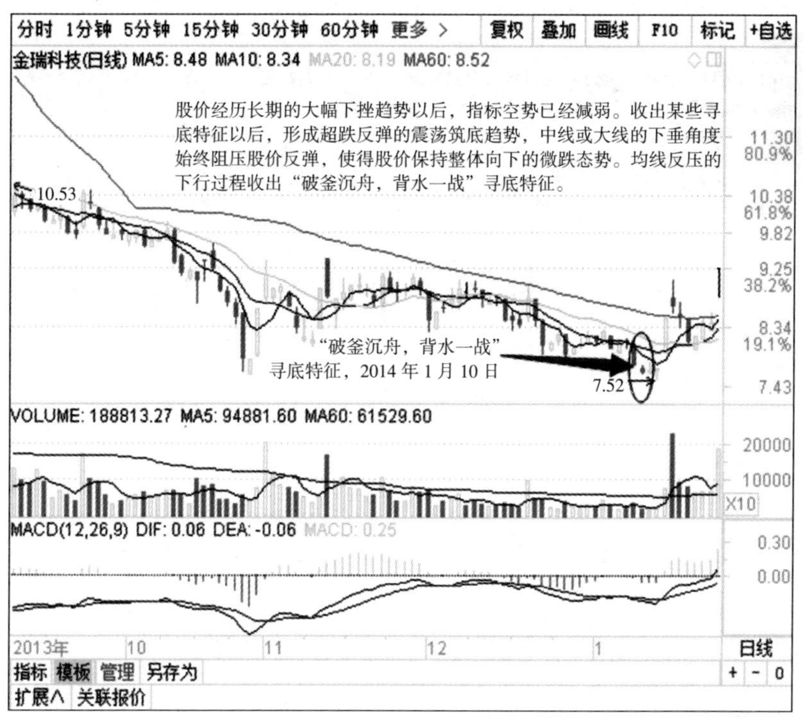

图 3-11　均线反压过程形成“破釜沉舟，背水一战”寻底特征的走势

股价经历长期的大幅下挫以后，指标空势已经减弱。收出某些寻底特征以后，形成超跌反弹的震荡筑底趋势，20 日或 60 日均线的下垂角度始终阻压股价反弹，使得股价保持整体向下的微跌态势。均线反压的下行过程收出“破釜沉舟，背水一战”寻底特征。

无论是微跌阶段的超跌反弹，还是震荡筑底阶段的超跌反弹，股价至少经历一次均线反压的下行趋势，一般经历了多次反压趋势，股价才有可能寻出真实的底部。量价表现时而放量反弹，时而缩量下跌。低位股价受到均线的不断反压，加剧了被套和抄底浮筹的恐惧情绪，使其割肉出局，一直观望的场外资金迟迟不敢抄底，此时更是不敢动手。庄家通过均线的不断反压，吸足底部筹码，也为将来控盘做好准备。

震荡筑底过程就是一段均线反压的反复趋势，反压下行以后有可能创出此轮回调新低，但股价不会形成再次大幅下挫趋势；也有可能围绕前期底部震荡，且不创此轮回调新低。这期间会反复收出各种寻底特征，“破釜沉舟，背水一战”寻底特征属于其中一种。空头能量消耗已至极限，容易形成大幅下挫趋势的最后一跌，寻出真正底部的概率较大。

第三种，德豪润达（002005），如图 3–12 所示。

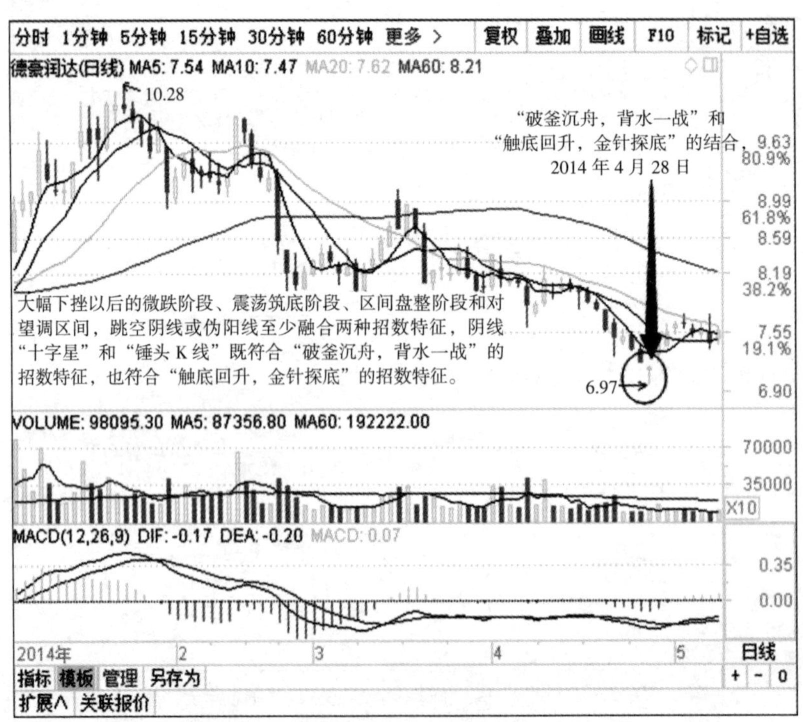

图 3–12 “破釜沉舟，背水一战”和“触底回升，金针探底”的结合

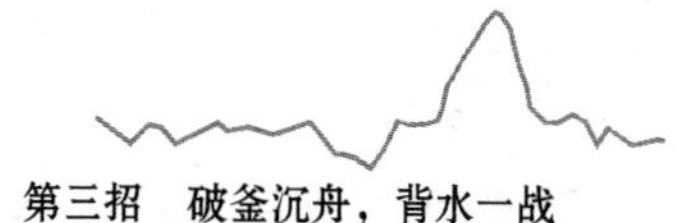

大幅下挫以后的微跌阶段、震荡筑底阶段、区间盘整阶段和对望调整区间，跳空阴线或伪阳线至少融合了两种招数特征。阴线“十字星”和“锤头K线”既符合“破釜沉舟，背水一战”的招数特征，也符合“触底回升，金针探底”的招数特征。

微跌阶段或低位区间线的叫作结合型寻底特征，洗盘过程的线叫作结合型止跌特征。跳空阴线或伪阳线呈现出“十字星”和“锤头K线”，说明盘中经历了下有支撑、上有阻压的剧烈波动。股价和指标空势趋弱或已走完的情况下，结合型寻底特征的市场意义大，洗盘过程的止跌作用大。

在其之后立即展开量价反扑之势，容易构筑“阴线+跳空星线+阳线”K线组合，名字叫作“启明之星”K线组合，寻底或止跌作用大。在其之后立即展开跳空反弹且留有缺口收盘，将会构成“阴线+跳空星线+跳空阳线”，名字也叫“启明之星”K线组合，而且这是最规范的“启明之星”K线组合，寻底或止跌作用极大。跳空反弹说明庄家同时采取了“出其不意，攻其不备”的掠夺手段推高股价。

第四种，科泰电源（300153），如图3-13所示。

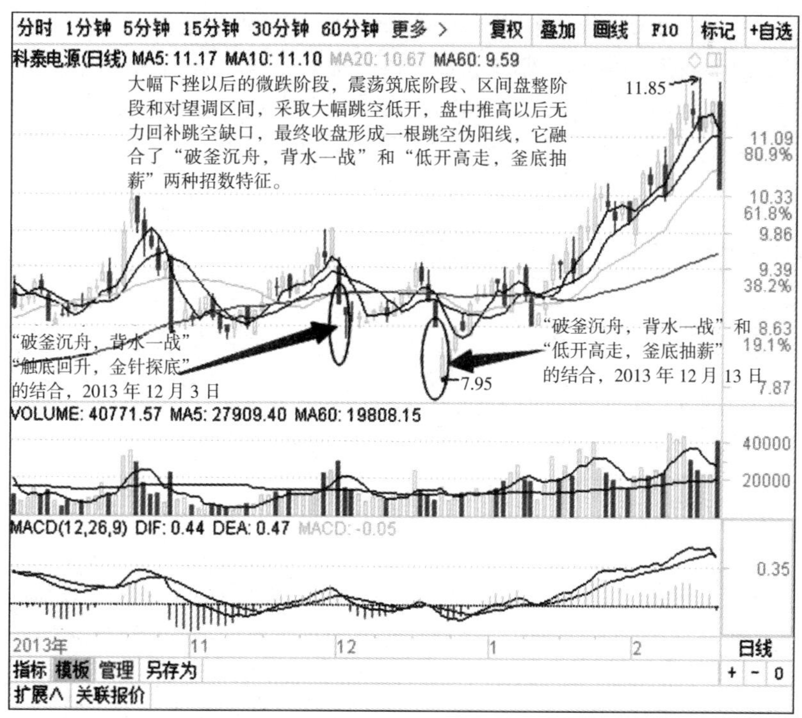

图3-13 “破釜沉舟，背水一战”和“低开高走，釜底抽薪”的结合

大幅下挫以后的微跌阶段、震荡筑底阶段、区间盘整阶段和对望调整区间，采取大幅跳空低开，盘中反弹以后无力回补跳空缺口，最终收盘形成一根跳空伪阳线，其融合了“破釜沉舟，背水一战”和“低开高走，釜底抽薪”两种招数特征。

微跌阶段或低位区间的线叫作结合型寻底特征，洗盘过程的线叫作结合型止跌特征。一般情况下，早盘股价选择大幅跳空低开，跳空低开的幅度往往大于5%，甚至采取跌停板价格跳空低开。开盘以后获得买盘支持，股价逐渐反弹，但它无力回补跳空缺口，收盘K线图属于“低开高走”且留有跳空缺口的伪阳线，说明这根伪阳线融合了“破釜沉舟，背水一战”和“低开高走，釜底抽薪”两种招数特征。

采取大幅跳空低开，容易加剧被套和抄底浮筹的恐惧情绪，使其觉得股价再次进入大幅下挫的加速趋势，从而斩仓出局，做出有利于庄家底部吸筹的举动。也可以这么理解，采取跳空低开的幅度越大，抑或是采取跌停板价格跳空低开，极度消耗空头能量，而且多头被逼至前有截兵、后无退路的深渊区域，必须展开疯狂反扑，才有可能挽回败局。虽然多头反扑以后无力回补跳空缺口，但多头起码暂时止住了失利，也不至于全军覆没。这种伪阳线的寻底或止跌作用大，可信度高。假如这根伪阳线还存在上、下影线，那么这是“破釜沉舟，背水一战”、“触底回升，金针探底”和“低开高走，釜底抽薪”这三种招数特征的结合。

第四招　悬空而行，危在旦夕
——大幅上扬以后收出“跳空K线”的实战意义

一、招数概况及策略剖析

（一）图形识别

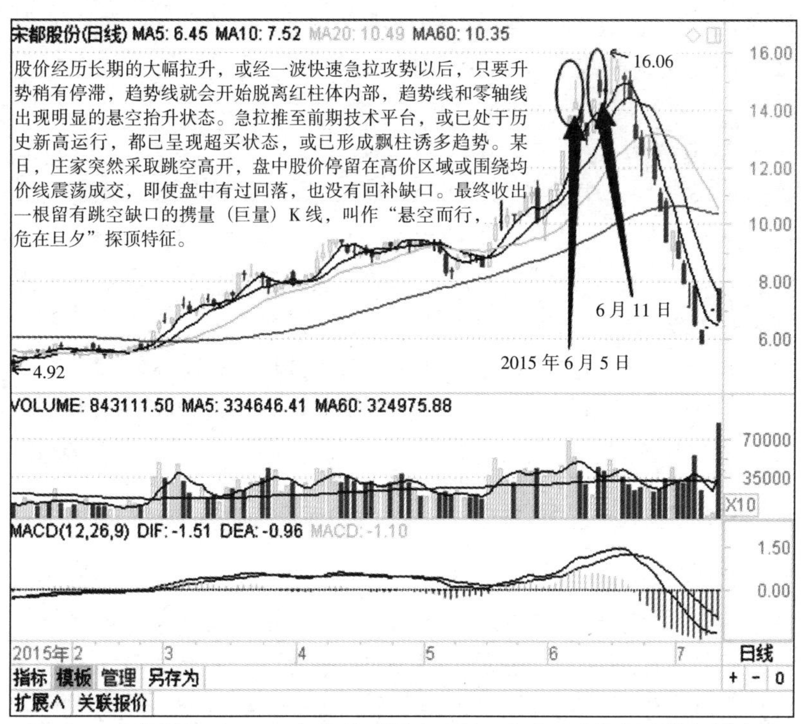

宋都股份(日线) MA5: 6.45 MA10: 7.52 MA20: 10.49 MA60: 10.35
股价经历长期的大幅拉升，或经一波快速急拉攻势以后，只要升势稍有停滞，趋势线就会开始脱离红柱体内部，趋势线和零轴线出现明显的悬空抬升状态。急拉推至前期技术平台，或已处于历史新高运行，都已呈现超买状态，或已形成飘柱诱多趋势。某日，庄家突然采取跳空高开，盘中股价停留在高价区域或围绕均价线震荡成交，即使盘中有过回落，也没有回补缺口。最终收出一根留有跳空缺口的携量（巨量）K线，叫作“悬空而行，危在旦夕”探顶特征。
16.06
6月11日
2015年6月5日
4.92
16.00
14.00
12.00
10.00
8.00
6.00
VOLUME: 843111.50 MA5: 334646.41 MA60: 324975.88
70000
35000
X10
MACD(12,26,9) DIF: -1.51 DEA: -0.96 MACD: -1.10
1.50
0.00
2015年 2
3
4
5
6
7
日线
指标 模板 管理 另存为
扩展∧ 关联报价

图 4-1　宋都股份（600077）构筑“悬空而行，危在旦夕”探顶特征的走势

（二）招数构成与总结

（1）股价经历持续上扬趋势，只要升势稍有停滞，或者出现调整趋势以后，趋势线将会脱离红柱体内部，逐渐远离红柱体并呈现出明显的悬空抬升状态。说明多头攻势实现了巨大涨幅，且已有了超买推升征兆，暗示股价随时都有可能形成探顶回落趋势。

（2）股价经历长期的大幅上扬，或经一波快速急拉攻势以后，有的股价已经触及前期技术平台或跳空缺口，说明多头攻势完成【预期】，冲高回落开始确立<对望格局>双轨。

（3）有的股价处于历史新高推升过程，说明股价实现了巨大涨幅，且已有了超买推升状态。庄家控盘筹码以及追涨浮筹选择获利了结，抛压变得异常沉重，买盘不再坚决。

（4）股价进入明显的高位区间以后，趋势已有减弱迹象。某日，庄家突然采取跳空高开的方式开盘，盘中股价停留在高价区域并围绕均价线震荡成交，交投氛围浓厚，量能明显放大；或呈现出高开高走的封停趋势，但抛盘持续涌出，致使涨停过的股价回落运行，它却没有回补跳空缺口。最终收出一根留有跳空缺口的阳线或涨停板或伪阴线，往往有量伴随，叫作“悬空而行，危在旦夕”探顶特征。

★ 一句话总结

股价经历长期的大幅上扬，或经一波快速急拉攻势以后，只要升势稍有停滞，或出现调整趋势，趋势线立即脱出红柱体，并呈现出明显的悬空抬升状态；股价处于明显的高位区间，触及前期技术平台或跳空缺口，或者处于不断创出历史新高的推升过程，都已呈现出超买推升状态；某日，庄家突然采取跳空高开的方式开盘，盘中停留在高价区域并围绕均价线震荡成交，或呈现出高开高走的封停特征；就算盘中有过回落，也没有回补跳空缺口；最终收出一根有量伴随且留有跳空缺口的阳线或涨停板或伪阴线，叫作“悬空而行，危在旦夕”探顶特征。

（三）深层剖析与要领感悟

（1）股价经历大幅涨势以后，进入最后的疯狂急拉阶段，只要升势稍有停滞或进入调整状态，趋势线立即脱离红柱体内部，说明指标多头开始减弱。红柱体逐渐缩短，趋势线逐渐抬升，说明趋势线和红柱体的开口越来越大，趋势线和零轴线的距离也越来越远，趋势线呈现出明显的悬空抬升状态，这是股价和指标趋势逐渐趋弱的征兆。

（2）股价和指标趋势未走完时，做好高抛低吸非常重要。跳空 K 线表示股价有了探顶特征，但这里往往不是股价的最终大顶。多数是由于股价触及前期技术平台或跳空缺口，确立<对望格局>双轨且展开对望调整的提示。也有可能是一种持续型缺口，股价往该方向加速运动。股价和指标趋势已经减弱或已经走完，股价处于高位区间震荡，反弹创出此轮行情新高，或创出历史新高，这个时候收出的跳空 K 线，股价实现探顶的可信度高。理念要清，趋势要明。

（3）股价实现大幅涨势以后，庄家控盘筹码以及追涨浮筹获利巨大，获利了结时容易对股价形成强大抛压，预示庄家在短期内很难完成撤退。为了减轻抛压时的阻力，同时保持股价的表面强势，庄家采取跳空高开的方式开盘，甚至采取大幅跳空高开或涨停板价格开盘，彻底点燃观望者的做多热情，于是追高做多，追涨浮筹发现股价跳空推高并期盼股价推得更高，于是选择坚守。追高浮筹多了，获利浮筹留守，庄家撤退变得容易，也不再打压股价。

（4）大幅跳空高开且不回补跳空缺口，说明庄家为了实现抛筹并维护股价的表面强势，采取跳空式的强势假象迷惑场内外的投资者。跳空 K 线往往形成大幅涨势的最后一涨，而且这是一种典型的诱多逼空手段。空头已被逼至退无可退的高位区域，再不反扑就有全军覆没的危险。因此，空头一旦展开反扑，股价就有可能形成探顶回落趋势。

（5）跳空 K 线的缺口无论大小都成立，哪怕股价只有一分钱没有回补缺口，高位区域的跳空 K 线，也是表达“悬空而行，危在旦夕”的探顶意图。跳空缺口往往大于 5%，诱多力度大，逼空力度强，股价实现探顶的可信度高。

（6）跳空 K 线可以是阳线，也可以是涨停板，冲高回落就有可能形成明跌暗涨的“伪阴线”。不管形成哪一种跳空 K 线，往往有量伴随，缩量比较少见。量能大，说明追高浮筹和庄家抛筹都多，股价实现探顶的可信度高。

（7）开盘以后极速拔高有可能形成缩量涨停板，或在早盘收盘前形成缩量涨停板，这样的封停速度和时间，属于庄家强势控盘的推升特征。只要其跳空缺口不大，后市股价往往存在较大的惯性推高动能。

（8）构筑“悬空而行，危在旦夕”探顶特征的撤退策略。

第一，股价和指标趋势未走完时，采取逢高减筹策略。做好高抛低吸非常重要，一则锁定利润，回避调整；二则缩小操盘风险；三则实现低吸，把风险控制在最小并实现利润的最大化。

第二，股价和指标趋势已经减弱或已经走完时，虚拉诱多过程收出“悬空而行，危在旦夕”探顶特征，及时采取逢高清空策略。

第三，日线股价拉升完成【预期】，周线或月线股价未必完成【预期】。日线股价收出探顶特征，周线或月线股价未必实现探顶。因此，日线股价完成【预期】或收出探顶特征，只是代表日线趋势完成【预期】或实现探顶。此时判断股价趋势，必须结合各个周期，尤其是月线、周线和日线的结合。周线或月线趋势已经减弱或已走完，日线强势推起属于大周期的虚拉诱多趋势，说明日线探顶是为了配合大周期确立大顶，股价实现探顶的可信度极高，这个时候无论如何都要采取清空策略。

二、招数及实例解读

操盘实例一　宝馨科技（002514）

◆ **图形识别**

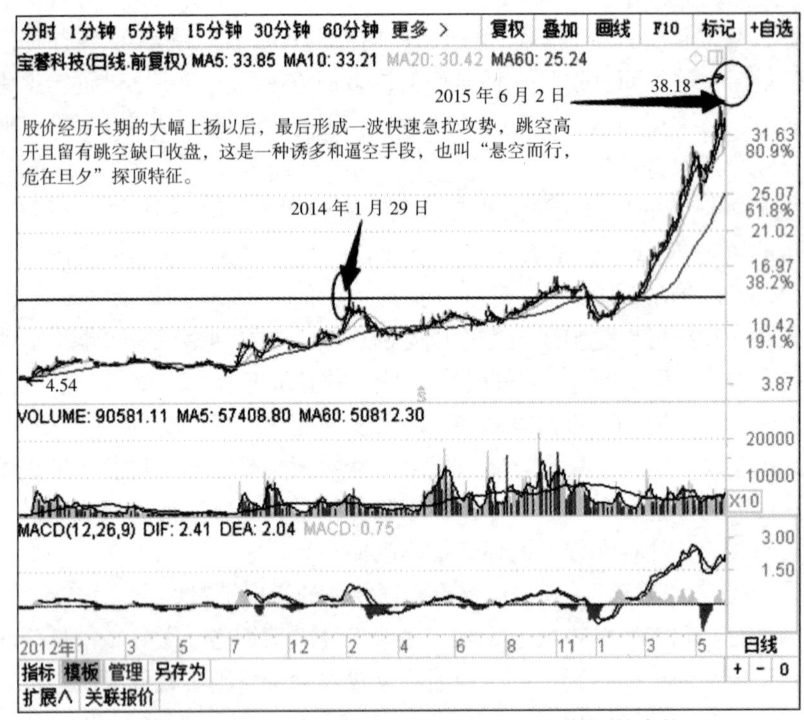

图 4-2　构筑“悬空而行，危在旦夕”探顶特征的走势

◆ **要点回放**

如图 4-2 所示：

（1）复权状态下可以看出，宝馨科技（002514）于 2012 年 8 月 1 日寻出了大底，不仅提前深证成指 19 个月完成寻底，而且寻底以后进入长期多头，牛市

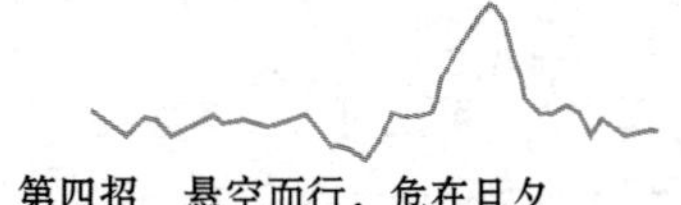

行情长达 22 个月。该股蕴含着重组预期、环保概念和高送转等题材，庄家利用这些题材，提前完成寻底并发动攻势，而且炒作了多次题材行情。任何一波题材炒作，都离不开庄家的精心策划。普通投资者的后知后觉，往往体现于题材确认时的一厢情愿和盲目跟风。2013 年 7 月 3 日以前，庄家刻意采取手段展开反复洗盘，挖坑跌势反复跌破 60 日均线又快速获得支撑，止跌企稳以后进入重组停牌期。如果没有把它提前纳入强势股股票池，发现不了也就无法实现低吸，或者说 9 月 30 日重新开牌以后，股价实现连续“一”字涨停攻势，只能眼睁睁地看着其飞涨。

（2）2013 年 10 月 9 日，连续“一”字涨停攻势进入第三天，开盘以后瞬间裂开涨停口子成交，买盘用了不到两分钟时间，重新封死涨停板。由于重新封停的速度快且封单牢固，说明涨停攻势蕴含惯性推高动能，预示股价大概率实现更高的【预期】。10 月 10 日，采取跳空高开方式开盘，开盘以后出现快速下探趋势，但股价没有回补跳空缺口，获得大量买盘支持以后，股价实现极速反弹趋势。全天大部分时间围绕盘中均价线震荡成交，抛盘和跟风盘反复争夺，交投氛围浓厚。收盘前半小时，大量买盘快速涌入，股价直线拔高并封住涨停，完成重组开牌以来的连续四天涨停攻势。10 月 11 日，“伪阳线”藏在前一日涨停板的内部运行和收盘，说明与前一日涨停板构成一组“阳线孕伪阳线”K 线组合，也叫“心怀鬼胎，居心不良”探顶 K 线组合。股价和指标趋势未走完的情况下，有了探顶特征，应当采取逢高减筹策略。

（3）10 月 15 日，早盘股价形成波形推高以后，开始触及前期回落中继平台（2011 年 11 月 16 日），阻压增大致使股价偏软偏弱运行，最终形成“破而后落，顶部反转”探顶特征，说明已及时确立<对望格局>双轨。股价转入对望调整趋势并快速跌破 20 日均线，寻求上行的 60 日均线作为支撑。11 月 7 日，携量涨停板形成止跌并推起连续涨停攻势，探出此轮行情高点。早盘股价形成快速上探趋势，已经触及前期回落中继平台（2011 年 7 月 18 日），阻压增大致使股价偏软偏弱运行，最终形成“冲高回落，单针见顶”K 线图，收盘价无法站稳前期技术平台并构筑“破而后落，顶部反转”形态，说明已及时确立<对望格局>双轨。MACD 技术指标虽然被连续涨停攻势重新带入金叉状态，但趋势线还没有落入零轴线就被连续涨停攻势强行带起，说明趋势线和零轴线之间存在明显的悬空抬升状态，而且抬升角度无法跟随股价创出此轮行情新高，预示股价和指标趋势进入虚力诱多区间。这就意味着，连续三天涨停攻势构筑了一段虚拉诱多的“顶背离”格局，说明该股重组以后的题材炒作到此结束。除权状态下可以看出，此时的高点回补了前期分红除权缺口（2012 年 6 月 8 日），冲高回落收盘确立<对望格局>双轨。

（4）一波行情的结束，预示着另一波行情的开始，多头终结意味着空头开始，但在两者之间必然存在量变的持续过程，最终才有可能引发质变。股价先是回落至 20 日均线附近抵抗运行，跌破中线以后寻求上行的 60 日均线作为支撑。12 月 3 日，股价恰好在 60 日均线处形成“低开高走，釜底抽薪”止跌特征，说明 60 日均线存在强力支撑。随后股价转入震荡横移趋势，均线系统逐渐收拢，绿柱体逐渐缩短，趋势线贴着零轴线下方波动，量能持续萎缩，这些特征表明庄家正在酝酿突破方向。股价有可能再破 60 日均线并向下运行，也有可能实现企稳反转并突破均线系统。

（5）12 月 19 日，携量涨停板快速带起 20 日均线，股价和均线汇合成功构筑“反攻三线”强攻特征。说明庄家选择做多方向，空头思维必须及时转变，不然易酿大错，更会错过行情。有的投资者总认为股价涨跌会按照自己的想法推进，可是事与愿违。操盘思路和交易行为偏偏与股价运行方向相反，不断造成斩仓出局，持续的亏损状态。偏执于自我意识，不尊重客观存在的事实（规律），这是失败、痛苦的根源，也是造成错误不断重犯的原因。由于 MACD 技术指标还没有转入金叉状态，涨停板价格也已回补前期跳空缺口，预示股价面临着强力阻压。12 月 20 日至 24 日，缩量“三连阴”展开回撤趋势，不仅及时驱赶了追涨浮筹，前期跳空缺口存在的阻压力量也被清洗出局。

（6）12 月 26 日，“三连阴”以后获得大线支撑，并形成止跌特征。携量阳线向上穿透 5 日、10 日和 20 日这三条均线，再次确立“反攻三线”强攻特征。2014 年 1 月 3 日，股价经过一周推高以后，复权状态下的股价已经触及前期跳空缺口（2011 年 4 月 22 日），收盘价无法站稳缺口阻力，说明股价推高完成【预期】并确立<对望格局>双轨。除权状态下股价已经接近前期技术平台（2012年3月 22 日），说明阻压力量必然反扑。对望调整趋势既是化解轨道压力的必要过程，也是清洗浮筹的技术手段之一，还是酝酿下一波行情的转势特征，极具实战价值。

（7）对望调整进入连阴回撤趋势，股价在 60 日均线处获得明显止跌，随之围绕 20 日均线展开震荡。1 月 20 日，多头能量还是采取“反攻三线”推开企稳反转趋势。1 月 27 日，携量阳线突破<对望格局>双轨，说明股价向上寻找更高的【预期】。1 月 29 日，受到前一日涨停板的强势带动，当日大幅跳空高开，早盘股价形成逐波推高以后，离涨停板价格还有三分钱时，抛压突增致使股价偏软偏弱运行。全天大部分时间围绕盘中高价区域震荡成交，抛盘和买盘你来我往地争夺，主动性抛盘一直占优，致使买盘始终无法突破早盘的价格高度，最终留有跳空缺口且以携量大阳线收盘。

◆ 操盘策略

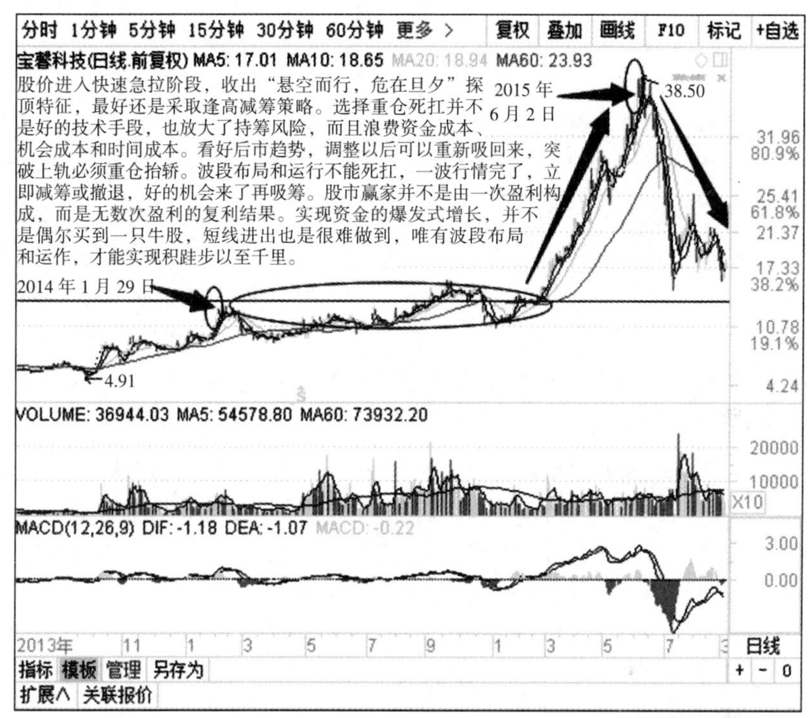

图 4-3　形成“悬空而行，危在旦夕”探顶特征以后的走势

如图 4-3 所示：

（1）2014 年 1 月 29 日，携量大阳线悬在高空成交和收盘，说明形成“悬空而行，危在旦夕”探顶特征。股价整体趋势已经实现较大涨幅，跳空大阳线突然出现在快速急拉攻势，交投氛围浓厚，前期没有追入的投资者，此时再也按捺不住做多热情，由观望者转换为持筹者。跟风盘不断买入，抛盘也在不断外流。盘中股价回落运行不仅没有回补跳空缺口，而且全天大部分时间都停留在盘中高价区域震荡成交，买盘始终无法将股价推过早盘的价格高度，主动性抛盘一直压制着买盘，最终形成一根悬在高空运行和收盘的携量大阳线。这根大阳线表面上看起来非常强势，实质上是庄家利用跳空缺口进行诱多派发的强势假象，而且盘中股价停留在高价区域震荡成交，也是为了实现诱多派发，庄家的目的非常清晰。

（2）复权状态下可以看到，股价经过快速推高以后，已经实现多段【预期】。“悬空而行，危在旦夕”探顶 K 线回补了 2011 年 1 月 7 日的跳空缺口，收盘价虽然站稳缺口之上，但形成悬空状态的且带量推高的大阳线，“金玉其外”只是它的强势表象，“败絮其中”才是它的本质。通过 MACD 技术指标可以看出，趋势

线仍然藏在红柱体内部运行，说明股价和指标趋势未曾减弱，预示后市股价存在惯性推高动能。可是，即使后市股价存在惯性推高可能，就算看好该股后市趋势，也要采取逢高减筹策略。

（3）2月13日，股价停留在高位区间并围绕悬空的大阳线震荡六个交易日以后，趋势线已经脱出红柱体，并呈现出逐渐下行状态，红柱体也在不断缩短。盘中股价大幅推高并有突破之势，可是午盘股价在60分钟的“顶背离”区间形成了逐波回落趋势，致使日线股价最终形成“冲高回落，单针见顶”K线图。股价和指标趋势未走完时，收出“悬空而行，危在旦夕”跳空大阳线以后，股价存在惯性推高动能，往往给人留下无限遐想的短线暴利，那么股价确立<对望格局>双轨，将会带来什么呢？就算看好该股后市趋势，也不能重仓留守，毕竟庄家采取什么手段展开对望调整趋势，很难做出准确的判断。【预期】有对望，回避是财富，调整不知期，归来需耐心。

（4）股价展开对望调整趋势，先后跌破中、大均线支撑。3月11日，跳空阴线虽然形成“溃坝决堤，覆水难收”破位特征，但随后股价并没有继续下挫，跌势减弱以后出现了明显的止跌特征。4月24日，股价反弹以后越过60日均线，说明股价进入“短回长”强攻范畴。随后股价围绕60日均线区间（均线系统）反复波动，构筑了一段长期的盘整趋势，期间实施了一次高送转。这就意味着，股价由震荡筑顶趋势演变为区间盘整趋势，说明空头并没有获得成功，反而被区间盘整趋势打得满地找牙。

（5）7月11日，区间盘整趋势化解了悬空的虚力特征以后，企稳反转能量开始引出“内腾空”和“短回中”强攻特征。7月29日，股价经历内平台的对望调整以后，企稳反转引出“反攻四线”强攻特征。7月31日，5日和20日均线完成交接，稳稳地托住携量涨停板，确立“短回中”强攻特征。所有人都以为股价实现了快速上涨，庄家控盘却是出人意料，推起一波边拉边撤的盘升趋势，MACD技术指标被其横盘回撤带入失真状态。9月2日，携量阳线虽然突破了对望双轨（2010年的12月23日的跳空缺口和2014年8月6日的技术平台），但股价并没有实现大涨攻势。股价经历短暂的推高以后，转入震荡筑顶趋势。11月21日，长阴破位引发了倾盆大雨，说明多头能量失去主动。随后股价围绕中线抵抗，破位特征引出一波跌势能量掌控的快速下挫趋势。

（6）2015年1月6日，触底回升并寻出底部特征，同时终结了回调三浪。1月22日，“红三兵”展开快速反弹并重新站稳大线之上，说明多头夺回了曾经的失地。随后股价围绕60日均线展开窄幅震荡，并形成了逐渐横移的状态，中线逐渐抬升并支撑股价，日线盘面构筑了一段明显的“短期横盘调整”趋势，预示股价蕴含暴力突破的可能性。2月16日，携量大阳线突破“短期横盘调整”

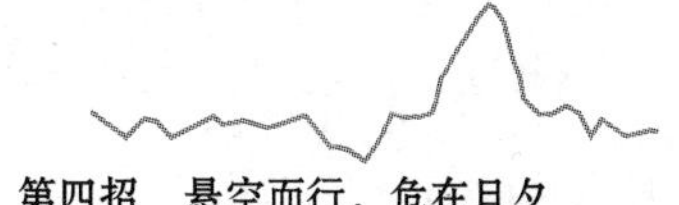

上轨，这是一种成熟的变盘时机。3 月 2 日，跳空上攻并成功构筑“外腾空”强攻特征，必须具备加重仓位的勇气。6 月 2 日，股价经历强势恒强的巨大涨幅以后，多头能量跳空拔高，携量涨停板停留在高位区域震荡且留有跳空缺口收盘，成功构筑“悬空而行，危在旦夕”探顶特征。

(7) 通过日线和周线趋势可以判断，2014 年 2 月中旬至 2015 年 2 月中旬，日线和周线股价构筑了一段长期的盘整趋势。虽然中途有过一波盘升趋势，但没有脱离区间盘整范畴。假如回避了日线和周线的回调趋势，好的机会遍地都是。股价进入快速急拉阶段，收出“悬空而行，危在旦夕”探顶特征以后，最好还是采取逢高减筹策略。选择重仓死扛并不是好的技术手段，也放大了持筹风险，而且浪费资金成本、机会成本和时间成本。看好后市趋势，调整以后可以重新吸回来，突破上轨必须重仓抬轿。波段布局和运作不能死扛，一波行情完了，立即减筹或撤退，好的机会来了再吸。树挪死人挪活，道理浅显易懂。股市赢家并不止一次盈利，而是无数次盈利的复利结果。实现资金的爆发式增长，并不是偶尔买到一只牛股，短线进出也很难做到，唯有波段布局和运作，才能实现积跬步以至千里。

(8)《唯识述记》云：“烦恼障品类众多，我执为根，生诸烦恼，若不执我，无烦恼故。”多数时候，投资者被我要赚钱的无限膨胀的欲望控制着，技术基础还没有打牢，就开始觉得自己能够赚钱，还能大赚。自作聪明的投资者，总认为自己做的就是对的，觉得股价运行方向会按照自己的想法推进，可是事与愿违。亏损了开始寻找各种理由，要不搪塞自己没有做错，要不归结于市场（趋势）的速变，要不埋怨庄家太过阴险，技术反倒成了次要，这是失败、痛苦的根源，也是造成错误不断重犯的原因。就好比你在一个笼子里，这个“你”就是你的“我执”，而这个“我执”就是以我为立场的欲望膨胀。欲望越膨胀，笼子勒得越紧，觉得分外难受，即便把欲望涨得特别强，就算把这层笼子给涨破了，可是还会有更坚固的笼子在等着你。这种以自我为中心、贪婪的欲望膨胀而带来的失败和痛苦，只有一种办法可以化解：首先把欲望彻底放下，然后把“我执”缩小至无，缩到自己比笼子的缝隙还小，也就可以从这个有缝隙的笼子里解脱出来，即使是挣脱出来，也比留在笼中强。消除“我执”是佛教徒的一个修炼目标，没有“我执”才能使潜在的智慧光芒显现出来，最终成为一个大智大慧的人，即为“佛”。“佛”是什么？笔者认为，佛为天道，道即规律。凡人如何修炼才能成“佛”？《庄家控盘核心（一）——强势股狙击法》的最后封面，有笔者对其的理解，这里不再赘述。

操盘实例二　宝硕股份（600155）

◆ 图形识别

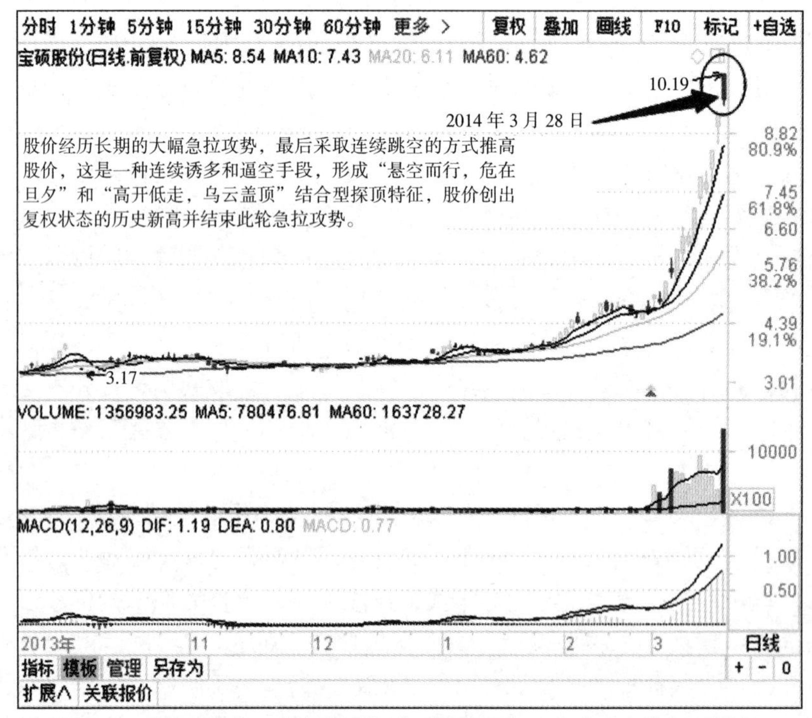

图 4–4　“高开低走，乌云盖顶”式“悬空而行，危在旦夕”探顶特征

◆ 要点回放

如图 4–4 所示：

（1）对于上市公司本身而言，上市公司高层以及相关人员并不构成庄家，但他们却是影响庄家控盘的核心（人物和要素）。庄家是一个代名词，并不特指某个投资人或投资机构，它是各方力量的综合体现。股价运行趋势不仅体现了未来市场发生的事情，更是庄家意志的结果。任何一只股票，任何一波大级别行情，只有获得上市公司高管以及相关人员的首肯和配合，股价才能炒作起来。假如存在老庄，新庄进入之前必须与其做好沟通，不然容易破坏控盘计划，相互砸盘更会造成两败俱伤的局面。任何消息未向市场公告之前，属于内幕消息范畴，消息往往只有特定圈子有限的几个人知晓。普通投资者后知后觉，只能通过公众媒体获知题材确认的消息，可是股价要么已经炒翻天，要么进入震荡筑顶阶段，有的开始形成破位下挫趋势。“见光死”是说庄家利用消息（题材确认）见光兑现利

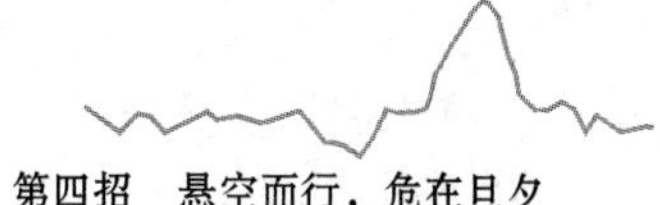

润，股价不涨反跌，或者说股价升势开始变得凝重，甚至开始下挫，普通投资者沦为庄家兑现利润的埋单者。特定圈子是一个利益共同体，各方扮演角色不同，发挥的作用也不同，但他们都拴在一条道上，明里、暗里往一个方向使劲，最终实现特定圈子的多赢。

（2）2012 年 8 月 3 日，宝硕股份（600155）提前股指 10 个月完成寻底。随后 3 年走势不仅与股指走势大不相同，而且股指走势未曾走牛之前，股价已经实现大幅炒作，强庄控盘的强势特征，从未如此明显和疯狂。11 月 6 日，股价脱离低位区间并形成反弹趋势以后，虚拉诱多的“顶背离”区间成功构筑股价的阶段性顶部。从此以后，股价波动形成了一段“长期横向盘整”格局。2013 年 4 月 1 日，股价经历挖坑跌势以后重新起势，高点接近前期的阶段性顶部，冲高回落收盘确立<对望格局>双轨，构筑了区间盘整趋势的平行轨道。8 月 21 日，股价经历回调三浪以后重新启动，高点触及前期技术平台，冲高回落收盘确立<对望格局>双轨，构筑区间盘整阶段的第三个平行轨道。2014 年 1 月 3 日，股价围绕均线系统经历充分整理以后，重新展开反攻，又触及前期技术平台，冲高回落收盘确立<对望格局>双轨，构筑区间盘整阶段的第四个平行轨道。

（3）区间盘整趋势虽然经历了长期的宽幅震荡，但其上轨阻压和下轨支撑十分明显。2012 年 9 月 26 日的均线反压低点，成为区间盘整的下轨支撑，11 月 6 日的阶段性顶部，成为区间盘整的上轨阻压。区间盘整趋势呈现出时而上蹿下跳，时而伏低蹿高，涨时有量，跌时无量，构筑了一段强庄控盘且十分明显的“长期横向盘整”格局。股价经历长达 14 个月的区间盘整趋势，形成了四个高度基本接近的内平台对望，成功构筑<对望格局>四轨道。由此可见，通过长期的盘整趋势，庄家收集了大量控盘筹码，暗示该股蕴藏利好，暂时不为外人所知而已。构筑“长期横向盘整”格局并形成多轨道的平行特征，时间短了难以做到，时间长了也考验庄家控盘能力，而且控盘和构筑过程耗时耗力，说明庄家十分强大，控盘手段极其高明。构筑基本平行的多个轨道，并不是说股价上涨压力有多大，而是表达庄家利用轨道阻压不断地实施增筹，实质上这是强庄控盘的技术手段。股价经历长期的盘整趋势，普通投资者早已失去做多或持筹耐心，即使站在场外也不再关注它，甚至看不起庄家构筑这种“长期横向盘整”格局，而且认为股价难有大作为，参与了也无利可图，庄家的目的就在于此。股价选择变盘（突破）以后，推起一波大幅推升的疯狂涨势。题材确认了，普通投资者开始转变思维，毫不犹豫地高位跟进，呜呼哀哉！

（4）【预期】和<对望格局>双轨是操盘核心，一切操盘行为都要围绕其展开。无论从哪里进入，发现股价拉升以后完成【预期】并确立<对望格局>双轨，必须采取逢高减筹策略。如果大周期的股价和指标趋势已经减弱或已经走完，实现

【预期】并确立<对望格局>双轨，必须采取清空策略。理念要清，趋势要明，死扛单子一定要有充足的理由支持，不然容易陷入调整或套牢。2014 年 1 月 29 日，携量阳线突破了 14 个月构筑的四轨道封锁，预示股价向上寻找更高的【预期】。此时此刻，必须放开手脚大干一场，投入重仓筹码帮助抬轿，必有超额回报。

（5）通过它的复权状态可以看出，股价突破四轨道封锁以后，快速急拉攻势创出了历史新高，说明突破攻势完成了所有【预期】。【第一预期】追溯至 2012 年 6 月 7 日的回落中继平台；【第二预期】追溯至 2012 年 5 月 2 日的跳空缺口；【第三预期】追溯至 2012 年 4 月 27 日的跳空缺口；【第四预期】追溯至 2012 年 4 月 23 日的回落中继平台；【第五预期】追溯至 2012 年 3 月 6 日的反弹中继高点；【第六预期】追溯至 2011 年 8 月 29 日的回落中继平台；【第七预期】追溯至 2011 年 8 月 4 日的跳空缺口；【第八预期】追溯至 2011 年 7 月 8 日的阶段性顶部；【第九预期】追溯至 2008 年 7 月 24 日的历史顶部（也是 2001 年 4 月 6 日的历史平顶）。股价突破四轨道封锁以后，快速急拉过程唯有做到紧紧捂筹，才能斩获全部【预期】盈利。快速急拉途中有过窄幅震荡趋势，不被庄家清洗出局的追涨浮筹，又剩下多少呢？通过除权状态进行分析，其【预期】和<对望格局>双轨也很清晰，这里不再讲述，想要深入了解的可以在其除权走势图上画一画。

（6）股价实现大幅推升并创出复权状态的历史新高以后，最后急拉阶段采取了连续跳空的方式进行推高。2014 年 3 月 28 日，选择“一”字涨停开盘，巨量抛筹瞬间裂开涨停口子成交，涨停板不再牢固且呈现出偏软态势。早盘前一小时，买卖盘围绕涨停板价格展开激烈争夺，随着主动性抛盘的逐渐增大，抛盘掌控主动并致使股价偏弱运行，快速跌入均价线之下成交，但没有回补跳空缺口。盘中均价线由支撑向阻压转变，买盘始终无法超越，最终收盘形成一根“高开低走，乌云盖顶”探顶 K 线，留有跳空缺口说明其又是一根“悬空而行，危在旦夕”探顶 K 线。

◆ 操盘策略

如图 4–5 所示：

（1）2014 年 3 月 28 日，连续跳空以后收出“高开低走，乌云盖顶”式“悬空而行，危在旦夕”探顶特征，量能比前一日放大四倍，谁愿意在加速赶顶过程追高？又是谁把筹码倒给他们？答案不言而明。股价已经形成大幅涨势，最后采取连续跳空的方式进行推高，说明多头消耗了大量资金，空头也被逼至前有追兵，后无退路的高位区域。一旦多头资金难以为继，空头展开反扑容易得手，股价将会形成探顶回落趋势。一般情况下，采取连续跳空的方式进行推高，第三个跳空缺口容易确立大顶，可信度极高。

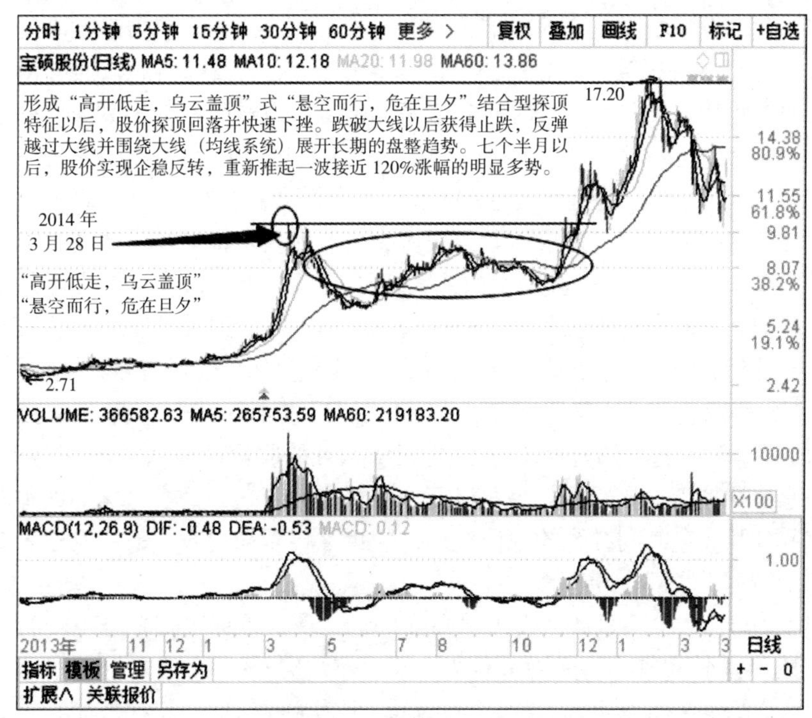

图 4-5　形成“悬空而行，危在旦夕”探顶特征以后的走势

（2）该股是一家化工原料及化学制品制造业的上市公司，主营收入和盈利经常出现连年亏损状态，虽然被市场盯上 *ST，但它却一直存活于市场之中。A 股市场长期存在这种“不死鸟”，而且还有不少，也难怪市场的投机氛围总是如此浓厚。根据基本面精选个股，价值投资有什么理由选到这种“不死鸟”？可是，偏偏就是这样的“不死鸟”公司，总是上演着“乌鸡变凤凰”的暴涨神话。题材炒作一轮接一轮，普通投资者一次又一次地高位追进。虽然基本面选不到它，但技术面却可以做到。

（3）2012 年 8 月 6 日，股价经历长期的大幅下挫以后，“启明之星”探底 K 线组合确立大底，提前股指十个月确立大底并展开反弹趋势。2012 年 11 月 6 日至 2014 年 1 月 3 日，股价围绕均线系统构筑了一段四轨道基本平行的“长期横向盘整”格局。2013 年 12 月 12 日，“内腾空”和“短回长”开启强强联合的强攻序幕。12 月 27 日，“涅槃重生”和“反攻四线”实现企稳反转，推起以后确立它的第四个平行轨道。2014 年 1 月 29 日，携量阳线突破四轨道封锁，终于引发一波“横空出世，势不可当”的大幅涨势。只用了两个月时间，大幅涨势已经达到 140%的涨幅。假如按照 2015 年 1 月末的【预期】高点计算，股价经历了一年大幅涨势，最终高达 330%的涨幅。由此得出一个结论，大级别的长期多势属于强庄控盘，也与个股蕴含的多重题材密切相关。波段运作能力强，熟练运用高抛低吸，必然有所作为，轻松拿下各段【预期】。短线技术精湛，能够第一时间发现它的强势特征，并在第一时间实施精准狙击，的确可以斩获不少收益。

（4）庄家长期控盘一只股票必有其因，必有超额回报，不然庄家也不会这么干。构筑基本平行的<对望格局>多轨道，不仅需要付出极大的控盘耐心，也要付出大量的时间成本和资金成本。该股庄家构筑四条基本平行的轨道，大概用了14个月的时间。有什么值得庄家如此大费周章呢？相信只有股价推至某个高度以后，后知后觉的散户投资者才能通过公众媒体知晓。财政补贴、出售资产、摘星去帽、首都副中心、京津冀一体化和重大资产重组，该股题材一个接一个，股价一波比一波高。2014年3月末，经过“摘星去帽”和“首都副中心”以及“京津冀一体化”题材的轮番炒作，复权状态下的股价已经超越前期历史高度。或许庄家前期控盘只是冲着某个题材而来，可是随着上市公司蕴含的题材越来越多，庄家延长控盘时间并继续炒作股价，股价涨幅越来越大，最终到达平时难以企及的不断创新高的推动过程。

（5）2014年3月28日，收出“高开低走，乌云盖顶”式“悬空而行，危在旦夕”探顶特征。随后股价快速回调，并快速跌破60日均线支撑。可是，股价跌破大线以后并未继续下挫，震荡反弹以后重回大线区间（均线系统）波动，最终演化为“长期横向盘整”格局，这是股价重新获得强势能量的区间盘整趋势。2014年11月19日，“短回长”强攻特征重新推起股价以后，冲高回落收盘确立历史平台的<对望格局>双轨。11月27日，携量涨停板突破历史平台对望，轻松进入不断创新高的推动过程，这是复权状态下的趋势表现。减了也好，撤了也罢，必须把筹码捡回来，帮助庄家抬轿的同时，享受强势恒强的突破攻势。2015年1月26日，在除权状态下可以看出，股价实现大幅涨势以后到达前期技术平台（2001年4月6日）。阴线式“吊颈线”收盘，说明股价推高以后完成【预期】并确立<对望格局>双轨。2月4日，股价经历对望回撤以后，携量反弹创出此轮行情新高。可是，趋势线正在逐渐下降，MACD技术指标也在死叉状态，说明股价和指标强势已经走完，携量反弹属于虚拉诱多趋势。3月6日，股价跌破中线并围绕它抵抗一个月以后，一纸公告进入重大资产重组的停牌期。假如重组获得成功，对于股价重新开盘以后的高度，很难想象庄家将其推至哪里。假如重组失败，股价进入下挫趋势及其寻底过程，必然惨不忍睹。

（6）A股市场的熊长牛短和题材炒作，有着明显的中国特色。一年一波的吃饭行情，年年都有，区别在于级别大小和时间长短。总有一波人做到先知先觉，低点潜伏进去，相对高位及时派发。没有只涨不跌的市场，也没有只跌不涨的股市，能在这个市场存活下来的都是强者。投资者必须记住：用心融入这个市场，感知市场，认识庄家，熟悉规律。稳定的心态，坚定的信念和理念，认清趋势，寻找强势点位。趋势完成【预期】并确立<对望格局>双轨，必须采取逢高减筹或清空策略，然后耐心等待下一次机会。这样做既可以保证本金安全，也能在风险最小化的前提下实现利润的最大化。

（7）尽管某些部门不断否认，A 股市场并不是由政策和题材引发的炒作市场，可是事实就是事实，否认多了也会变成肯定。任何一波大级别行情，都是某些政策引发以及题材轮动炒作的合力结果，只不过普通投资者无法做到先知先觉而已。每年必炒的题材不少，而且都有一个提前爆发的集中期。高送转、摘帽去星、全国两会等题材，每年都在炒，炒作时间提前且相对集中。散户投资者总是后知后觉，跟风炒作已经确认的题材，不是遍体鳞伤，就是尸横遍野。任何一种题材获得市场确认之前，总能实现先知先觉般的大幅涨势，且已充满泡沫。庄家利用普通投资者随波逐流、跟风追涨的投机心理，往往选择题材确认时兑现利润，甚至选择题材确认时完成撤离。普通投资者的后知后觉以及羊群效应，带来的绝对不是财富和自由，而是一场加速死亡的灾难。

操盘实例三　台海核电（002366）

◆ 图形识别

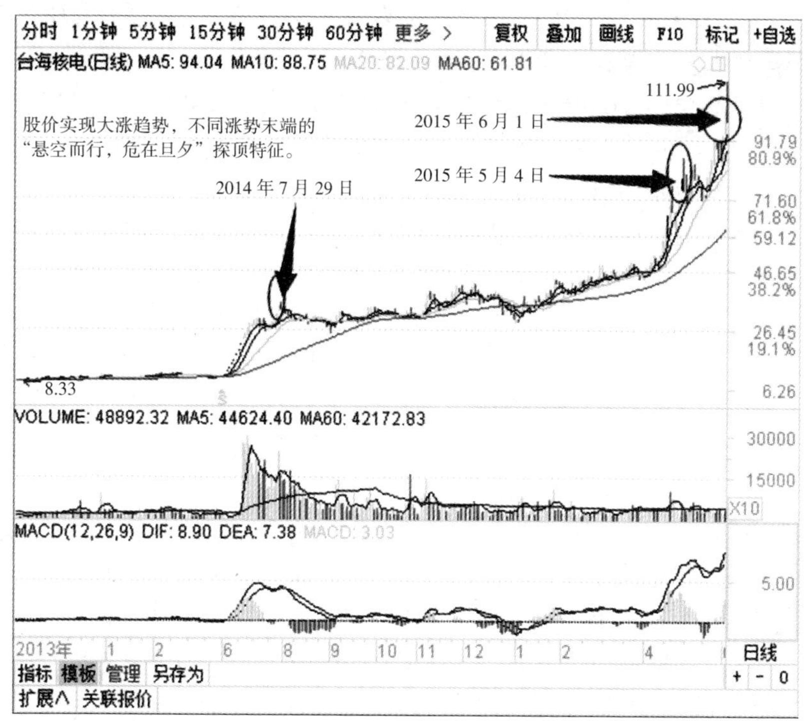

图 4-6　构筑“悬空而行，危在旦夕”探顶特征的走势

◆ **要点回放**

如图 4-6 所示：

（1）技术交易，是指根据某种或多种技术指标进行分析，对股价未来趋势做出预判并完成交易的过程。股票市场永远只有赢家和输家这两类人，预判对了有机会成为赢家，预判错了沦为输家，零和游戏规则即是此意。输家想赢回失去的，赢家想赢得更多的，永远如此。大自然的生存法则——弱肉强食，物竞天择，同样适用于股票市场，也已成为一种必然，谁也无法改变它。亏了，可以再赚回来，想要改变游戏规则，却万万不可。庄家为达目的不择手段，耍阴使诈不足为奇，但他不会欺骗懂他的人，所以说庄家是我们赖以生存的衣食父母，而不是敌人。只有那些没有识透庄家控盘手段及其变化的投资者，才会觉得庄家坑蒙拐骗，无所不用其极，那些一亏再亏的投资者，甚至已经把庄家当成仇人看待。

（2）必须成为一名坚定的跟庄者，谙熟庄家控盘手段及其变化，掌握股价运行规律。有人说："法律之剑会惩罚并斩断股市里的庄家，股票市场早晚会得到净化。"我们应该相信，随着法律制度的日益完善，"黑庄"横行的年代将不复存在。可是，同时也应该明白，无论市场多么成熟，法律制度多么完善，庄家也不可能消失。任何市场都需要庄家，而且没有哪个市场不存在庄家，即便是实体市场也有庄家存在，不然市场将是一片死寂，而且这样毫无意义。成熟市场只不过是庄家的控盘技巧做得高明些，隐蔽性更高而已。任何一只股票，若缺乏庄家的炒作，仅靠散户资金维持，股价永远抬不起头。

（3）台海核电（002366）原名叫作丹甫股份，自 2010 年 3 月 12 日上市以来，上市日成为制高点，跟随股指经历了漫长熊市。2012 年 12 月 4 日，长期跟跌以后探出上市以来的新低，随后形成与股指不一样的走势。股指和个股走势不可能完全一致，有相同的阶段，也有不同的走势。两者相同时参考股指走势，不同时重点关注个股走势，这是操盘原则。该股股价脱离低位区间并跃上 60 日均线以后，随之围绕 60 日均线区间（均线系统）展开长期的盘整趋势。每次经历挖坑下跌以后，都会构筑一段小空头陷阱，但股价总在 60 日均线下方不远处获得止跌企稳。每次实现企稳反弹以后，反弹高点又比前期平台高一些，阶段性高点呈现出逐渐抬高的特征。股价走势虽然没有完全独立于股指，但与股指走势确实存在较大差异，这是强庄控盘的一种信号。

（4）2014 年 2 月 17 日，股价经历持续盘升以后到达前期高点，指标趋势已经形成飘柱诱多状态，"倒垂阳线"呈现出"悬空而行，危在旦夕"探顶特征。由于股价未经大幅上扬，也没有形成一波快速急拉攻势，这根"倒垂阳线"意味着什么？意味着股价短期探顶且受压；意味着股价确立<对望格局>双轨；意味着股价暂时无法突破上轨；意味着股价仍需保持盘整趋势；意味着逢高减筹。这是庄

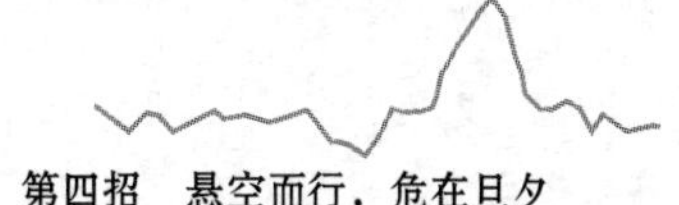

家通过盘面给出的明确提示，必须坚决执行。股价处于飘柱诱多过程经历短暂抵抗以后，快速下破 20 日均线支撑，MACD 技术指标也在零轴线上方转入死叉状态。

（5）3 月 11 日，股价采取跳空下跌并跌破 60 日均线支撑，盘面呈现出“溃坝决堤，覆水难收”破位特征，MACD 技术指标开始落入零轴线之下的死叉状态，这根跳空阴线是真的破位特征吗？答案是否定的。次日，股价触底回升并形成“金针”K 线图，及时止住了股价跌势。接着，“四连阳”缓慢推起，股价重新站稳 60 日均线，绿柱体逐渐缩短，趋势线缓慢收拢。由于股价未经大幅上扬，也没有经过一波快速急拉攻势，经历持续盘升以后进入虚拉诱多趋势并确立<对望格局>双轨，股价转入对望调整趋势，庄家刻意采取顺势打压的挖坑手段进行回撤。回撤幅度大了，挖坑跌势将会形成一段推倒重来趋势。有人开始认为股价形成破位下挫趋势，从此不再关注它；有人觉得股价下跌以后很难止跌，不再喜欢它；对望回撤趋势跌破 60 日均线支撑，跳空阴线紧随而至，有筹在手的再也扛不住单子，选择斩仓出局。“福兮祸之所伏，祸兮福之所倚”。也就是说，一定条件下，福会变成祸，祸能变成福，福祸始终相依。庄家刻意采取顺势打压的挖坑跌势进行回撤，这是加大震慑力度的洗盘手段，股价并非真的破位。一般情况下，顺势打压的挖坑过程采取跳空下跌，属于一种破位假象，股价短期内获得止跌的概率较大。

（6）3 月 19 日，“四连阳”推起以后展开回撤，当日形成低开高走趋势，股价虽然重新站稳大线，但中线存在反压力量。3 月 21 日，股价经过一天阴线回撤以后，立即形成反扑之势。分时股价经过明显的回撤以后，不仅化解了前方急剧放量的虚拉诱多特征，而且午盘展开反弹，并形成了企稳反转趋势。这就意味着，前期减掉的筹码必须重新捡回来，无筹在手的最好进来帮忙抬轿。学会借用（参考）分时趋势非常重要，这不仅可以对股价运行趋势提前做出预判，也能在分时趋势的质变点实施精准狙击，而且分时趋势的质变点往往比日线提前一两个小时。晚间一纸公告，从此进入重大资产重组的停牌期。

（7）经过 3 个月的停牌期消化和重组成功，重新开盘以后形成连续“一”字涨停攻势。7 月 9 日，复权状态下的股价已经到达上市日制高点，放量涨停却封不住涨停，裂开涨停口子成交以后，最终报收携量大阳线，有了“金玉其外，败絮其中”探顶特征。携量大阳线处于历史高点之下收盘，说明股价完成【预期】并确立<对望格局>双轨。次日，除权状态下的股价开始到达上市日制高点，尾盘推高并触及涨停板价格，略有回落以后报收缩量大阳线，有了“力不从心，虚张声势”探顶特征。7 月 11 日，“阳线孕伪阳线”构成“心怀鬼胎，居心不良”探顶 K 线组合，也是除权股价完成【预期】并确立<对望格局>双轨的提示。不管是复权还是除权状态，股价推高以后到达上市日制高点，庄家先是采取裂开涨停板缺口的携量大阳线进行诱多推高，接着采取缩量大阳线实现诱多推升，说明庄家利用诱多阳线实施撤退。股价和指标趋势未走完，采取逢高减筹策略为宜。

（8）股价停留在高位区域展开横盘震荡趋势，红柱体逐渐缩短，趋势线脱离红柱体的多头保护，逐渐前移并触及 10 日均线以后，MACD 技术指标在悬空抬升状态转入死叉。7 月 28 日，股价经过两周横盘震荡以后，采取跳空上攻并以携量涨停板突破上轨，引出“乘风破浪，纵横驰骋”强攻特征。涨停板带动绿柱体快速缩短，DIF 趋势线快速勾头并贴近 DEA 趋势线。股价虽然创出历史新高，但 MACD 技术指标只是接近金叉状态，而且趋势线的整体高度比股价对望时的高度明显下降了，说明股价推高和指标趋势汇合形成一段虚拉诱多趋势。从不同角度看问题，会看出不一样的结果。一个是突破<对望格局>双轨的“乘风破浪，纵横驰骋”强攻趋势，另一个是构筑虚拉诱多的推高趋势。由此可见，股价确立强攻趋势没有错，但它是虚拉性质的诱多趋势，说明这些地方只有快进快出的短线行情，而不是波动行情。

（9）7 月 29 日，惯性推力致使股价采取大幅跳空高开，全天大部分时间都在高价区域围绕盘中均价线波动，量能快速放大，盘中虽然有过回落趋势，但它没有回补跳空缺口，最终留有较大缺口且以携量大阳线报收。

◆ **操盘策略**

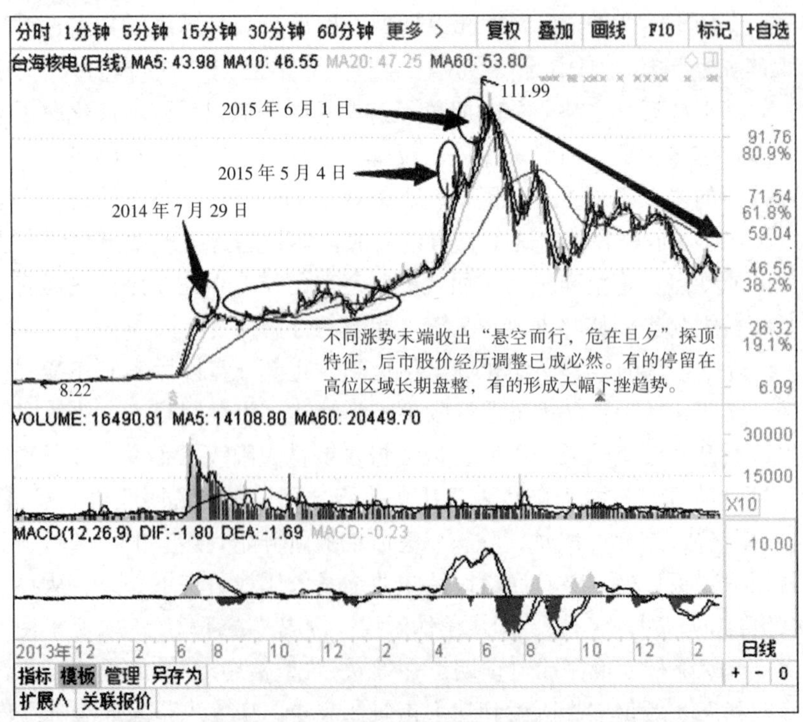

图 4-7 形成“悬空而行，危在旦夕”探顶特征以后的走势

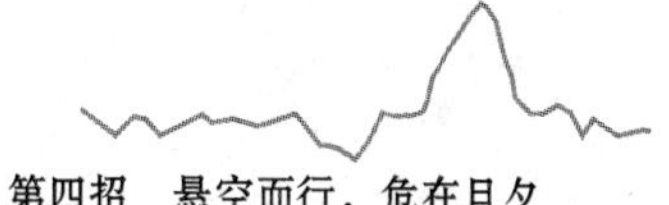

如图 4–7 所示：

（1）2014 年 7 月 29 日，留有较大缺口且以携量大阳线报收，说明已确立“悬空而行，危在旦夕”探顶特征。阳线实体之外存在上、下影线，有了“冲高回落，单针见顶”探顶特征。盘中股价放量推高以后，能拉涨停却不拉涨停，反而围绕高价区域的盘中均价线反复波动，携量大阳线有了“金玉其外，败絮其中”探顶特征。

（2）股价虽然创出历史新高，但趋势线却在零轴线上方呈现出高高在上的悬空抬升状态，而且趋势线的整体高度依然没有超越 7 月中旬对望时的高度，说明趋势线的整体高度下降了，股价和指标多势已经走完，预示股价推高和指标趋势汇合形成一段虚拉诱多趋势。这就意味着，虚拉诱多性质的“乘风破浪，纵横驰骋”攻势，已经走到尽头。股价经历大幅急拉攻势且已实现巨大涨幅，到达上市日制高点以后构筑虚拉诱多趋势，无论如何也要及时锁定【预期】盈利，短线追涨必须快速了结，波段运作必须砍掉大部分筹码。即使看好该股后市趋势，也要耐心等待新的反攻特征。

（3）股价停留在相对的高位区域经历五个月的充分整理以后，真实的强攻特征纷至沓来，说明参与时机充裕，狙击点位很好把握。2015 年 1 月 7 日，携量阳线企稳反转并成功构筑“内腾空”强攻特征。由于股价起势过快，分时趋势也不配合，待其回撤以后才能参与。1 月 13 日，股价展开回撤以后，携量阳线向上穿透 5 日、20 日和 60 日三条均线，成功构筑特殊状态的“反攻三线”强攻特征，实质上是确认“内腾空”强攻特征，这里可以借用分时买点参与。1 月 20 日，股价经历短暂的上蹿下跳以后，携量阳线确认“短回长”强攻特征，借用分时买点实施增筹。1 月 21 日，携量阳线突破“短期横盘调整”上轨，应当增至重仓范畴。4 月 1 日，股价经历短暂的刻意洗盘以后，实现企稳反转并确立“反攻三线”强攻特征，这里是调整后的低吸时机。4 月 10 日，缩量“两连阴”形成回撤以后，化解了“六连阳”的跟风追涨浮筹，携量阳线的及时反扑并推开一波快速急拉攻势，这里无论如何也要采取重仓抬轿。股价经历两年多的长期多头，实现了 15 倍涨幅，相信这是每个人梦寐以求的行情。

（4）4 月 17 日，巨量阴线形成“高开低走，乌云盖顶”探顶特征。5 月 4 日，飘柱诱多过程收出跳空 K 线，形成“悬空而行，危在旦夕”探顶特征。5 月 5 日，巨量阴线形成“高开低走，乌云盖顶”探顶特征。5 月 20 日，股价在中线止跌并确立“反攻三线”强攻特征，推起一波构筑“顶背离”区间的虚拉诱多趋势。6 月 1 日，虚拉诱多过程采取跳空上攻，缩量涨停板成功构筑“力不从心，虚张声势”和“悬空而行，危在旦夕”结合型探顶特征。6 月 2 日，采取跳空高开并形成低走趋势收盘，阴线符合“高开低走，乌云盖顶”探顶特征；回补缺口以后稍微反弹，实体部分和上、下影线基本相当，阴线符合“冲高回落，单针见顶”探顶特征。6 月 18 日，阴线跌破高位三线支撑，符合“下破三线”破位特征。股价由探顶至筑顶再至破位的过程，前后经历了两个月时间，说明庄家控盘该股至少达到了相对控盘程度，而且控盘筹码获利巨大，所以用了两个月时间才完成撤离。

（5）不相信跳空 K 线的探顶作用，又舍不得获利了结，除了存在幻想以外，主要还是没有弄懂股价运行规律。一个连股价运行规律都没有弄懂的所谓“投资者”，再怎么折腾，也是徒劳无功。创造财富，人性使然。实现人生和财务的双重自由，才叫真的自由。至于精神层面的自由，不在本书的写作范畴内。日常开销需要用钱，购房购车更少不了钱，所以物质追求必须有钱支撑。过着清贫日子当享受，过着拮据日子谈高尚，别人未必把你当“人”看。经济不宽裕，有上顿没下顿，与人说享受，跟人谈高尚，即使精神境界和品行高，也是空有一副臭皮囊。

（6）学会止盈和止损非常重要，多数套牢都是因为没有止盈和止损造成的。若能做到及时止盈、果断斩仓出局，大赢小亏成为必然。短线做盘忌讳拖拖拉拉、患得患失的情绪，所以要求一次性快进快出。波段运作必须结合高抛低吸策略，不然容易陷入调整或被套，破坏操盘心态。止盈并不是要求追逐股价的最高点，只要股价进入【预期】并确立<对望格局>双轨，指标趋势已经减弱或已经走完，立即止盈出局。及时止盈才能锁定【预期】盈利，及时止损才能保护本金不受大的损失。如果发现股价趋势没有朝着预判方向发展，在伤及皮毛的情况下，立即斩仓出局。伤了皮毛，不伤筋骨，重来机会多得是。假如扛单且陷入深度套牢，伤筋动骨不说，也失去了重来的机会。

（7）关于止盈和止损的设置，各家众说纷纭，没有一个统一标准。普通投资者全凭感觉实施止盈和止损，有的说只要获利 5%就止盈，有的说获利 10%就止盈，这些说法都是基于买入价格而言。有的把止盈设置为股价到达某个特定价格，多数设置为某个整数价格。譬如说，8.45 元买入做多，设定股价涨到 9 元就止盈。有的把止损设置为股价跌破某条重要均线支撑，或者设置一个自己能够接受的亏损率。以上这些止盈和止损方法，存在种种弊端，最重要的是没有把人性弱点考虑进来。庄家控盘体系在止盈和止损方面，遵循以下原则：做多行情，认清趋势的情况下，前期技术平台或跳空缺口作为【预期】止盈，止损参考买入时的反转 K 线的最低价；做空行情，趋势明确的情况下，前期技术低点或跳空缺口作为【预期】止盈，止损参考开空时的破位 K 线的最高价。庄家控盘体系的止盈和止损原则，随行就市的设置最为可靠，避免人性弱点所造成不必要的干扰。幻想和无限膨胀的欲望，这些人性弱点都在有意无意之间，干扰并破坏事前确定的操盘计划。

操盘实例四　景兴纸业（002067）

◆ 图形识别

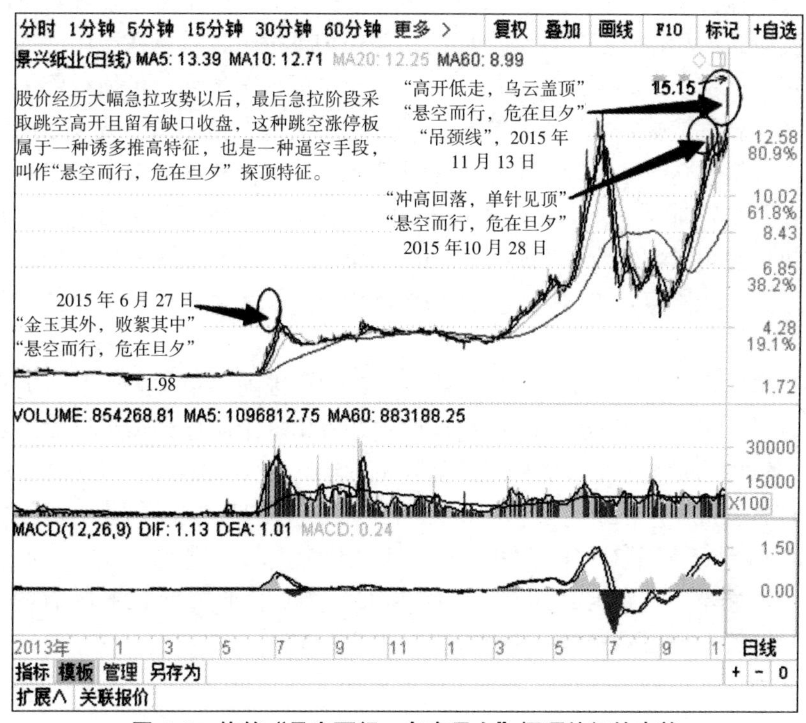

图 4–8　构筑“悬空而行，危在旦夕”探顶特征的走势

◆ 要点回放

如图 4–8 所示：

（1）庄家有长庄和短庄之分。短庄炒作速度惊人，股价快起快落，短则三五天完成炒作，长了也不会超过一个季度，庄家掠夺一波行情立即撤退，要求庄家控盘拥有高超的技艺和雄厚的资金。流通盘太大的炒作不了，资金量小了也不行。短庄炒作很少考虑市场承受能力，也注定了短庄难以长期扎根市场，生存下来的只有极少数，历史潮流总是不如想象完美。长庄则不然，启动一波大级别行情，总会提前做足准备工作。少则提前几个月时间酝酿，多则提前一两年时间准备，甚至长期控盘一只股票反复炒作。股价运行趋势有六个阶段：震荡筑底阶段、小幅拉升阶段、区间盘整阶段、大幅拉升阶段、震荡筑顶阶段和大幅下挫阶段。这六个阶段与“波浪理论”的八浪结构既有重合，也有不同之处。长庄控盘

一只股票，即使股价跌去较大幅度，也会保留一定仓位，以备后市控盘所需。

（2）作为一名坚定的跟庄者，最好跟随长庄做盘，既安全，也稳定。跟风短庄的确存在暴利机会，但却伴随着巨大的风险。波段布局和运作蕴含着高抛低吸，必须懂得精准的掐点技术，不然很难做出差价，死守也有较大风险。简而言之，短线做盘必须快进快出，多头只做多，空头只做空，重点在于买卖点的精准把握。波段布局和运作必须在大周期的趋势保护下进行，重点在于趋势的方向性把握。短线做错了，必须严格止损，亏了不出也就成为所谓的价值投资了。波段掐点不准，仓位重必须减掉（止损）一部分，然后伺机捡回来。波段布局和运作最好采取分批建仓策略，即使前面开单开错了，或者开单时间早了，也不至于大亏，而且只是暂时浮亏，毕竟有大周期的趋势保护，市场和庄家将会给予其自动修正的机会。短线和波段虽然属于不同的投资理念，趋势也不一样，但不能把它们隔离开来。波段包含了短线，短线为波段服务。两者就像个体和整体，是对立统一关系。

（3）2013 年 6 月 25 日，景兴纸业（002067）跟随股指触底回升，成功探明三年以来的大底。股价反弹越过 60 日均线并收出一个阶段性顶部以后，随之围绕 60 日均线区间（均线系统）展开长期的盘整趋势。2014 年 1 月 10 日，跳空阴线出现在均线反压的下行过程中，说明已确立“破釜沉舟，背水一战”止跌特征。1 月 14 日，连续 3 天 K 线图构成一组“阴线+星线+阳线”组合图，说明已确立“启明之星”止跌 K 线组合。1 月 20 日，当日最低价与 1 月 13 日的最低价完全一致，说明已成功构筑“平底支撑，底部反转”止跌特征。明白这些止跌特征的技术意义，也就不会在这一段挖坑过程内杀跌股价，大胆一点不妨实施低吸或补仓。

（4）2 月中旬，“连阳推动”促使股价越过 60 日均线，随后围绕 60 日均线区间（均线系统）继续盘整，收拢股价和均线系统的发散状态，修复大线下垂以及指标趋弱特征。区间盘整的反复走势并不可怕，庄家的目的就是让人等到无奈、怕到心慌、失去耐心，大幅拉升前让人服服帖帖地主动交出筹码，然后让人眼睁睁地看着股价狂飙，最后剩下的只有一声叹息。3 月 6 日、17 日和 21 日，区间盘整过程虽然先后形成了 3 个“反攻四线”强攻特征，但股价始终没有形成突破趋势。4 月 15 日，冲高回落收盘且处于区间盘整的轨道之下，说明区间盘整上轨存在强力阻压，预示股价仍将保持盘整趋势。4 月 22 日，携量阳线向上穿透三线，虽然成功构筑“反攻三线”强攻特征，但其反转时机选择得不对，因为趋势线和零轴线之间仍然存在明显的悬空抬升状态，股价和均线系统也有发散状态。庄家干脆继续砸盘，股价顺势跌入 60 日均线之下成交，前赴后继的追涨浮筹，眼里看不到盈利的希望，唯有帮忙杀跌股价。庄家不仅省却了砸盘成本，而

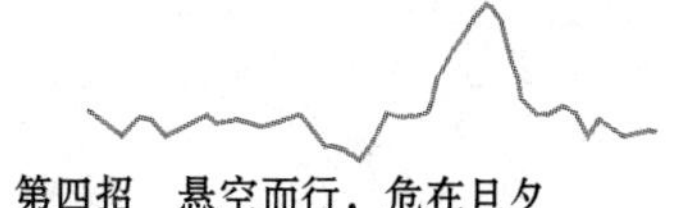

且顺手捡起杀跌浮筹。

（5）4 月 29 日，砸盘以后收出一根留有长长下影线的 K 线图，说明已形成“触底回升，金针探底”止跌特征。5 月 5 日，采取跳空上攻并留有跳空缺口收盘，确立“内腾空”强攻特征。其量能以及长上影线提示，这个“内腾空”强攻特征存在不少问题，而且更像一个“旱地拔葱，避其锋芒”转势特征。5 月 7 日，连续两天携量上攻以后，当日高价触及前期技术平台，最终形成“冲高回落，单针见顶”K 线图并确立<对望格局>双轨。由 4 月 29 日收出“金针”K 线图算起，连续 5 天携量推升以后，长上影线结束推升并确立<对望格局>双轨，说明股价避免不了对望调整。“五连阳”推升致使“短回中”交点和股价之间存在悬空距离，说明必须采取调整趋势进行化解。股价回撤至 20 日均线波动，MACD 技术指标在零轴线上方转入死叉状态。由于股价和均线系统的发散状态明显，趋势线和零轴线也存在悬空抬升状态，庄家只好再次砸盘，股价跌入 60 日均线之下成交，趋势线跟随下降，并落入零轴线下方。

（6）6 月 6 日，股价跌破 60 日均线的第三天，携量阳线重新站稳均线系统，“反攻四线”强攻特征提示股价经过了充分整理并实现企稳反转趋势。其不仅及时终止了挖坑假摔动作，又把股价引入多头战火。从周线、日线和分时趋势可以看出，这三个周期都已进入多头范畴，恰好形成一种合力共振状态，狙击理由非常充分。6 月 10 日，K 线图虽然呈现出“白色十字星”，但这是一根携量阳线，而且 MACD 技术指标开始转入金叉状态，5 日和 20 日均线完成对接又恰好托着股价，说明股价进入“短回中”强攻模式。6 月 11 日大幅跳空高开，高开的幅度离涨停板价格只有两分钱，开盘瞬间被两个大额抛单砸下成交，开盘价成为最高价，并形成了逐波走低的偏弱态势，但没有回补跳空缺口。量能放大 3 倍且留有跳空缺口收盘，“伪阴线”既是“高开低走，乌云盖顶”探顶特征，也是“悬空而行，危在旦夕”探顶特征。这种位置不可能是探顶特征，只是表达股价受到区间盘整上轨的强力阻压，提示股价确立<对望格局>双轨，预示股价需要经历对望调整。

（7）6 月 13 日，经过“两连阴”回撤以后，携量涨停板展开快速反扑之势，同时突破了区间盘整上轨和<对望格局>双轨。随后推起一波从未有过的快速急拉攻势，短期涨幅十分惊人。老子《道德经》有这么一句话：“祸兮福之所倚，福兮祸之所伏。孰知其极？”有了探顶特征股价未必真的探顶，下跌趋势也未必是真的跌势。祸未必是坏事，随着条件或因素的改变，反而可能是福的开端。福与祸相互依存，互相转化。比喻坏的时候可以引发出好的结果，好的时候也可以引发出坏的结果。辩证地看待和考虑问题，角度和方法非常重要。这一波快速急拉攻势如何实现翻番行情，这里不再展开，盘面趋势已经完整地呈现出来。快速急拉过程并不是连续涨停板或大阳线，途中出现的各种探顶特征，时常扰乱人的心神，极大地考验着人的耐抗震能力。短线投资客很难拿下这一波快速急拉攻势，只要有一丝风吹草动，他们跑得比兔子还快。波段守仓也会让人心里发怵，一不小心还被强势震荡半道甩出局。短线技术，包括涨停板狙击技术，必须融入波段思维，操盘才能稳操胜券。

（8）6月27日，股价经过一波快速急拉攻势以后，大幅跳空高开，高走封停以后场内并不平静。涨停板价格不仅被持续涌出的大量抛盘撕扯，而且反复裂开涨停口子成交，盘中虽然有过回落趋势，但没有回补跳空缺口。午盘后段时间继续围绕涨停板价格争夺，最终买盘封住涨停板收盘。涨停板留有较大的跳空缺口，说明已确立“悬空而行，危在旦夕”探顶特征。

◆ **操盘策略**

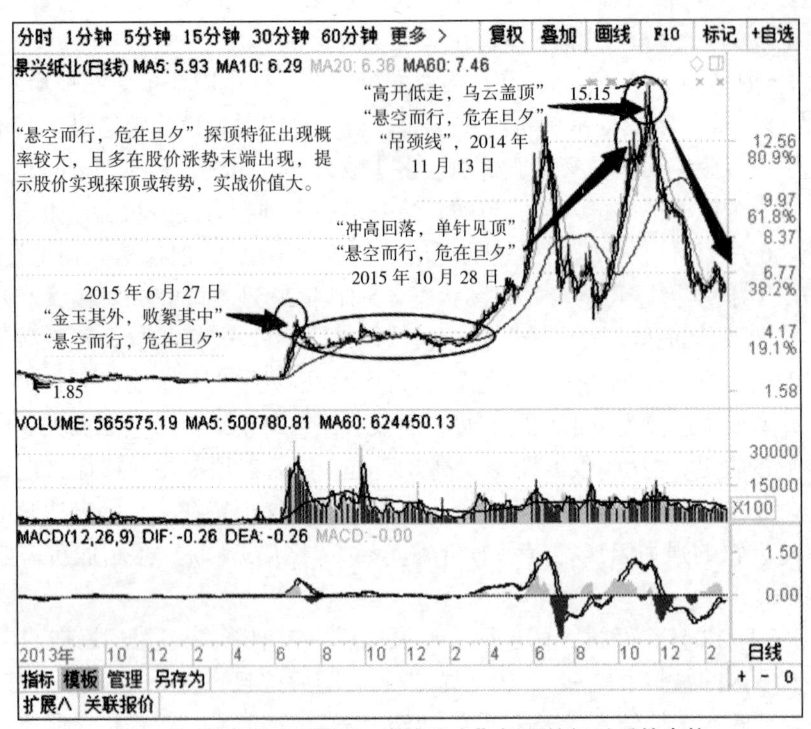

图4-9 形成“悬空而行，危在旦夕”探顶特征以后的走势

如图4-9所示：

（1）2014年6月27日，跳空涨停板确立“悬空而行，危在旦夕”探顶特征。盘中反复裂开涨停口子成交，抛筹不断地涌向场外，说明还是一种“金玉其外，败絮其中”探顶特征。大幅跳空高开，留有缺口，反复裂开涨停口子成交，量能

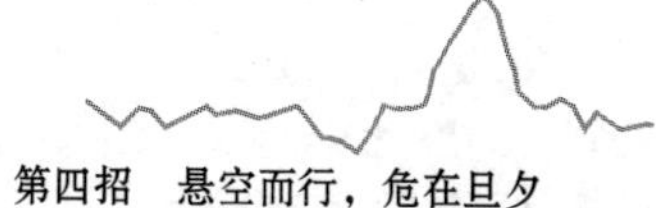

激增，接近前期技术平台，携量涨停板成为一种典型的诱多出货特征。由于股价和指标趋势仍有强势保护，采取逢高减筹策略。

（2）6 月 30 日，只是经过一天阴线调整，当日尾盘量能急剧放大，盘中股价由 1.0%涨幅展开波形推高，最高价探至涨停板价格。可是好景不长，涨停板附近巨大抛盘犹如洪水猛兽，致使股价收盘停留在 8.83%涨幅。量能激增并推至涨停板价格却封不住涨停板，最后一波推高又无法超越前一波攻势高度，这些都说明了什么？说明庄家利用尾盘急剧放量且以极速推高的波形手段实施诱多，庄家这样做自然是为了出货。由此可见，这种携量大阳线表面上好看，实质上内里已经破败不堪，表达了“金玉其外，败絮其中”的探顶意图，而且尾盘采取极速推高以后，已经触及前期技术平台（2010 年 4 月 12 日），说明股价推高又完成一段【预期】。“悬空而行，危在旦夕”探顶特征开始减筹，这里又有何理由不减筹呢？携量大阳线存在的表面强势只是外因，心理存在幻想才是内因，不然也不会无动于衷。

（3）7 月 2 日，早盘股价用了不到半小时，巨量抛盘已经盯死跌停板价格。犹豫也好，幻想也罢，砍单速度只要慢了，股价盯死跌停板价格以后，想出也出不来。7 月 3 日，承接前一日跌停板趋势，当日大幅跳空低开并留有跳空缺口收盘。跳空大阴线就像洞开了所有水库闸门，水流激射而下。后市股价会不会形成“一泻千里”跌势呢？这个时候根本无须多想，赶紧把筹码清空。与其扛着单子不断缩小【预期】盈利，抑或是追高了又扛着亏损单子盼涨，长痛不如短痛，干脆现在跟其做个了断。

（4）回过头来看，2014 年 7 月 2 日存在的跳空缺口，其最低价成为此后股价反弹的强力阻压，而且形成了一段明显的区间盘整趋势，7 月 24 日的回调低价成为区间盘整趋势的下轨支撑。周线股价波动虽然没有日线盘整那么明显，但在 2014 年 7 月 4 日至 2015 年 3 月 6 日也形成了一段横盘调整趋势。周线股价逐渐前移并靠近大均线，不仅化解了股价和均线系统的发散状态，趋势线缓慢回落也已靠近零轴线，修复了趋势线和零轴线的悬空抬升状态。月线股价的横盘调整趋势更加明显，2014 年 7 月确立<对望格局>双轨以后，对望调整就在一根阴线内部展开，说明月线的八个月调整，形成了一段“短期横盘调整”趋势。

（5）2015 年 2 月 12 日，日线股价选择跳空上攻，携量阳线站稳中线并把中线带入上行角度，说明股价成功构筑“拨开迷雾，重见光明”反弹特征，预示股价即将脱离低位区间。携量阳线留有跳空缺口，说明其又确立了“出其不意，攻其不备”转势特征，预示该股蕴含尚未对外公开的利好，所以庄家采取拔高手段进行吸筹。MACD 技术指标转入金叉状态，说明股价和指标趋势汇合成功构筑“头肩底”形态。所有指标都指明了一个方向：多头趋势。周线股价停留在相对的高位区间展开横盘调整趋势，止跌企稳以后缓慢推起，2015 年 3 月 6 日进入“短回中”强攻模式，引发了一波大幅拉升的周线涨势。月线股价经过八个月的“短期横盘调整”趋势，回碰中线以后获得明显止跌，2015 年 3 月形成携量阳线并实现强势反转，引发了月线级别的“暴力”攻势。普通投资者眼睁睁地看着股价狂飙，最后剩下的只有一声叹息。要不说上几句丧气话安慰自己：“这个庄家控盘真是太黑了”；“庄家控盘真是看不懂”；“我的命真不好”。

（6）2015 年 6 月中旬，日线股价经历大幅拉升并创出历史新高以后，飘柱诱多趋势逐渐终结涨势，庄家通过“冲高回落，单针见顶”、“力不从心，虚张声势”、“高开低走，乌云盖顶”和“黄昏之星”等探顶特征，不断地提示股价探顶。周线股价推至历史对望区域，庄家通过“力不从心，虚张声势”探顶特征，提示股价攻势转虚。月线股价推至前期历史平台以后，“冲高回落，单针见顶”K 线图与之确立<对望格局>双轨。2015 年 6 月中旬至 11 月中旬，股价经历了过山车般的急下急上趋势。2015 年 10 月 28 日，“冲高回落，单针见顶”式“悬空而行，危在旦夕”探顶特征，提示急上趋势实现探顶。11 月 13 日，“吊颈线”式“悬空而行，危在旦夕”探顶特征，提示庄家构筑“顶背离”区间实施诱多，进而完成撤离。

（7）历史经验告诉我们，普通投资者入场总是后知后觉。股指确立多势或已形成大幅拉升趋势，牛市行情往往已经过半，普通投资者才开始认同牛市行情的赚钱效应。大量散户及其资金入场，包括僵尸账户的重新激活，新股民的持续增多，都对原有趋势起到了推波助澜的作用。值得一提的是，由于牛市氛围高涨，个股赚钱效应显著，散户进场的投资热情一浪高过一浪，新入市的股民数量，总是在股指到达某个阶段性高点，出现一个顶峰值。这个时候，公众媒体的态度就是鼓吹牛市，只要想得出来就敢发表，有的说股市会有长达数年的慢牛，有的说全民皆有炒股赚钱的资格。一些所谓的股市专家，吹起牛来更是不可一世，不仅表现出“极高”的荐股能力，而且泡沫越吹越大。武装到牙齿的庄家只要做好控盘，根本不用发愁没人接货。现实却很残酷，绝大部分普通投资者最终都成为了牛市终结的守门人。不仅为国家财政贡献了大量税收，交易佣金也养肥了大批证券公司。大自然的生存法则注定了弱肉强食，适者生存。强者欺凌弱者，弱者贡献市场，零和游戏规则永远不会改变。既然如此，强大自己才是根本。

★ 招数小结

（1）“悬空而行，危在旦夕”和“腾空而起，气势如虹”跳空 K 线的区别：

第一，缺口类型不同。“悬空而行，危在旦夕”跳空K线属于消耗型缺口（也叫衰竭型缺口）。“腾空而起，气势如虹”跳空K线属于突破型缺口。

第二，出现位置不同。股价经历长期的大幅上扬，或经一波快速急拉攻势，股价和指标趋势已经减弱或已经走完，跳空K线属于“悬空而行，危在旦夕”探顶特征。股价处于区间盘整或横盘调整过程，跳空K线属于“腾空而起，气势如虹”强攻特征。

第三，市场意义不同。“悬空而行，危在旦夕”属于探顶特征范畴，是股价结束多头、明确顶部的探顶特征。“腾空而起，气势如虹”属于强攻特征范畴，它是股价结束调整、明确攻势的强攻特征。

第四，缺口大小的意义不同。“悬空而行，危在旦夕”跳空K线的缺口不管大小，都表示股价实现探顶。缺口小，后市股价往往存在惯性推高动能，缺口越大，多头消耗越大，逼空力度越大，股价探顶概率越高。“腾空而起，气势如虹”跳空K线的缺口原则上不得大于5%。缺口小，股价容易保持跳空强势的力度和连续性，缺口越大，股价越难保持跳空强势的力度，而且容易破坏跳空强势的连续性，引发回撤趋势。

（2）股价和指标趋势未走完时，触及前期技术平台或跳空缺口，收出跳空K线既提示股价受阻并确立<对望格局>双轨，也提示股价需要转入对望调整趋势。它也有可能是一种持续性缺口，促使股价保持跳空强势并实现大涨攻势。股价和指标趋势已经减弱或已走完，震荡反弹容易形成一段虚拉诱多趋势，跳空K线属于真实的“悬空而行，危在旦夕”探顶特征，哪怕缺口只有一分钱没有回补，股价实现探顶概率很高。

（3）跳空K线往往伴随放量，缩量特征比较少见。早上跳空高开并形成极速封停趋势，或早上收盘前形成缩量封停趋势，这样的封停速度和时间是庄家强势控盘的推升特征。只要它的缺口不大，往往形成一种持续性缺口，说明股价将会保持该方向的持续推进。尾盘才推入涨停板且呈现出缩量特征，股价探顶概率高。

（4）跳空K线可以是阳线，也可以是涨停板，冲高回落就有可能形成明跌暗涨的“伪阴线”，说明其常常构筑一种结合型探顶特征。例如，其与“高开低走，乌云盖顶”、“吊颈线”、“冲高回落，单针见顶”、“力不从心，虚张声势”、“金玉其外，败絮其中”等探顶特征相结合。

（5）股价经历长期的大幅上扬以后，最后进入疯狂急拉的加速赶顶阶段，容易收出“悬空而行，危在旦夕”探顶特征。采取跳空高开的方式开盘且拔高股价，说明多头能量消耗已至极限，空头被逼至退无可退的高位区域。空头必须展开疯狂反扑，不然就有全军覆没的危险，所以股价在此容易形成顶部。采取连续跳空的方式进行推高，不仅消耗了多头能量，一旦多头能量难以为继，空头能量反扑容易得手，股价确立大顶的可信度极高。

（6）日线股价拉升完成【预期】，周线或月线股价未必完成【预期】。日线股价收出探顶特征，周线或月线股价未必实现探顶。因此，日线股价完成【预期】或收出探顶特征，只是代表日线趋势完成【预期】或实现探顶。由此可见，判断股价的趋势强弱和位置，必须结合各个周期，尤其是月线、周线和日线的结合。周线或月线趋势已经减弱或已经走完，日线推起属于大周期的虚拉诱多趋势，说明日线探顶是为了配合大周期确立大顶，股价探顶概率极高，这个时候无论如何也要采取清空策略。

★ 构筑方式及表现特征

“悬空而行，危在旦夕”跳空 K 线有以下六种常见的构筑方式及表现特征：

第一种，博威合金（601137），如图 4–10 所示。

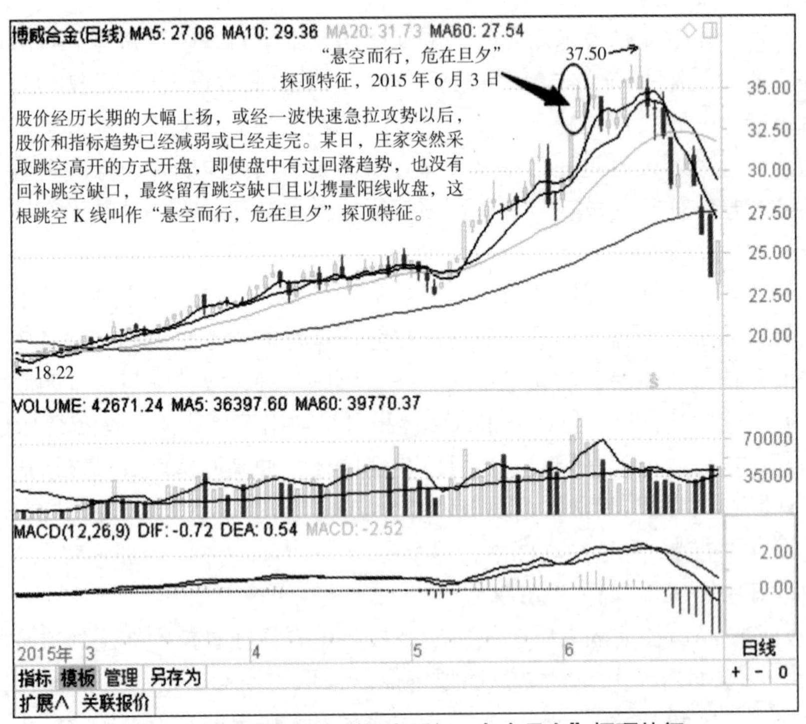

图 4–10 携量阳线式“悬空而行，危在旦夕”探顶特征

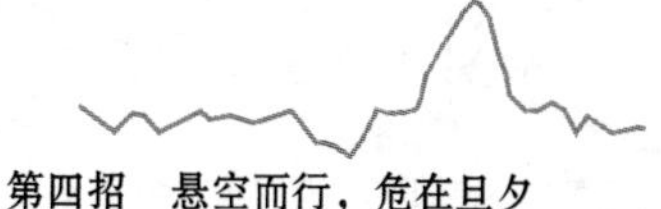

股价经历长期的大幅上扬，或经一波快速急拉攻势，股价和指标趋势已经减弱或已经走完。某日，庄家突然采取跳空高开的方式开盘，即使盘中有过回落趋势，也没有回补跳空缺口，最终留有跳空缺口且以携量阳线收盘，这种跳空 K 线叫作"悬空而行，危在旦夕"探顶特征。

跳空高开幅度越大，诱多效果越好，逼空力度越大，越容易点燃投资者的做多热情，股价探顶越真实。有的携量阳线在盘中已经推至涨停，抛盘沉重致使股价封不住涨停板收盘；有的在涨停板价格反复裂开口子成交，买盘和卖盘快速交换，巨量呈现且无法重新封停。这种留有跳空缺口的携量阳线，表面上看股价非常强势，实质上这是庄家刻意营造的强势假象，目的是为了暗中撤离。投资者容易被这种强势假象迷惑，有筹且已获利的选择留守，无筹的开始大把大把地将资金换成筹码。量能越大，庄家撤离越多，股价探顶概率越高。

股价和指标趋势已经减弱或已经走完，极有可能形成此轮攻势的最后一涨，伴随巨量还是"金玉其外，败絮其中"探顶特征。因此，股价处于高位区域震荡，股价和指标趋势已经减弱或已经走完，此时收出任何一种探顶特征，股价探顶概率极高，必须采取逢高清空策略。股价和指标趋势未走完时，利用【预期】和分时趋势实施高抛低吸策略。

第二种，精伦电子（600355），如图 4-11 所示。

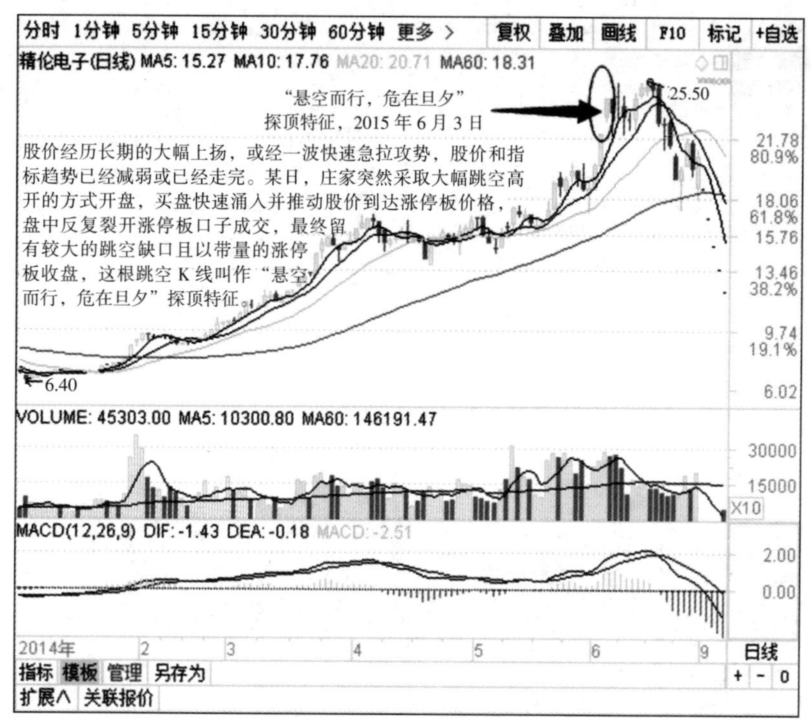

图 4-11　缺口大且带量的涨停板式"悬空而行，危在旦夕"探顶特征

股价经历长期的大幅上扬，或经一波快速急拉攻势，股价和指标趋势已经减弱或已经走完。某日，庄家突然采取大幅跳空高开的方式开盘，买盘快速涌入并推动股价到达涨停板价格，盘中反复裂开涨停口子成交，最终留有较大的跳空缺口且以带量的涨停板收盘，这种跳空 K 线叫作“悬空而行，危在旦夕”探顶特征。

一般情况下，大幅跳空高开往往超过 5.0%幅度，开盘价往往成为它的最低价，多数形成一根光头光脚的带量涨停板，或者存在较短的下影线。这种留有较大跳空缺口且以带量涨停板收盘的跳空 K 线，其盘中走势有以下两种特征：①盘中推高以后停留在高价区域震荡成交，放量滞涨明显，最终以涨停板收盘并呈现出明显的带量状态；②股价快速封停以后，盘中反复裂开涨停口子成交，大量抛筹不断地涌向场外，量能急剧放大，最终收盘呈现出巨量涨停板特征。

股价和指标趋势已经减弱或已经走完，无论缺口大小，也不管股价什么时候推入涨停板价格，更不用考虑量能大小，采取清空策略即可。股价和指标趋势未走完时，利用【预期】和分时趋势实施高抛低吸策略。早盘封停速度快，坚决封死涨停，量能放大并不明显，这是庄家强势控盘并坚决封停的原因，后市股价往往存在惯性推高动能。因留有较大的跳空缺口，尾盘附近才推入涨停板，不管有量无量，股价探顶概率高。

第三种，泰禾集团（000732），如图 4–12 所示。

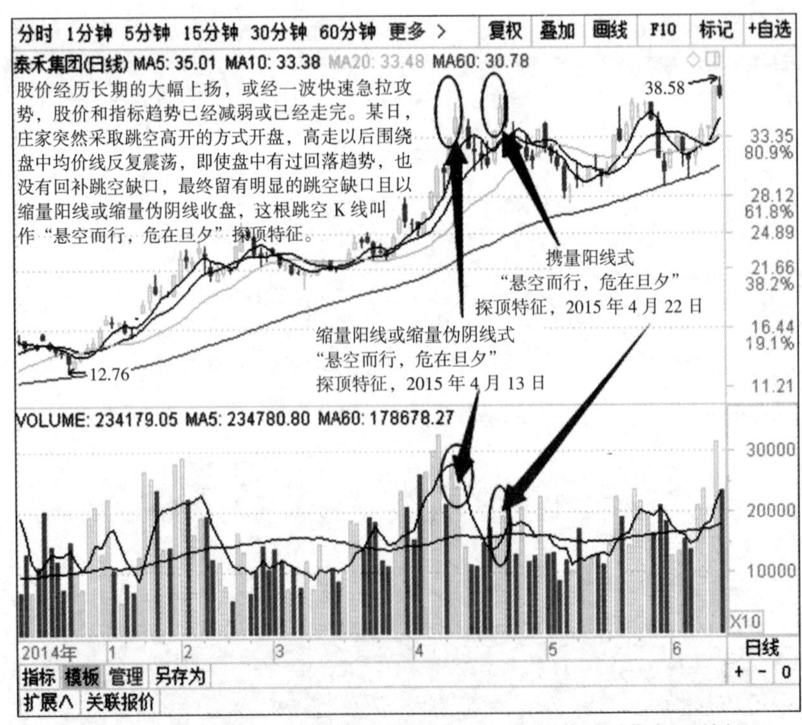

图 4–12 缩量阳线（伪阴线）式“悬空而行，危在旦夕”探顶特征

股价经历长期的大幅上扬，或经一波快速急拉攻势，股价和指标趋势已经减弱或已经走完。某日，庄家突然采取跳空高开的方式开盘，高走以后围绕盘中均价线反复震荡，即使盘中有过回落趋势，也没有回补跳空缺口，最终留有明显的跳空缺口且以缩量阳线或缩量伪阴线收盘，这种跳空 K 线叫作“悬空而行，危在旦夕”探顶特征。

留有明显的跳空缺口且以缩量阳线或缩量伪阴线收盘，这种情形比较少见，毕竟跳空上攻容易引发浮筹追高。这种跳空 K 线既是“悬空而行，危在旦夕”探顶特征，也是“力不从心，虚张声势”探顶特征，可能还存在其他类型的探顶特征，如“冲高回落，单针见顶”探顶特征。全天大部分时间围绕盘中均价线反复震荡，量能明显萎缩，预示上攻乏力。缩量收盘有可能是前一日量能过大的原因，往往在其之前已经收出明显带量的探顶特征，甚至是巨量的探顶特征。股价和指标趋势已经减弱或已经走完，留有明显的跳空缺口且以缩量阳线或缩量伪阴线收盘，必须采取清空策略。股价和指标趋势未走完时，说明股价攻势暂时停滞且需调整趋势化解，利用【预期】和分时趋势实施高抛低吸策略。

第四种，盾安环境（002011），如图 4–13 所示。

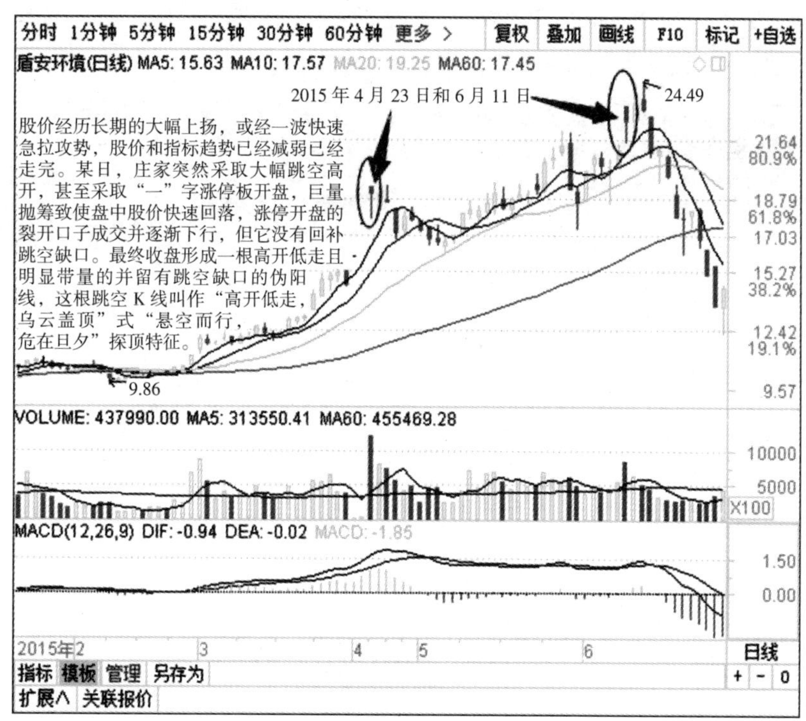

图 4–13　“高开低走，乌云盖顶”式“悬空而行，危在旦夕”探顶特征

股价经历长期的大幅上扬，或经一波快速急拉攻势，股价和指标趋势已经减弱

弱或已经走完。某日，庄家突然采取大幅跳空高开的方式，甚至采取“一”字涨停板开盘，巨量抛筹致使盘中股价快速回落，“一”字涨停开盘的裂开口子成交并逐渐下行，但它没有回补跳空缺口。最终收出一根高开低走且明显带量的并留有跳空缺口的“伪阴线”，这种跳空K线叫作“高开低走，乌云盖顶”式“悬空而行，危在旦夕”探顶特征。

大幅跳空高开也好，“一”字涨停开盘也罢，巨量抛筹致使盘中股价逐渐下行，但它没有回补跳空缺口，最终以“伪阴线”面目收盘，说明这种跳空K线属于“悬空而行，危在旦夕”和“高开低走，乌云盖顶”探顶特征的结合。“伪阴线”存在实体且有上、下影线，属于“冲高回落，单针见顶”、“高开低走，乌云盖顶”和“悬空而行，危在旦夕”探顶特征的结合。盘中股价回落以后实现反弹，“伪阴线”留下一根长长的下影线，这种跳空K线属于“悬空而行，危在旦夕”、“高开低走，乌云盖顶”和“吊颈线”探顶特征的结合。

跳空“伪阴线”往往伴随放量，甚至是巨量状态。因此，股价和指标趋势已经减弱或已经走完，收出这种留有跳空缺口且带量的或巨量的跳空“伪阴线”，说明庄家大幅撤离且压制股价下行，股价探顶概率高，必须采取清空策略。股价和指标趋势未走完时，利用【预期】和分时趋势实施高抛低吸策略。

第五种，东兴证券（601198），如图4-14所示。

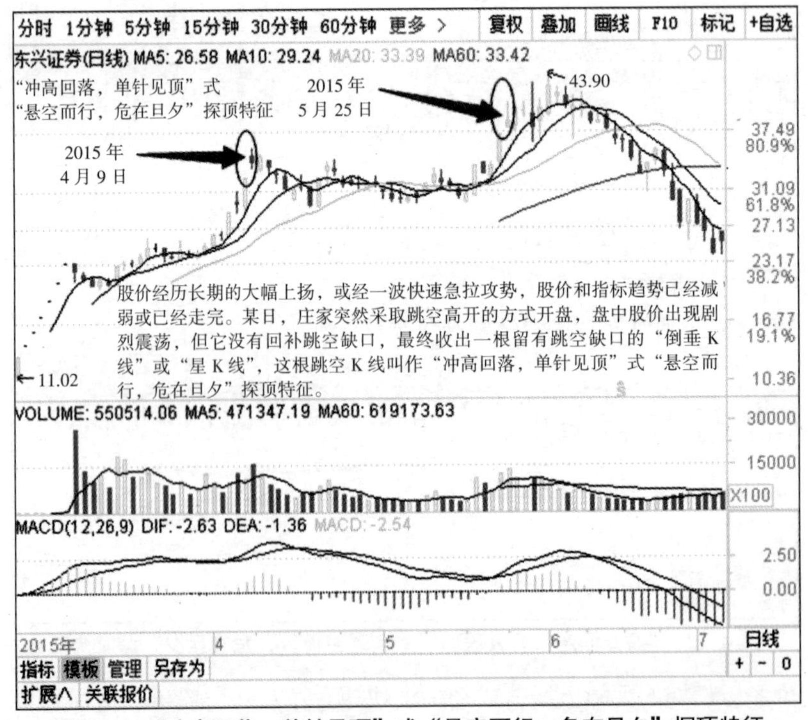

图4-14 “冲高回落，单针见顶”式“悬空而行，危在旦夕”探顶特征

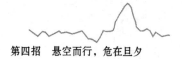

股价经历长期的大幅上扬，或经一波快速急拉攻势，股价和指标趋势已经减弱或已经走完。某日，庄家突然采取跳空高开的方式开盘，盘中股价震荡剧烈，但它没有回补跳空缺口，最终收出一根留有跳空缺口的“倒锤K线”或“星K线”，这种跳空K线叫作“冲高回落，单针见顶”式“悬空而行，危在旦夕”探顶特征。

“倒锤K线”或“星K线”属于“冲高回落，单针见顶”探顶特征，表明盘中股价经历了上蹿下跳、伏低蹿高的剧烈波动。留有跳空缺口收盘，说明它又包含了“悬空而行，危在旦夕”探顶特征。这种跳空K线往往伴随放量，缩量比较少见。“星K线”存在实体且有上、下影线，阴线式收盘往往构筑“冲高回落，单针见顶”、“高开低走，乌云盖顶”、“悬空而行，危在旦夕”探顶特征的结合；阳线式收盘多数形成“冲高回落，单针见顶”、“金玉其外，败絮其中”、“力不从心，虚张声势”和“悬空而行，危在旦夕”探顶特征的结合。股价和指标趋势已经减弱或已经走完，股价探顶概率极高，必须采取清空策略。股价和指标趋势未走完时，利用【预期】和分时趋势实施高抛低吸策略。

第六种，华数传媒（000156），如图4-15所示。

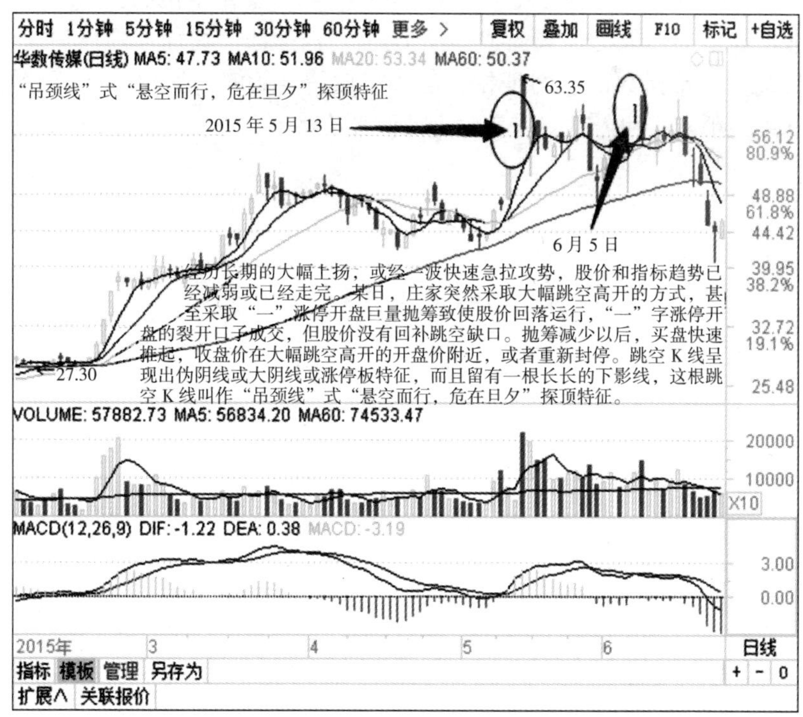

图4-15　“吊颈线”式“悬空而行，危在旦夕”探顶特征

股价经历长期的大幅上扬，或经一波快速急拉攻势，股价和指标趋势已经减弱或已经走完。某日，庄家突然采取大幅跳空高开的方式，甚至采取“一”字涨停开盘，巨量抛筹致使盘中股价回落运行，“一”字涨停开盘裂开口子成交，但没有回补跳空缺口。抛筹减少以后，买盘快速推起，收盘价在大幅跳空高开的开盘价附近，或者重新封停。跳空 K 线留下一根长长的下影线，呈现出伪阴线或大阳线或涨停板特征，这种跳空 K 线叫作“吊颈线”式“悬空而行，危在旦夕”探顶特征。

下影线越长越像“锤头 K 线”，也叫“T”形图。大幅下挫以后的微跌过程、震荡筑底过程、区间盘整阶段的回档或挖坑过程和对望调整过程中，“T”形图叫作“触底回升，金针探底”寻底特征或止跌特征。股价进入加速赶顶或处于震荡筑顶过程，“T”形图叫作“吊颈线”探顶特征。

涨停板的开盘价和收盘价一致，“吊颈线”呈现出白色“T”形图；伪阴线或大阳线式“吊颈线”，往往存在较小的实体部分。股价进入加速赶顶或处于震荡筑顶过程，无论收出哪种“T”线图，都表示股价实现探顶。庄家首先利用大幅跳空高开实施诱多，接着利用盘中股价的剧烈震荡进行大量派发，最后利用重新推起继续实施诱多。一般情况下，庄家多数选择尾盘重新推起。

股价和指标趋势已经减弱或已经走完，“吊颈线”往往伴随巨量，这是庄家诱多推高并大量撤离的有力证据，必须采取清空策略。股价和指标趋势未走完时，利用【预期】和分时趋势实施高抛低吸策略。

第五招　平底支撑，底部反转
——构筑“平底反转形态”的实战意义

一、招数概况及策略剖析

（一）图形识别

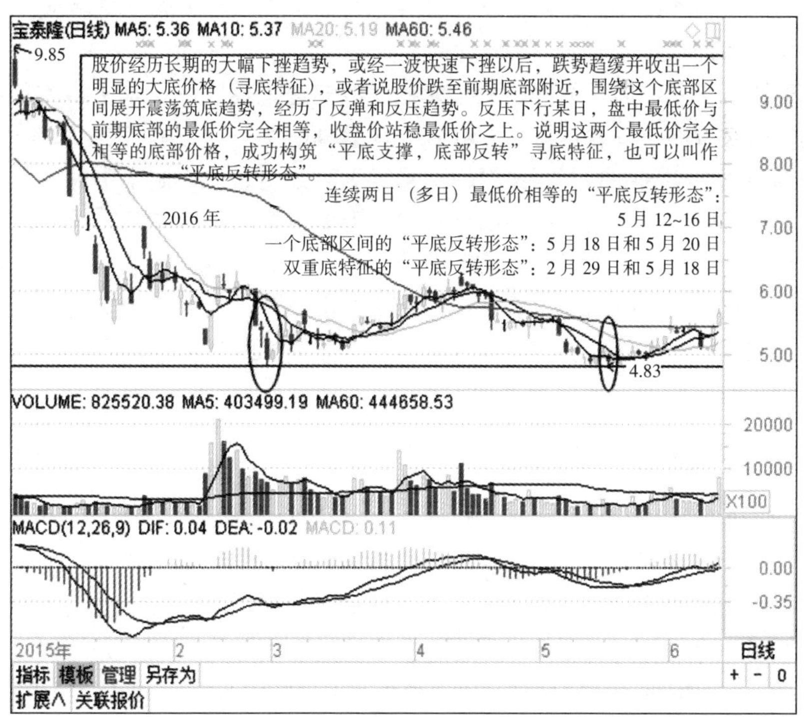

宝泰隆(日线) MA5: 5.36 MA10: 5.37 MA20: 5.19 MA60: 5.46
9.85
股价经历长期的大幅下挫趋势，或经一波快速下挫以后，跌势趋缓并收出一个明显的大底价格（寻底特征），或者说股价跌至前期底部附近，围绕这个底部区间展开震荡筑底趋势，经历了反弹和反压趋势。反压下行某日，盘中最低价与前期底部的最低价完全相等，收盘价站稳最低价之上。说明这两个最低价完全相等的底部价格，成功构筑“平底支撑，底部反转”寻底特征，也可以叫作“平底反转形态”。
连续两日（多日）最低价相等的“平底反转形态”：5月12~16日
2016年
一个底部区间的“平底反转形态”：5月18日和5月20日
双重底特征的“平底反转形态”：2月29日和5月18日
4.83
9.00
8.00
7.00
6.00
5.00
VOLUME: 825520.38 MA5: 403499.19 MA60: 444658.53
20000
10000
X100
MACD(12,26,9) DIF: 0.04 DEA: -0.02 MACD: 0.11
0.00
-0.35
2015年
2
3
4
5
6
日线
指标 模板 管理 另存为
扩展 关联报价

图 5-1　宝泰隆（601011）构筑“平底反转形态”的走势

（二）招数构成与总结

（1）股价经历长期的大幅下挫趋势，或经一波快速下挫以后，量能持续萎缩，或已出现地量交投状态。趋势线长期处于零轴线下方且远离零轴线，两线角度呈现出悬空下降状态。

（2）股价跌势趋缓以后收出一个明显的大底价格（寻底特征），或者说股价已经跌至前期底部（次底部或历史底部）附近。随之围绕这个底部展开震荡筑底趋势，量能温和放大，且以小阳小阴的波动为主。趋势线的悬空下降状态随着股价的震荡趋势逐渐减缓，或已有了小幅拐头迹象。

（3）股价实现反弹以后接近 20 日均线，震荡反弹时间长了，往往靠近 60 日均线。由于中、大均线的下垂角度以及均线系统的明显发散，趋势线和零轴线的悬空距离，始终阻压股价反弹，致使股价没有形成一波规律明显的反弹趋势。

（4）反压下行以后落入中、大均线之下成交，逐渐接近前期底部（价格）。某日，盘中最低价与前期底部的最低价完全相等，止跌回升并站稳最低价之上收盘。说明股价围绕这个低位展开震荡筑底趋势，两个最低价完全相等的技术底部，成功构筑"平底支撑，底部反转"寻底特征，也叫"平底反转形态"。

★ 一句话总结

股价经历长期的大幅下挫趋势，或经一波快速下挫以后，跌势趋缓并收出一个明显的大底价格（寻底特征），或已跌至前期底部（次底部或历史底部）附近；随后股价围绕这个底部展开震荡筑底趋势，温和放量且以小阳小阴为主；中、大均线的下垂角度以及均线系统的明显发散，趋势线和零轴线的悬空距离，始终阻压股价反弹；股价反压下行以后接近前期底部，某日，盘中最低价与前期底部的最低价完全相等，止跌回升以后站稳最低价之上收盘；说明股价围绕低位区间震荡，两个最低价完全相等的技术底部成功构筑"平底支撑，底部反转"寻底特征，也叫"平底反转形态"。

（三）深层剖析与要领感悟

（1）股价经历长期的大幅下挫趋势，跌势趋缓以后收出一个明显的大底价格（寻底特征），随之围绕低位区间展开震荡筑底趋势，量能温和放大，股价实现缓慢反弹或震荡反弹趋势，说明庄家和普通投资者同时展开抄底。这个时候的抄底量虽然不多，但也是庄家护盘和试探的结果。

（2）中、大均线的下垂角度以及均线系统的明显发散，趋势线远离零轴线且有大幅悬空状态，始终阻压和牵制股价反弹。股价反压下行以后，逐渐接近前期底部，包括次底部和历史底部。某日，盘中下探以后的最低价与前期底部的最低

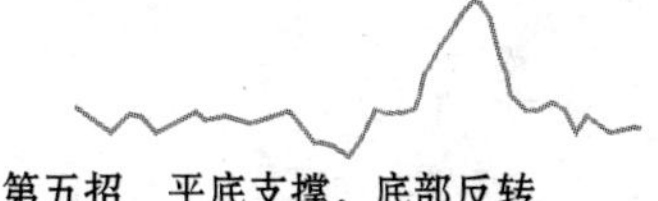

价完全一致，止跌回升并站稳它们的最低价之上收盘，说明这个底部价格存在强力支撑，通过“平底支撑，底部反转”寻底特征表现。

（3）股价上涨以后存在多势【预期】，下挫以后也有空势【预期】，确立<对望格局>双轨亦然。学会倒转技术，对于判断股价位置和趋势强弱，根本不是难事。认清空势【预期】和<对望格局>双轨，一则可以判断某段下挫趋势的大概跌幅；二则可以判断股价下挫以后的支撑点；三则可以判断寻底特征的真实性；四则可以通过其止盈空势【预期】。

（4）股价围绕低位区间展开震荡筑底趋势，目的如下：第一，化解长期下垂的中、大均线，使其不再那么陡峭；第二，收拢明显发散的均线系统，使其不再那么发散；第三，修复趋势线和零轴线的大幅悬空和距离，促使趋势线实现缓慢抬升并逐渐靠近零轴线；第四，庄家吸纳底部筹码，不仅起到了护盘作用，更为后市控盘做好准备。

（5）震荡筑底过程的量能表现时而温和放大，时而间歇性放量，说明庄家展开抄底和护盘的同时，普通投资者也在跟风抄底，长期被套浮筹开始实施补仓。股价实现缓慢反弹或震荡反弹趋势，虽然没有形成一波规律明显的反弹趋势，但为夯实股价底部基础起到了重要作用，也改变了股价长期疲弱以及低迷的市场氛围。

（6）前后两个底部的最低价完全相等，说明这个底部价格存在强力支撑。无论两个底部的跨度多长，都有可能构筑这种“平底反转形态”。时间跨度越长，越难构筑平底特征。“平底反转形态”反映了庄家护盘和抄底的双重意图，而且庄家图谋的绝不是短期利益。

（7）传统经典理论“形态理论”中有“双重底”和“W 底”形态的说法，“平底反转形态”属于这些形态的一种特殊构造。构筑平底的 K 线图可以是任何形式，阴阳亦可，量能大小都有可能。一般情况下，平底的第二重底，要求收盘价站稳双底的最低价之上。收盘价成为最低价，也算是一种“平底反转形态”，但后市股价容易跌破平底支撑，常常构筑“破底反转形态”。

（8）平底的第二重底收阳线，说明股价确立平底当日已经实现反扑之势。平底的第二重底收阴线，最好能在次日或在短期内形成携量反扑之势，不然“平底反转形态”的寻底作用将大打折扣。收出平底特征以后，股价处于低位区间保持震荡趋势，极易跌破平底支撑，构筑其他类型的底部特征。

（9）根据“平底反转形态”展开抄底的实战策略。

第一，构筑“平底反转形态”当日，收阴线或阳线量价反扑不足，必须耐心等待股价形成明显的携量反扑之势，再展开抄底；收阳线且有携量特征，尾盘附近吸入一成筹码，建立试探性首仓。

第二，平底以后收出新的寻底特征，伺机增至三成筹码。

第三，20 日均线由下垂至钝化再至趋稳，股价展开反弹且站稳其上，可增至五成筹码。

第四，股价展开反弹并快速脱离筑底区间上轨，立刻增至七成筹码。

第五，反弹趋势越过 60 日均线以后，随时做好减筹准备。高度关注前期大幅下挫阶段的“回落中继平台”或跳空缺口，其可以作为股价脱离低位区间上轨的【预期】；明显下垂的 60 日均线以及大幅发散的均线系统，反弹以后的阶段性顶部，股价和指标趋势的减弱特征，都对反弹趋势形成强力阻压，也要把其作为【预期】看待。

二、招数及实例解读

操盘实例一　华电能源（600726）

◆ **图形识别**

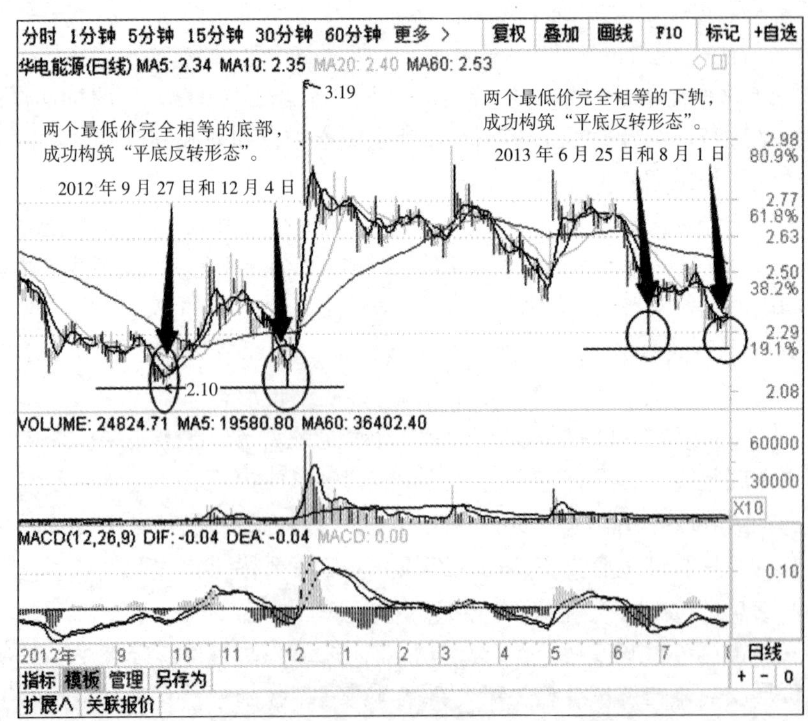

图 5-2　构筑“平底反转形态”的走势

◆ **要点回放**

如图 5-2 所示：

（1）2012 年 9 月 27 日，华电能源（600726）跟随股指经历长期熊市以后，已经处于震荡筑底阶段运行，当日探出 3 年多以来的低价，携量反扑暂时止住跌势。10 月 9 日，股价展开震荡反弹以后，携量阳线快速站上趋稳的 20 日均线，确立“拨开迷雾，重见光明”反弹特征。反弹趋势带动整体上行的 MACD 技术指标转入金叉状态，说明股价反弹和指标趋势汇合确立“底背离”形态。这就意味着，股价即将展开脱离低位区间上轨的反弹趋势。相对来说，在这种位置实施抄底或补仓，安全系数大很多。

（2）10 月 15 日，股价反弹触及下垂的 60 日均线以及前期筑底区间上轨时，明显受到阻力压制。反压下行以后获得 20 日均线支撑，股价继续向上反弹。股价越过 60 日均线并携量反弹一周以后，形成一个阶段性顶部并终结反弹趋势。11 月初，股价快速回调并触及 20 日均线，趋势线脱出红柱体内部以后，呈现出逐渐缩短状态。11 月 6 日，20 日均线支撑股价并促使股价震荡反弹，早盘一波直线推高虽然越过前方平台的价格高度，但冲高回落收盘确立了内平台“对望格局”双轨，说明股价受阻且有回调需要。与此同时，股价和均线系统的发散状态，趋势线和零轴线的悬空抬升状态，表明股价和指标趋势汇合成功构筑“顶背离”形态，实质上这也是一种“回光返照，苟延残喘”探顶特征，说明股价和指标多势已经走完。所有指标指向一个方向：区间调整。

（3）11 月 14 日，股价震荡下破 20 日均线，寻求上行的 60 日均线作为支撑。股价停留在大线之上展开窄幅震荡趋势，趋势线逐渐下行并靠近零轴线，说明股价和均线系统的发散状态已经得到化解。11 月 27 日，横盘震荡七个交易日以后，庄家采取顺势打压的挖坑手段往下砸盘，阴线价格快速跌破 60 日均线，说明股价需要向下寻求新的支撑。股价的整体回撤趋势形成了一种“顺水抽风再顺水”调整状态，这是股价经历充分调整的洗盘特征。趋势线落入零轴线并放大了死叉状态，说明趋势线和零轴线的悬空距离已经消失殆尽。12 月 4 日，午盘股价经历快速下探以后，盘中最低价与 9 月 27 日的底部最低价完全一致，买盘支撑并促使盘中股价展开反弹趋势，最终报收“触底回升，金针探底”K 线图。前后两个底部的最低价完全相等，说明确立了“平底反转形态”。双底特征不仅及时终结了挖坑跌势，也为低吸提供了可能性。这个时候必须高度关注它的分时趋势，学会借用（参考）分时趋势的反转买入，逢低展开吸筹（增筹）。次日，携量阳线展开反弹趋势，连续三天以来的 K 线图构成一组“阴线+星线+阳线”组合图，确立“启明之星”寻底特征，股价获得支撑的理由更加充分，低吸的可能性和安全系数更高。

(4) 12 月 7 日，留有跳空缺口的携量涨停板展开极速上攻，开始引出“内腾空”强攻特征。这根跳空涨停板也可以定义为“出其不意，攻其不备”转势特征，毕竟股价才从大底区域构筑三年多以来的平底特征。庄家采取跳空上攻措施且留有缺口收盘，预示该股蕴含尚未对外公开的某种利好，所以庄家才会不计成本地大肆掠夺筹码，促使股价极速推高并封停收盘。携量涨停板不仅站稳中、大均线之上，还把两线拉入趋稳角度，说明股价一天之内进入“短回中”和“短回长”的双重攻击范畴。由此可见，做多理由非常充分，狙击迟疑片刻，将会错失一段连续急拉攻势。

(5) 12 月 12 日，经过连续三天跳空涨停急拉以后，早上停牌一小时，发布变更调整收购与出售资产的公告。10 点 30 分开盘，股价依然大幅跳空高开，高开幅度达到 6.0%。开盘以后的首个成交价格比开盘价高，紧随而至的巨量抛盘瞬间扫清十多档追高买单，盘中股价形成了断崖式下挫，前一日收盘价和当日跳空缺口的支撑力度不堪一击。不出 5 分钟时间，股价跌幅已经过半，半小时过后，盘中下探最大达到了–7.5%。全天大部分时间停留在深跌区域成交，锁住了当天追高的所有筹码，大额抛盘也让盘中股价难以翻身。全天大部分时间停留在深跌区域成交，锁住了所有追高筹码，持续不断的大额抛盘也让股价无法翻身。虽然收盘价略有反弹，但中阴线收盘形成了“高开低走，乌云盖顶”探顶特征。早上开盘以后的首个成交价格触及前期“回落中继平台”(2011 年 11 月 15 日)，说明股价上攻完成多势【预期】，低走收盘说明这两个技术平台及时确立<对望格局>双轨，表明股价遇阻的同时已经开始进入对望调整趋势，抛盘如此沉重也就不足为奇。

(6) 有一点必须认识清楚，对望调整趋势可长可短，回撤幅度可大可小。发现股价冲高回落收盘并确立<对望格局>双轨，首先应当采取减筹措施，而不是选择死守，不然【预期】和<对望格局>双轨也就失去了它的实战意义。2012 年 12 月 12 日确立<对望格局>双轨以后，对望调整趋势长达一年半时间。股价时而伏低蹿高，时而上蹿下跳，说明对望调整趋势转换为一段长期的区间盘整趋势。区间盘整过程选择扛单或者追高买入，肯定不会好受，割肉或止损是常事。理念不清，趋势看不明白，必将导致交易混乱，必然被庄家刷得晕头转向。2013 年 6 月 4 日，由于股指破位下行并形成了一段空头跌势，该股虽然处于区间盘整过程，但它也以“下破三线”的方式进入伏低趋势，已经缩短了的绿柱体被跌势能量快速拉长。

(7) 6 月 25 日，上证指数经历一波快速下挫以后，创出自 2009 年以来的新低。该股虽然跟随股指下跌，但并没有创出回调新低，而且两者又在同一天收出“触底回升，金针探底”K 线图。股价持续回调不仅回补了 2012 年 12 月 6 日至

11 日的连续跳空缺口，而且收盘价站稳其上，说明股价回调完成跌势【预期】并确立<对望格局>双轨。这就意味着，股价开始转入抵抗趋势或震荡筑底趋势。股指是否完成寻底？该股是否完成止跌？此时还不能够完全明确。主要基于三点理由：第一，趋势线仍然藏在绿柱体内部运行，说明指标跌势还没有减弱；第二，在指标跌势还没有减弱的情况下，仅凭一个“触底回升，金针探底”K 线图，以及回调趋势确立<对望格局>双轨，很难确定股价实现真正止跌；第三，股价和均线系统的明显发散状态，中、大均线的大幅下垂角度，指标死叉状态的扩大，说明股价必须经历一段震荡趋势进行化解和修复。因此，暂时不能确定区间盘整的下轨就在此处。就算在此形成止跌特征，股价未经充分震荡和修复之前，不排除庄家继续采取往下砸盘的可能性。由此可见，指标跌势还没有减弱之前，盘面收出任何一种寻底或止跌特征，真实性都值得怀疑。即使指标跌势已经减弱，重新积累人气也要时间，常常避免不了一段震荡趋势，低吸或补仓必须高度小心。

（8）“金针”K 线图出现以后，窄幅震荡趋势逐渐展开。趋势线脱出绿柱体以后，虽然随着股价的震荡趋势转入金叉状态，但趋势线和零轴线依然存在悬空距离，说明指标金叉的转势力度不足。7 月 11 日，由于“凤凰涅槃，浴火重生”反弹能量的带动，携量阳线向上穿透低位三线并站稳其上，20 日均线开始转入趋稳角度。这个“反抽三线”转势特征存在许多不利因素：第一，股价在低位区间首次站稳 20 日均线，虽然 20 日均线开始趋稳，但低位股价缺失一段中线反压趋势，说明震荡趋势不够充分；第二，趋势线仍然远离零轴线，说明指标的转势力度较弱；第三，阳线推起已经形成“红三兵”状态，说明跟风和补仓浮筹不少，股价有了调整的需要；第四，趋势线处于零轴线下方且远离零轴线的情况下，红柱体拉伸过长，一旦缩短就有断势需要。这就意味着，无论从哪个角度考虑，股价反弹时机尚未成熟，均线反压趋势随时会出现。因此，当务之急是回避，而不是盲目跟风。

（9）7 月 17 日，阴线回撤以后跌破 5 日均线支撑，红柱体立即缩短，趋势线开始拐头。由此可以断定：股价进入低位断势过程，将会保持低位震荡趋势。次日，股价跌破 20 日均线支撑，红柱体继续缩短。7 月 22 日，庄家突然采取跳空低开方式开盘，股价接近前方低点下轨。由于买盘快速介入并推起股价，虽然无力回补跳空缺口，但全天大部分时间都在盘中均价线之上成交。最终收出一根低开高走且留有跳空缺口的携量“伪阳线”，说明其既符合“低开高走，釜底抽薪”止跌特征，也符合“破釜沉舟，背水一战”止跌特征。趋势线藏在绿柱体内部时，“金针”K 线图（包括各种寻底特征）的止跌特征值得怀疑，倒是无可厚非。但此时情况已经不同，股价虽然处于均线反压的下行过程，但 MACD 技术指标

的整体角度已经呈现出缓慢抬升状态，说明指标的转势力度逐渐增强，期间收出的寻底或止跌特征，可信度较高。这里展开低吸或补仓，很有可能买到股价经历反压以后的相对低价。

（10）7 月 23 日，缩量推升并回补了前一日的缺口。接下来的六个交易日，回撤趋势处于“低开高走，釜底抽薪”K 线图的上、下轨道进行，说明股价回撤并没有跌破它的支撑。MACD 技术指标虽然扩大了死叉状态，绿柱体也有拉长，但趋势线并没有藏入绿柱体内部，说明指标弱势正在削减，暗示股价并不具备大幅下跌能量，而且股价随时都有可能实现超跌反弹趋势。7 月 29 日、30 日和 31 日，这三天的 K 线图构成一组“阴线+伪阳线+阳线”组合图，名字叫作“十月怀胎，瓜熟蒂落”寻底 K 线组合，区间盘整的小幅回档或挖坑过程，可以叫作止跌 K 线组合。不管如何称呼，都要领会庄家通过 K 线组合图给出的提示。只要明白它的市场意义，就要学会借用（参考）分时趋势的反转买点，及时实施低吸或补仓。

（11）8 月 1 日，早盘股价选择平开，9 点 40 分以前，盘中股价只是围绕两分价格波动。9 点 41 分，这一分钟内发生了异常成交。首先，一个 4070 手的大额抛单，瞬间将股价砸至-4.7%的跌幅成交，底价恰好是 6 月 25 日的底部最低价；其次，一个 3930 手的大额买单，也在这个底价成交；最后，第三个单子虽然是主动性抛盘，而且只有区区 4 手单子，但其成交价却已恢复至早盘波动的价格范围。随后大部分时间停留在开盘价和 1.0%的涨幅之间波动，多空相对平衡。尾盘半小时，几个大买单形成了推力，股价最终停留在 1.28%的涨幅收盘。由于盘中的异常成交在一分钟之内完成，所以盘中即时图并没有显现出伏低蹿高的走势线，但通过其日线和分时图却可以清楚地看出，形成了一根典型的“触底回升，金针探底”K 线图。说明股价在低位震荡获得了强力支撑，止跌回升收盘反映出庄家护盘和吸筹的双重意图。盘中的异常成交价格到底是何人所为？为何盘中低价与前方下轨的最低价完全一致？答案不言而喻。根据股价和指标趋势可以判断，两者汇合以后即将确立“头肩底”形态。股价处于低位区间展开震荡趋势，6 月 25 日和 8 月 1 日的最低价完全相等，也都形成了独立的止跌特征，说明已成功构筑“平底支撑，底部反转”止跌特征。

◆ **操盘策略**

如图 5-3 所示：

（1）无论股价处于大底区域，还是处于区间盘整阶段的小幅回档或挖坑区域，经常批量收出寻底特征或止跌特征，提示股价获得寻底或止跌，“平底反转形态”属于其中一种，而且其寻底或止跌作用更好。股价处于大底区域，寻底特征和转势特征越多，股价成功寻底并实现反弹的概率越高。股价处于小幅回档或

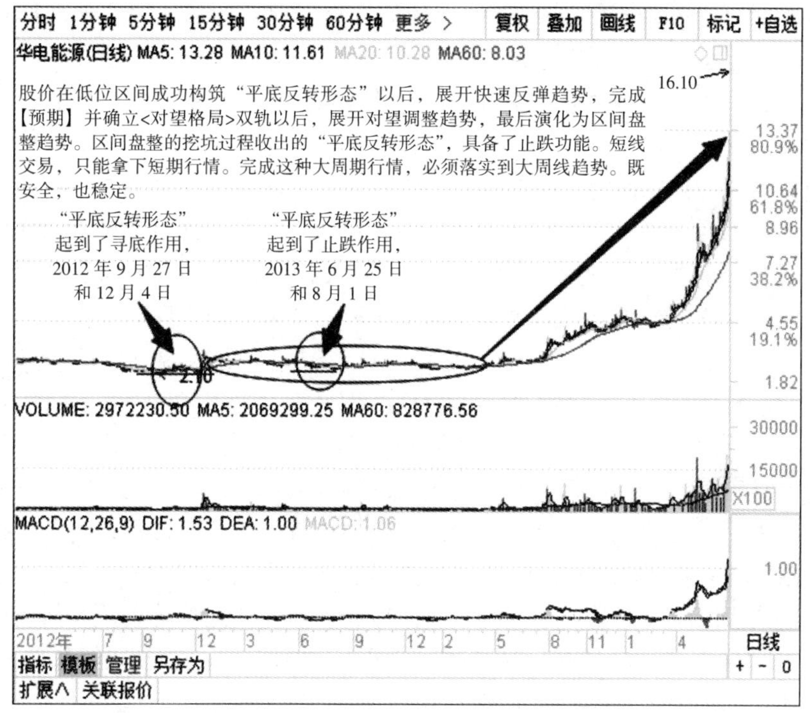

图 5-3　形成“平底反转形态”以后的走势

挖坑的洗盘过程，止跌特征和转势特征越多，股价成功止跌并实现反转的概率越高。趋势线处于零轴线下方，只要其整体角度保持着缓慢抬升状态，并逐渐靠近零轴线，不管股价有没有创出此轮回调新低，这个时候收出的寻底特征或止跌特征，可信度高，低吸或补仓的安全系数也高。

（2）该股挖坑以后处于相对的低位区域震荡，收出多种止跌特征或结合型止跌特征，提示下轨支撑。2013 年 6 月 25 日，趋势线藏在绿柱体内部时，“触底回升，金针探底”K 线图止住了回调趋势。7 月 10 日，红柱体的变化特征虽然促成“凤凰涅槃，浴火重生”转势特征，但趋势线处于零轴线下方且远离零轴线时，转势特征并不具备真实的反转力度。7 月 11 日，低位股价未经充分震荡和修复过程，快速确立“反抽三线”转势特征也不具备真实的反转力度，而且“红三兵”状态提示了回撤需要。7 月 22 日，股价处于均线反压的下行过程，收出“低开高走，釜底抽薪”和“破釜沉舟，背水一战”结合型止跌特征，它的止跌作用极大。7 月 29 日、30 日和 31 日，连续三天 K 线图成功构筑“十月怀胎，瓜熟蒂落”止跌 K 线组合。8 月 1 日，再次收出“触底回升，金针探底”K 线图，同时确立“平底反转形态”和“头肩底”形态，说明下轨支撑力度强大，预示超

跌反弹趋势一触即发。8 月 6 日，“六连阳”推起以后并站上趋稳的 20 日均线，确立“拨开迷雾，重见光明”转势特征。

（3）华电能源（600726）长期缺乏题材炒作，股性并不活跃，而且长期跟随股指波动。2012 年中以来，股价整体趋势不再跟随股指波动，庄家在控盘过程中提前做出了各种规律明显的寻底和止跌特征，说明其独立走势具备了炒作的可能性。2012 年 9 月 27 日和 12 月 4 日，“平底反转形态”收出三年多以来的双底支撑。反弹趋势推起一波连续跳空涨停攻势以后，股价进入长期的区间盘整趋势，说明这一波连续跳空涨停攻势，属于庄家不计成本地大肆掠夺筹码的“连阳推动”状态。2013 年 6 月 25 日和 8 月 1 日，挖坑下蹲区域收出“平底反转形态”，说明其下轨支撑非常明显。难道这些都是巧合吗？不是的，就算是巧合，也是庄家有意为之的巧合。大底区域展开震荡筑底趋势，不断收出各种寻底特征或结合型寻底特征，除了暗示股价构筑底部的复杂性，同时告诫大家：抄底不可快、不可重、不可抢。区间盘整阶段的小幅回档或挖坑下蹲过程，止跌特征或结合型止跌特征总在下轨出现，将为股价重新起势起到支撑作用。因此，无论股价处于震荡筑底阶段，还是处于区间盘整阶段，必须经历充分的震荡和修复趋势，才有可能实现真实的反弹或反转趋势。懂得止盈和止损，学会增筹和减筹，且有严格执行的态度，显得尤为关键。

（4）2013 年 8 月 13 日，采取大幅跳空高开的方式开盘，开盘价成为它的最低价，开盘以后不出 1 分钟时间，大量买盘已经把股价封死于涨停板价格。这根跳空涨停板存在以下问题：一是跳空缺口过大；二是量能过大；三是起势过急；四是均线系统大幅发散；五是 60 日均线大幅下垂；六是红柱体拉伸过长。由此可见，庄家突然采取大幅跳空高开且以极速手段封停，说明股价开始进入“内腾空”强攻范畴。股价的起势时机选择得不妥，而且实现“内腾空”之前的股价未经充分整理，说明这根跳空涨停板属于“旱地拔葱，避其锋芒”式“内腾空”强攻特征，也可以把其看成防御型强攻特征，预示后市股价还有调整需要。次日，盘中股价实现惯性冲高以后，回落运行又转入区间盘整趋势。随后的 9 个月时间，股价上蹿以后受到区间上轨阻压，回调以后受到区间下轨支撑，说明股价长期停留在区间盘整过程。

（5）2014 年 7 月 23 日，股价经历了 19 个月的区间盘整以后，跳空涨停板选择突破区间上轨。从周线趋势可以看出，2012 年 9 月 28 日和 12 月 7 日，这两周的最低价完全相等，说明“平底反转形态”确立了股价大底；12 月 14 日，采取跳空上攻虽然越过大线，但冲高回落并呈现出巨量状态，说明反弹趋势终结且由调整趋势取代，随之构筑一段“长期横向盘整”格局。2013 年 6 月 28 日和 8 月 2 日，挖坑下蹲过程构筑“平底反转形态”，说明其下轨存在强力支撑。2014

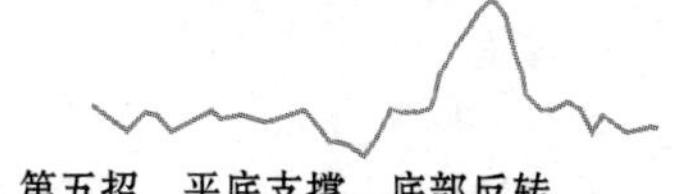

年 7 月 25 日，周线股价开始突破经历了 83 周的“长期横向盘整”上轨，引发一波只有 2007 年才能与之相匹配的牛市趋势，有过之而无不及。从月线趋势可以看出，2012 年 9 月寻出 3 年多以来的大底价格，12 月推起一根 23.42%涨幅的携量阳线，随之形成一段上有大线阻压、下有中线支撑的横盘收拢趋势。2014 年 4 月，月线推起的携量阳线不仅向上穿透已经收拢的均线系统，而且“反抽四线”终结了“上大回中”的横盘格局。7 月，携量涨势不仅突破了 19 个月的横盘上轨，而且引发一波从未有过的历史行情。

（6）不要以为股价上扬会一帆风顺，拉升途中免不了磕磕绊绊。2014 年 10 月下旬，日线股价已经实现大幅拉升趋势，确立<对望格局>双轨以后停留在高位区域震荡。股价跌入大线以后，不再继续下挫，随之围绕大线区间（均线系统）展开长期的盘整趋势，说明股价由震荡筑顶趋势演化为区间盘整趋势。2015 年 3 月初，“短回长”强攻特征引发新的强攻趋势。周线股价也是在 2014 年 10 月下旬确立<对望格局>双轨，对望调整趋势形成一段高位横盘趋势，股价回碰中线以后获得支撑。2015 年 3 月中旬以后，周线股价选择突破横盘上轨，推起一波疯狂涨势。月线股价于 2014 年 10 月至 2015 年 2 月之间，展开横盘调整趋势。3 月开始，携量涨势突破横盘上轨，延续月线强势。短线交易无法完成这种大级别行情，耐抗震能力较弱，拉升途中只要出现调整，立即被庄家抖落出局。安全稳定的赚钱模式，必须落实到大周期，以免徒增烦恼。

（7）股价完成寻底以后展开震荡筑底趋势，小幅拉升以后进入区间盘整趋势，大幅拉升以后展开震荡筑顶趋势，时间往往较长，而且构筑过程比较复杂。判断股价完成寻底或止跌，有很多方法，百人百解。《庄家控盘核心（二）——进退有度》书中曾经提及，目前市场上较为流行的技术分析理论，大致上可以划分为六大类：指标类、切线类、K 线类、形态类、均线类和波浪类。其中指标类、K 线类和均线类的寻底特征（止跌特征），已经做了详细讲解和案例分析，这里不再赘述。无论股价处于大底区间的震荡过程，还是处于区间盘整的回撤过程，都有可能构筑“双重底”和“W 底”形态，其属于传统经典理论“形态理论”的形态范畴，“平底反转形态”要求底部价格（下轨价格）完全一致，所以这是“双重底”和“W 底”形态的一种特殊构造。

操盘实例二　科斯伍德（300192）

◆ 图形识别

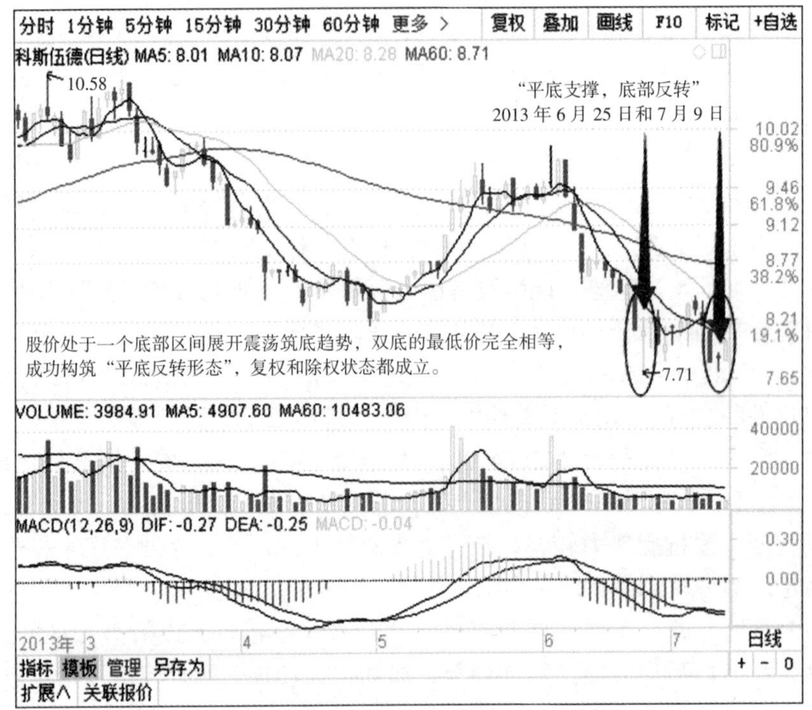

图 5-4　构筑“平底支撑，底部反转”寻底特征的走势

◆ 要点回放

如图 5-4 所示：

（1）2013 年 6 月 25 日，股指经历长期熊市并形成一波极速下挫以后，探出 2009 年以来的新低。科斯伍德（300192）自 2011 年 3 月上市以来，长期跟随股指回调，此时受到股指止跌回升的带动，探出上市以来的新低以后，同步实现止跌回升。无论是复权还是除权状态，股指和大部分个股都在这一天收出“触底回升，金针探底”K 线图，既是一种简单的巧合，也是庄家、股指和股价三者共振的结果。

（2）虽然该股与股指同步收出“金针”K 线图，但两者趋势线都没有脱离绿柱体内部，说明两者趋势还是处于空势范畴。也就不难理解，股价处于跌势区间，趋势线藏在绿柱体内部时，盘面收出任何一种寻底特征或结合型寻底特征，其真实性和可信度都值得怀疑。这就意味着，此时盘面虽然收出“金针”K 线图，但其有可能是一种假底特征。指标空势没有减弱的情况下，后市股价趋势有三种可能性：第一种，股价立即转入震荡筑底趋势，趋势线及时脱出绿柱体内部，绿柱体逐渐缩短，趋势线逐渐抬升，震荡筑底过程有可能创出此轮回调新低，构筑双重底或多重底的支撑特征；第二种，股价经历短暂抵抗以后，反压下行且跌破支撑，突破向下并寻求新的支撑；第三种，股价围绕这个底部区间展开震荡筑底趋势，支撑明显且没有跌破底部价格。由此可见，股价处于低位区间运行，各种可能性都有，所以不能仅凭一个处于指标空势范畴的寻底K线图，仓促确定股价大底，更不能贸然展开抄底或补仓。

（3）“金针”K线图出现以后，股价围绕“金针”价格轨道展开震荡趋势。6月27日，股价向5日均线发起首轮冲击，均线下垂以及均线系统的发散状态，趋势线仍未脱离绿柱体内部，都对股价反弹形成强力牵制，致使股价冲击均线未果。7月3日，抵抗趋势促使趋势线逐渐脱离绿柱体，股价向10日均线发起首轮冲击，带动绿柱体缩短，趋势线开始有了钝化角度。股价虽然越过10日均线，但均线下垂以及均线系统的发散状态，趋势线和零轴线的悬空距离，致使股价依然无法脱离底部区间。庄家重复施展反压手段，股价向下回撤，绿柱体重新拉长并形成了飘柱诱空趋势，预示超跌反弹趋势一触即发。7月8日，股价处于均线反压的下行过程，突然采取跳空低开的方式开盘，开盘价成为当日最高价，低走以后收出一根留有缺口的跳空阴线。根据跳空阴线出现的位置及其趋势特征，应当把其看成“破釜沉舟，背水一战”寻底特征。跳空阴线有可能是反压下行趋势的最后一跌，也有可能是股价经历长期大幅下挫以后的最后一跌。一般情况下，阴线不能参与，这是操盘常识。抄底也好，补仓也罢，必须耐心等待股价形成明显的携量反扑之势。

（4）7月9日，K线图虽然是“伪阴线”状态，但其已经显现出两种寻底特征。第一种，跳空阴线和“伪阴线”构成一组“阴线孕伪阴线”组合图，说明当前股价有了“十月怀胎”的寻底支撑；第二种，“伪阴线”的最低价与6月25日的“金针”最低价完全相等，说明股价围绕一个底部区间展开震荡筑底趋势，成功构筑“平底支撑，底部反转”寻底特征。由此可见，无论怎么看待这两种寻底特征，股价在此都已获得强力支撑，而且这是庄家护盘和吸筹的结果，所以股价极有可能探明大底。

◆ 操盘策略

如图5-5所示：

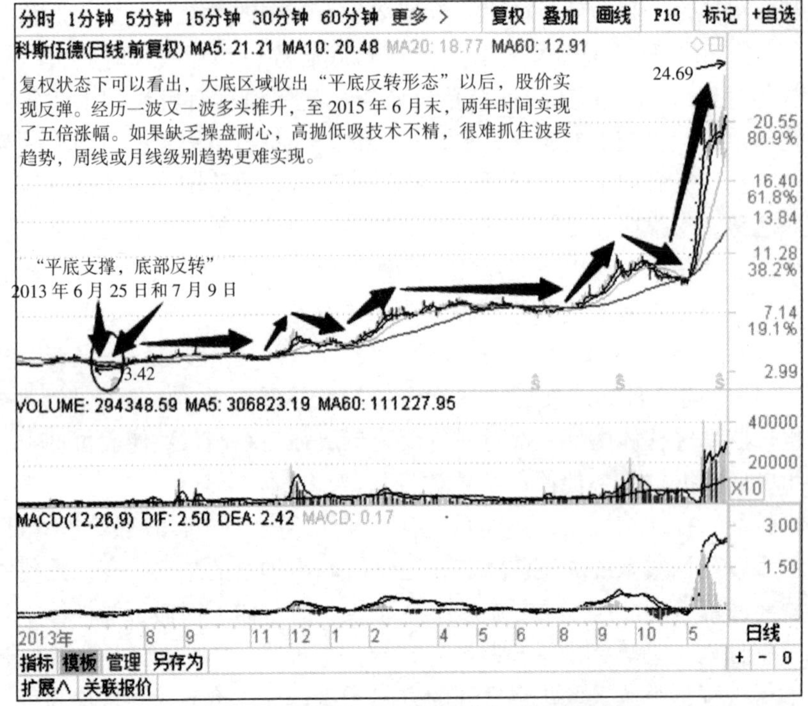

图 5-5 形成“平底反转形态”以后的走势

（1）2013 年 7 月 9 日，股价围绕一个底部区间展开震荡筑底趋势，其双底最低价完全相等，成功构筑“平底反转形态”。由于第二重底收阴线，所以当日不能贸然展开抄底或补仓。另外，“十月怀胎”能否迎来“瓜熟蒂落”的时刻，股价能否及时形成携量反扑之势，显得尤为关键。

（2）7 月 10 日，携量阳线如约而至，不仅对“平底反转形态”和“十月怀胎，瓜熟蒂落”寻底特征及时做出确认，连续三天 K 线图又构成一个“启明之星”寻底 K 线组合，大大提高了股价完成大底的可能性。携量阳线促使绿柱体缩短运行，说明飘柱诱空趋势行将结束，预示多头反扑取得暂时主动。这里可以展开抄底或补仓，但最好学会借用（参考）分时趋势的反转买点，仓位也要控制好。7 月 11 日，采取跳空上攻且留有缺口收盘，跳空阳线成功构筑“出其不意，攻其不备”转势特征，预示该股蕴含尚未对外公开的利好消息，所以庄家采取跳空拔高手段且不计成本地大肆掠夺筹码。前有向下的跳空缺口，后有向上的跳空缺口，形成一组极其规范的“启明之星”寻底 K 线组合，其寻底作用比那些没有缺口的“启明之星”寻底 K 线组合，支撑力度更大，股价完成寻底的可信度更高。

（3）7 月 18 日，经过“七连阳”推升以后，股价脱离底部区间不仅回补了 6 月 7 日的跳空缺口，也已越过 60 日均线封锁，说明股价由低位区间展开反弹已

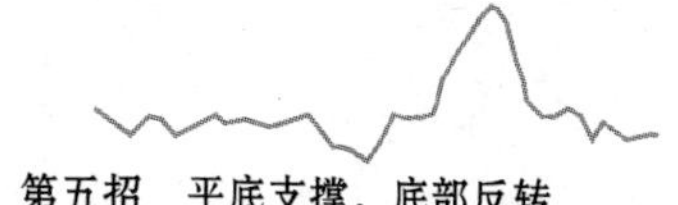

经完成【预期】。随后股价形成一段缓慢盘升趋势，前期技术平台成为盘升趋势的阻压和调整依据。10 月 23 日，股价处于大线之上震荡 1 个月以后，“下破四线”拧开顺势打压的挖坑跌势，说明股价需要向下寻求支撑。股价和均线系统的发散状态不复存在，趋势线和零轴线的悬空抬升状态开始削减，这是挖坑跌势的本质和结果。股价回调并不可怕，最可怕的是追涨杀跌以及莫名其妙的交易行为。弄懂股价回调的深层原因，不仅能及时回避调整趋势，也能在调整过程寻找低吸机会。高抛低吸做好了，持筹成本肯定比普通投资者低，比庄家还低也不足为奇。

（4）股价跌破均线系统一周以后，横盘震荡趋势取代挖坑跌势。经历两周横盘震荡以后，60 日均线开始趋向钝化角度，趋势线脱离绿柱体封锁。11 月 8 日，盘中股价下探虽然跌破 10 月 29 日的低价支撑，但其收盘价略有反弹，而且站稳 10 月 29 日的低价之上，说明已成功构筑“破底反转形态”。这是股价获得强力支撑的明显特征，也是股价实现止跌的双底特征。缩短了的绿柱体虽然重新拉长，但并没有藏入趋势线，说明指标趋势进入飘柱诱空状态，预示超跌反弹趋势一触即发。11 月 14 日，携量阳线向上穿透 5 日、20 日和 60 日三条均线，成功构筑特殊状态的“反攻三线”强攻特征。携量阳线站稳大线之上，说明股价进入“短回长”强攻范畴。

（5）由此开始，股价每次实现一波快速急拉攻势，完成【预期】并确立<对望格局>双轨以后，对望调整趋势总是伴随而至，而且股价每次回碰 60 日均线以后，又能实现止跌企稳并重新推起，最终引发一波又一波多头攻势，形成月线级别的长期多势。无论是复权还是除权状态，前期技术平台或跳空缺口的存在，不仅提示了每段趋势的【预期】和<对望格局>双轨，又为锁定利润提供了技术依据。缺乏操盘耐心，高抛低吸不精，难以完成波段趋势，周线或月线级别行情更难实现。2015 年 6 月 25 日，弱势反弹趋势创出历史新高，且以“回光返照，苟延残喘”探顶特征结束两年以来的长期多势。

（6）普通投资者认为只有短线交易才是赚取暴利的唯一手段。只要股价出现调整趋势，认为股价很难好起来，即使重新起势也要经历长时间调整才行！有的根本看不起波段趋势和高抛低吸，甚至认为这样做是浪费时间、机会和资金！于是，每天寻找那些事后确认的所谓的“热点题材”和“牛股”，股票换了一茬又一茬，结果却不尽如人意，本金也越来越少。有的盈利了捂不住筹码，稍有震荡立即开溜；有的亏损了盲目杀跌，陷入一亏再亏的泥潭；有的追高了选择死扛，长期套牢成为“价值投资者”。抓住“热点题材”和“牛股”，有谁不想呢？有谁能做到先知先觉呢？真正弄懂股价运行规律，熟悉庄家控盘手段及其变化，提前识别强势题材的先知先觉者，又有几人呢？科斯伍德（300192）自 2012 年 6 月

25 日和 7 月 9 日的“平底反转形态”确立大底，此后经历一波又一波多势，两年时间实现了五倍涨幅，又有几人能料到呢？

操盘实例三　三七互娱（002555）

◆ 图形识别

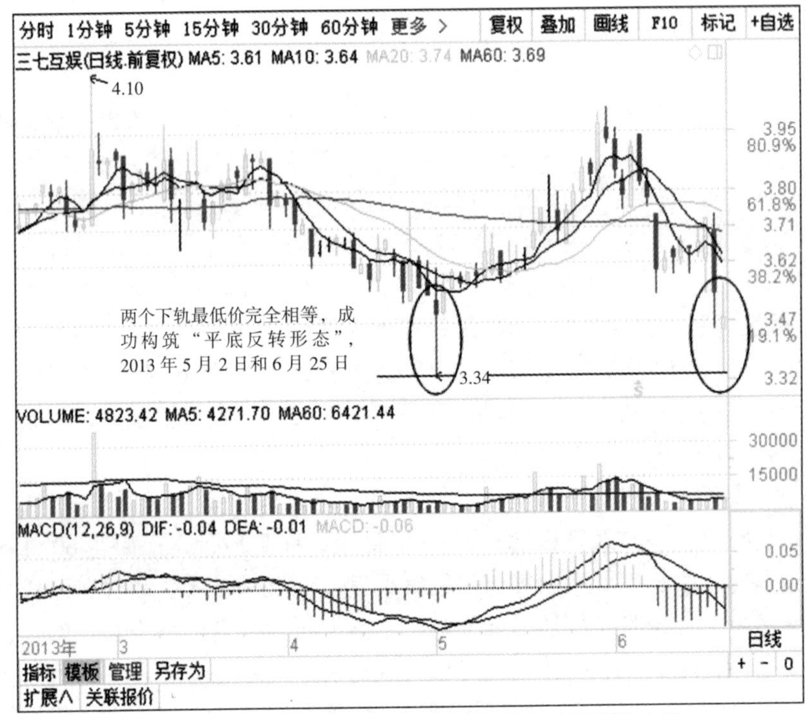

图 5-6　构筑“平底支撑，底部反转”止跌特征的走势

◆ 要点回放

如图 5-6 所示：

(1) 2012 年 7 月 30 日，三七互娱（002555）经历持续地量交投以后，探出上市以来的新低。股价展开小幅反弹并越过 60 日均线以后，缓慢盘升趋势逐渐抬升股价低点和阶段性高点。当年 11 月至次年 7 月中旬，股价围绕 60 日均线区间（均线系统）展开 9 个月盘整趋势。股价时而上蹿下跳，时而伏低蹿高，各种多空、阻压和支撑特征不断撤换，期间只要开了单子，短线把控能力较弱，将被宽幅震荡趋势刷得晕头转向。反弹过程追高，立即被小幅回档或是挖坑跌势套牢。亏损了选择扛单，发现有了止跌企稳特征，就像看见救命稻草，立即斩仓出局。如此经历反复多次以后，曾经有过被套或斩仓出局的投资者，再也不敢介

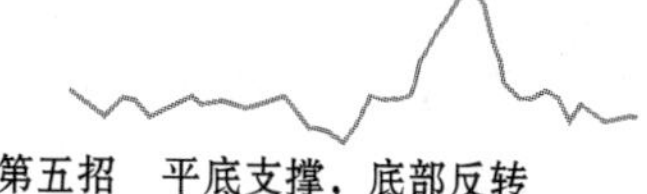

入，也不再相信股价能够实现大涨趋势。未曾入场的投资者，认为区间盘整趋势遥遥无期，技术分析也不精通，还是无动于衷。

（2）该股提前股指寻出大底特征，提前股指实现脱离低位区间的反弹趋势，提前股指构筑区间盘整趋势，提前股指展开强攻趋势。特立独行的运行趋势已经说明一切，强庄提前进驻该股且已实现控盘，暗示该股蕴含尚未对外公开的利好消息。股价围绕60日均线区间（均线系统）展开长期的盘整趋势，说明庄家为了彻底清洗跟风浮筹，同时吸纳足够的控盘筹码，不仅付出了极大的控盘耐心，而且控盘手段及其变化极其高明。不明所以当然不会喜欢，追涨杀跌也很正常。2013年2月26日，股价急剧放量上攻，未能有效突破区间盘整上轨，且留有较长的受压上影线，说明股价形成"旱地拔葱，避其锋芒"转势特征，这是股价行将调整的明确提示。3月28日，区间盘整过程出现"下破四线"破位特征，虽然它并不是真正的破位特征，但它及时将股价引入挖坑跌势，这是庄家加大洗盘力度的明确提示。

（3）5月2日，早上开盘以后，虽然股价被几个零星抛单压至跌幅过半成交，盘中低价也已接近前期底部，但买盘不甘示弱并快速托起股价，盘中最高探至2.0%涨幅。收盘价略有回落，最终收出一根留有较长上、下影线的"星阴线"，符合"触底回升，金针探底"止跌特征。指标趋势处于飘柱诱空状态，预示超跌反弹趋势一触即发。千万不要忽略这种飘柱诱空趋势末端出现的寻底特征或止跌特征，它其寻底或止跌作用非常可靠。假如扛单至此，不要斩仓出局了，不妨大胆借用（参考）分时趋势的反转买点实施低位补仓。虽然这不是操盘正途，但总比胡乱杀跌强。随后股价立即展开超跌反弹趋势，趋势线在远离零轴线的情况下转入金叉状态，同步跟随股价反弹并呈现出逐渐抬升角度。股价先后站稳中、大均线，趋势线也在金叉状态下跨入零轴线。

（4）5月30日，股价越过大线并经短暂抵抗以后，持续推升开始触及3月11日的技术高点，收盘价无法站稳【预期】，说明股价推升受阻并成功构筑"破而后落，顶部反转"形态。从理论上讲，趋势线藏在红柱体内部，表达股价和指标趋势还没有走完，预示"破顶反转形态"很有可能是一个假顶特征。另外，自从MACD技术指标转入金叉状态，趋势线由零轴线下方逐渐抬升并跨入零轴线运行，红柱体的伸缩状态和股价的震荡推升趋势，形成一种虚力推升特征。因此，后市股价必须通过调整趋势化解虚力，重新蓄积做多能量。股价和均线系统存在明显的发散状态，尤其是中、大线的发散距离，已对股价推升形成强大牵制。由此可见，股价推升以后到达【预期】并确立《破顶对望》双轨，虽然这不表示股价探出真正大顶，但股价遇阻十分明显，预示股价必须转入对望调整趋势。采取波段布局和运作，即使看好该股后市行情，也要逢高减筹，短线交易必须逢高清空。庄家采取小幅回档或挖坑跌势进行洗盘，股价表面上破位以及形成下跌趋势，实质上这是一段不可多得的低吸区域。

（5）股价经历“三连阴”回撤以后，红柱体逐渐缩短且已脱出趋势线。6月5日，尾盘半小时的量能骤然增大，盘中股价推起一波直线攻势。长期研究股价运行规律的投资者应当明白，这种直线拔高且不封涨停的带量攻势过后，二次拔高往往无法超越直线攻势的高度，呈现出偏软偏弱的盘口特征。这种盘口特征是庄家刻意营造的诱多推高趋势，叫作“一柱擎天”减仓盘口。诱多推高意味着股价随时转向，也意味着减筹。次日，股指下跌形成了明显的破位特征，致使该股延伸对望调整趋势，分时趋势的悬空抬升状态开始得到化解。6月13日，股价跳空跌破60日均线，MACD技术指标在零轴线之上转入死叉状态。这种跳空阴线属于“溃坝决堤，覆水难收”破位特征，但此时只是庄家加大洗盘力度的震慑手段，股价并非破位。6月24日，由于股指暴跌带动，该股庄家顺势而为并以大阴线收盘，已经缩短了的绿柱体虽然被重新拉长，但其长度并没有超越前方死叉状态时的柱体长度，说明指标趋势进入虚力诱空状态，预示股价随时都有可能终结跌势，超跌反弹趋势一触即发。

（6）6月25日，早上开盘价以前一日最低价开始，开盘以后买盘推起一波快速上蹿趋势，盘中股价进入昨日收盘价之上成交。半小时以后，随着抛盘的逐渐增多，盘中股价开始偏弱运行。由于股指于早盘尾段形成了大角度暴跌趋势，该股未能幸免，快速下挫以后探至-5.0%跌幅。午盘开市以后不久，上证指数探出2009年8月以来的新低，该股盘中最大下探接近-5.8%跌幅。13：05过后，股指上演了由空翻多的惊天大逆转，同时带动个股实现止跌回升。复权状态下可以看出，该股虽然跟随股指深幅下探，但它并没有创出回调新低，也没有跌破前期下轨支撑，这是庄家暗中护盘和吸筹的结果。收盘价虽然低于前一日，但却高于早上低开的开盘价，“伪阳线”收盘形成了“低开高走，釜底抽薪”止跌特征。K线图留有较长的上、下影线，说明符合“触底回升，金针探底”止跌特征。盘中最低价与5月2日的下轨最低价完全一致，说明股价围绕60日均线区间（均线系统）展开长期的盘整趋势，其两个下轨成功构筑“平底支撑，底部反转”止跌特征。

◆ **操盘策略**

如图5-7所示：

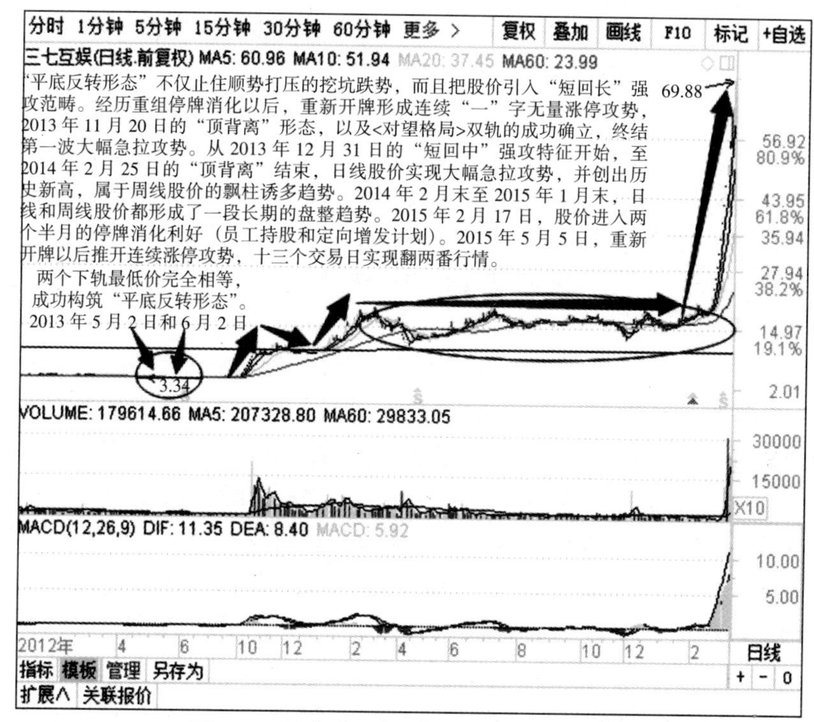

图 5-7　形成“平底反转形态”以后的走势

（1）2013年6月25日，复权状态下可以看出，“伪阳线”蜡烛图不仅符合“触底回升，金针探底”止跌特征，也符合“低开高走，釜底抽薪”止跌特征，同时最低价与前期下轨的最低价完全一致，又成功构筑“平底支撑，底部反转”止跌特征。除权状态下可以看出，虽然已不是“平底反转形态”，但却是“破底反转形态”，双底特征发挥着支撑作用。股价是否确立大底且不再下跌？此时无法百分百确定。因为趋势线还没有脱离绿柱体内部，说明指标趋势处于跌势范畴，即使形成一段虚力诱空趋势，股价也会反复。这就意味着，“伪阳线”虽然提示股价有了止跌的可能性，但在绿柱体还没有缩短或消失的情况下，股价立即展开止跌反弹的难度较大。因此，后市走势以及指标趋势的变化，显得尤为关键。暂时不能展开低吸或补仓，即使要做，也不要投入过多筹码。

（2）6月28日，股价经过“四连阳”推升以后，DEA趋势线虽然藏在绿柱体内部，但绿柱体已明显缩短。“四连阳”的最后一根阳线呈现出缩量推升特征，这是推升力度减弱、行将回撤的明确提示。纯粹抄底的短线交易必须及时锁定【预期】。随后三天庄家采取“击鼓传花，连绵不绝”的调整状态展开回撤，DEA趋势线开始脱离绿柱体禁锢，绿柱体逐渐缩短。7月4日，携量阳线和均线系统汇合成功构筑“反攻四线”和“短回长”结合型强攻特征。这个结合型强攻特征存在诸多问题：第一，20 日均线持续下行并下穿 60 日均线，致使中、大均线形成一种错乱状态，预示股价必须经历“拨乱反正”的调整趋势；第二，量能比前一日激增五倍多，股价却形成了冲高受压特征。这就意味着，均线错乱、量能激增和冲高受压特征，已对企稳反转趋势形成一道阻隔屏障。由此可以断定，股价处于大线之下的震荡时间不足，匆忙起势且量能激增，必须通过“拨乱反正”的调整趋势进行化解，才能酝酿成熟的企稳反转时机。说明股价暂时无法脱离盘整趋势，逢高减筹比较稳妥。

（3）7 月 8 日，“两连阴”展开回撤不仅促使 MACD 技术指标重新转入死叉状态，股价跌破大线以后又以跳空阴线向下砸盘。这说明庄家采取跳空手段进行顺势打压，股价并非真的破位，而且这种位置的跳空阴线，往往形成打压趋势的最后一跌，所以说跳空阴线具备“破釜沉舟，背水一战”止跌特征。7 月 8 日、9 日和 10 日，这三天 K 线图构成一组“阴线 + 星阳线 + 阳线”组合图，“启明之星”止跌 K 线组合表达股价反压以后获得支撑。假如蜡烛图技术一窍不通，抑或实战运用不熟练，那么很难对当前股价趋势做出准确分析，想要借用（参考）分时趋势的反转买点实施精准低吸，更是难上加难！

（4）7 月 11 日，“红三兵”缓慢推起并重新站稳 60 日均线，说明股价再次进入“短回长”强攻范畴。7 月 15 日，采取大幅跳空高开的方式开盘并回补了 6 月 7 日的跳空缺口，最终收盘形成一根“高开低走，乌云盖顶”探顶特征，说明股价跳空高开已经触及【预期】，探顶特征表示它与前期缺口及时确立<对望格局>双轨。股价实现企稳反转才站稳 60 日均线，接着收出探顶特征，这是真的吗？回答这个问题其实不难：第一，股价跳空高开已经触及【预期】，低走收盘并确立<对望格局>双轨，这些都是真的；第二，股价虽然处于金叉状态且站稳大线，但<对望格局>双轨确立必有对望调整趋势伴随，而且当日低走收盘表达已经股价进入对望调整。

（5）随着对望调整趋势的展开，横盘调整状态逐渐清晰起来，趋势线跨入零轴线并藏在红柱体内部。7 月 22 日，携量阳线向上穿透 5 日、10 日和 60 日三条均线，成功构筑特殊状态的“反攻三线”强攻特征。这种特殊状态的“反攻三线”和正常的“反攻三线”强攻特征略有差别。特殊状态的“反攻三线”强攻特征有两种构筑方式及表现特征，其中一种是股价向上穿透 5 日、10 日和 60 日三条均线，20 日均线稳稳地托着股价；另一种是股价向上穿透 5 日、20 日和 60 日三条均线，10 日均线稳稳地托着股价。正常的“反攻三线”强攻特征，只能出现在股价经历小幅回档以后，实现企稳反转的过程，股价向上穿透 5 日、10 日和 20 日三条均线，60 日均线稳稳地托着股价。虽然其穿透均线的状态和位置不

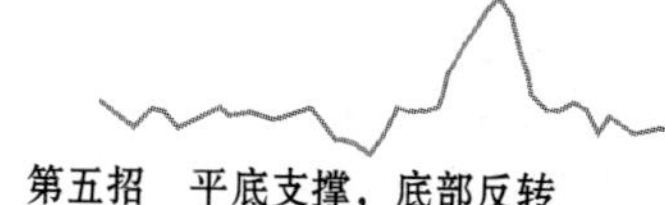

同，但都是表达股价实现企稳反转的强攻特征。无论哪种“反攻三线”强攻特征，既适合打短线游击，也是波段趋势的启动点。此时不买，更待何时。

（6）7月26日，股价经过“两连阴”缩量回撤以后，携量阳线再次实现止跌企稳，由此开始进入两个半月的停牌期消化利好。下面回顾股价进入“短回长”强攻范畴的运行趋势。确立“短回长”强攻特征以后，形成了明显的回撤趋势，首先需要采取高抛或减筹策略，回避股价调整；其次是做好低吸或增筹的准备。股价站稳大线（均线系统）以后，构筑一段“短期横盘调整”格局，这是强庄控盘并酝酿暴力攻势的临界区域，必须学会借用（参考）分时趋势的反转买点实施狙击。10月10日，完成资产重组并重新开盘，由此形成连续“一”字无量涨停。在复权状态下可以看出，八个交易日的连续“一”字无量涨停，股价突破了多个技术平台，且已进入历史新高的推升过程，说明这一波涨停攻势实现了所有【预期】。股价创出历史新高以后，最后高度到达哪里？必须通过除权状态寻找【预期】根据。

（7）11月1日，采取大幅跳空高开方式开盘，虽然不再是“一”字涨停板开盘，但大量买盘持续涌入，股价依然拔高并推入涨停板，复权状态下继续创出历史新高。股价封停之前剧烈波动，封停以后犹豫不决，巨量买盘和抛盘放出历史天量，是谁在出货？又是谁在高位接货？相信投资者心中有数。11月18日，股价处于高位区间经历两周横盘以后，涨停板推开“乘风破浪，纵横驰骋”式诱多趋势。次日，采取低开高走，尾盘附近虽然被买盘推入涨停板价格，但抛盘致使股价未能有效封死涨停板收盘，最终收盘价格比涨停板价格低了一分，缩量大阳线最终呈现出“力不从心，虚张声势”探顶特征。MACD技术指标虽然重新转入金叉状态，但它的趋势线和零轴线存在大幅悬空状态，而且趋势线没有跟随股价同步创出新高，股价和均线系统也有大幅发散状态。这就意味着，股价和指标趋势汇合成功构筑“顶背离”形态。除权状态下可以看出，缩量大阳线触及前期除权缺口并站稳其上，说明股价上涨到达【预期】，预示股价存在惯性推高动力。11月20日，低开高走以后还是收出一根缩量阳线，“力不从心，虚张声势”探顶特征更加明显。

（8）股价进入“顶背离”区域并确立<对望格局>双轨以后，并未形成大幅下挫趋势，选择围绕高位区域展开震荡趋势，MACD技术指标的大幅悬空状态得以修复。12月27日，“短回中”强攻特征重新推开攻击模式，随之引发周线股价的飘柱诱多趋势。2014年1月8日，携量阳线突破<对望格局>双轨，1个月时间推起80%涨幅。无论是复权还是除权状态，股价都已进入历史新高阶段。以2013年7月22日确立“短回长”和特殊状态的“反攻三线”强攻特征开始计算，至11月20日的“顶背离”高点，1个月的（停牌时间不算）急拉攻势达到

185%涨幅，至 2014 年 2 月 25 日的“顶背离”高点，四个半月（停牌时间不算）实现了两波大幅急拉攻势，整体行情达到 350%涨幅。

（9）2014 年 2 月 25 日，“顶背离”高点既是日线股价的此轮大顶，也是周线股价结束飘柱诱多趋势的大顶。随后股价经历快速下挫并跌破 60 日均线以后，选择围绕 60 日均线区间（均线系统）展开长期的盘整趋势，周线股价由震荡筑顶趋势演变为区间盘整趋势。2014 年 12 月 5 日，“反攻四线”强攻特征既是周线股价重新强势的开始，也是终结区间盘整趋势的标志。2015 年 2 月 17 日，周线股价突破区间盘整上轨的时间节点。日线股价重新强势的强攻特征和时间节点较多，所以不能单纯观察日线趋势，必须采取周线指导日线，不然容易陷入日线盘整趋势。简而言之，周线股价实现企稳反转之前，调整趋势是化解、修复、洗盘和蓄势的必要过程，日线反复构筑强攻特征，也就不足为奇了。因此，日线重新强势的真正节点应当在 2014 年 12 月 5 日之后，而日线突破区间盘整上轨的时间节点为 2015 年 2 月 3 日。自 2015 年 2 月 17 日的收盘开始，进入两个半月的停牌期消化利好（员工持股和定向增发）。5 月 5 日，重新开牌以后，推起一波连续涨停攻势，13 个交易日实现翻两番行情。

（10）短线和波段的本质区别：短线交易要求具备精准的掐点技术、盘感和技巧，核心是买卖时机的精确把握，尤其是分时趋势的买卖时机；波段要求认清股价运行趋势，核心是方向把握和高抛低吸。短线和波段的交易理念不能混淆，两者的【预期】更要区别。短线交易要求快进快出，进退不能拖延片刻，波段虽然不必过分在意股价短期波动，但并不代表可以长期捂筹，每一段趋势的顶和底，事关高抛低吸。大部分投资者都是短线交易的坚定拥护者，最终能够实现稳定盈利的只有极少数。由短线投资客成为长线持筹者，多数是由以下原因造成：一是买入被套了且舍不得止损出局，好像很无奈；二是没有学会一套完善的成熟且稳定的操盘模式（系统），买卖点非常模糊；三是不懂大势，赚了捂不住，亏了死扛；四是感叹命运不济，只好随性而为。

操盘实例四 卧龙地产（600173）

◆ 图形识别

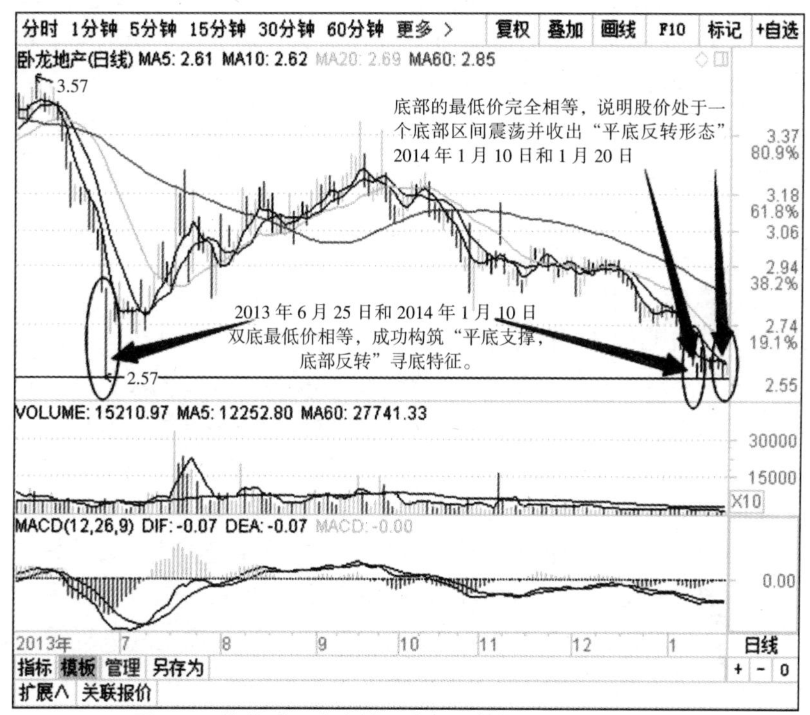

图 5-8 构筑“平底支撑，底部反转”寻底特征的走势

◆ 要点回放

如图 5-8 所示：

（1）2013 年 6 月 25 日，卧龙地产（600173）与大部分个股走势基本一致，股价跟随股指经历长期的大幅下挫，最后形成一波快速下探以后，同步收出一根“触底回升，金针探底”K 线图。该股和股指的 DEA 趋势线仍然藏在绿柱体内部，说明指标趋势还没有脱离跌势范畴，所以此时言底为时尚早。趋势线和柱体发挥着断势作用，断顶势和断底势的可信度较高。有一点必须注意，即趋势线和柱体的断势状态会有失真情形，多发生于股价（股指）长期处于牛市或熊市之时。

（2）通过该股的趋势线和柱体状态可以断定，后市股价趋势有三种可能性。第一种，股价保持明显下挫趋势，趋势线持续下降并藏于不断拉长的绿柱体内部。出现这种情形，说明股价需要向下寻求更低的跌势【预期】，而且股价短期内无法完成寻底。第二种，股价围绕低位区间展开震荡筑底趋势，趋势线逐渐脱离绿柱体并形成钝化或缓慢抬升状态，这种情形比较多见。股价处于低位震荡有可能探出新低，但不会影响震荡筑底趋势，而且股价经过一段较长时间的震荡筑底趋势，底部基础获得充分夯实，大大提高了股价完成寻底的可能性。第三种，股价立即展开超跌反弹趋势，并快速脱离低位区间上轨，这种情形时有发生。股价寻底以后缺失一段低位区间的震荡筑底趋势，又快速脱离低位区间上轨，暗示该股蕴含某种尚未对外公开的利好消息，庄家才会不计成本地大肆掠夺筹码并快速推起股价。低位缺失的震荡筑底趋势，将由区间盘整趋势弥补。无论后市股价形成哪种趋势，在股价跌势和指标空势尚未减弱的情况下，应避免盲目抄底和补仓。

（3）收出“金针”K线图以后，股价不再下挫，开始围绕“金针”价格轨道展开震荡横移趋势。2013年7月11日，庄家采取“红三兵”的方式推动股价反弹，股价首次冲击低位区间的20日均线。7月17日，经过3个交易日的反压回撤以后，量能骤然放大八倍，快速推高并封上涨停板收盘。量能呈现出爆发式增长，表明庄家投入大量资金掠夺筹码，促使股价快速拔高并跨过60日均线收盘，说明散户跟风浮筹同步跟随进场。

（4）股价处于低位区间并向20日均线发起首轮冲击时，20日均线的下垂角度存在强力阻压，庄家强行推起股价，说明底部基础未经夯实。接着，庄家还是采取强推手段冲击明显下垂的60日均线，受阻压力更大。这种强推手段勇气可嘉，可也存在诸多问题：第一，强推股价说明庄家不计成本地大肆掠夺低位筹码，必然招致大量浮筹跟风做多，预示跟风浮筹短期获利颇丰，抛压明显增大；第二，股价处于低位区间的震荡修复明显不足，而且快速反弹致使股价和均线系统留下大幅发散状态，尤其是20日和60日均线的距离，将对股价反弹形成强大的牵制力；第三，量能骤然激增八倍，又强推股价封停，说明市场平均持筹成本存在较大差异，又会形成强大的牵制力；第四，趋势线虽然实现稳步抬升状态，但还没有跨越至零轴线之上，红柱体呈现出拉伸过长迹象，说明指标趋势形成一段虚力推升，暗示股价必须经历回撤，才能化解指标的虚力特征。随后股价围绕中、大均线波动，趋势线虽然保持整体抬升角度，但指标的虚力诱多特征更加明显。2013年9月13日，股价实现缓慢盘升以后，到达此轮反弹趋势的顶部。

（5）股价震荡下行并形成了一段明显的推倒重来趋势，前期底部缺失的震荡筑底趋势，由这一段推倒重来趋势进行弥补。量能持续萎缩，换手率越来越低，说明抄底或跟风浮筹不断斩仓出局，暗示扛单浮筹越来越少。股价处于低位区间运行，无论什么时候介入，抄底了必须及时锁定【预期】，更要严格执行止损，补仓了必须实现高抛，回避震荡趋势。这是操盘的技术要求，也是长期立足股市的生存之道。2014年1月10日，盘面收出一个白色“金针”图形，说明开盘价和收

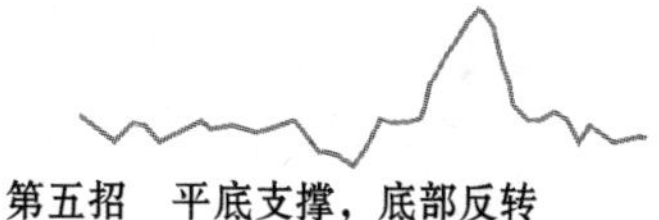

盘价完全一致，而且最低价与 2013 年 6 月 25 日的底部最低价完全相同，说明股价经历四个月的推倒重来趋势，震荡下行没有跌破前期底部支撑，且以“平底支撑，底部反转”的寻底方式构筑“双重底”形态。收出平底特征以后，股价是否完成寻底且不再下行？能否迎来“底部反转”的质变趋势？后文揭晓答案。

◆ **操盘策略**

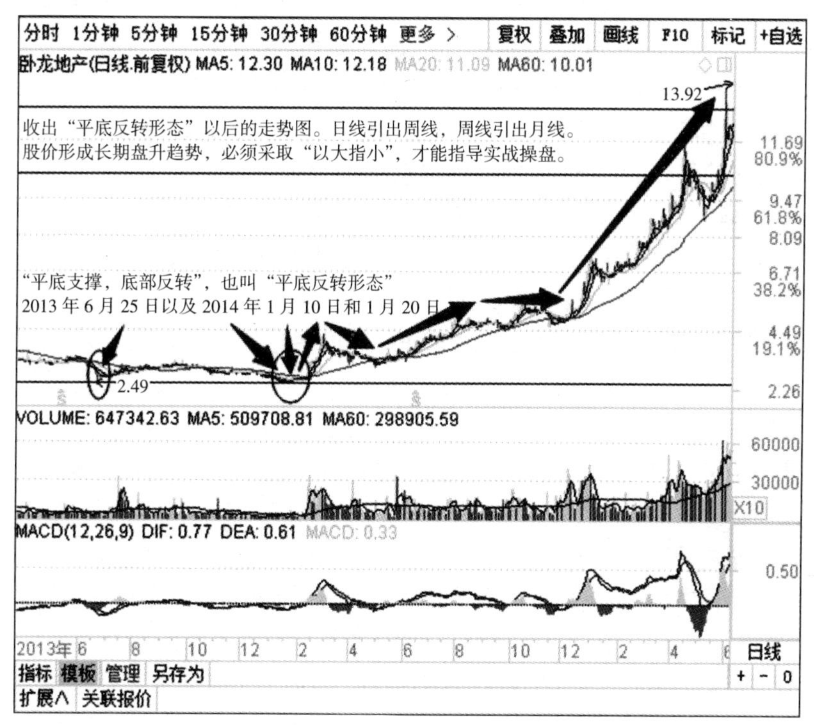

图 5-9　形成“平底反转形态”以后的走势

如图 5-9 所示：

（1）2013 年 6 月 25 日和 2014 年 1 月 10 日，两个相隔半年多的底部特征，最终以“平底支撑，底部反转”的寻底方式构筑“双重底”形态。普通投资者资金量小，必须考虑时间、机会和资金等成本因素，尽量避免抄底，最好参与那些强庄控盘且有强攻特征的个股，例如股价突破<对望格局>双轨、突破“短期横盘调整”或“长期横向盘整”上轨、确立“腾空”、“反攻三线”、“反攻四线”、“短回中”和“短回长”等强攻特征的个股。多数情况下，个股进入快速急拉攻势之前，强庄控盘明显的往往提前收出各种强攻特征。只要狙击时机和仓位分配等方面实施得当，盈利相当可观。市场从不缺乏机会，只是缺乏发现机会的独特慧眼。技术高超的顶级操盘手，从来不会为找不到或买不到强势股而发愁，他们总是小心翼翼地控制着风险和操盘节奏，而且达到了真正意义上的“狙击即盈利，卖出即回调”的投资实效。

（2）该股成功构筑“平底反转形态”以后，股价围绕低位区间展开窄幅震荡趋势，平底价格成为强力支撑，抄底了不必止损，但必须做好随时止损和增筹这两手准备。2014 年 1 月 20 日，盘面收出与 1 月 10 日的最低价（包括 2013 年 6 月 25 日）完全一致的 K 线图，说明股价围绕这个底部区间展开窄幅震荡趋势，再次确立“平底反转形态”。2013 年 6 月 25 日和 2014 年 1 月 10 日的“平底反转形态”，是由两个相隔半年多的明显大底构筑而成，股价成功寻底概率较高；2014 年 1 月 10 日和 1 月 20 日的“平底反转形态”，这是股价围绕一个底部区间展开窄幅震荡趋势，获得强力支撑的明确提示。

（3）1 月 22 日，携量阳线向上穿透低位三线，确立“反抽三线”转势特征。这个“反抽三线”存在不少缺陷：第一，20 日均线角度未平，必然形成强力阻压；第二，5 日、10 日和 20 日这三条均线发散明显，必然形成牵制力；第三，趋势线处于零轴线下方运行，且远离零轴线，说明指标力度较弱。由此可见，股价处于低位区间的震荡筑底时间不足，股价底部基础未经夯实，起势时机选择不妥。震荡筑底趋势的主要目的是修复长期低迷的市场人气和技术系统。也就是说，底部基础充分夯实以后，20 日均线才能拉入趋稳角度，5 日、10 日和 20 日三条均线才会形成收拢状态，趋势线逐渐抬升并靠近零轴线，指标转势力度才真实。震荡筑底趋势除了完成上述技术要求，也是庄家持续吸纳底部筹码的过程。

（4）接着，庄家采取横盘方式展开震荡修复，不断夯实股价底部基础。2 月 10 日，经过 8 个交易日的横盘调整以后，携量阳线选择突破横盘上轨。不难发现，股价经过这八个交易日的横盘回撤以后，20 日均线已经形成趋稳角度，低位三线也已形成收拢状态，说明股价在 20 日均线上方确立“拨开迷雾，重见光明”转势特征，预示股价极有可能快速脱离筑底区间上轨。敢在这里追入抄底，才算真正掌握股价运行规律。

（5）2 月 11 日，股价反弹触及且已站稳 60 日均线。经过两天短暂回撤以后，庄家迫不及待地启动反弹趋势。2 月 19 日，经过 4 个交易日的快速反弹以后，股价已经到达前期技术平台，反弹趋势实现 20%【预期】盈利。这两个技术平台的最高价恰好相等，缩量收盘并低于前期技术平台，说明这两个技术平台以“平顶反转形态”确立<对望格局>双轨。趋势线藏在红柱体内部，说明股价和指标趋势仍然处于多势范畴。有对望就有调整，这是<触平台即洗盘>的规律体现。既然如此，不管这个“平顶反转形态”是真是假，都要减出部分筹码，及时锁定【预期】利润。回避股价调整趋势，才能最大程度地回避操盘风险。波段运作必须学会高抛低吸技术，不然到手的利润也有可能化为泡影。

（6）2 月 24 日，经过“两连阴”缩量回撤以后，量价反扑快速推起股价，减了必须重新捡回来，未曾入场的也要及时进来抬轿。随后股价推起连续升势，实现了多段【预期】。3 月 4 日，经过“六连阳”快速推高以后，除权状态下的股价开始冲击 2013 年 1 月 8 日的技术平台，这两个技术平台的最高价又恰好相等，回落收盘形成“冲高回落，单针探底”K 线图，说明已成功构筑“平顶阻压，顶部反转”探顶特征。既然有了平顶特征提示股价受压，必须采取减筹策略，存在多余想法只会把人害了。次日，缩量阳线体现出“力不从心，虚张声势”探顶特征，DEA 趋势线开始脱离红柱体保护，说明股价和指标强势开始削减。盘面不断收出探顶特征提示股价攻势受阻，无动于衷相当于漠视股价运行规律。

（7）股价到达大顶了吗？答案是否定的。即使这里是大顶，也是日线股价的暂时大顶（阶段性顶部）。从周线趋势可以看出，股价由低位区间开启“连阳推动”状态，已经跨入大线上方运行，说明周线趋势只是形成一段庄家加大收集筹码、散户持续跟风做多以及脱离低位区间的小幅拉升趋势。周线趋势确立<对望格局>双轨，说明周线股价有了对望调整需要。从月线趋势可以看出，股价由低位区间展开反弹，至此才形成一根脱离底部区间的大阳线，并呈现出“反抽四线”转势特征。由此可见，日线和周线股价虽然到达【预期】并确立<对望格局>双轨，但月线趋势还是处于相对的低位区间运行，说明月线趋势尚未进入强势范畴。也就意味着，股价顶部绝不在此，日线和周线股价到达【预期】并确立<对望格局>双轨，这是股价需要调整的明确提示。15 个月以后的 2015 年 6 月 15 日，才是日线、周线和月线股价构筑的真正大顶。

★ 招数小结

（1）“双重底”和“W 底”形态，属于传统经典理论“形态理论”的底部形态（止跌形态），侧重于形态。“双重底”和“W 底”的第二重底有可能跌破第一重底的价格，形成前高后低的双底特征；第二重底也有可能在第一重底的上方附近获得强力支撑，形成前低后高的双底特征。“形态理论”也有“三重底”和“多重底”的形态构造。

（2）构筑“平底反转形态”的技术过程，实质上也是构筑“双重底”和“W 底”形态的技术过程，“平底反转形态”属于“双重底”和“W 底”形态的一种特殊构造，侧重于价格。平底特征的“双重底”和“W 底”形态，要求前后两个底部的最低价完全一致，这是其特殊构造之处。

（3）收出“平底反转形态”是多空争夺的结果。有了平底特征，并不意味股价不再下探，也不意味股价立即展开反弹趋势，这个时候抄底或补仓必须谨慎。股价是否完成寻底，第二重底的构筑时机是否成熟，需要关注 MACD 技术指标的运行特征、K 线图特征、量价表现、均线系统以及均线角度等因素。

（4）股价经历长期的大幅下挫以后，趋势线往往处于零轴线下方，且远离零轴线。说明这个时候收出的寻底特征，可信度不高，最好不要抄底。假如抄底了，发现股价跌破底部支撑并突破向下，必须严格执行止损。客观地说，学会止损才有盈利的可能性，少亏才有从头再来的大赢机会。不要以为低位买入风险小，假如遇到长期熊市，即使股价形成缓慢阴跌趋势，空势也要向下寻找更低的【预期】，甚至连创历史新低。

（5）股价围绕 60 日均线区间（均线系统）展开长期的盘整趋势，时而上蹿下跳，时而伏低蹿高，既有刻意洗盘的小幅回档趋势，也有顺势打压的挖坑跌势，同时伴随止跌企稳和企稳反转趋势。区间盘整过程收出“平底反转形态”，说明股价回撤以后获得区间下轨支撑，所以把它看成止跌特征，而不是寻底特征。因此，区间盘整阶段只要出现止跌特征，必须高度关注并寻找分时趋势的反转买点，掐准时机实施低吸。

（6）构筑“平底反转形态”的震荡过程中，往往收出其他类型的寻底特征或结合型寻底特征。这些寻底特征不仅起到了辅助、加强和确认股价底部的作用，更为夯实股价底部基础发挥了重要作用。

（7）构筑平底的第一重底和第二重底的 K 线图，可以是任何形式，阴阳亦可，量能大小都有可能。第二重底收阴线，最好是缩量的，抄底必须耐心等待股价形成明显的携量反扑之势；第二重底收阳线，只要它的量价以及分时趋势配合，抄底才有保障。

（8）构筑“平底反转形态”的第二重底，要求收盘价站稳双底的最低价之上。第二重底的收盘价恰好是最低价，又与前期底部的最低价一致，也是一种“平底反转形态”，这种情形比较少见，而且后市股价震荡容易跌破平底支撑，常常构筑一种“破底反转形态”，或者只是构筑一种“双重底”形态。

（9）无论是复权还是除权状态，构筑“平底反转形态”都成立。必须将 K 线图缩至最小状态，不然顶底平台（包括跳空缺口）和价格就有可能出现失真，这样容易造成错判、误判和漏判，影响实战效果。复权状态下构筑平底特征，除权状态下未必是平底特征，相反亦然。因此，必须及时转换这两种状态判断其底部特征。随着时间的延伸，每年又有分红派息情形，致使复权状态下的股价不断地发生变化，原来属于平底特征的未必还是平底特征，很有可能转换为一种不是平底特征的双底特征。

（10）“平底反转形态”的构筑方式及表现特征有多种可能性。构筑双底的时间跨度越长，越难构筑“平底反转形态”。一年以上的平底特征比较少见，时间跨度长达几年的平底特征更是罕见。因此，构筑“平底反转形态”的时间跨度越长，股价成功寻底概率越高。股价围绕一个底部区间展开震荡筑底趋势，或围绕60日均线区间（均线系统）展开长期的盘整趋势，容易构筑“平底反转形态”，寻底和止跌的实战价值大。

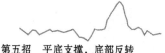

★ 构筑方式及表现特征

“平底反转形态”有以下四种常见的构筑方式及表现特征：

第一种，兴森科技（002436），如图5-10所示。

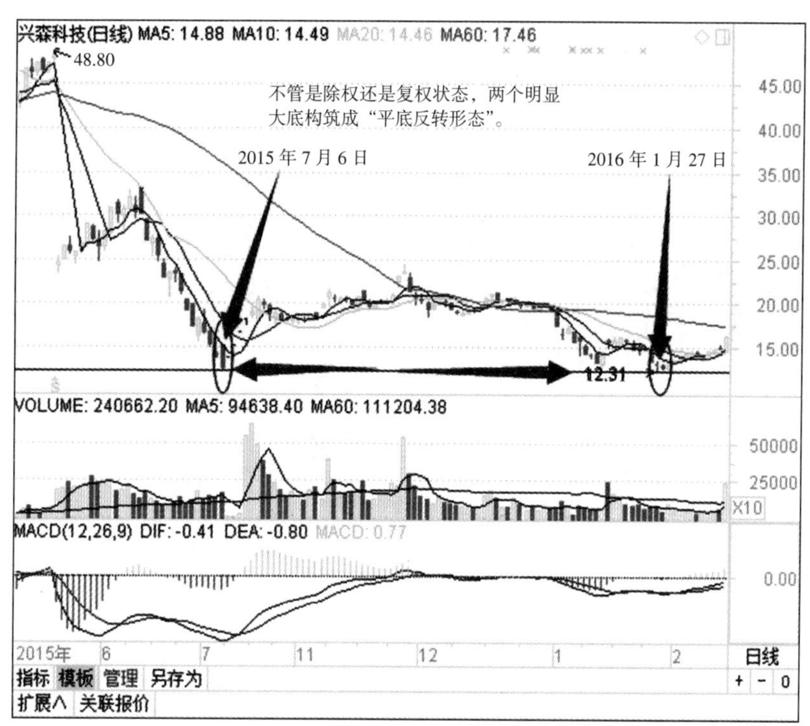

图5-10　两个明显大底构筑而成的“平底反转形态”

两个明显大底构筑而成的“平底反转形态”。

传统经典理论“形态理论”专门论述各种形态，“平底反转形态”属于“双重底”和“W底”形态的一种特殊构造，侧重于形态和价格。股价分别形成两波独立的明显下挫趋势，时间跨度虽然较长，但其双底最低价只要相等，就能确立

“平底反转形态”。双重底的时间跨度越长，越难构筑平底特征，一旦成功构筑，股价成功寻底概率极高。一年以上较难构筑平底特征，几年以上的平底特征更是罕见，而且多以双重底特征呈现。

无论是复权还是除权状态，构筑“平底反转形态”都成立。前期底部既可以是历史大底，也可以是次底部（阶段性底部）。前期底部和第二重底的 K 线图，可以是任何形式，阴阳亦可，量能大小都有可能。构筑“平底反转形态”是庄家护盘和抄底的结果，说明股价经历大幅下挫以后并跌至前期底部附近，必有一个（段）强力支撑的震荡趋势。与此相反的理解是：股价推高以后完成涨势【预期】，前期技术平台或跳空缺口必然存在强力阻压，“平顶反转形态”呈现出《平顶对望》双轨。有了平底特征，并不意味股价不再下探，也不意味股价立即展开反弹趋势，这个时候抄底或补仓必须谨慎。股价是否完成寻底，第二重底的构筑时机是否成熟，需要关注 MACD 技术指标的运行特征、K 线图特征、量价表现、均线系统以及均线角度等因素。

第二种，万通地产（600246），如图 5-11 所示。

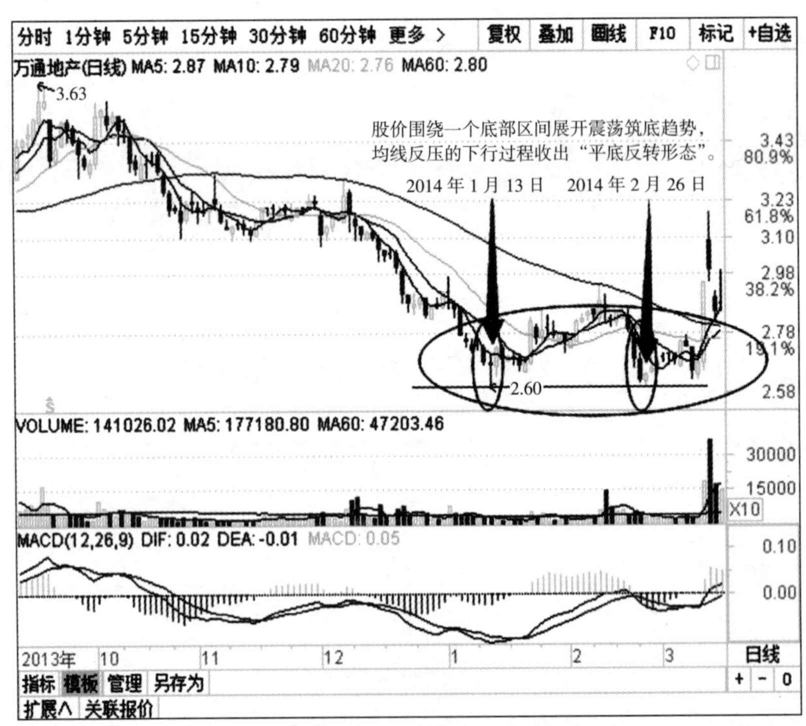

图 5-11 震荡筑底阶段的“平底反转形态”

股价围绕一个底部区间展开震荡筑底趋势，均线反压的下行过程收出“平底反转形态”。

股价经历长期的大幅下挫，探出一个明显的底部价格（寻底特征）以后，随之围绕这个底部价格展开一段震荡筑底趋势，股价一直没有跌破这个底部下轨，说明它存在强力支撑。中、大均线的下垂角度以及均线系统的发散状态，趋势线和零轴线的悬空距离，始终成为股价反弹的强力阻压。庄家把股价压入中、大均线之下成交，逐渐接近前期底部下轨。某日，盘中下探以后的最低价与前期底部的最低价完全相等，止跌回升收盘价并站稳在最低价之上，说明成功构筑“平底反转形态”寻底特征。

股价处于低位区间展开震荡筑底趋势，夯实底部基础以后，一旦成功构筑“平底反转形态”，预示股价极有可能探明真实大底，也有可能展开反弹趋势，所以它的实战价值大。只要反弹趋势确认“头肩底”、“凤凰涅槃，浴火重生”、“拨开迷雾，重见光明”、“震荡筑底，反抽三线”和“充分筑底，反抽四线”等转势特征，股价将会快速脱离低位区间。

第三种，强生控股（600662），如图 5–12 所示。

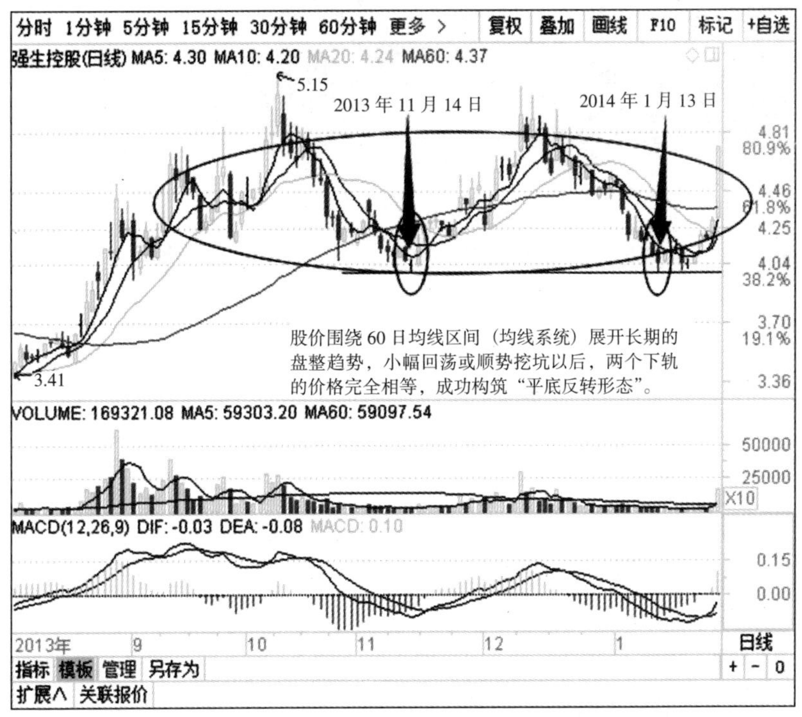

图 5–12　区间盘整阶段的“平底反转形态”

股价围绕 60 日均线区间（均线系统）展开长期的盘整趋势，采取小幅回档或顺势挖坑以后，两个下轨的最低价完全相等，成功构筑“平底反转形态”。

股价在区间盘整过程中比较活跃，时而上蹿下跳，时而伏低蹿高，形成两波及两波以上的小幅回档或挖坑跌势，企稳反转趋势伴随而至，它的上轨和下轨支撑十分明显。其中有两个下轨的最低价完全相等，说明已成功构筑“平底反转形态”止跌特征。

区间盘整趋势是庄家控盘的结果，既有消除各种不利因素的技术要求，也有实现增仓控盘筹码的现实需要。震荡筑底阶段和区间盘整阶段的“平底反转形态”不同：震荡筑底阶段的平底特征具备寻底功能，判断股价底部；区间盘整阶段的平底特征具备止跌功能，判断股价止跌。区间盘整阶段收出“平底反转形态”，不仅提示股价的回撤幅度，同时告诉我们这里存在强力支撑，预示股价随时都有可能实现止跌企稳，或展开企稳反转攻势。区间盘整阶段收出“平底反转形态”以后，必须高度关注它的分时趋势，学会借用（参考）分时趋势的反转买点实施低吸，而且往往买到企稳反转的相对低点。

第四种，紫光国芯（002049），如图 5-13 所示。

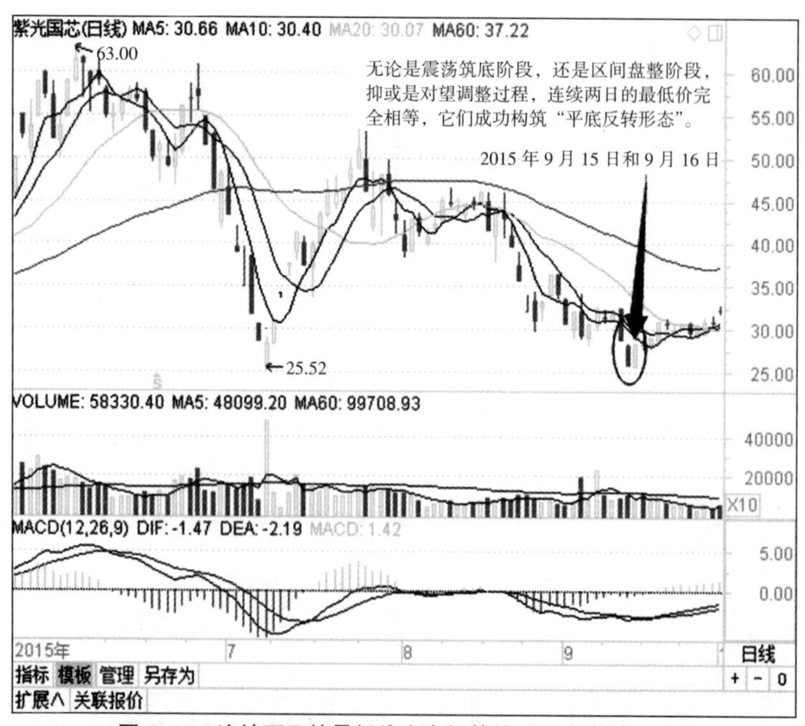

图 5-13　连续两日的最低价完全相等的“平底反转形态”

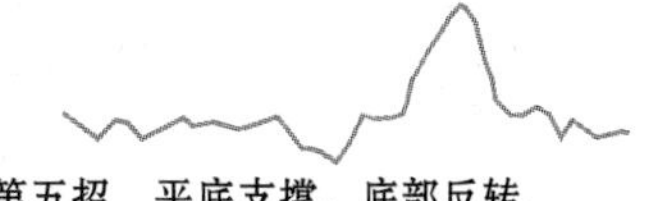

无论股价处于震荡筑底阶段，还是处于区间盘整阶段，抑或处于对望调整过程，连续两日的最低价完全相等，也是一种“平底反转形态”。

这种“平底反转形态”的寻底和止跌功能，效果往往不如上述类型的平底特征，但这并非绝对的。震荡筑底阶段和区间盘整阶段的出现频率较高，对望调整过程的止跌作用较大。实战中尽量避免单独使用，最好结合其他类型的寻底或止跌特征，同时借用（参考）分时趋势的反转买点实施低吸。例如，与“破釜沉舟，背水一战”、“鸾凤和鸣，琴瑟和谐”、“十月怀胎，瓜熟蒂落”、“隐忍不发，伺机待动”等寻底特征（止跌特征）配合使用，实战效果好很多。

第六招　平顶阻压，顶部反转
——构筑“平顶反转形态”的实战意义

一、招数概况及策略剖析

（一）图形识别

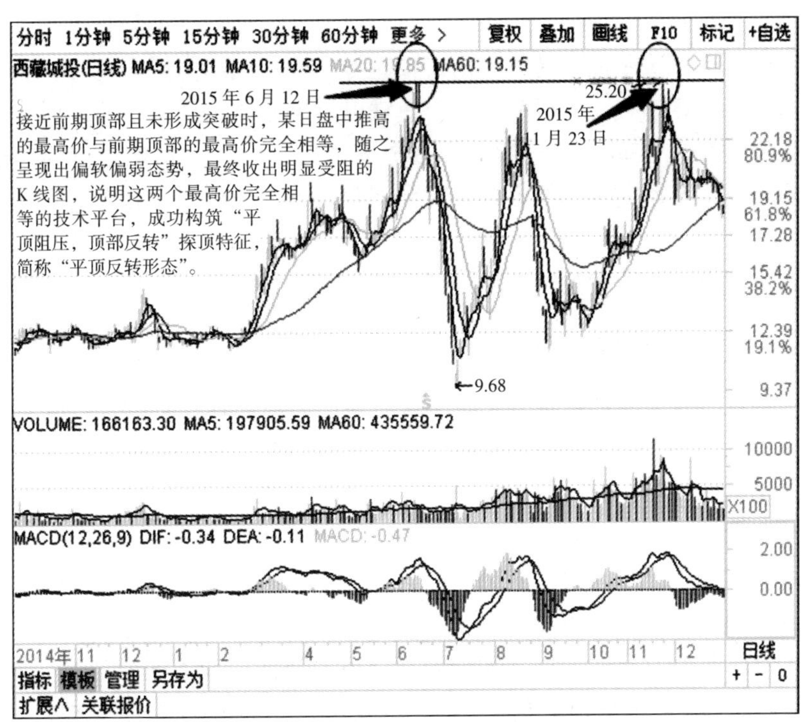

图 6–1　西藏城投（600773）构筑“平顶反转形态”的走势

（二）招数构成与总结

（1）股价经历长期的大幅上扬，或经一波快速急拉攻势以后，趋势线虽未脱离红柱体，但它已经处于红柱体上端区域，或者说趋势线已经脱离红柱体，股价接近或已触及前期技术平台。

（2）股价处于明显的高位区域，收出一个或多个探顶特征以后，停滞不前并转入震荡筑顶趋势，或形成震荡回调趋势，股价先后跌入 20 日和 60 日均线附近成交。

（3）股价获得中线或大线明显支撑，实现止跌企稳以后展开震荡反弹趋势，股价重新站稳均线系统之上。

（4）股价向上反弹并接近前期顶部且未形成突破时，某日，盘中股价选择震荡推高，盘中最高价与前期顶部的最高价完全相等，冲高回落收盘并处于它们的最高价之下。说明这两个最高价完全相等的技术平台，成功构筑“平顶阻压，顶部反转”探顶特征，简称“平顶反转形态”。

★ 一句话总结

股价经历大幅上扬或经一波快速急拉攻势，处于高位区域并收出一个或多个探顶特征以后，停滞不前并转入震荡筑顶趋势，或形成震荡回调趋势，股价先后跌入 20 日或 60 日均线附近成交；获得止跌以后展开携量反弹趋势，股价重新站稳均线系统之上；接近前期顶部且未形成突破时，某日，盘中股价选择震荡推高，盘中最高价与前期顶部的最高价完全相等，随之呈现出偏软偏弱态势，最终收出明显受阻的 K 线图；说明这两个最高价完全相等的技术平台，成功构筑“平顶阻压，顶部反转”探顶特征，简称“平顶反转形态”。

（三）深层剖析与要领感悟

（1）前期顶部有多种构筑方式及表现特征：历史大顶、阶段性顶部、回落中继平台、跳空缺口（包括分红除权缺口）、区间盘整阶段的内平台和外平台、震荡筑底阶段的反弹平台和跳空缺口等。股价经历长期的大幅上扬，或经一波快速急拉攻势以后，接近或触及前期任何一个顶部，明显受到阻压，说明股价拉升完成【预期】并确立<对望格局>双轨。庄控体系中，跳空缺口的压力等同于技术平台，两者市场意义基本一致。

（2）前后两个顶部的最高价完全相等，说明这两个技术平台成功构筑的<对望格局>双轨是一种<平顶对望>双轨，它是<对望格局>双轨的一种特殊构造。“形态理论”的双顶特征主要有“双重顶”或“M 顶”形态，<平顶对望>双轨属于这些形态的一种特殊构造。

（3）随着分红除权次数的增多，复权价格将会发生变化。当时确立的“平顶反转形态”，随着时间和行情的延长，后期再回过头看，它有可能演变为“破顶反转形态”，也有可能是“双重顶”或“M 顶”形态。

（4）构筑<平顶对望>双轨的时间跨度没有限制，复权与否均可，两个以上的顶部构筑也算。股价处于高位区域展开震荡筑顶趋势，或在高位区域构筑双顶格局，或围绕一段区间展开盘整趋势，容易构筑<平顶对望>双轨。构筑双顶的时间跨度越长，越难形成<平顶对望>双轨，但只要形成了，股价成功探顶概率极高。股价推高以后即使只是接近前期技术平台或跳空缺口，遇阻回落收盘，也能说明股价拉升完成【预期】并确立<对望格局>双轨。

（5）股价处于高位筑顶阶段或在区间盘整阶段，容易确立<对望格局>双轨，甚至确立<多顶格局>轨道，<平顶对望>双轨属于其中一种。股价推高以后的最高价恰好回补前期跳空缺口的最低价，两者价格一分不差，也是一种<平顶对望>双轨，但这样的平顶特征比较少见。

（6）无论股价处于低位区间展开长期的震荡筑底趋势，还是围绕 60 日均线区间（均线系统）展开长期的盘整趋势，震荡过程时常形成一些反弹小平台，而且这些小平台容易形成<平顶对望>双轨，它们有内平台和外平台之分。虽然这些<平顶对望>双轨并不能表示股价真正探顶，但却是表达股价经历震荡反弹且完成【预期】并确立<对望格局>双轨，预示股价需要转入对望调整。调整过程蕴含较多的低吸（建仓）机会，波段牛股经常利用这些内平台展开调整，构筑一段刻意洗盘的小幅回档或顺势打压的挖坑跌势。

（7）构筑<平顶对望>双轨的两个顶部特征可以是任何形式的 K 线图，既可以是阴线，也可以是阳线。第二重顶的收盘价要求收在双重顶的最高价之下，恰好回补前期跳空缺口最低价并确立<平顶对望>双轨，收盘价要求收在前期跳空缺口最低价之下。极端情况下，第二重顶的收盘价就是最高价，它与前期顶部最高价完全一致，构筑<平顶对望>双轨也是成立的，但后市股价容易形成<破顶对望>双轨。

（8）根据“平顶反转形态”实现抛筹的逃顶策略。

第一，构筑“平顶反转形态”当日，股价和指标趋势尚未走完时，发现盘中股价触及前期顶部的最高价（跳空缺口的最低价）明显受阻并形成偏软偏弱态势，立即采取减半策略；剩余筹码应当选择“顶背离”或“头肩顶”等诱多区间，采取清空策略。

第二，股价和指标趋势已经走完，震荡反弹进入诱多推高区间，发现盘中股价冲高以后恰好触及前期顶部的最高价（跳空缺口的最低价），明显受阻并形成偏软偏弱态势，立即采取减半策略；收盘前无法突破平顶价格，剩余半仓也不留。

二、招数及实例解读

操盘实例一　人人乐（002336）

◆ 图形识别

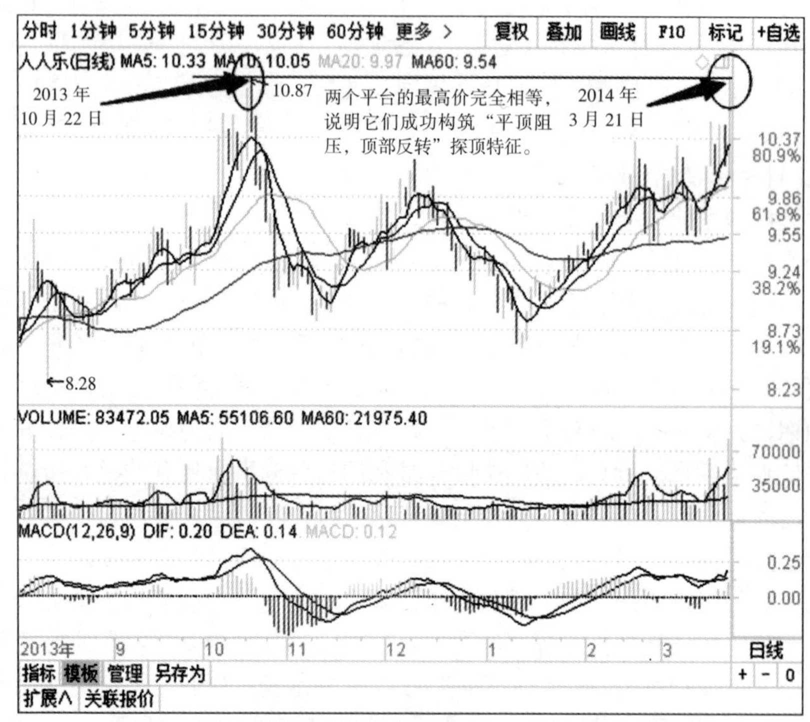

图 6-2　区间盘整过程构筑“平顶阻压，顶部反转”的走势

◆ 要点回放

如图 6-2 所示：

（1）2013 年 6 月 25 日，绝大部分个股走势与股指走势惊人一致，同步收出“触底回升，金针探底”K 线图。下面选取人人乐（002336）的走势与股指走势进行分析。当日股指承接前一日大幅暴跌趋势，早上开盘选择跳空低开，反弹回补缺口以后逐渐低走，早盘尾段形成极速下探的深跌趋势。虽然跌破前期底部的最低价（2012 年 12 月 4 日的底部支撑），但从午盘开始，盘中趋势上演了惊天大逆转，收盘站稳前期底部的最低价之上，K 线图留下一根从未有过如此之长的

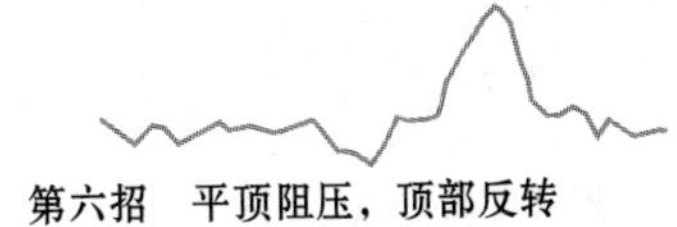

下影线，说明股指在这半年时间里，分别收出两个独立的寻底特征，且以“破底反转形态”构筑它的双底支撑特征。该股走势虽然与股指走势并非完全一致，但它们构筑的双底支撑特征却是惊人地相似，而且该股的“金针”收盘价完全吞没它的前期底部，更具支撑力度。

（2）由此开始，股价跟随股指展开震荡反弹趋势，实现一波40%涨幅，完成了多段【预期】。2013年10月22日，盘中最高价与2012年8月7日的反弹平台的最高价完全相等，收盘价在这两个技术平台的最高价之下，说明它们成功构筑“平顶反转形态”。震荡反弹趋势虽然实现了一波不小的涨幅，但这波震荡反弹趋势对于经历了长期大幅下挫的趋势来说，反弹幅度很小。那么这个<平顶对望>双轨是不是真的？股价是不是真的实现探顶？股价经历了长期的大幅下挫趋势，当前反弹幅度不大，这些都是事实，但股价实现探顶（受到阻压）不能以它的反弹幅度大小来衡量。反弹以后是否完成【预期】？是否实现探顶？必须根据它的阻力位、指标趋势以及探顶特征进行综合研判。首先，股价由低位展开震荡反弹已经实现40%涨幅，实质涨幅已经不小，说明抄底浮筹获利颇丰。其次，趋势线处于零轴线上方且已有了悬空抬升状态，而且红柱体也已形成飘柱诱多状态，这些都说明指标趋势逐渐减弱。最后，股价和均线系统存在明显的发散状态，说明市场平均持筹成本存在较大差异，预示抛压不小。由此可见，当前股价遇阻回落并收出阴线，且与前期技术平台成功构筑<平顶对望>双轨，必将终结此轮反弹趋势。就算这里不是此轮反弹趋势的大顶，也将形成股价的阶段性顶部。

（3）遇阻回落收出阴线并确立<平顶对望>双轨，说明股价反弹实现【预期】的同时，同步展开对望调整趋势。20日均线毫无抵抗且被跌势快速拖入下垂角度，股价直接寻求仍然上行的60日均线作为支撑。股价于60日均线下方附近展开抵抗趋势，绿柱体呈现出收缩状态。11月6日，均线反压致使股价形成再破趋势，趋势线全部落入零轴线下方运行。11月8日，股价虽然受到大线阻压并向下运行，又创出此轮回调低价，但绿柱体重新拉长之后并没有超越一周前的长度，说明此时股价下跌属于虚力诱空趋势，暗示股价随时都有可能形成止跌。

（4）11月12日，“启明之星”K线组合及时止住反压下行趋势。随着量能稳步放大，“五连阳”快速推起并重新站稳均线系统之上。趋势线处于零轴线下方且有一定距离，不仅被连阳趋势快速带入金叉状态，红柱体露头以后也快速伸长。说明企稳反转之前的震荡不足，企稳反转速度又过快了，导致指标趋势呈现出虚力状态。11月21日和12月3日，“短回长”和“反攻四线”强攻特征先后而至。12月5日，虽然股价向上创出此轮高价，但自从趋势线跨入零轴线上方以后，红柱体缩短再拉长之后并没有超越一周前的高度，说明股价和柱体对比开始有了虚力特征，表明股价随时都有可能止步不前，暗示股价极有可能形成推倒重来趋势，修复指标趋势的虚力特征。12 月 10 日，K 线图形成“冲高回落，单针见顶”受压态势，说明庄家开始将股价压下运行，修复指标趋势的虚力特征。12 月 19 日，回撤趋势持续向下，阴线跌破均线系统支撑，预示股价将会保持并延续调整趋势。

（5）一般情况下，为修复指标趋势的虚力特征，庄家常常构筑一段挖坑下跌趋势（推倒重来趋势）。该股的趋势线跟随股价同步下降，重新落入零轴线下方运行。2013 年 12 月 26 日，股价持续下跌并不断地抻长绿柱体，当日的 MACD 技术指标的数值为-0.14；2014 年 1 月 6 日，股价经历短暂抵抗以后继续下跌，创出此轮回调低价，MACD 技术指标的数值为-0.10。通过股价和绿柱体的数值变化可以明白，短暂的抵抗趋势致使绿柱体缩短，股价继续向下并创出此轮回调低价，绿柱体重新拉长之后却没有超越它缩短前的长度，说明股价和指标趋势形成一种虚力诱空特征。由此可见，股价创出此轮回调低价，并不是真实的下挫趋势，它是庄家实施了虚力诱空手段的体现，而且股价并不具备大幅下挫的技术条件。因此，这个时候不要胡乱杀跌股价，也不能抢进。

（6）1 月 10 日，采取跳空低开方式开盘，盘中反弹以后留下一分钱没有回补跳空缺口，随之低走收阴并跌破前期底部支撑。如果将这根跳空阴线视作加速股价下跌的突破 K 线图，那么后市股价将会延续下挫趋势；如果将这根跳空阴线视作“破釜沉舟，背水一战”寻底特征，那么后市股价只要及时获得量价反扑，即可对其做出止跌确认。1 月 14 日，连续三天 K 线图不仅构成一组“启明之星”寻底 K 线组合，而且它的第三根阳线将趋势线带出绿柱体，说明这个止跌特征的可信度高，而且极有可能止住推倒重来的挖坑趋势。果不其然，随着量能稳步放大，股价实现了持续反弹趋势，先后突破 20 日和 60 日均线封阻，并顺利到达前期技术平台。2 月 21 日，持续反弹趋势到达前期技术平台，股价和红柱体表现出虚力诱多特征，预示股价反弹乏力。次日，阴线开始确立<对望格局>双轨，伴随而至的是一段对望调整趋势。

（7）3 月 14 日，股价停留在 60 日均线上方并围绕 20 日均线盘整 3 周以后，携量阳线和均线汇合形成“反攻三线”强攻特征，预示股价经过对望调整趋势以后，强攻特征将会重新点燃做多热情。可是，股价和均线系统存在明显发散状态，趋势线和零轴线也有悬空抬升状态，说明反攻之前的盘整时间不足，反攻时机选择不妥，暗示后市股价要么形成长期的慢牛趋势，要么形成快速冲顶的回落趋势，要么形成往下回调趋势，这三种趋势都有可能发生。

（8）3 月 21 日，股价经过快速冲高以后，开始接近前期顶部成交。盘中不断放量并形成逐波推高趋势，至收盘前一刻钟，盘中最高价恰好到达前期顶部的最高价，抛压致使股价回落运行并以大阳线收盘。这就意味着，股价经历 5 个月的宽幅震荡趋势，它的两个反弹平台最终以“平顶阻压，顶部反转”的方式构筑<平顶对望>双轨。

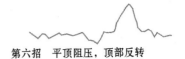

◆ **操盘策略**

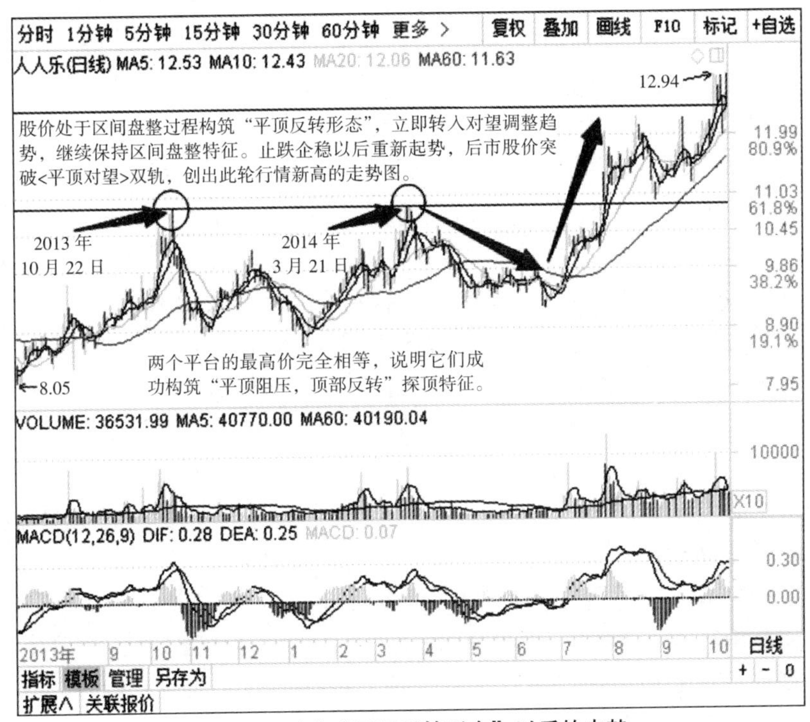

图 6–3　形成“平顶反转形态”以后的走势

如图 6–3 所示：

（1）2014 年 3 月 21 日，携量大阳线的最高价与前期顶部的最高价完全相等，说明股价受到前期技术平台阻压，表明它们以“平顶阻压，顶部反转”的方式构筑<平顶对望>双轨。因此，股价上扬以后接近前期技术平台时，发现盘中股价冲顶且有偏软偏弱态势，利用分时趋势提前反映出来的探顶特征，或者利用诱多盘口实现逢高减筹。平顶特征提示股价上扬完成【预期】并确立<对望格局>双轨，后市股价避免不了对望调整趋势。对望调整趋势有可能形成刻意洗盘的小幅回档，采取顺势打压的挖坑跌势也不奇怪。最终采取什么方式实现洗盘，取决于当时的市场环境、股指走势以及庄家控盘手段，而这三者的步伐又往往达到高度一致。

（2）确立<平顶对望>双轨以后，股价立即转入对望调整趋势，快速回调并跌至 20 日均线附近，随之筑起一段抵抗趋势。4 月 15 日，阴线和均线汇合形成

“下破三线”破位特征，预示股价仍需向下调整。股价围绕 20 日均线展开震荡趋势，反弹没有创出此轮行情新高，说明它们形成“下破三线”破位特征的同时，同步确立了“头肩顶”形态。由于前期股价未经大幅上扬，也没有形成一波快速急拉攻势，而且当前股价处于对望调整过程，出现下跌或跌破某条均线（均线系统）支撑，是一种正常的回撤手段，所以不能把它定义为破位特征。由此可见，当前股价处于区间盘整过程的对望调整区域时，破位特征只是为了实现更大的回撤趋势，它是延伸股价调整的一种技术手段，更是庄家控盘手段多变的体现，股价并非真的破位。因此，发现股价需要延伸调整趋势，与其在减少盈利或扩大浮亏状态硬扛，不如及时砍掉部分筹码出局，然后耐心等待低吸（增筹）机会。

（3）股价顺势下跌并跌破 60 日均线，趋势线开始落入零轴线下方。4 月 28 日，趋势线藏在绿柱体内部，盘面收出一根留有上下影线的阴线。由此开始，股价处于大线之下，围绕中线构筑一段震荡筑底趋势。震荡过程不断地形成连阳和连阴状态，促使低位三线逐渐收拢，而股价始终没有跌破 4 月 28 日的低价支撑。趋势线于零轴线之下实现缓慢抬升，逐渐靠近零轴线，说明它为股价将来变盘提供了坚实的指标基础。红柱体随着股价震荡趋势，时而伸长，时而缩短，形成了一段明显的低位断势状态，说明股价暂时无法脱离低位震荡趋势，表明低位断势过程还有可能寻出低价。

（4）6 月 20 日，股价处于均线反压的下行过程，盘中最低价与 4 月 28 日的最低价完全相等，收盘价在它们的最低价之上。这就意味着，股价处于相对的低位区间展开震荡趋势，最终以“平底支撑，底部反转”的方式构筑双底支撑特征。7 月 1 日，连阳推起以后，股价站上已经趋稳的中线，成功构筑“拨开迷雾，重见光明”转势特征。股价于相对的低位区间展开震荡趋势，且未创出回调低价，趋势线靠近零轴线以后，于零轴线下方实现二次金叉，说明股价和指标汇合形成“头肩底”形态。由此可见，“拨开迷雾，重见光明”转势特征和“头肩底”形态，不仅结束了低位断势状态，而且股价即将脱离低位区间并展开反弹趋势。股价由平顶区域下来，至此已有三个月时间，挖坑跌势虽不至于深套，但如果一直扛着，只会极大地浪费资金、时间和机会成本，也无法实现低吸。发现股价处于区间盘整阶段，反弹以后受到阻压，实现高抛不仅及时锁定盈利，同时回避调整，保护了操盘安全；回调以后获得止跌，低吸也好，增筹也罢，安全系数高，操盘风险小。每一波大级别的波段趋势，都由多段小波段趋势构成，小波段又蕴含着高抛低吸。股市赢家并不是说一次盈利，而是由无数次盈利的复利构成。

（5）庄家手握重金、技术超凡，追逐利润是天性，同流合污也不足为奇。庄家的控盘手段及其变化，实质上是股价运行规律的体现，两者总能达到高度一致。市场从不缺乏庄家，任何市场都有庄家存在，技术超凡的庄家比比皆是，经得起大浪淘沙且最终生存下来的却不多。有的庄家利欲熏心，总是采取恶劣手段控盘，即使监管部门长期视而不见，最终难逃一山还有一山高的无情吞噬。正常情况下，一只股票只有一个核心庄家，小庄没有数量限制，始终脱离不了核心庄家的控制范围。核心庄家的控盘手段及其变化，总在某个时间段重复构筑某种类似的盘面特征，包括招数和趋势。庄家控盘虽然不会简单地重复，股价走势亦然，但结果总是惊人的相似。构筑平底也好，平顶也罢，难道只是一种巧合吗？普通投资者绝对没有这种控盘能力和资金实力，唯有强庄才能办到。个股缺少庄家控盘，股性不活跃，波动极其狭窄，规律不够明显。没有无缘无故的巧合，即使有也是庄家有意为之的巧合，结果是必然的。

操盘实例二　金陵药业（000919）

◆ 图形识别

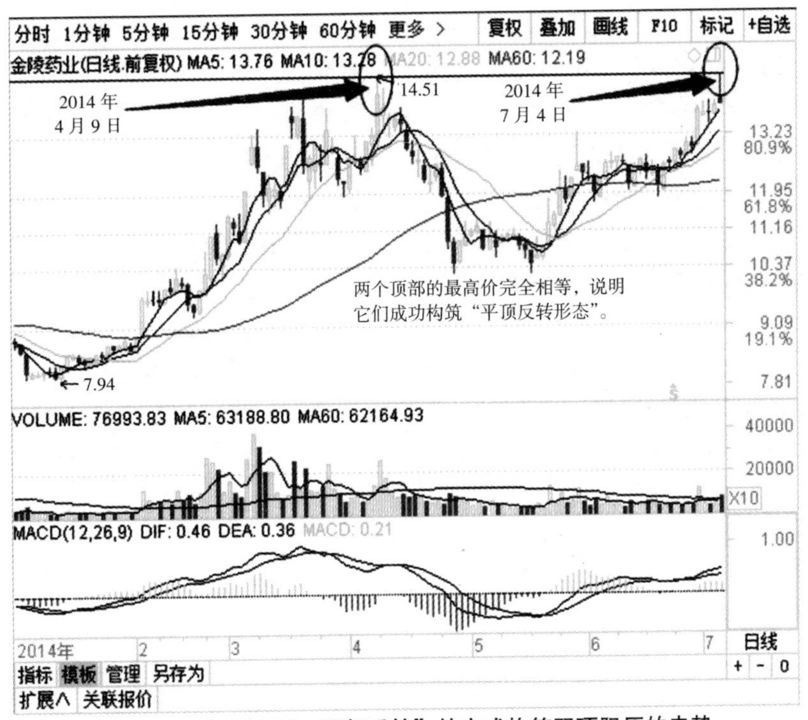

图 6–4　“平顶阻压，顶部反转”的方式构筑双顶阻压的走势

◆ 要点回放

如图 6–4 所示：

(1) 世事轮回皆有因，只要用心发现，股价运行规律亦是如此。因果关系在

佛学中应用较多，研究比较透彻。因果关系是一切事物发展的自然规律，无处不在，无所不有，无所不用。投资者研究股票市场时，首先应当摆正心态，不要以涨为喜、以跌为悲，暴涨暴跌必有其因。无序感、胆怯和浮躁的心态，体现了人的软弱和人性的不足。深入研究事物发展的内在规律，将会发现事情的发展过程往往十分简单，股市亦然。树立正确的操盘理念，建立一套完善的操盘模式，恐慌和迷茫将不复存在。越是深入了解它，越会觉得不是那么复杂，规律越明显。盲目地买进卖出，却不深入了解和研究已经存在的客观规律，每天睁大眼睛盯盘，看完以后大发牢骚，不是埋怨市场不对，就是臭骂庄家阴险，从不寻找自身不足之处，如此岂能进步！若想取得质的突破，必须超越自我。首先，必须摆正心态，收敛激动、埋怨和浮躁的不安情绪；其次，认真学习一番，掌握（建立）一套能够长期稳定盈利的操盘模式。尊重股价运行规律，相当于尊重庄家，认识（做到）这一点非常重要。只有抹去那些干扰学习和操盘的不利因素，才有可能成为赢家。

（2）按照“波浪理论”的五浪结构理解，金陵药业（000919）从 2012 年 12 月初至 2014 年 4 月初，股价上扬经历了五浪推动，周线趋势的五浪推动也非常明显。日线趋势的每一波上涨浪包含了五波子浪推动，每一波调整浪也包含了三波子浪调整。2012 年 12 月 4 日至 2013 年 3 月 8 日，这是股价寻出大底以后的第一波上涨浪，内含五波子浪推动，阶段性顶部结束第一波上涨浪。2013 年 3 月 8 日至 6 月 25 日，这是五浪结构的第二波调整浪，内含三波子浪调整，调整浪构筑了一段顺势打压的挖坑跌势，实质上这是庄家刻意营造的诱空陷阱。2013 年 6 月 25 日至 10 月 16 日，这是五浪结构的第三波上涨浪，最后又以阶段性顶部结束。2013 年 10 月 16 日至 2014 年 1 月 14 日，这是五浪结构的第四波调整浪，再次构筑一段顺势打压的挖坑跌势，实现诱空、清洗和蓄势目的。2014 年 1 月 14 日至 4 月 9 日，这是五浪结构的第五波上涨浪，最终还是以阶段性顶部结束推动。一般情况下，五浪推动结构的第三波上涨浪比第五波上涨浪的涨幅大，第四波调整浪比第二波调整浪的调整幅度小。可是，这并不是绝对的，趋势不可能一成不变，庄家控盘手段及其变化更是多变。

（3）2014 年 2 月 10 日，携量大阳线采取跳空上攻，促使 5 日均线企稳回抽 60 日均线，同时引出“内腾空”和“短回长”强攻特征，引发了股价的第五波上涨浪。2 月 18 日，股价冲高以后开始冲击第三波上涨浪的顶部价格，回落收盘说明这两个技术平台采取“破顶反转形态”确立<对望格局>双轨。庄家顺势展开对望调整，连阴回撤趋势体现了“顺水推舟，事半功倍”的洗盘功效。2 月 24 日，量价形成反扑之势，止住对望调整趋势。股价向上推起并顺利突破<对望格局>双轨，说明股价向上寻找更高的【预期】。3 月 7 日，经过一波快速急拉攻势

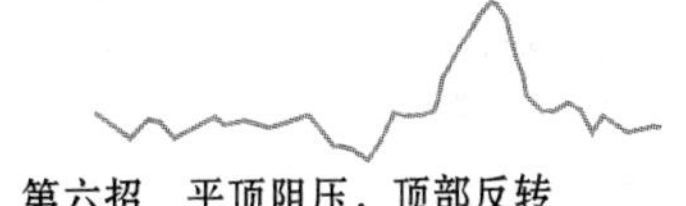

以后，当日采取大幅跳空高开，早盘仅用了5分钟时间，股价已被巨量买盘推至涨停板价格，不仅快速攻下2010年11月10日的【预期】，也已接近2009年12月3日的技术平台。午盘的2点18分开始，万手抛盘喷涌而出，封停单子不再坚挺且被抛盘快速吞噬，最终裂开涨停口子成交，携量大阳线收盘且留有明显的跳空缺口。盘中股价虽然大部分时间封住涨停板价格成交，但它最终被大额抛盘裂开涨停口子成交，即使收盘呈现出携量大阳线，情况也大为不妙。留有明显的跳空缺口，这是“悬空而行，危在旦夕”探顶特征，使得股价有了摇摇欲坠的感觉，预示股价有了变盘的可能性。抛压如此沉重，是谁抛出这些大额抛盘呢？携量大阳线的外表虽然好看，但内里却已破败不堪。股价封停以后的封单不够坚挺，大额抛盘又捅破了涨停板价格，说明它又是“金玉其外，败絮其中”探顶特征。庄家提示如此清晰，必须顺势而为，减筹锁定盈利。

（4）3月18日，股价经历调整并回补跳空缺口以后，10日均线以及并排星阳线起到了止跌作用，股价展开快速反弹趋势，创出此轮行情新高。已经缩短了的红柱体虽然被反弹能量重新拉长，但它的长度并没有比前方顶部的柱体长，而且红柱体重新拉长无法藏入趋势线，说明股价反弹进入飘柱诱多区间。“十字星”蜡烛图既属于“冲高回落，单针见顶”探顶特征，留有明显的跳空缺口，又是一种“悬空而行，危在旦夕”探顶特征，这种结合型探顶特征的可信度，远远高于独立体现的探顶特征。3月20日，早盘10点以前呈现出放量推高趋势，盘中最高价冲过2008年2月28日的“回落中继平台”，说明股价在诱多推高过程又实现一段【预期】。可是好景不长，盘中形成波形推高并冲过前期技术平台一分钱时，立即掉头向下并形成逐波走低的暴跌趋势，最终收出一根带量下跌的破位大阴线。这根大阴线不仅体现出“破而后落，顶部反转”探顶特征，也是一种“长阴破位，倾盆大雨”破位特征。股价进入高位区域并展开震荡筑顶趋势，诱多推高过程收出各种探顶特征，而且大阴线已经形成破位特征，说明股价探顶回落已经是板上钉钉的事实。

（5）4月9日，股价回落至20日均线以后，获得止跌并形成反弹趋势，携量大阳线推高以后虽然创出此轮行情新高，但它蕴含重重杀机。首先，股价创出此轮行情新高，MACD技术指标的整体角度却在往下，说明股价和指标趋势汇合构筑“顶背离”形态。其次，尾盘半小时形成带量的极速的波形推高趋势，仅仅用了15分钟，股价就由跌势推至9.40%的涨幅，无法涨停且回落收盘，60分时图的减仓盘口非常明显，日线呈现出“金玉其外，败絮其中”探顶特征。最后，盘中股价推高以后虽然越过3月20日的顶部最高价，但收盘却在它们的最高价之下，说明股价围绕一个顶部区间展开震荡筑顶趋势，成功构筑“破顶反转形态”。由此可见，确立“顶背离”形态的过程，同时收出各种探顶特征，除了表达股价

实现探顶以外，更是说明股价上涨压力重重，而且股价随时都有可能掉头回落。4 月 10 日，“伪阳线”与前一日阳线形成“阳线孕伪阳线”组合图，成功构筑“心怀鬼胎，居心不良”探顶特征。由此可以断定，股价围绕一个顶部区间展开震荡筑顶趋势，庄家几次三番地实施诱多推高并收出各种探顶特征，无非是为了实现撤退获利巨大的控盘筹码。

（6）股价顺势下挫并先后跌破 20 日和 60 日均线支撑，MACD 技术指标快速落入零轴线下方运行。股价跌破 60 日均线的次日开始，一段抵抗趋势不仅促使趋势线脱出绿柱体，10 日均线反压致使股价向下运行，缩短了的绿柱体重新拉长，指标跌势逐渐减弱并转入飘柱诱空状态。5 月 19 日，盘中股价虽然跌破前方低价，但它收盘形成了“破底反转形态”，说明股价获得前方低价支撑。接着，股价形成携量反弹趋势，红柱体快速伸长。5 月 28 日，携量阳线站稳大线之上，说明股价进入“短回长”强攻范畴。

（7）6 月 20 日，股价围绕 60 日均线经历窄幅盘整三周以后，低开高走中阳线与均线系统汇合形成“反攻四线”强攻特征。趋势线一直处于悬空抬升状态，表明指标趋势的转势力度不足，说明“反攻四线”推起的两周多势属于虚拉诱多趋势，周线趋势的悬空抬升状态更为明显。7 月 4 日，早盘股价形成波形推高以后，盘中最高价恰好触及 4 月 9 日的顶部最高价时，抛压异常沉重，攻势偏软并形成逐波走低的偏弱态势，最终收出一根“冲高回落，单针见顶”K 线图。这两个最高价完全相等的技术平台，呈现出“平顶阻压，顶部反转”的双顶特征。

◆ **操盘策略**

如图 6-5 所示：

（1）2014 年 7 月 4 日，“平顶阻压，顶部反转”探顶特征体现出股价的双顶状态。前期股价已经确立“顶背离”区间并结束五浪推动结构，选择撤离没有任何疑问。此时形成平顶阻压格局，撤离还有疑问吗？庄家为何构筑这种“平顶反转形态”呢？目的不言而喻。首先，庄家用了 16 个月实现五浪推动，控盘筹码沉重且获利巨大，构筑第一重顶及其震荡筑顶过程，全身而退的难度极大，抛压大了容易造成股价的暴跌趋势，所以后市构筑它的第二重顶及其诱多推高趋势，周线趋势的悬空抬升状态更为明显。其次，诱多推高趋势既可以迷惑场内投资者，使其继续坚守，也可以诱惑那些一直驻足观望的场外投资者，使其认为股价经过一波明显的调整趋势以后，还有创新高的大涨攻势。由此可见，4 月初构筑的“顶背离”区间，是庄家为了顺利撤退而构筑的虚拉诱多趋势，而 7 月初形成的诱多推高的第二重顶，庄家还是为了完成撤退。

（2）确立“平顶反转形态”之前，庄家已经通过 MACD 技术指标的悬空抬升状态，提示这一段多势属于虚拉诱多性质。2014 年 6 月初，股价进入“短回长”

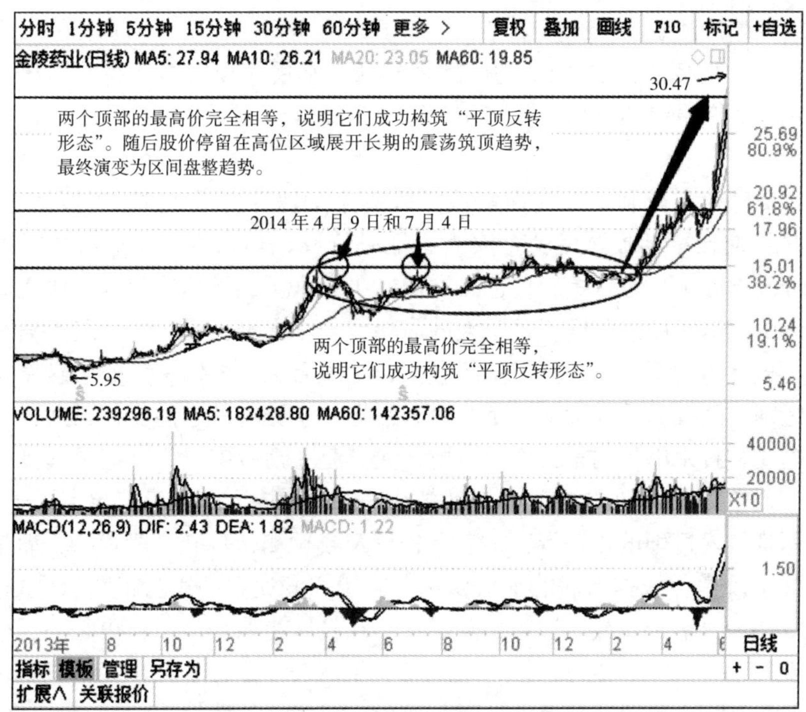

图 6–5　形成"平顶反转形态"以后的走势

强攻范畴，接着围绕 60 日均线区间展开一段盘整趋势，60 日均线虽然经历了"提压再提"的蓄势过程，但趋势线却一直处于零轴线上方，并呈现出悬空抬升状态。这就意味着，这一段回撤趋势并没有使趋势线和零轴线的悬空抬升状态修复趋好，而且股价实现企稳反转以及突破盘整上轨以后，红柱体逐渐拉长却没有藏入趋势线，说明指标趋势始终处于虚力推升状态，所以股价推升空间有限，探顶回落速度快。经过这么一番分析以后不难理解，它的因果关系非常清晰。股价进入强势之前的调整时间不足，指标趋势的虚力状态也没有得到修复。股价实现企稳反转以及突破上轨时，在狙击点把握精准的情况下，倒是可以窃取一波虚力推升趋势，收益率可观。可是，风险与机会永远并存，短线风险总是大于波段运作。短线模式并不是目的，而是一种手段，需要长期坚守的稳定的操盘模式，当属波段模式。

（3）股价确立"平顶反转形态"以后，选择全仓坚守毫无意义，更是在漠视股价运行规律。确立<平顶对望>双轨以后，后市股价要么转入大幅下挫趋势，要么形成一段长期盘整趋势。无论庄家最终选择哪种趋势展开调整，都会让人难受。通过后市股价的运行趋势可以看出，庄家选择了长期的盘整趋势，说明股价由震荡筑顶趋势演变为区间盘整趋势。对于股价运行趋势而言，质变是量变的结果，又是新的量变的开始。如果从 2014 年 4 月初的“顶背离”高点算起，股价停留在高位区间展开震荡趋势，2015 年 3 月初才真正结束 11 个月的高位盘整趋势。

（4）及时锁定盈利，才能回避调整以及未知风险。千万不要以为扛单是小事，那些长期扛单的投资者就是因为没把股价调整当回事，才造成长期被套局面。股价调整好了，可以重新再进，高抛低吸做好了，哪怕低吸成本比庄家高些也无所谓，进退有度最关键。每个人的成功，与个人努力成正比，股市赢家付出了比别人多百倍的努力。没有天生的赢家，更没有天生的输家。股市赢家和输家的根本区别，从技术层面理解就是有没有掌握一套完善的且能保持长期稳定盈利的操盘模式。技术以外的东西也很重要，尤其是心态成熟与否，甚至起到了决定性作用。操盘模式即使非常完善，心态不稳也难坚持下来，稳定盈利更谈不上。心态成熟且技术过硬的投资者，不会事先设定或预测指数和个股走势，而是通过认真的仔细观察，根据盘面的细微变化，制定一套完善的操盘策略（计划），然后有条不紊地付诸于实战。股市赢家不仅是在技术上取得进步，更是心态成熟的极致体现。

（5）发现股价和指标趋势已经减弱运行，完成【预期】并确立<对望格局>双轨，立即采取清空策略。发现股价和指标趋势未走完，完成【预期】并确立<对望格局>双轨，立即采取减筹策略，然后耐心等待股价调整，伺机低吸或清空。只要后市股价经过充分调整以后，出现真实的企稳反转或突破上轨趋势，必须选择重新买入。假如后市趋势形成破位特征，清空不能犹豫。即使不舍，就算看好它的后市趋势，剩余筹码也不要过多，哪怕只留一手筹码，静观其变，未尝不可。股市赢家从来不会让短期波动影响整体的操盘计划。不管资金量多大，机构也好，散户也罢，必须掌握一套完善的且能保持长期稳定盈利的操盘模式。不然，终究难逃大亏。

操盘实例三　捷顺科技（002609）

◆ 图形识别

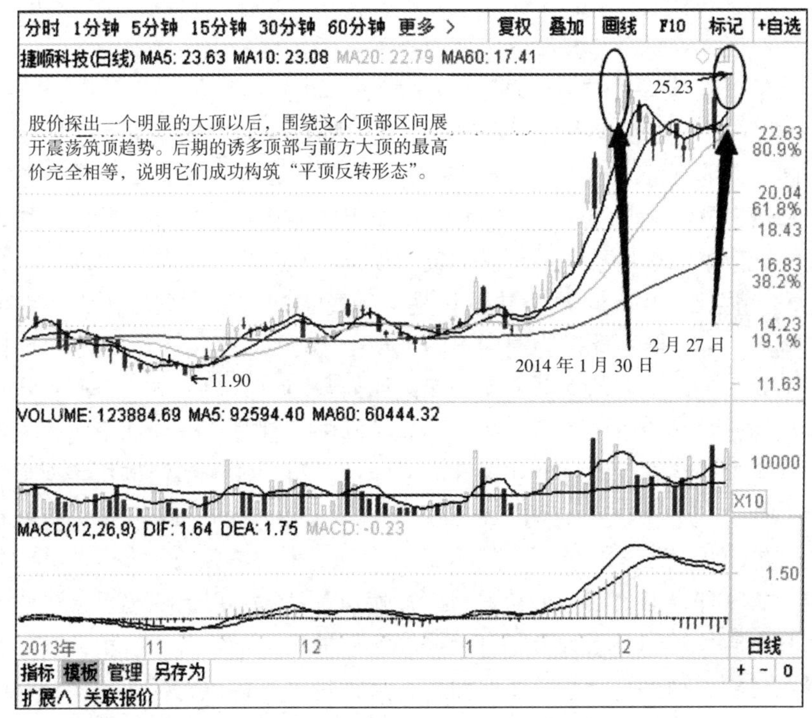

图 6-6　围绕一个顶部区间展开震荡并构筑“平顶反转形态”的走势

◆ 要点回放

如图 6-6 所示：

（1）作为一名跟庄者，坚定信念尤其重要。投资者之所以长期亏损，就是因为无法领悟庄家的控盘核心，对股价运行规律更是一知半解。多数投资者没有坚持信念，或者固执地把自己的感性认识当作是一种正确的信念。信念是方向，谁引领方向？这是显而易见的道理。坚定跟庄信念，顺从他的意志做盘，必有回报。理念清晰，趋势自明；随律而变，跟庄而动；知行合一，盈亏自然。庄家表面上并不会直接杀人，更不会强迫投资者的买卖，但庄家却能通过强大的控盘能力和资金实力，透过一只看不见、摸不着的无形之手，致使投资者的买卖行为发生根本性错误，直至消亡为止。说实话，庄家是我们的衣食父母，普通投资者是我们的俎上之肉，听起来很残忍，但事实确实如此。如何建立一套完善的稳定且成熟的操盘模式？首先必须沉下心来感悟，排除多余杂念，远离那些看不懂的行情，这样才有可能成功。

（2）通过捷顺科技（002609）的复权盘面可以发现，2012 年 7 月末，股价由低位反弹起来，2015 年 6 月中旬才形成它的明显大顶，周线趋势亦然。很多人只知道“波浪理论”的五浪结构，却不知道五浪以后还会有第六、第七、第八……延伸浪，这是对“波浪理论”的肤浅认识，也是机械数浪的无知。机械数浪是死板的，只能理解“波浪理论”的皮毛，而无法触及“波浪理论”的核心。“波浪理论”还有另外一些表述：波浪存在无限延伸的可能，也有循环往复的表现；不同周期的波浪结构，既是对立的，也是统一的。不要以为读了一遍“波浪理论”书籍，就认为掌握了它的核心，实质上还差得远！通过该股的日线趋势可以发现，五浪推动以后根本不是它的最终顶部。通过周线趋势可以看出，机械数浪将会发生误判。由此可见，数浪只是一种简单的方法，只能作为一种辅助手段，毕竟股价趋势有可能因为周期不同呈现出不同的浪型结构，也有可能因为数浪方法不同呈现出不同的浪型结构。无论如何数浪，必须记住一个原则：任何一个波浪型结构都是股价整体（长期）趋势的其中一部分，因周期不同，浪型结构不同，浪起浪落存在无限延伸和提升的可能性。每一波浪型结构从表面上看是一段独立趋势，只要放大了它的周期或趋势，看似独立的一段趋势其实只是整体（长期）趋势的一部分。

（3）2013 年 8 月 2 日，股价经过一波快速急拉攻势以后，当日采取大幅跳空高开，且以涨停板回补了 6 月 6 日的分红除权缺口，最终收出一根留有较大缺口的携量涨停板，说明它有了“悬空而行，危在旦夕”探顶特征，表明快速急拉攻势完成填权【预期】并确立<对望格局>双轨。复权状态下可以看出，8 月 6 日的盘中股价冲高以后创出上市以来的新高，逐渐回落以后收出一根“冲高回落，单针见顶”K 线图，说明当前股价与上市初期的历史高点确立<对望格局>双轨。8 月 28 日，无论是复权还是除权状态，股价震荡推高以后成功构筑“顶背离”形态。股价回落至 60 日均线以后，不再明显下挫，随之围绕 60 日均线区间（均线系统）展开一段盘整趋势。

（4）盘整初期的下挫趋势化解了股价和均线系统的发散状态，也修复了趋势线和零轴线的悬空抬升状态；中后期的盘整趋势主要目的是为了收拢均线系统，重新积蓄做多能量，酝酿成熟的质变。股价经过五个月的“长期横向盘整”格局，最后盘整区域多次收出强攻特征，包括“短回长”、“内腾空”、“反攻三线”等强攻特征。2014 年 1 月 3 日，除权状态下可以看出，股价携量冲高以后接近 2013 年 5 月 31 日的技术平台，复权状态下已经触及 2013 年 8 月 28 日的技术平台，收盘状态说明它们成功确立<对望格局>双轨。1 月 14 日，股价经历“顺水抽风再顺水”回撤以后，20 日均线成为它的强力支撑，携量阳线展开反扑并促成“反攻三线”强攻特征。股价从此进入强攻趋势，三条轨道构筑的上轨被其轻松突破，并形成了一波快速急拉攻势。1月30日，快速急拉攻势到达上市初期的历史高价，说明除权状态下的股价实现了所有【预期】。最终收出一根“冲高回落，单针探顶”K线图，说明股价上攻以后受到强力阻压，这是快速急拉攻势的第一个明显探顶特征。由于指标趋势未完，股价停留在高位区间展开震荡趋势。2月27日，股价处于高位区间经历三周震荡以后，当日最高价与1月30日的最高价完全相等，说明股价围绕一个顶部区间展开震荡筑顶趋势，诱多推高过程构筑“平顶反转形态”。

（5）下面采取复权状态进行分析。2013年8月6日，股价携量冲高以后触及上市初期的历史高价，遇阻回落并收出“冲高回落，单针见顶”K线图，说明股价上扬以后完成【预期】并确立<对望格局>双轨。对望调整趋势构筑了一段“长期横向盘整”格局。盘整趋势先是化解股价和均线系统的大幅发散状态，同时修复趋势线和零轴线的悬空抬升状态，接着构筑一段收拢均线系统的长期盘整趋势。两种状态下突破<对望格局>双轨的时间虽然不同（除权状态的突破时间是2014年1月23日，复权状态的突破时间是1月17日），但股价突破双轨以后的快速急拉攻势，却是一致的。复权状态下的股价突破<对望格局>双轨，实质上突破了所有上轨，说明股价突破轨道以后，进入连创历史新高的推动过程。除权状态下的股价突破<对望格局>双轨以后，快速急拉攻势一次性实现了两段【预期】，第一段【预期】追溯至2011年11月3日的“回落中继平台”，第二段【预期】追溯至上市初期的历史高价。

（6）无论采取哪种状态分析该股趋势，它的【预期】和<对望格局>双轨，都是可信的。股价围绕一个顶部区间展开震荡筑顶趋势，先后收出两个独立的探顶特征，而且这两个探顶特征的最高价完全相等，说明它们成功构筑“平顶反转形态”。

◆ 操盘策略

如图6-7所示：

（1）无论股价处于区间盘整过程，还是处于对望调整过程，抑或处于震荡筑顶过程，只要成功构筑“平顶反转形态”，后市股价避免不了一段或长或短的调整趋势。及时锁定利润，回避调整成为头等大事。调整不等于将来没有机会，回避也不等于放弃机会，恰恰相反，回避调整以后不仅获得低吸机会，而且大大地提高了资金利用率。

（2）形成“平顶反转形态”以后，股价立即转入探顶回落趋势，指标转入死叉状态，趋势线逐渐下降并落入零轴线下方运行。2014年4月3日，股价经历一个半月的下挫趋势以后，“隐忍不发，伺机待动”K线组合暂时止住股价跌势。4月15日，股价展开反弹趋势，冲击大线未果并受其反压。趋势线在零轴线下

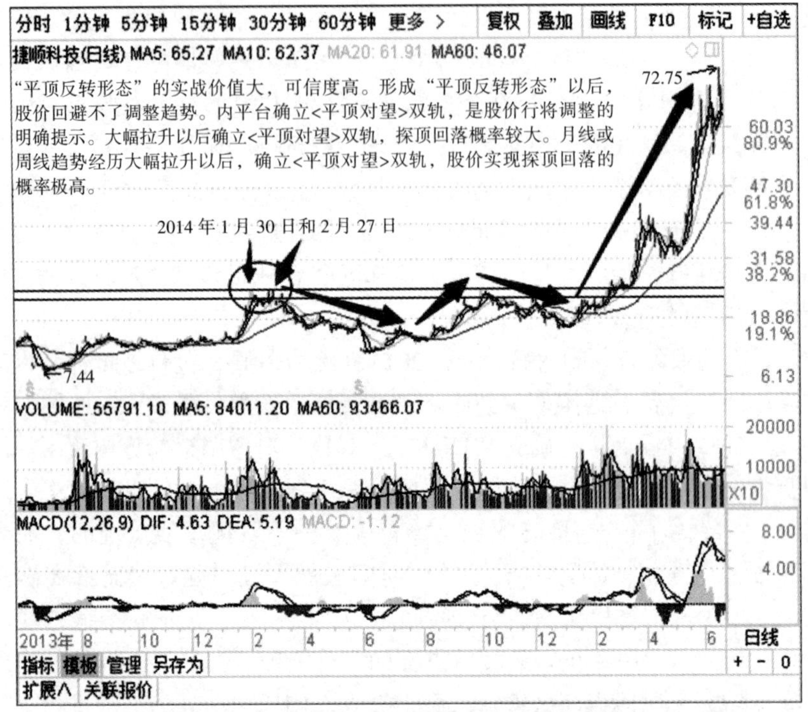

图 6-7 形成“平顶反转形态”以后的走势

方实现逐渐抬升，红柱体快速伸长。5 月 16 日，股价处于均线反压的下行过程，采取跳空低开虽然创出此轮回调低价，但它获得了前方低价支撑。阴线收盘且留有跳空缺口，说明这根跳空阴线形成一种“破釜沉舟，背水一战”寻底特征。我们应当清楚，股价处于低位区间展开震荡筑底趋势，均线反压的下行过程收出任何一种寻底特征，它的可信度远远大于首次探底时的寻底特征。周线股价经过回撤以后，恰好跌在大线位置并获得支撑。随着量能稳步放大，日线股价展开持续反弹趋势并快速跨入 60 日均线。周线股价获得止跌以后，携量推升并形成企稳反转攻势。5 月 28 日，日线股价反弹触及前期技术平台并确立<对望格局>双轨。5 月 29 日，分红除权留下了跳空缺口，说明除权状态下的股价趋势将在一段时间内失真，所以这个时候必须采取复权状态对其进行分析。

（3）复权状态下选股和看盘是常态，除权状态下往往参考它的【预期】，而且两种状态下的【预期】和<对望格局>双轨，都是可信的。2014 年 6 月 10 日，股价经历两周横盘回撤以后，实现企稳反扑并形成新的推势。7 月 3 日，股价经历持续推升以后，采取大幅跳空高开，开盘以后虽然下探成交，但它没有回补跳空缺口，买盘快速推起以后围绕盘中高价区域波动，尾盘一小时推入涨停板价格。留有跳空缺口的巨量涨停板呈现出“悬空而行，危在旦夕”探顶特征，而且

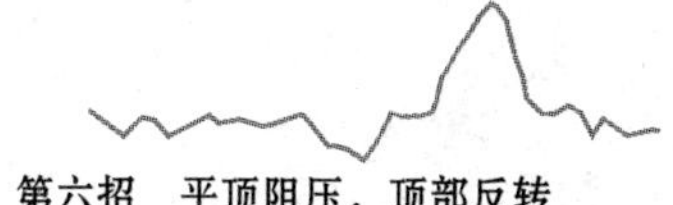

它已触及前期历史平台，说明股价创出新高且已完成【预期】。7 月 9 日，盘面收出一根“冲高回落，单针见顶”K 线图，说明股价实现惯性冲高以后，及时与前期平台确立<对望格局>双轨。

（4）股价经历持续上扬趋势，跟风浮筹获利了结，必然形成抛压阻力；到达前期技术平台附近，前期追高浮筹获得了解套机会，也会形成抛压阻力。及时确立<对望格局>双轨，除了表明股价上扬受到强力阻压，同时提示股价需要转入对望调整趋势。对望调整时间短了，难以彻底清洗浮筹，调整时间长了，往往形成一段推倒重来趋势（挖坑跌势）。无论庄家如何演绎对望调整趋势，发现股价确立<对望格局>双轨时，首先应当利用对望锁定利润。发现股价调整以后出现破位状态，虽然这并不是真正的破位特征，但不宜守仓过重；发现股价跌破中、大均线（均线系统）以后，迟迟无法实现止跌，守仓必须要轻；发现股价调整以后获得止跌或企稳，必须把握好低吸（增筹）时机。除权状态下可以看出，2014 年 9 月末，股价经历持续上扬趋势以后，开始接近前期平顶价格，随之形成一段推倒重来趋势。2015 年 1 月 12 日，股价经历三个半月的持续回调，并在低位震荡以后，“拨开迷雾，重见光明”转势特征出现，调整趋势才算结束，也由此推起新的涨势。

（5）股价重新站稳大线以后，围绕一个狭窄的小平台展开回撤趋势。2015 年 1 月中旬至 2 月上旬，回撤趋势一直受到 20 日均线支撑，说明股价构筑一段“短期横盘调整”格局。2 月 11 日，携量阳线突破“短期横盘调整”上轨，说明股价开始启动暴力攻势。股价向上触及前期技术平台以后，攻势暂时停滞。2014 年 2 月下旬的技术平台、9 月末的技术平台和 2015 年 2 月中旬的技术平台，成功构筑了三轨道对望。2015 年 2 月中旬展开的对望调整趋势，庄家还是采取横盘方式进行，20 日均线再次成为支撑。3 月 16 日，携量涨停板突破“短期横盘调整”上轨，实质上股价已经突破前期所有平台，说明股价进入无阻压的历史新高区域。除权状态下可以看出，携量涨停板突破“短期横盘调整”上轨以及三轨道，也已进入无阻压的历史新高区域。股价经历两波明显的快速急拉攻势以后，2015 年 6 月 3 日进入飘柱诱多趋势，6 月 15 日成功构筑“顶背离”形态，说明日线股价确立大顶，周线趋势亦然。

（6）按照“波浪理论”理解，第五波上涨浪是五浪推动的终结。另外，趋势经过不断延伸或周期提升以后，将会出现更多的浪型结构。因此，长期来看，日线趋势的五浪推动未必是股价终点，周线或月线趋势的五浪推动也未必是股价终点。日线股价收出一个明显大顶，未来再回过头看，这个明显大顶或许只是它的一个阶段性顶部。周期提升了，或许还没有顶部体现。由此可见，“波浪理论”并不是简单的数浪游戏，机械数浪更不可取。波浪运动是一个逐渐展开、衍化和变化以及不断延伸、提升的循环往复过程。事物的发展规律表明，量变到质变是必然的过程，新的质变伴随新的量变。有谁不想一夜暴富呢？哪怕只是幻想一下，但这是不可能发生的。技术不可能一蹴而就，实现自我超越必须经历千锤百炼。若想从股市中取得质变效果，必须沉下心来，认真看书，仔细做盘，不断感悟。

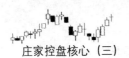

（7）经济条件不宽裕，买了房子要车子，踏足股市寻找“暴富”机会乃人之常情，毕竟人都有欲望。牛市行情引发的财富效应（暴富效应），相信没有几个人能够抵挡住诱惑。牛市行情最疯狂之时，新入市的股民数量往往创出历史新高，已成为一条判断股市牛顶的不成文的规律。股市的确存在“暴富”机会，“乌鸡变凤凰”的暴涨行情时常上演，退市了也有重新上市的可能。只要踏足股市，都是奔着赚钱而来，可是大部分投资者偏偏忘了投资风险的存在。赚不到钱，不是因为个人不够聪明，也不是技术没学到手。技术层面的东西只是基础，每个人都可以学习，勤奋一点也不难学到手。可是，人一旦处于市场之中，立即转变为投资者，内心开始变得复杂，欲望变得无限膨胀，处处影响着技术状态。因此，影响投资结果的往往不是技术因素，心态反而成为了最不可控、最复杂的因素。

操盘实例四　莱茵体育（000558）

◆ 图形识别

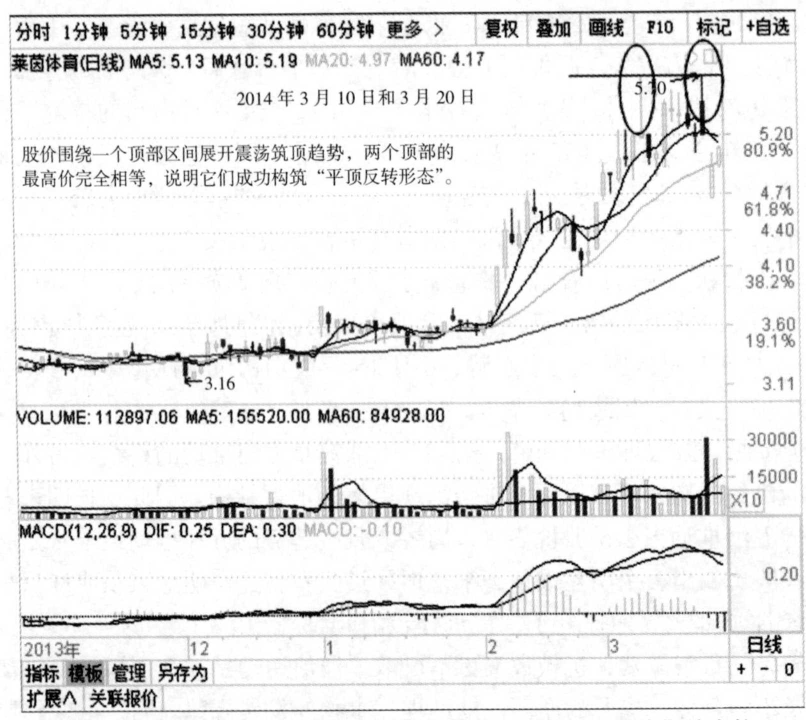

图 6-8　围绕一个顶部区间展开震荡并构筑“平顶反转形态”的走势

◆ **要点回放**

如图 6-8 所示：

（1）任何一波突破趋势，大涨之前总能找出各种庄家控盘的强攻特征，大跌之前也能找出各种探顶特征和破位特征。股价不会无缘无故地上涨，也不会无缘无故地下挫，更不会无缘无故地调整，万事万物皆有因果。想要弄明白它，必须狠下一番苦功。古人云："天将降大任于斯人也，必先苦其心志，劳其筋骨，饿其体肤，空乏其身，行拂乱其所为，所以动心忍性，曾益其所不能。"股价趋势以及各种招数特征，庄家控盘手段及其变化，为何总能达到高度一致？这是规律的体现。规律是什么，规律就是道，道（规律）摆在那里，任何人都不得有异议，也容不得人有异议。能够按照事物发展规律并遵循规律办事的人，就是赢家；能够随着股价运行规律变化而变，紧跟着庄家行动而动，就是股市赢家。

（2）2013 年 6 月 25 日，莱茵体育（000558）跟随股指回调并探明底部价格（寻底特征）。股价处于低位区间经历短暂震荡以后，由于量能持续放大，股价快速脱离低位区间并跨入 60 日均线之上成交。随后股价围绕 60 日均线（均线系统）展开长期的盘整趋势，缠绕时间长达半年。2014 年 1 月 2 日，突然大幅跳空高开，并形成了高走封停状态，量能激增 15 倍之多。根据当前股价所处的位置，以及留有跳空缺口的收盘状态可以明白，这根巨量涨停板属于"腾空而起，气势如虹"强攻特征。可是，它的起势以及激增 15 倍的巨量状态，说明巨量涨停板又是一种"旱地拔葱，避其锋芒"转势特征。由此可见，这根 K 线图呈现出两种招数特征，既有跳空高开的"内腾空"强攻特征，又有量能激增的转势特征，应该相信哪一个？理解它并不难，可以把它看成防御型强攻特征。简言之，跳空高开高走并封停收盘，虽然它表现出强势攻击的意图，但跳空高开的幅度过大、股价起势过急以及量能激增过甚，已经成为强势攻击的最大障碍。这就意味着，如果无法实现持续性的增量攻势，股价攻势必然停止。采取缩量趋势进行调整，或形成一段推倒重来的挖坑跌势，容易化解股价起势过急，量能激增过甚的不利因素。因此，随后股价转入回撤趋势不足为奇，追高了而不懂得止盈或止损，这才是最大的问题。只有弄明白这些道理，才能指导实战如何应对，不然买入以后被套 1 个月时间，仍然不知为何，割肉出局或捂筹都难受。

（3）股价展开回撤趋势以后，整体调整幅度较小，跳空缺口以及 60 日均线成为回撤趋势的强力支撑，说明股价停留在一个狭窄的小平台展开回撤趋势，这是构筑"短期横盘调整"格局的典型特征。暗示该股蕴含某种不为人知的利好，所以庄家采取这种横盘手段进行调整。股价波动幅度不大，追涨浮筹忍受不了并割肉出局，激进投资者看不起它也不会进场。庄家边调边吸，场内浮筹逐渐减少，庄家控盘筹码越来越多。2014 年 1 月 22 日，携量阳线展开企稳反转趋势，股价向上穿透5日、10日和20日三条均线，成功构筑“反攻三线”强攻特征，说明股价重新进入强攻序列。1月27日，股价冲高回落以后虽然形成“伪阴线”状态，但它已经带动5日均线向上回抽20日均线，促成“短回中”强攻特征。由于“反攻三线”之前的调整时间不足，实现“反攻三线”以后的调整时间也不够，所以导致两线交点与股价之间存在悬空距离，致使股价上攻力度暂时不足，且有回撤要求。

（4）经过“四连阴”缩量回撤以后，股价回碰20日均线。2月7日，携量阳线展开反扑之势，既对“四连阴”缩量回撤形成了企稳反扑，也对防御型“短回中”强攻特征及时做出确认。MACD技术指标数值虽然是-0.01，但两条趋势线的数值连续数天保持一致状态，说明趋势线黏合一起，预示MACD技术指标在死叉和金叉的临界点酝酿方向。2月10日，携量阳线继续向上推进，及时带动指标数值由负转正，成功构筑“凤凰涅槃，浴火重生”反转特征，此时至少保持半仓水平。2月11日，采取跳空起势并推至涨停板收盘，不仅突破了长期盘整上轨，且已攻下2013年5月29日的“回落中继平台”，说明股价真正进入强势突破区间。早上虽然采取跳空高开方式开盘，但由于开盘以后的一个抛单瞬间砸下股价成交，成交价与前一日收盘价完全相等，使得股价恰好回补跳空缺口，所以理论上不能把它看成“外腾空”强攻特征。即便如此，股价突破了“长期横向盘整”上轨以及前期“回落中继平台”，有了这些强攻特征的保驾护航，突破攻势的力度足矣，必须投入重仓抬轿。

（5）2月12日，盘中股价推至涨停板以后，受到前期跳空缺口的抛盘阻压，涨停板不仅反复裂开口子成交，量能呈现出持续放大状态。最终收盘虽然无法封住涨停板价格，但它站稳前期跳空缺口的最低价之上，说明股价拉升完成【预期】，<对望格局>双轨尚未确立，预示股价站稳压力以后将有惯性推高动力。2月17日，股价携量推高以后，表面上已经突破<对望格局>双轨，但它是一种假突破特征。理由如下：60分时正在构筑“顶背离”形态，说明分时趋势处于诱多推高区域。这就意味着，分时趋势实现虚拉诱多以后，必须经过充分调整，才能化解它的虚拉状态。次日，阴线收盘虽然确立<对望格局>双轨，但股价和指标趋势还没有走完，适宜采取逢高减筹策略。

（6）庄家采取“顺水抽风再顺水”展开调整以后，趋势线快速脱离红柱体内部。2月28日，股价恰好回碰20日均线，受其上行角度支撑，携量涨停板展开企稳反转趋势。这个时候必须根据分时趋势的反转买点实施低吸，不然会错失一段反转趋势。3月3日，采取跳空高开方式开盘并形成高走趋势，最终收出一根留有跳空缺口的携量阳线。通过股价和指标趋势可以断定：股价虽然创出此轮行情新高，但MACD技术指标却没有跟随股价创出此轮新高，而且红柱体和趋势线之间存在悬空抬升状态，说明股价和指标趋势汇合正在构筑“顶背离”形态。这就意味着，随后几天的股价上行，属于庄家诱多推高范畴。高抛低吸技术精湛，任何时候都不必清空筹码，不然无法实施 T+0 对倒。发现股价围绕高位区间展开震荡筑顶趋势，实施 T+0 容易获取差价，做好了必有可观回报；技术低下，资金量小，又不懂得高抛低吸，最好还是选择逢高撤退。

（7）3 月 5 日，盘中股价触及前期技术平台，最终形成冲高回落收盘，说明股价于诱多推高过程中又完成一段【预期】并确立<对望格局>双轨。3 月 10 日，早盘股价形成一条直线拔高，最高成交价离涨停板价格还有一分钱时，攻势偏软并呈现出逐波走低的偏弱态势，最终收出一根“冲高回落，单针见顶”K 线图。3 月 20 日，股价围绕高位区间经历 8 个交易日震荡以后，采取跳空高走虽然快速推入涨停板价格，但巨量抛盘致使涨停板裂开口子成交，并形成逐波走低的偏弱趋势，买盘毫无反击之力，最终收出一根“冲高回落，单针见顶”K 线图。通过 3 月 10 日和 20 日这两个顶部特征的最高价可以发现，它们的最高价完全相等，说明股价围绕一个顶部区间展开震荡筑顶趋势，成功构筑“平顶阻压，顶部反转”探顶特征。

◆ 操盘策略

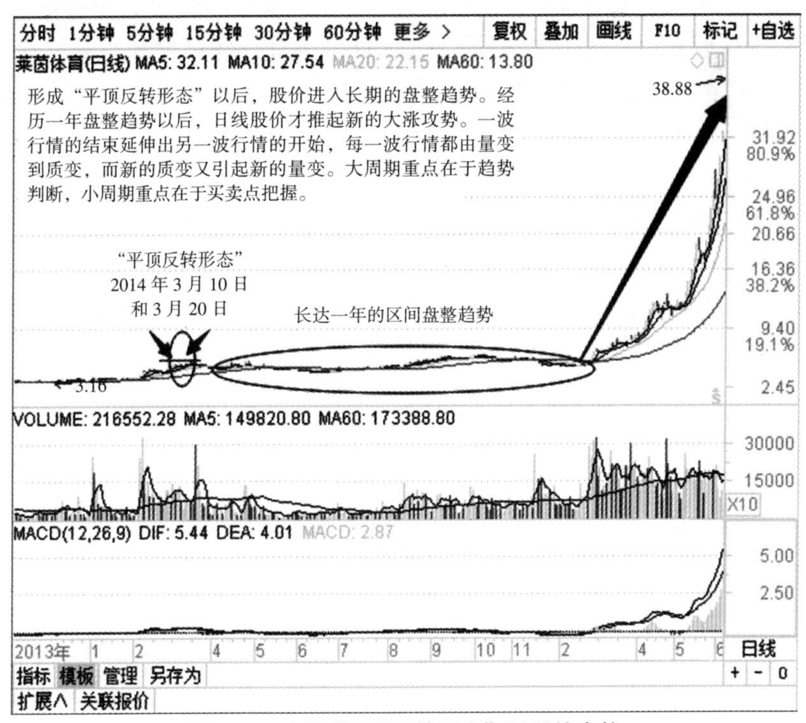

图 6–9 形成“平顶反转形态”以后的走势

如图 6-9 所示：

（1）2014 年 3 月 20 日，股价围绕一个顶部区间展开 8 个交易日震荡筑顶趋势，收出“平顶反转形态”，除了提示股价探出此轮行情顶部，同时提醒投资者不能全仓死守。股价经历持续上扬以后，无论处于日线顶部还是大周期顶部，收出探顶特征并确立<对望格局>双轨，必须采取减筹策略，甚至采取清空策略。区间盘整阶段也好，震荡筑顶阶段也罢，平顶特征就是确立<对望格局>双轨，及时锁定盈利，才能回避调整趋势。区间盘整阶段确立<平顶对望>双轨，这是提示股价继续保持区间盘整的阻压特征，减筹回避为上上策。震荡筑顶阶段确立<平顶对望>双轨，这是提示股价实现真正探顶并结束此轮趋势的大顶标志，减筹或清空为宜。该股收出“平顶反转形态”以后，假如没有选择回避（减筹），抑或是追高买入又选择扛单，那么后市股价转入调整趋势，5 个月以后才有机会见到这个平顶高价。做人也好，做事也罢，必须学会变通。做盘更需灵活，完全没有必要重仓留守调整趋势。根据周线或月线判断趋势并实施布局，高抛低吸对于操盘安全极其重要。

（2）该股原来叫作“莱茵置业”，2015 年 8 月中旬更名为“莱茵体育”，主营业务由房地产转变为体育产业。二级市场不仅提前反映了主营业务改变以及更名的利好，而且达到了前所未有的炒作高度，两年时间实现了 12 倍涨幅。通过它的浪型结构可以看出，2014 年 3 月 20 日收出“平顶反转形态”，股价处于浪型结构的第三波上涨浪的末端。3 月 20 日至 6 月 20 日的回调趋势，属于浪型结构的第四波调整浪。6 月 20 日至 10 月 13 日的推升趋势，属于浪型结构的第五波上涨浪。10 月 13 日至 2015 年 1 月 19 日的回调趋势，属于浪型结构的第六波调整浪。从 2015 年 2 月 13 日的“出其不意，攻其不备”转势特征开始，至 6 月 4 日的“高开低走，乌云盖顶”探顶特征，接近四个月时间实现了六倍涨幅，构成了浪型结构的第七波上涨浪。一波行情的结束延伸出另一波行情的开始，浪型结构只是作为参考，而且每一波行情都处于量变与质变的持续过程中。大周期可以判断趋势（方向），小周期应当做好高抛低吸，这样做既可以保证利润不受损失，又回避了调整趋势，持筹成本越来越低，何乐而不为。事物发展总有一个量变到质变的过程，一根稻草压不死骆驼，但总有最后一根把它压死。

（3）股价由第一重顶至筑顶过程，然后收出平顶特征，后市股价岂有不调之理？即使没有形成大幅下挫趋势，停留在高位区间展开“长期横向盘整”格局，三五个月时间也够折磨人。2013 年 6 月下旬的大底至 2015 年 6 月初的大顶，接近两年时间形成了七波明显的浪型结构。股价每次向上推进一段多势，伴随而至的总是一段较长时间的调整趋势。股价整体趋势呈现出逐渐抬升角度，说明它的高点和低点越来越高。大波段必须要有大格局和大思维，死守并不是好办法，而

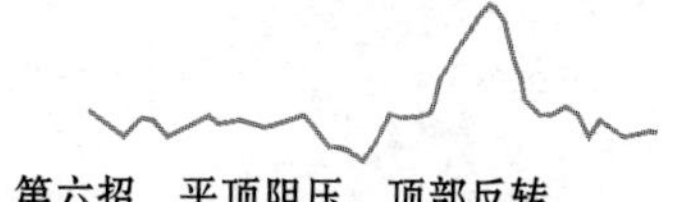

且无形之中放大了持筹风险，操盘安全更是无法得到保证。技术者应当明白，股价拉升以后完成【预期】并确立<对望格局>双轨，采取灵活的增减筹策略，才是稳定盈利的根本。

（4）财经媒体以及一些所谓的股市专家，偏偏看不清楚这些，即使知道有这么一回事，也没有一个敢说真话的人（或许他们根本不明白），股评家更是轮番忽悠普通投资者。经常写的说的似乎很有道理，却常常让人摸不着边际。例如：大盘指数已经处于底部、不会再有大幅下跌、上涨趋势未改、牛市远未结束、某某点位是难得一遇的大底、A 股市场今后除了涨还是涨、万点也是合理等。但凡有点理智的投资者，也不会被这些虚无缥缈的夸夸其谈忽悠。若想在股市中生存，必须要有自己的独特见解。绝不能凭空臆断，更不能一根筋，认死理。涨了就是涨了，探顶就是顶，跌了就是跌了。涨有涨的做法，顶有顶的计划，跌有跌的打算。发现股价确立大顶，还要继续捂筹，这根本不叫炒股，技术交易更谈不上，只是凭着个人的感性认识进行交易，可笑之极。假如长期捂筹都能带来超额收益，那么 A 股市场就不会存在如此明显的“中国特色”。无论上涨，还是下跌，只要看准做对，都可以赚钱。自以为是，还要自作聪明，且与趋势做反了，简直是自讨苦吃，可悲之极。不懂技术，唯有亏钱，可怜之极。

★ 招数小结

（1）股价推高以后触及前期顶部，往往已经冲过前期顶部的最高价，受压回落并确立<破顶对望>双轨，也叫“破顶反转形态”。构筑“平顶反转形态”的两个顶部最高价要求完全一致，说明<平顶对望>双轨属于“双重顶”或“M 顶”形态的一种特殊构造。

（2）前期顶部有多种构筑方式及表现特征：历史大顶、阶段性顶部、回落中继平台、跳空缺口（包括分红除权缺口）、区间盘整阶段的反弹平台和跳空缺口、震荡筑底阶段的反弹平台和跳空缺口等。

（3）平顶 K 线图可以是任何形式，阴阳亦可，量能要求并不严格。第一重顶的最高价与第二重顶的最高价完全一致，或者说第二重顶的最高价与前期跳空缺口或除权缺口的最低价完全一致，即可确立<平顶对望>双轨。两个以上的顶部特征构筑多轨道的<多顶对望>格局，股价实现探顶的可信度高，构筑多轨道的<平顶对望>格局，非常罕见。

（4）第二重顶的收盘价要求收在双顶的最高价之下，说明股价受到前顶阻压并形成回落态势，抛压巨大将会形成携量大跌趋势。极端情况下，第二重顶的收盘价为最高价，确立<平顶对望>双轨也成立，但这种情况比较少见，而且后市股价容易冲破阻压并形成“破顶反转形态”。

（5）在股价和指标趋势未走完的情况下，确立<平顶对望>双轨应当采取减筹策略；股价和指标趋势已经进入诱多推高区间，这个时候确立<平顶对望>双轨，应当采取清空策略。

（6）<对望格局>双轨的位置非常重要。股价未经长期的大幅上扬，也没有出现过快速急拉攻势，确立<平顶对望>双轨是提示股价冲高以后短期受压，且需转入对望调整的意思，要求采取减筹策略，回避对望调整趋势。股价处于相对的低位区间展开震荡筑底趋势，或在区间盘整阶段运行，一些反弹高点确立<平顶对望>双轨，并不是表达股价探出大顶，更不是表达股价趋势走完，只是表达股价暂时受阻，且需转入对望调整的意思，要求做好高抛低吸。

（7）日线股价推高以后，趋势走完且已形成各种明显的探顶特征，这是日线股价完成【预期】并确立<对望格局>双轨的明确提示，但这些日线顶部特征未必是周线或月线趋势的顶部特征，周线或月线趋势也未必走完。周线或月线的指标趋势处于强势范畴，日线股价推升以后停留在高位区间展开震荡筑顶趋势，突破<对望格局>双轨或突破震荡筑顶区间上轨，必须及时跟进。由此可见，理念必须要清，趋势必须要明，不然极易把筹码扔在换挡区域，错失周线或月线趋势的急拉攻势。

★ 构筑方式及表现特征

“平顶反转形态”有以下六种常见的构筑方式及表现特征：

第一种，新大洲 A（000571），如图 6-10 所示。

时间跨度较长的双大顶特征，两者顶部的最高价完全一致，成功构筑“平顶反转形态”。

时间跨度较长，且形成两波明显的多头趋势，收出两个明显的大顶特征。通过它们的最高价可以发现，双顶的最高价完全一致，第二重顶表现出遇阻回落收盘，说明双顶特征成功构筑<平顶对望>双轨。构筑平顶特征的时间跨度不管长短，复权与否均可。前期顶部可以是任何一种顶部特征，包括历史大顶、阶段性顶部、回落中继平台、跳空缺口和分红除权缺口等探顶特征。前期顶部往往存在较多的长期套牢盘，预示存在巨大抛压。

构筑<平顶对望>双轨是庄家刻意营造的双大顶格局，时间越长越难构筑这种平顶特征，毕竟抛压大了不好掌控，而且要求双顶的最高价做到一分不差，其难

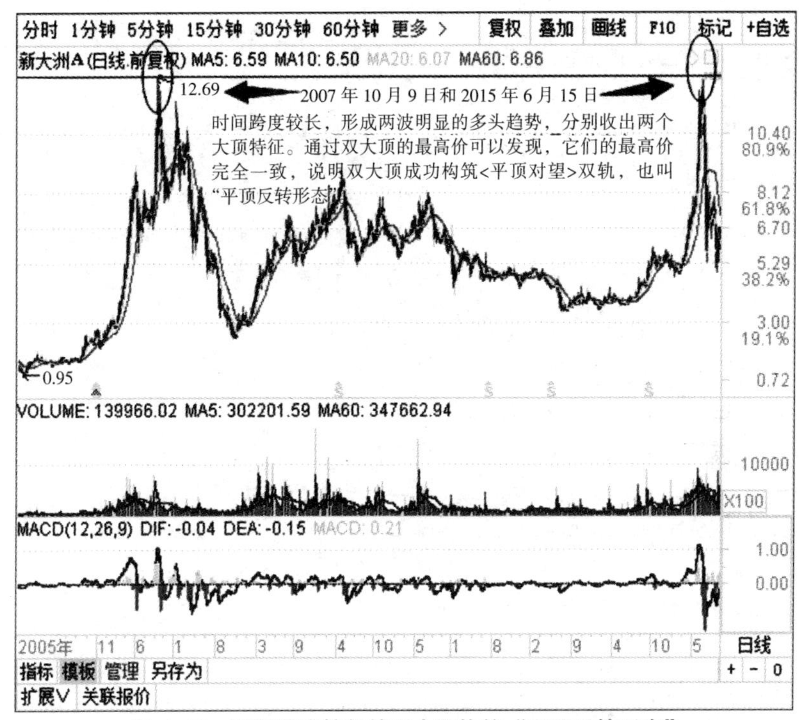

图 6-10 时间跨度较长的双大顶构筑"平顶反转形态"

度之大可想而知。因此，时间跨度超过一年以上的"平顶反转形态"较少，且多以"破顶反转形态"呈现。股价处于相对的低位区间或在区间盘整阶段运行，庄家经常采取<平顶对望>双轨进行控盘。周线或月线趋势，无论时间长短，构筑<平顶对望>双轨绝非易事，所以非常罕见，但只要形成了，股价实现探顶的可信度高，实战价值大。随着时间和行情的延伸，复权状态下的价格将会发生变化，后市再回过头看，"平顶反转形态"有可能演变为"破顶反转形态"，也有可能是一个"双重顶"或"M 顶"形态。

第二种，捷顺科技（002609），如图 6-11 所示。

股价围绕一个顶部区间展开震荡筑顶趋势，成功构筑"平顶反转形态"。

股价经历大幅上扬或经一波快速急拉攻势，收出一个或多个明显的探顶价格（探顶特征）以后，围绕这个顶部区间展开震荡筑顶趋势。某日，盘中股价选择震荡推高，但它无法突破前方顶部的最高价，而且它的最高价与前方顶部的最高价完全相等，说明股价遇阻回落并成功构筑"平顶反转形态"。围绕一个顶部区间展开震荡筑顶趋势，构筑平顶特征是庄家刻意为之，意味着股价震荡推高以后受到前方顶部阻压，而且股价短期内难以突破这个顶部上轨。

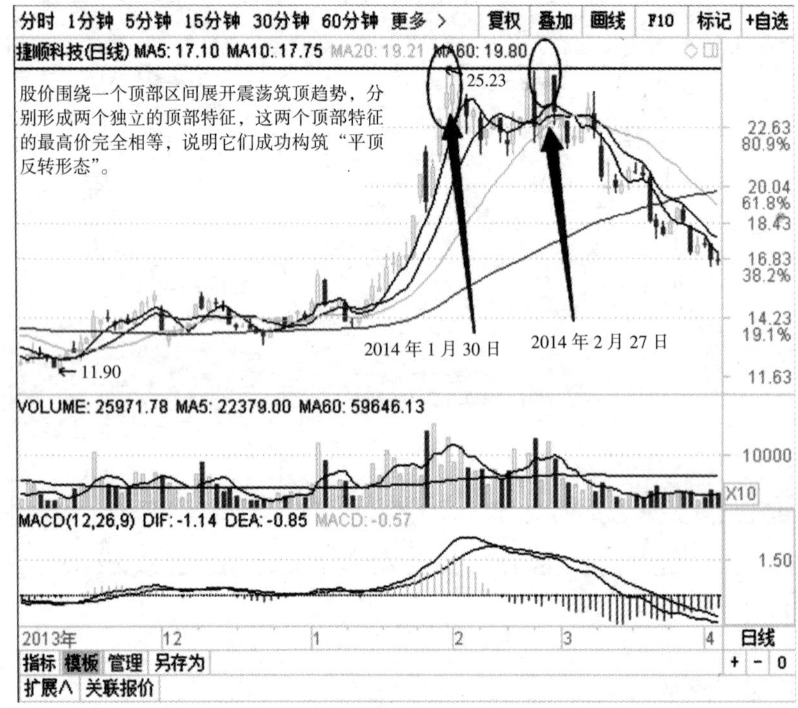

图 6-11　围绕一个顶部区间展开震荡并构筑“平顶反转形态”

一般情况下，收出平顶特征的次日开始，股价立即转入下挫或调整趋势。假如周线或月线趋势处于强势范畴，日线收出平顶特征只是表达此轮日线攻势走完，只要后市经历充分调整趋势（重新蓄势），实现止跌企稳并形成企稳反转特征以后，日线股价重新强势就会突破它的上轨。由此可见，日线股价收出探顶特征或确立<平顶对望>双轨，周线或月线股价未必探顶，趋势也未必走完，所以日线顶部特征是表达股价攻势暂时停滞，且需转入对望调整的明确提示。日线股价经历充分调整趋势（重新蓄势），它的周线或月线趋势可能只有一两根调整 K 线。各个周期必须实现无缝衔接，趋势研判和高抛低吸才能准确。

第三种，杭萧钢构（600477），如图 6–12 所示。

股价围绕 60 日均线（均线系统）展开一段长期的盘整趋势，上蹿过程构筑“平顶反转形态”。

股价脱离低位区间上轨并越过 60 日均线以后，随之围绕 60 日均线（均线系统）展开一段长期的盘整趋势。股价时而携量反弹或企稳反转，时而小幅回档或挖坑下跌，始终围绕一条上、下轨道进行箱体运动，MACD 技术指标多数时候贴着零轴线反复缠绕，金叉和死叉状态实现快速转换。这一段特别明显的区间盘整趋势，也叫步履蹒跚趋势。如有两个或多个技术平台的最高价完全一致，说明股

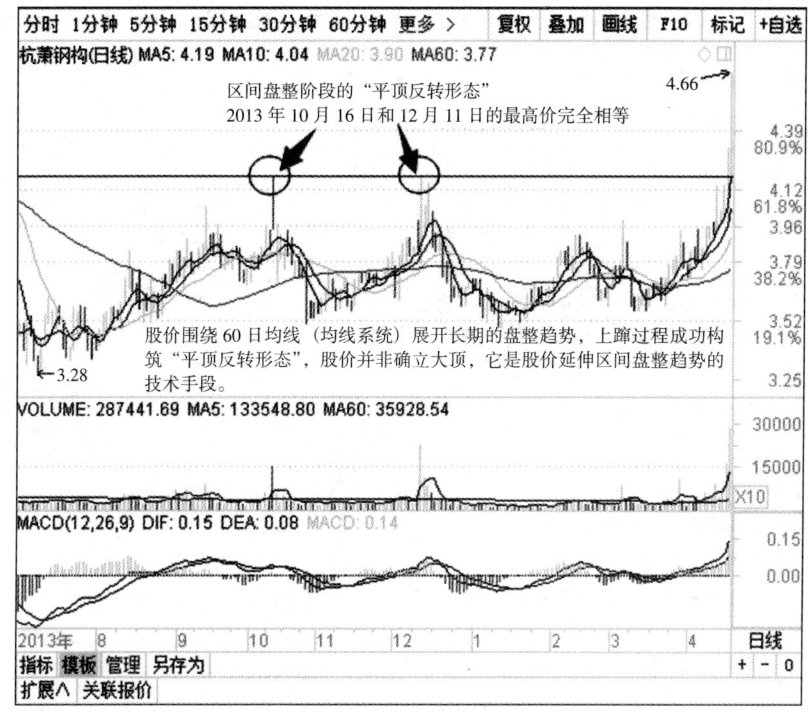

图 6–12　围绕 60 日均线（均线系统）展开长期盘整并构筑“平顶反转形态”

价处于区间盘整过程构筑多轨道的“平顶反转形态”。相对来说，区间盘整阶段的上轨叫作内平台。

区间盘整趋势不仅有修复均线系统的技术要求，庄家也有逐渐增仓控盘筹码的现实需要。区间盘整过程确立的<平顶对望>双轨，并非确立股价大顶，它是延伸区间盘整趋势的一种技术手段。这就意味着，确立<平顶对望>双轨必将促使股价保持区间盘整趋势，再次构筑刻意洗盘的小幅回档或顺势打压的挖坑跌势，重新蓄积做多能量。无论如何，区间盘整过程只要收出平顶特征（探顶特征），即使看好该股后市行情，此时也要采取减筹策略，及时回避对望调整趋势。没有出现止跌企稳或企稳反转特征之前，宁愿错过低点吸筹（增筹），也不贸然抢筹。

第四种，龙星化工（002442），如图 6–13 所示。

股价处于相对的低位区间保持震荡趋势，反弹过程构筑“平顶反转形态”。

探出一个明显的大底价格（寻底特征）以后，停留在相对的低位区间保持震荡趋势。多数时候围绕 20 日均线展开反复震荡趋势，股价始终没有形成一波像模像样的反弹趋势，也没有有效突破低位区间上轨，更没有企稳 60 日均线运行。反复震荡过程至少形成两个技术平台，至少收出两根遇阻回落的 K 线图，而且它们的最高价完全相等，说明股价处于相对的低位区间展开反复震荡趋势，成功构

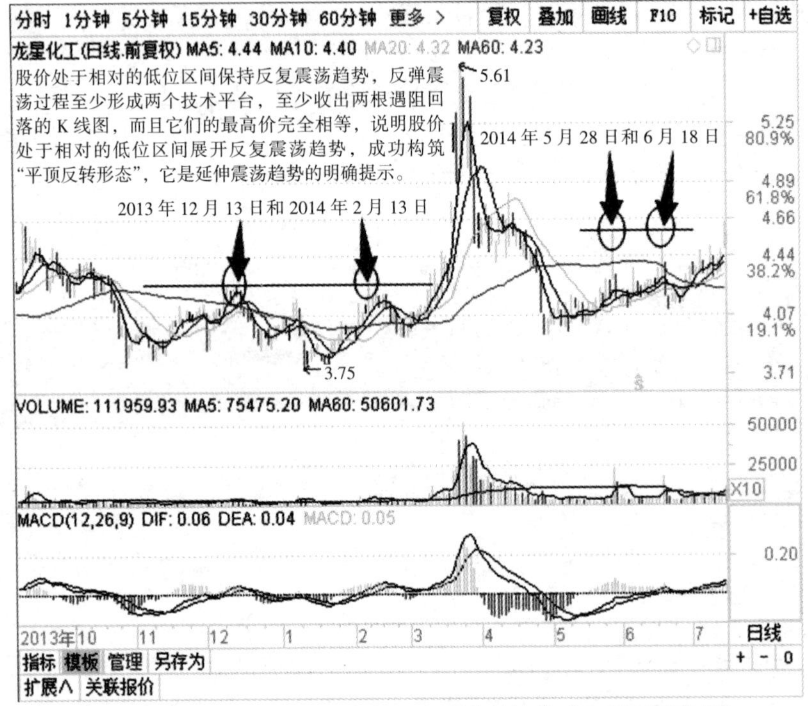

图 6–13 相对的低位区间保持反复震荡并构筑“平顶反转形态”

筑“平顶反转形态”。

庄家将股价控制在相对的低位区间展开反复震荡趋势，主要目的至少有五个：一是化解中、大均线的下垂角度；二是收拢均线系统的发散状态；三是修复MACD技术指标的弱势特征；四是清洗跟风浮筹；五是满足庄家完成低位吸筹的需要。这种位置收出<平顶对望>双轨，实质上是股价延伸震荡趋势的明确提示。这就意味着，收出平顶特征以后，股价保持震荡趋势是大概率，它有可能选择向下，也有可能选择横盘调整，跌破前期底部支撑也有可能发生。因此，无论从哪里买入，反弹趋弱且有阻压特征，必须学会减筹。后市股价跌破前期底部支撑，或者跌破止损位，必须坚决执行止损。

第五种，盛路通信（002446），如图 6–14 所示。

股价处于区间盘整阶段或震荡筑顶阶段，连续两日的最高价完全相等，成功构筑“平顶反转形态”。

股价围绕 60 日均线（均线系统）展开长期的盘整趋势，或者说股价停留在高位区间展开震荡筑顶趋势的过程中，连续两日的最高价完全相等，说明它们成功构筑“平顶反转形态”。这种“平顶反转形态”比较常见，但实战价值往往不如其他类型的“平顶反转形态”。

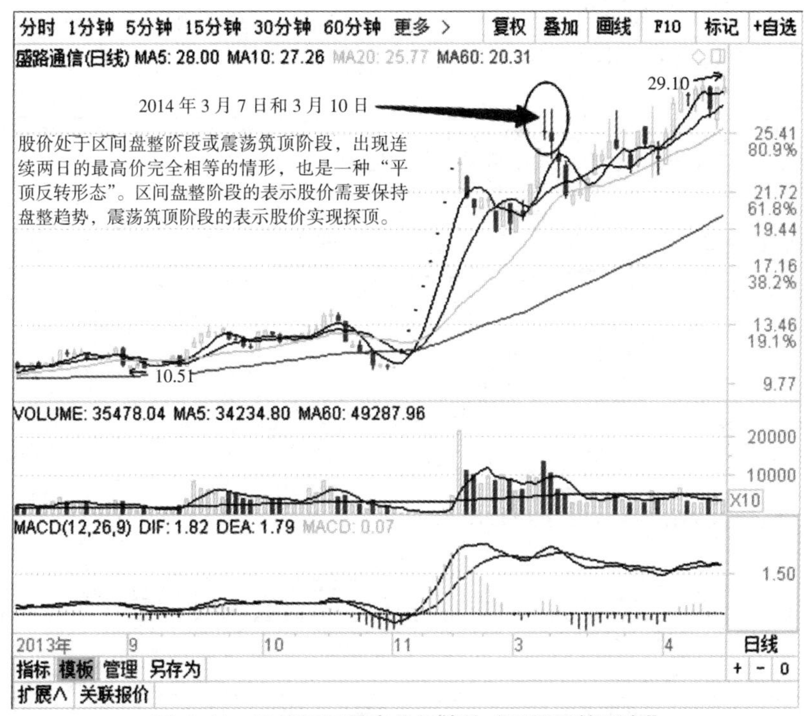

图 6–14　连续两日最高价相等的“平顶反转形态”

股价和指标趋势已走完的情况下，这种“平顶反转形态”表示股价探顶概率较高，采取清空策略为妙。股价和指标趋势未走完或处于区间盘整阶段，股价未经大幅上扬或未经快速急拉攻势，这些区域都有可能收出平顶特征，但它是表达一种调整意图，所以操盘策略采取减筹为主。

第六种，石岘纸业（600462），如图 6–15 所示。

股价处于上扬过程，某日，盘中推高以后的最高价恰好回补前期跳空缺口的最低价，盘口立即呈现出偏软偏弱态势，遇阻回落的收盘状态与前期跳空缺口成功构筑“平顶反转形态”。

无论股价处于低位区间展开震荡反弹趋势，还是处于快速上扬过程，某日，盘中股价推高以后的最高价恰好回补前期跳空缺口的最低价，遇阻回落收盘说明它与前期跳空缺口成功构筑“平顶反转形态”。恰好回补前期跳空缺口的最低价这种情况比较少见，多数形成“破顶反转形态”。跳空缺口等同于技术平台，都表示股价趋势完成【预期】并确立<对望格局>双轨。

股价经历长期的大幅上扬或处于趋势末端，只要成功构筑“平顶反转形态”，后市股价转入回落趋势是大概率。股价处于小幅反弹阶段或在区间盘整阶段，

“平顶反转形态”表示股价经历短期反弹以后，完成短线【预期】并确立<对望格局>双轨，预示后市股价必须转入对望调整趋势。

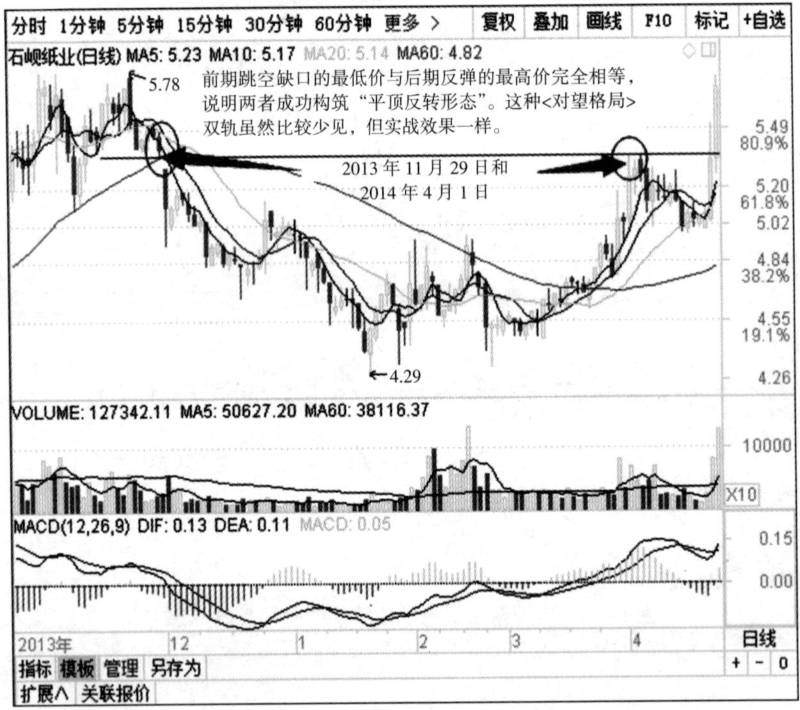

图 6-15　恰好回补前期跳空缺口的最低价并构筑“平顶反转形态”

第七招　金玉其外，败絮其中

——大幅拉升以后收出“巨量阳线”的实战意义

一、招数概况及策略剖析

（一）图形识别

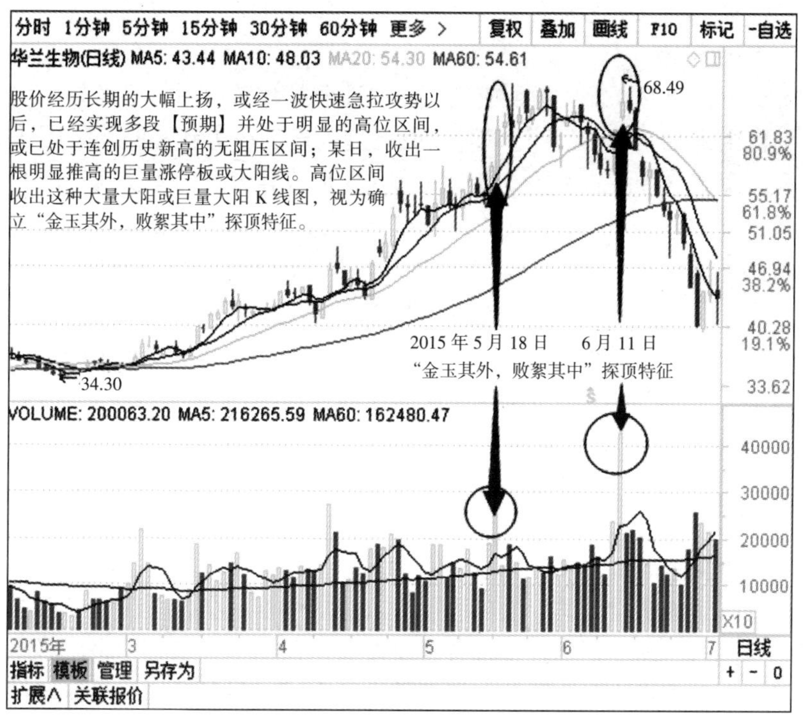

图 7-1　华兰生物（002007）构筑“金玉其外，败絮其中”探顶特征的走势

（二）招数构成与总结

（1）股价经历长期大幅上扬，或经一波快速急拉攻势以后，已经实现巨大涨幅，且已处于明显的高位区间，或者处于不断创新高的推高过程。

（2）巨大涨幅实现了多段【预期】，创出历史新高的处于无阻压区间，股价和均线系统的发散状态以及趋势线和零轴线的悬空抬升状态都极为明显。即使趋势线还没有脱离红柱体内部，股价经历大幅拉升以后，趋势线也已处于红柱体上端。

（3）股价处于明显的高位区间运行，某日，庄家以及踏空行情的大量资金持续涌入，形成强大合力并快速推高股价，股价顺利推入涨停板或已处于涨幅榜前列。股价推至涨停板的，被大量抛盘反复裂开口子成交，主动性抛盘激增且保持流出状态；股价处于涨幅榜前列且未进入涨停板的，停留在盘中高价区域围绕均价线反复震荡，主动性抛盘始终掌控主动，放量滞涨明显。

（4）最终收出一根量能激增的涨停板或大阳线，往往呈现出携量（巨量）状态。对于经历了长期的大幅上扬，或经一波快速急拉攻势，或已处于明显高位展开震荡筑顶趋势的股价来说，尤其是对于前一日的量价来说，股价推高收盘且伴随携量（巨量）状态，视为确立"金玉其外，败絮其中"探顶特征。

★ 一句话总结

股价经历长期的大幅上扬，或经一波快速急拉攻势以后，已经处于明显的高位区间；巨大涨幅实现多段【预期】，或已进入连创历史新高的无阻压区间；某日，庄家以及踏空行情的大量资金持续涌入，形成强大合力并快速推高股价，推入涨停板或涨幅榜前列；涨停过的裂开口子成交，抛盘激增且迟迟无法重新封停，未曾到达涨停板的停留在盘中高价区域围绕均价线反复震荡，抛盘掌控主动，放量滞涨明显；最终收出一根量能激增的涨停板或大阳线，对于经历长期的大幅上扬，或经一波快速急拉攻势，或处于明显高位展开震荡筑顶趋势的股价来说，尤其是对于前一日的量价来说，推高收盘且伴随携量（巨量）状态，视为确立"金玉其外，败絮其中"探顶特征。

（三）深层剖析与要领感悟

（1）股价快速推高并推入涨停板价格，大量抛盘持续外流，涨停板被反复裂开口子成交，量能激增明显。说明股价进入最后的疯狂急拉阶段，庄家投入资金推高股价的同时，踏空行情的投资者再也按捺不住做多热情，于是两者形成强大的合力推动。无论最终收盘是涨停板还是大阳涨幅，量能激增且呈现出携量（巨量）状态，说明庄家采取了极其高明的控盘技巧推高股价，假意维护股价的表面强势，迷惑获利盘留守，诱惑踏空资金持续追高，庄家却在不知不觉中撤出大量获利盘。

（2）股价到达涨幅榜前列且未推入涨停板，全天大部分时间停留在盘中高价区域围绕均价线反复震荡，主动性抛盘始终掌控主动，放量滞涨明显。说明庄家采取了极其高明的控盘技巧推高股价，进而围绕盘中高价区域反复震荡，彻底点燃踏空投资者的做多热情，庄家却在不知不觉中撤出大量获利盘。

（3）已经涨停过的有着以下的盘口特征：携量推高以后进入涨停板价格，大量抛盘不断地撕扯涨停板价格，主动性抛盘激增明显，反复裂开口子成交。未曾到达涨停板的大阳涨幅有着以下的盘口特征：快速推高以后停留在盘中高价区域反复震荡，全天大部分时间围绕盘中均价线成交，买盘与抛盘激增，放量滞涨明显。

（4）涨停板价格受到大量抛盘打压，频繁裂开口子成交，最终收盘有可能重新封住涨停板价格，表明庄家通过极其高明的控盘技巧实施了诱多趋势，这是一种典型的诱多盘口。盘中到达过涨停板价格，却无法封住涨停板价格，高价震荡以后收出携量（巨量）大阳涨幅，表明庄家撤退意志坚决。未曾到达过涨停板的大阳涨幅，停留在盘中高价区域围绕均价线反复震荡，主动性抛盘不断外流，放量滞涨明显。

（5）量增价涨的收盘状态表示股价攻势已经走到尽头，预示庄家撤退意志坚决。涨停板或大阳涨幅给普通投资者营造一种快速急拉的强悍攻势，使其认为股价还能继续推高，场内浮筹选择坚守，场外资金持续追高。这种 K 线图徒有华丽的外表，内地里却是一团糟，甚至破败不堪，但它极具诱多效果。“金玉其外”是庄家刻意营造的强势假象，目的是为了掩护撤退。无论最终收盘是涨停板还是大阳涨幅，高位区间收出这种大量大阳、巨量大阳或巨量涨停板，都体现出“金玉其外，败絮其中”探顶特征。

（6）涨停板或大阳涨幅的诱多效果非常好，容易点燃普通投资者的做多热情，而且普通投资者喜涨怕跌，从不畏惧价格高度。大多数普通投资者没有经过系统化学习，主动学习的积极性并不高，更多的是凭着个人主观意愿做盘。另外，由于政策以及资金量的限制，大多数普通投资者不具备做空条件，追涨成为唯一的赚钱途径，杀跌也是无奈之举。稀里糊涂地追高，却没有想过这是庄家抛出的且获利巨大的筹码。不管是“老鼠仓”帮忙对倒，还是普通投资者持续追高，庄家撤退了多少筹码，必须有人接过多少筹码，这是零和游戏规则的极致体现。

（7）股价处于明显的高位区间运行，收出携量（巨量）涨停板或大阳涨幅，只要出现以下任何一种盘口走势和量能特征，即可确立“金玉其外，败絮其中”探顶特征。第一，量能骤然增加，少则明显放量，多则放大几倍，甚至高达数十倍；第二，涨停过的被大量抛盘反复裂开口子成交，全天大部分时间停留在盘中高价区域围绕均价线反复震荡，即使重新封停也是巨量伴随；第三，股价携量推高以后，停留在涨幅榜前列并围绕盘中均价线反复震荡，量能激增并呈现出滞涨迹象，最终报收携量（巨量）状态的大阳涨幅或涨停板。

(8) 构筑"金玉其外，败絮其中"探顶特征的抛筹策略。

第一，股价和指标趋势未走完的情况下，收出"金玉其外，败絮其中"巨量涨停板或大阳涨幅，逢高采取减半策略。股价形成惯性推高以后，虚拉诱多过程实施逢高清空策略。例如：股价进入"顶背离"、"飘三柱"和"头肩顶"等虚拉诱多区间，量增价涨却不封停，即使封停也有巨量伴随，往往形成此轮行情大顶，必须及时清空。

第二，股价和指标趋势已有减弱迹象，或已处于虚拉诱多区间，收出携量（巨量）状态的涨停板或大阳涨幅，"金玉其外，败絮其中"往往形成此轮趋势大顶，立即采取清空策略。

二、招数及实例解读

操盘实例一　鑫科材料（600255）

◆ **图形识别**

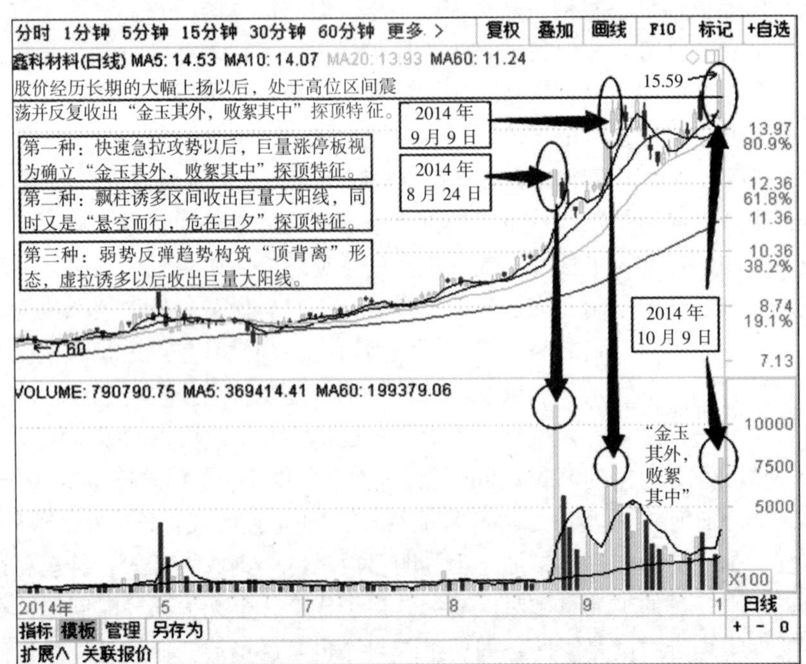

图 7-2　先后收出三个"金玉其外，败絮其中"探顶特征的走势

◆ **要点回放**

如图 7-2 所示：

（1）2013 年 6 月 25 日，鑫科材料（600255）跟随股指长期回调以后，探出一个极为明显的寻底特征，随之推起长达两年的盘升趋势。如果从 2013 年 6 月 25 日的寻底价格算起，至 2014 年 10 月 10 日的顶部价格，15 个月时间实现了 250%涨幅，至 2015 年 6 月 18 日的顶部价格，两年时间实现了 520%涨幅。2013 年业绩虽然全年亏损，但股价走势与其基本面完全背离。股价不仅实现了巨大涨幅，而且提前股指起势。简言之，该股提前起势并实现巨大涨幅，因为它蕴含尚未对外公开的利好，例如重组、高送转、收购兼并优质资产、注入优质资产等题材，所以庄家才会炒作它。

（2）谙熟题材操作的投资者应当明白：尚未对外公开的消息，才符合并利于题材炒作，而且消息往往控制在一个特定圈子里，并在有限范围内传送，普通投资者根本无法提前获知。个股题材一旦确认，众人皆知。可是，此时股价要么进入长期停牌程序，要么涨至明显高位区域，要么形成“见光死”行情。作为一名普通投资者，既不是上市公司的大股东，也不是上市公司的管理层，更不是涉及并处理该消息的相关人员（包括政府部门），所以不可能提前获知消息，更不可能提前确认炒作。能够做到提前获知，你总得凭点什么吧？有广泛的人脉关系吗？认识控盘的庄家吗？可以根据技术层面提前做出炒作预判吗？难道仅凭个人对股票市场孜孜不倦的热爱和执着，买了股价就能涨？卖了股价就会跌？

（3）2013 年 8 月初，股价展开反弹以后快速脱离低位区间并越过 60 日均线，随后进入稳步盘升的长期趋势。中、大均线始终成为强力支撑，前期技术平台或跳空缺口又不断地形成打压，使得盘升高点和回调低点保持着一种整体抬升状态，从而形成长期盘升的牛皮市道。对牛皮市道的解释多种多样，百人百解。牛皮市道特征：①必须确立明显的多头趋势；②每一小波的涨幅不大，涨速较慢，调整较多；③股价整体趋势保持长期盘升状态，经历了较长时间；④60 日均线形成缓慢抬升角度，20 日均线反复缠绕 60 日均线；⑤调整趋势往往在 20 日均线获得止跌，即使股价跌破了 60 日均线，也能在其附近获得止跌，并形成企稳反转趋势；⑥涨时明显携量，调时明显缩量；⑦前期存在较多的技术平台或跳空缺口，致使长期盘升过程多次确立<对望格局>双轨以及对望调整趋势；⑧调整趋势多数采取横盘方式进行，致使趋势线长期保持悬空抬升的失真状态。

（4）日线趋势只要形成牛皮市道特征，必须结合周线或月线趋势。因为只有通过大周期进行指导，才能对股价的整体趋势、强弱以及位置高低及时做出准确判断。长期盘升过程虽然经常收出各种探顶特征，也有虚拉诱多趋势存在，但股价并不会形成大幅下挫趋势。回调趋势虽然较多，但回调以后及时获得中、大均线支撑，而且多以横盘方式展开调整。由此可见，长期盘升过程的探顶特征多数是假顶特征，它的主要作用是提示股价盘升趋势暂时停滞，且需转入调整趋势。只要参与了牛皮市道，免不了高抛低吸，熟练运用不仅可及时回避调整趋势，更能获取差价并逐渐降低持筹成本。高抛低吸做不好，容易垫高持筹成本，也会弄丢筹码，甚至错失盘升以后的疯狂急拉趋势。一般情况下，股价经历长期盘升趋势以后，实现探顶之前往往推起一波快速急拉攻势，所以说最后才出现的这一波快速急拉攻势，是股价行将确立大顶并结束牛皮市道的前兆。也可以这么理解，快速急拉攻势没有出现以前，耐心持筹并做好高抛低吸，一旦有了快速急拉攻势，随时准备逢高撤离。

（5）2014 年 6 月 30 日，股价经历回撤并跌破 60 日均线以后，不仅及时获得止跌，实现企稳反转以后又将 5 日均线快速带回勾头状态，且与 20 日均线形成对接并确立“短回中”强攻特征。接下来的 1 个多月，牛皮市道的盘升趋势十分明显。8 月 25 日，企业公布了扭亏为盈的半年业绩，同时附上 10 股转增 15 股的高送转预案，促使当日股价直接采取“一”字无量涨停开盘。2013 年全年业绩亏损，2014 年上半年业绩虽然扭亏为盈，但每股收益只有 0.02 元，而且稀释后的每股收益还是亏损，居然推出如此慷慨的高送转预案，市场一片哗然。又有谁能够提前想到呢。根据基本面选股规则，这样的业绩表现根本不会被纳入股票池并得到关注，即使它拥有丰厚的资本公积金，具备了高送转条件，可是谁又能想到上市公司居然会选择业绩不佳之时，突然实施（也可以说是强推）高送转。真是应了只有想不到，没有做不到这句话。根据技术面精选个股，日线趋势已于 6 月下旬形成“短回中”强攻特征，然后伴随一段回撤趋势，这个时候应当把它及时纳入强势股股票池。牛皮市道的最后阶段上演了疯狂急拉趋势，这是庄家惯用的控盘伎俩。

（6）8 月 26 日，早盘股价选择跳空高开，开盘以后的盘中振幅十分惊人。量能激增并促使盘中股价直线蹿高，最高价探至 7.20%涨幅，可是好景不长，股价在此涨幅停留只有两分钟时间，大量抛盘砸下股价成交。虽然下跳速度很快，但盘中股价并没有回补跳空缺口，而且买盘增多开始夺回主动权，盘中股价重新推起成交，9 点 50 分过后，已经形成逐渐上扬态势。午盘 13 点 20 分，虽然买盘推动股价到达涨停板价格，但封停单子不够坚决，抛盘激增且持续流出，致使涨停板快速裂开口子成交，说明盘中股价首次触停失败。13 点 35 分，几个大额买盘虽然将股价二次送停，但封停单子依然稀少，主动性抛盘继续打压涨停板价格，裂开口子成交并逐步扩大偏弱趋势。收盘前一刻钟，郁闷了一整天的买盘再次展开反攻，快速推起并将盘中股价三次送停，可是买盘还是无法封死涨停板价格。经过买卖盘的不断撕扯并持续放量，最后一个成交价以买盘的涨停板价格结束收盘。

（7）盘中股价三次推入涨停板价格，每次都被大量抛盘裂开口子成交，而且全天大部分时间停留在盘中高价区域并处于均价线之上成交，主动性抛盘始终掌控盘口主动，放量滞涨明显，最终致使当日量能比前一日激增10倍。通过这一天的盘中趋势可以明白，涨停板只是徒有华丽的外表，“金玉其外”掩盖不了“败絮其中”的巨量成交，庄家逃脱不了大举撤离的嫌疑。

◆ **操盘策略**

如图7–3所示：

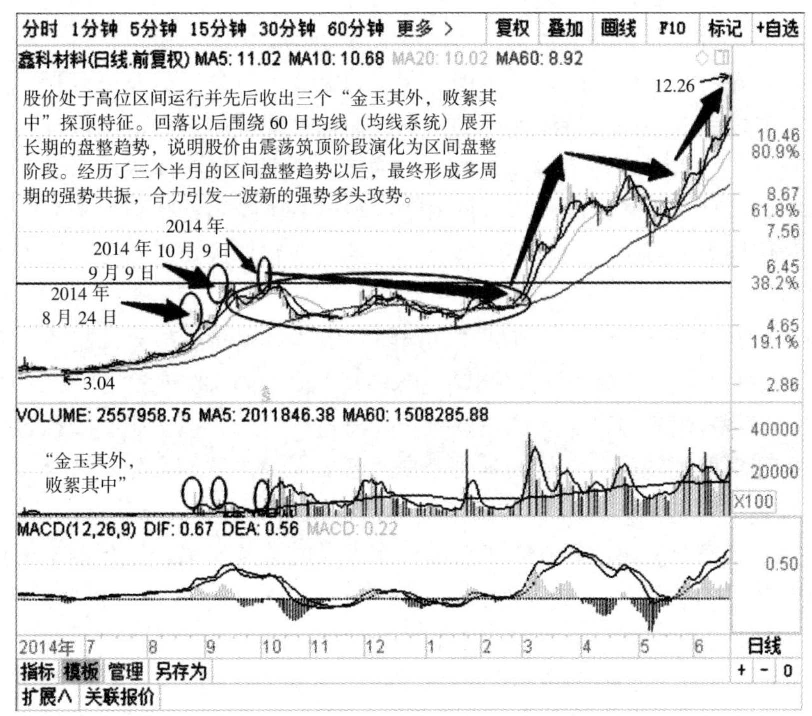

图7–3　形成“金玉其外，败絮其中”探顶特征以后的走势

（1）2014年8月26日，收出一根量能激增十倍的巨量涨停板，必有其因。难道这是庄家大量增筹的转势特征？当然不是。如果庄家选择继续做多，此时无须投入如此巨量推升，毕竟做多只要保持稳定放量即可，早盘缩量封停也能达到目的。盘中股价反复裂开涨停口子成交，主动性抛盘虽然巨大，但股价始终停留在盘中高价区域并处于均价线之上成交，说明大量跟风浮筹追高买入，接纳了庄家抛出的巨量抛盘。由此可见，这是“金玉其外，败絮其中”探顶特征，它是股价经历快速急拉攻势以后的首批顶部特征。上市公司发布利好公告的第一天，采取“一”字无量涨停开盘，即使挂单时间掐得很准，成功买入的概率甚微。次日，推高以后虽然收出涨停板，但盘中股价经历如此推势和巨量成交，是谁在抛？又是谁在买？答案显而易见。普通投资者主观上认为股价将会保持强势推升格局，因而漠视股价运行规律，不管三七二十一，投入重仓筹码追高做多，所以庄家得以顺利撤退。大量跟风浮筹追高做多，不仅省却了庄家维护股价表面强势的力气，也为稳定盘中股价起到了一定作用。一进一出之间，抬高了市场整体持筹成本（跟风浮筹垫高市场整体持筹成本），庄家撤退起来更加容易。

（2）复权状态下可以看出，巨量涨停板不仅触及 2011 年 7 月 26 日的“回落中继平台”，涨停板收盘站稳前期技术平台之上，说明<对望格局>双轨还没有确立。股价站稳前期技术平台之上，预示后市存在惯性推高动力，同时提示我们，庄家虽然正在进行收网动作，但不可能短期内完成。巨量抛盘对应巨量买盘，说明追高买盘接过的是庄家持续抛出的主动性抛盘，即使庄家有对倒嫌疑，如此巨量表现也不是好事。唯一值得高兴的是，趋势线还藏在红柱体内部，说明股价和指标趋势仍然处于强势范畴，所以此时盘面虽然有了探顶特征，但随后股价也要转入高位区间展开震荡筑顶趋势。股价和指标趋势减弱或走完以后，再做方向性选择。

（3）8 月 27 日至 29 日，缩量“三连阴”展开对望回撤趋势，趋势线被其快速带离红柱体内部，红柱体呈现出逐渐缩短状态，说明股价和指标趋势开始减弱。前方涨停板附近追高买入的投资者，没有讨到好处，选择阴线回撤过程斩仓出局，即使采取硬抗模式，也要承受账户逐渐扩大的浮亏压力。从另外一个角度观察，缩量“三连阴”展开顺势回撤趋势，快速化解了“金玉其外，败絮其中”的巨量推升状态，又将前期技术平台的套牢盘及时清洗出局。连阴缩量回撤不仅是清洗浮筹的有力证据，更是化解巨量推升的一种技术手段。股价回落至 10 日均线上方获得量价支撑，止跌企稳以后重新向上。

（4）9 月 5 日，盘中股价携量推高以后，10 点 37 分推至涨停板价格。虽然封停单子不够坚决，且被大量抛盘反复裂开口子成交，但午盘开市以后不久，大量买盘封死涨停板价格，成交沉寂下来。通过日线盘面可以看出，携量涨停板虽然突破了<对望格局>双轨，但强力推升并没有将重新拉长的红柱体藏入趋势线。这就意味着，股价虽然突破了<对望格局>双轨，但股价和均线系统之间存在大幅发散状态，趋势线和零轴线之间也有悬空抬升状态，而且红柱体重新拉长也没有藏入趋势线，说明股价和指标趋势进入飘柱诱多趋势，预示突破攻势属于虚拉诱多性质。只有庄家才能使出如此强力的虚拉诱多手段，目的是为了实现诱多派发，此时稳妥的操盘策略是逐步减筹。

（5）9 月 9 日，采取跳空高开并形成携量推高趋势，早盘第一小时的最高价探至9.02%涨幅。10点34分开始，买盘虽然发力推高股价，但买盘无力触碰涨停板价格，最高价探至9.43%涨幅。10点50分，买盘再一次发力并推高股价，它的最高价与前方盘口的最高价完全相等，冲击涨停板价格未果并形成了偏软偏弱态势。跳空缺口以及盘中均价线成为强势震荡的支撑，最终收盘定格在6.63%大阳涨幅。红柱体受其跳空强力带动继续拉长，趋势线处于红柱体之上并保持着悬空抬升状态，虚拉诱多特征十分明显。盘中股价两次冲击同一个高价且无法突破，预示这个高价存在强大阻力。收出大阳涨幅且留有跳空缺口，明显携量却封不上涨停板价格，盘中强势震荡且不断放量，构筑了一种典型的“金玉其外，败絮其中”探顶特征。

(6) 究其深因，应当将复权状态下的K线图缩小，将会发现一个非常有趣的现象：2011年3月25日的历史高价与当前盘中的最高价仅有一分钱距离，这说明什么问题？透过现象看本质，盘中股价两次冲击同一高价未能突破，说明当前股价推高以后存在强力阻压，而且它与前期历史高价相差无几，可想而知，已被深套三年多的套牢盘，此时解套出局的心理有多么急促，抛筹不断并形成持续打压，也就很正常了。由此可见，盘中股价携量推高以后围绕高价区域反复震荡，两次冲击接近涨停板的同一个高价未能突破，这是盘口偏软的征兆，回落运行则是盘口偏弱的征兆。冲高回落收盘既是股价确立<对望格局>双轨的典型特征，更是<触平台即洗盘>的规律使然。除权状态下可以看出，盘中高价接近前期技术平台，收盘留有跳空缺口且呈现出大阳大量状态，毋庸置疑，它们成功确立<对望格局>双轨。大阳只是一种徒有虚表的亮丽，大量才是本质的体现，大量大阳蕴藏了极大风险。此时此刻，有什么风险比“金玉其外，败絮其中”和“悬空而行，危在旦夕”结合型探顶特征的风险还要大呢？飘柱诱多区间收出任何一种探顶特征，股价完成探顶的可信度极高。

(7) 股价停留在高位区间且经一周震荡以后，回落运行并将悬空状态的MACD技术指标带入死叉，说明它的死叉动能不足，股价立即大跌的可能性不大。股价回落至20日均线并获得止跌，连续小阳线推起及其温和放量状态，形成了止跌企稳特征。趋势线并没有跟随股价企稳拐头，反而形成了缓慢下降状态，说明股价和指标趋势呈现出典型的背离特征。9月29日，早盘股价虽然采取跳空高开并创出历史新高，但买盘强势只有早盘开市以后的一分钟时间。随着主动性抛盘的持续外流，盘中股价不仅形成了逐渐下行的偏弱态势，而且回补了跳空缺口，最终收盘形成“高开低走，乌云盖顶”探顶特征。股价实现企稳反弹趋势并创出历史新高，虽然反弹力度促使趋势线的下降角度有所减缓，绿柱体也有所缩短，但它们已经和股价走势构筑了一种明显的“顶背离”特征。虚拉诱多是为了顺利出货，而不是做多行情。

（8）通过周线趋势可以看出，股价上扬以后完成【预期】并确立<对望格局>双轨，此时已经形成飘柱诱多状态，说明周线股价处于虚拉诱多区间，而且股价随时都有可能回落运行。通过月线趋势可以看出，月线股价上扬以后虽然完成【预期】并确立<破顶对望>双轨，但它的股价和指标趋势还没有表现出减弱特征，所以月线对望是一种假顶特征。通过上述分析可以得出以下结论：月线股价确立<破顶对望>双轨，周线股价确立<对望格局>双轨且已形成飘柱诱多状态，日线股价处于高位区间震荡并反复收出探顶特征，说明三个周期的后市股价避免不了一段调整趋势。月线展开对望调整趋势，日线或周线股价有可能形成一段刻意洗盘的小幅回档趋势，调整幅度大了将会形成顺势打压的挖坑跌势。因此，此时必须采取逢高减筹策略，回避调整趋势。

（9）10 月 9 日，低开高走以后创出复权状态的历史新高，盘中最高价推至 9.00%涨幅。量能比前一日放大近四倍，盘中推升却迟迟无法到达涨停板价格，而且抛盘致使最终收盘价略有回落，说明大量大阳状态只是徒有其表，真实力量实质是庄家抛筹，股价突破<对望格局>双轨只不过是构筑“顶背离”区间的虚拉诱多趋势。由此可见，股价处于高位区间展开震荡筑顶趋势，收出这种大量大阳 K 线图，属于“金玉其外，败絮其中”探顶特征的真实体现，而且它出现在“顶背离”区间，股价完成探顶的概率极高。关于它的形成，庄家的目的非常清晰：第一，迷惑那些跟风且已获利的追涨浮筹，使其坚信股价还会更高，于是选择坚守或加大入场力度；第二，诱惑那些一直持币观望的场外投资者，使其认为股价强势恒强，追高买入并抬高了市场整体持筹成本。只要获利浮筹选择坚守不出，持币者又换成场内筹码，庄家的目的即可达到。你是哪一种投资者？相信你的心里最清楚。

（10）10 月 10 日，股价继续向上冲击并创出历史新高，最终却形成了一根“冲高回落，单针见顶”K 线图。长长的上、下影线说明盘中股价经历了剧烈波动，无论盘中股价是先下后上，还是先上后下，这种探顶特征是庄家为了顺利派发而采用的典型的撤退手段。什么叫作“见光死”行情？将该股调入除权状态观察，即可一目了然。认真感悟庄家如何利用高送转题材实现炒作，又是如何利用实施高送转方案进行撤退。历史经验告诉我们，凡是涉及题材炒作的个股或板块，蕴含利好并在股价停牌以前或利好题材确认以前，盘面总会提前出现一段异动的控盘迹象，也有一段提前起势的显著涨幅。历史经验同时告诫我们，任何板块轮动以及题材炒作，都是庄家忽悠普通投资者的一种手段。题材确认往往形成相反的走势特征，即使没有出现“见光死”行情，停牌以后形成连续“一”字无量涨停，有钱也无法买入。该股确认高送转题材时，股价已经形成牛皮市道，而且庄家提前了一年时间酝酿。高送转预案发布以后，重新开盘直接进入“一”字无量涨停攻势，能够成功买入的只有极少数。股价进入飘柱诱多趋势，攻势非常短暂，而且多以短平快行情为主，只有掌握了精准的买卖点技术，才有可能获取短线利润。构筑“顶背离”形态表示股价进入涨势末端，企稳反弹趋势只是为了实现诱多出货，而不是做多行情。该股实施高送转当日，上演了一出真实的“见光死”行情，只要追高就被套。

（11）成功构筑“顶背离”形态以后，进入长期调整趋势。股价快速回调以后寻求 60 日均线作为支撑，随之围绕 60 日均线区间（均线系统）展开长期的盘整趋势，说明股价由震荡筑顶趋势演化为区间盘整趋势，这是后市股价重新走强的原因之一。经历三个半月的区间盘整趋势，股价和均线系统的大幅发散状态得到化解，趋势线和零轴线的悬空抬升状态也已消失殆尽。周线股价的对望调整趋势十分明显，股价回落至中线附近获得止跌企稳。月线股价的对望调整趋势也十分明显，横盘调整状态使其更具爆发力度。

（12）2015 年 1 月 22 日，突然跳空上攻并站稳大线之上，日线最终报收一根留有跳空缺口的携量涨停板，同时确立“内腾空”和“短回长”强攻特征。由于股价处于大线之下的调整时间不足，而且跳空起势过快，MACD 技术指标虽然被其强力带入金叉状态，但趋势线离零轴线仍有一定距离，说明指标转势力度不足，暗示化解不利因素必须通过调整趋势实现。次日，股价冲高以后触及区间上轨，随之转入内平台的对望调整趋势。2 月 13 日，股价经历半个月的对望回撤趋势以后，获得止跌并形成企稳反转趋势，“短回中”强攻特征重新确立强攻，并引发了一波多周期共振的强势恒强趋势。

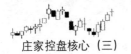

操盘实例二　华泰股份（600308）

◆ 图形识别

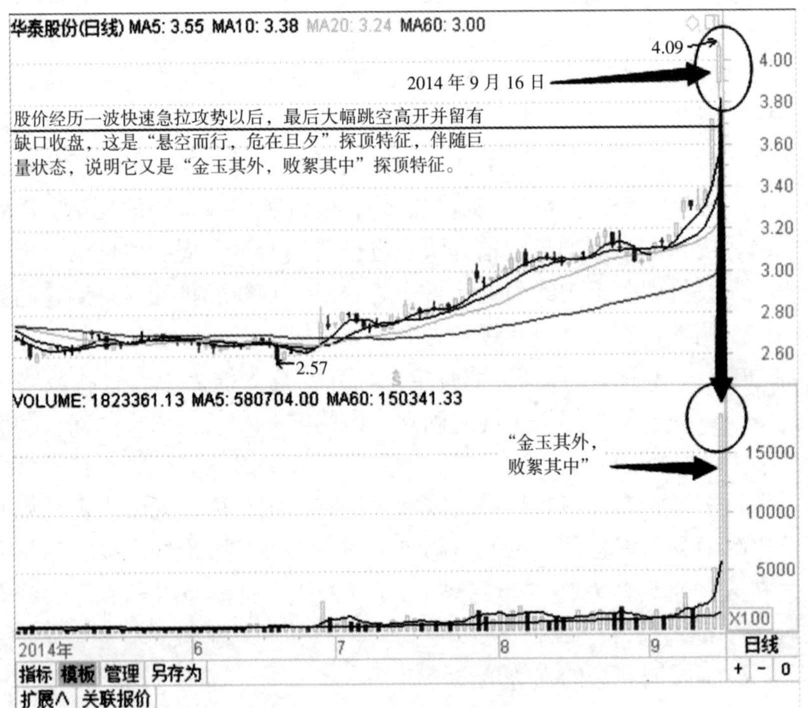

图 7-4　巨量大阳表现出“金玉其外，败絮其中”探顶特征的走势

◆ 要点回放

如图 7-4 所示：

（1）下面回顾 A 股市场这十年来的大致情况。2005 年 4 月 29 日，经国务院批准，中国证监会发布《关于上市公司股权分置改革试点有关问题的通知》，启动股权分置改革的试点工作。随着股权分置改革的逐渐深入，引发了 A 股市场此后两年的六倍涨幅，十倍、几十倍的牛股遍地皆是，造富效应从未有过如此轰动。平时难有起色的“僵尸股”活跃起来，长期休眠的“僵尸账户”也被激活，大批新股民入市，“财富”机会明显增多。可是，零和游戏规则却从未改变，你赚了，别人亏了，你亏了，别人赚了。华泰股份（600308）自 2005 年 6 月 3 日探出复权状态的回调低价，推起一段长达二十七个月的牛市行情，最终涨幅超过十倍。股价探底不仅比股指提前，涨幅也比股指多。2007 年 8 月，美国次贷危机爆发，席卷了全球主要金融市场，导致全球金融市场剧烈动荡，A 股市场未能独善其

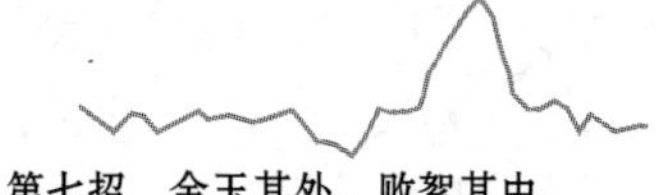

身。上证指数由 2007 年 10 月 16 日的历史高点（6124 点）回落，经历了快速的大幅下挫趋势。与此同时，两市绝大部分个股同步跟随股指大幅下挫，就像洞开了所有水库闸门那样，倾泻而下。上证指数的历史高点以及经历大幅暴跌趋势以后的 1664 点，都已成为投资者久久无法痊愈的伤疤。该股经历十四个月的大幅暴跌趋势，最大跌幅接近 85%，直至 2008 年 11 月 4 日才成功探出大幅暴跌以后的低价。

（2）由于国际经济环境的持续恶化，国内经济受其影响颇深。为了抑制国内经济下滑的态势，我国政府于 2008 年 11 月 10 日出台了在未来两年内投资“四万亿”的经济刺激计划以拉动经济增长（国民经济有“三驾马车”之说，分别是投资、消费和出口）。这项措施不仅提振了市场信心，股票市场也立即做出反应。股指企稳，个股实现普涨行情。前有美国次贷危机的席卷，后有欧债危机的蔓延，国内经济陷入滞胀（经济停滞不前和通货膨胀的简称），地方债务危机时而发生。上证指数于 2009 年 8 月 4 日探出阶段性高点（3478 点）以后，随之进入长达四年的熊市。该股涨至一年半以后的 2010 年 3 月下旬，股价虽然实现两倍涨幅，但这两倍涨幅还没有达到历史高价的一半，从此一蹶不振。2013 年 6 月 25 日，上证指数探出 1849 点，才终结了这四年熊市。如果将 2007~2009 年的大幅暴跌趋势计算在内，股指经历了长达六年熊市。

（3）2013 年 6 月 25 日，该股跟随股指探出除权状态的历史大底。股价反弹越过 60 日均线并到达前期“回落中继平台”，一个阶段性顶部终结反弹趋势。股价形成逐波下行趋势，60 日均线始终成为股价反弹的强力阻压。2014 年 6 月 27 日，盘面突然收出一根突破 60 日均线的大量（巨量）阳线，量能比前一日放大四倍多。这种大量（巨量）阳线出现在相对低位的震荡区间或区间盘整过程内，一般把它看成庄家展开攻击并大肆掠夺筹码的信号。可是，这种大量（巨量）阳线出现以后，后市股价并不会形成继续上扬趋势，多数围绕区间继续盘整。因此，把它定义为“旱地拔葱，避其锋芒”转势特征。转势特征的形成，一则提示庄家不计成本地大肆掠夺筹码；二则提示股价起势过急、量能过大，应暂时回避锋芒；三则提示跟风浮筹较多，获利了将对股价形成抛压；四则提示必须耐心等待股价转势，关注调整以后的反转特征；五则提示该股蕴含某种利好，庄家才会采取袭击手段进行抢筹。

（4）这种大量（巨量）阳线或涨停板的图形和量能特征，虽然与“金玉其外，败絮其中”探顶特征的图形和量能特征相似，但两者有着本质区别。它们最大的不同是两者出现的位置不同。前者往往出现在相对低位的震荡区间或区间盘整过程；后者多在大幅拉升以后的高位区间出现。“旱地拔葱，避其锋芒”转势特征也好，“金玉其外，败絮其中”探顶特征也罢，追高了都有被套可能。转势位置买入以后的被套时间较短，多有解套出局机会，但股价必须经历缩量回撤趋势以后，才有可能重新发力；探顶位置买入以后，快进快出有可能微利出局，股价转入震荡筑顶趋势也有获利出局机会，假如股价探顶以后形成快速回落趋势，或者直接转入破位下挫趋势（缺失一段高位区间的震荡筑顶趋势），那么被套时间将较长，也有可能长期深套。

（5）这根巨量阳线不仅受到前期平台阻压，冲高回落收盘说明两者及时确立<对望格局>双轨。因此，回避锋芒表达了两层意思：一是说有筹在手，采取逢高减半策略；二是说无筹在手，回避巨量阳线锋芒，也可以理解为回避巨量以后的缩量调整。战场打仗和投资交易的道理相通，既要懂得如何攻，也要明白如何守。一味地进攻，进攻，再进攻，却不懂得防守，犯了兵家大忌。攻中有防，防中有攻，解决矛与盾的和谐统一，做到进退有度，才有可能获得成功。接下来的十个交易日，庄家采取横盘方式展开防御工事，10 日和 20 日均线的空间成为支撑。7 月 15 日，股价实现止跌企稳以后，虽然采取携量阳线突破<对望格局>双轨，但股价并没有立即展开突破攻势，庄家继续采取横盘方式进行清洗。有一点必须弄明白，股价展开调整只要形成横盘状态，趋势线将会形成一种悬空抬升状态。这就意味着，横盘方式促使 MACD 技术指标形成失真状态，横盘次数越多，指标的失真状态越明显。对于牛皮市道的长期盘升趋势，庄家经常采取横盘方式展开调整，MACD 技术指标的失真状态十分明显，这个时候必须按照“以大指小”原则操盘，同时解决好高抛低吸。

（6）7 月 24 日，携量阳线突破“短期横盘调整”上轨。7 月 28 日，早盘股价跳空高开一分钱，开盘以后立即形成放量推升趋势，全天大部分时间停留在盘中均价线之上震荡成交，最终留有缺口收盘，说明股价进入连续性攻势。8 月 5 日，携量阳线的上影线已经触及前期技术平台，冲高回落收盘确立<对望格局>双轨。庄家控盘非常耐心，控盘手段极其高明。庄家利用普通投资者不喜欢股价波动小、横盘多的心理因素，几次三番地采取横盘和突破实现攻防转换。“短期横盘调整”最明显的特征是以缩量的窄幅震荡为主，多数选择 20 日均线作为支撑；横盘时间短，波动极小的情况下寻找 10 日均线作为支撑；横盘时间长，股价震荡横移有可能回碰 60 日均线。“长期横向盘整”最明显的特征是以上蹿下跳、伏低蹿高的区间盘整趋势为主，股价围绕 60 日均线区间（均线系统）展开长期的盘整趋势，时而跌破大线支撑并形成快速止跌，时而站稳大线并受到内平台阻压。反复经历多次并经长期盘整以后，股价波动幅度越来越小，“长期横向盘整”特征越发明显。牛皮市道的长期盘升趋势中，调整多数采取横盘方式进行，回调幅度小且多以 20 日均线作为支撑，回调幅度大了将以 60 日均线作为支撑。

（7）9 月 9 日，股价经历窄幅震荡且已回碰 20 日均线，获得止跌以后展开企稳反转趋势，采取跳空高开并形成高走趋势，携量阳线收盘且留有缺口。复权状态下可以看出，盘中高价与前期技术平台的最高价恰好相等，说明它们及时确立<平顶对望>双轨。指标趋势未曾减弱，上攻又留有缺口，表明股价处于持续性攻势，确立<平顶对望>双轨表达股价攻势暂时停滞，且需转入对望调整趋势。观察角度不同，结果就会大相径庭。大文豪苏轼在《题西林壁》中写道："横看成岭侧成峰，远近高低各不同。不识庐山真面目，只缘身在此山中。"说明观察事物的立脚点不同，看待事物的观点随之发生变化，结论完全不同。股价形成持续性攻势，属于它的其中一面，确立<平顶对望>双轨是它的另一面。静止看待事物，容易使人陷入纠结和模糊状态，分析结果往往不够准确，甚至错误。既然如此，不妨这样想，它是一个有着持续性攻势特征，同时伴随调整意图的转势特征，可以把它定义为防御型强攻特征。这样理解既摆脱了主客观的局限认识，又置身庐山之外，高瞻远瞩，真正看清庐山真面目。认清事物发展的本质（规律），必须从各个角度仔细观察，既要做到客观，又要全面分析。

（8）9 月 15 日，股价围绕此平台展开窄幅震荡 3 天以后，留有缺口的携量涨停板直接越过前期技术平台，说明持续性攻势的动能十足，预示股价不在这个【预期】停留。9 月 16 日，采取大幅跳空高开，开盘以后虽然出现小幅下探，但从 9 点 43 分开始，大量买盘促使盘中股价直线蹿高并快速推至涨停板价格。由于封停买盘不够坚挺，主动性抛盘持续外流，致使涨停板价格反复裂开口子成交。收盘前一刻钟，大量抛盘打压股价并打破了涨停板的价格平衡，致使涨停板裂开大口子成交，并形成极速下探趋势。最后 5 分钟的买盘虽然有所放大，股价经历极速下探以后实现略微回升，但股价终究没能重新封上涨停板价格，最终停留在 9.14%涨幅收盘。

◆ **操盘策略**

如图 7-5 所示：

（1）2014 年 9 月 16 日，收盘留有缺口并呈现出巨量大阳状态，说明它是一种"悬空而行，危在旦夕"和"金玉其外，败絮其中"结合型探顶特征。收出这种巨量阳线式探顶特征，表明股价经历一波快速急拉攻势以后，庄家开始实施收网工作。庄家有能力连续推高股价，也有能力采取跳空推高并封上涨停板，此时为何没有坚决封死涨停板价格呢？庄家必有深意。涨停板或大阳涨幅的收盘状态，表面上看起来非常强势，实质上内里已经破败不堪。假如庄家继续做多趋势，股价封住涨停板以后，盘中裂开一两次涨停口子成交，时间较短且重新封停坚决，浮筹实现快速交换，这是正常的控盘和做多特征。可是，股价封住涨停板以后反复裂开口子成交，抛盘巨大且重新封停犹豫不决，说明庄家根本不是做多行情，而是选择撤退。再从另外一个角度考虑，盘中股价快速推入涨停板价格并

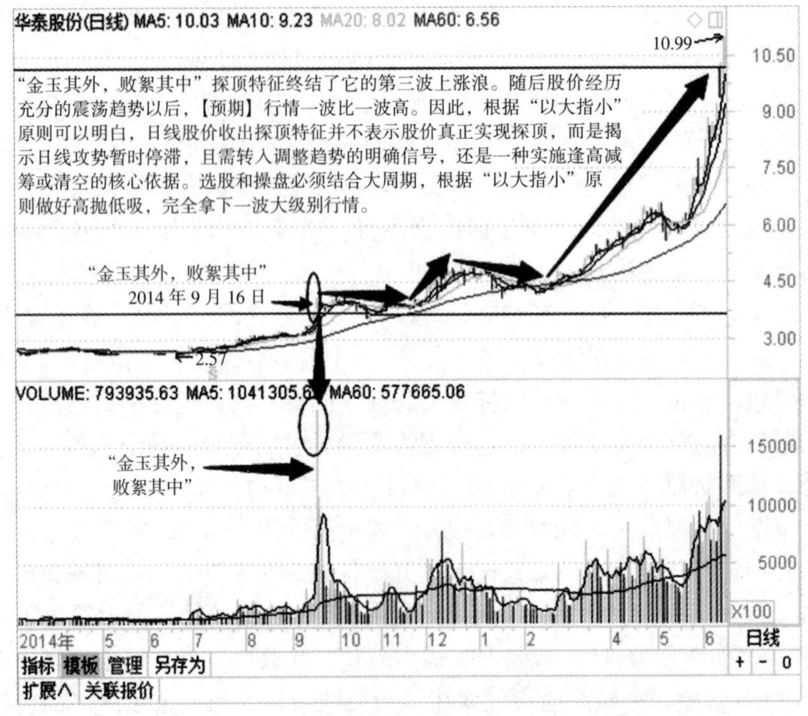

图 7-5 “金玉其外，败絮其中”探顶特征终结它的第三波上涨浪

反复裂开口子成交，或停留在大阳涨幅的高价区域展开反复震荡，庄家的目的十分清晰，就是诱惑那些一直驻足观望的场外资金，使其认为股价强势恒强并追高进场，接过庄家大量抛盘的同时，同步抬高了市场整体持筹成本；同时迷惑那些跟风且已获利的场内浮筹，使其认为股价依然强势并选择留守，庄家撤退起来非常容易。

（2）次日，采取大幅低开且以“伪阳线”收盘，说明股价处于前一日阳线实体内部运行和收盘。千万不要以为这是一根上涨的红色 K 线图，实质上它是明涨暗跌的下跌阴线，只不过它的收盘价比早上大幅低开的开盘价高了，所以 K 线图才会呈现出“伪阳线”状态。前一日阳线与这根“伪阳线”构成一组“阳线孕伪阳线”组合蜡烛图，庄家“心怀鬼胎，居心不良”的目的清晰可见。9 月 18 日，早盘股价呈现出波形推高的盘口特征，盘中最高价探至 7.0%涨幅，它离 2012 年 4 月 26 日的平台高价还有三分钱距离（除权状态），第三波盘口推高无法超越第二波的价格高度，盘口指标立即呈现出由攻转弱态势，最终收出一根“冲高回落，单针见顶”K 线图。说明股价冲高以后受阻，回落收盘且与前期技术平台确立<对望格局>双轨，再次提示此轮攻势的顶部。

（3）股价经历一波快速急拉攻势以后，已经处于明显的高位区间运行。首先收出“金玉其外，败絮其中”和“悬空而行，危在旦夕”结合型探顶特征，接着收出“心怀鬼胎，居心不良”探顶K线组合，然后收出“冲高回落，单针见顶”K线图，且与前期技术平台确立<对望格局>双轨。这些探顶特征以及确立<对望格局>双轨，说明股价实现探顶，庄家抛筹意志坚决。大部分普通投资者认为庄家狡猾、无耻，其实不然，庄家是市场导向，庄家意志体现于股价运行趋势及其变化的过程。规律如此，照办即可。

（4）日线盘面收出这些探顶特征以后，股价跌至60日均线之上获得止跌。实现止跌企稳以后，突破双轨并推起一波比一波高的【预期】行情。通过它的长期趋势可以看出，2013年6月25日至10月17日的探底、筑底以及脱离低位的反弹趋势，属于长期趋势的第一波上涨浪。2013年10月17日至2014年6月19日的区间盘整趋势，属于长期趋势的第二波调整浪。2014年6月19日至9月16日的大幅拉升趋势，属于长期趋势的第三波上涨浪。2014年9月16日至11月21日的高位盘整趋势，属于长期趋势的第四波调整浪。2014年10月21日至12月22日的拉升趋势，属于长期趋势的第五波上涨浪。2014年12月22日至2015年2月9日的回调趋势，属于长期趋势的第六波调整浪。2015年2月9日至6月15日的大幅涨势，属于长期趋势的第七波上涨浪。

（5）通过它的浪型结构可以明白，股价每次向上推高一波行情，完成【预期】并确立<对望格局>双轨，伴随而至的是一段调整趋势，或者停留在高位区间展开长期的震荡趋势。股价和均线系统的发散状态得到化解，趋势线和零轴线的悬空状态完成修复以后，又将推起一波多头涨势。这就告诉我们，2014年9月16日收出“悬空而行，危在旦夕”和“金玉其外，败絮其中”结合型探顶特征，只是终结了长期趋势的第三波上涨浪，而且它是第四波调整浪的开始。由此可见，日线股价完成一波涨势并收出各种探顶特征，周线或月线趋势未必实现探顶。相反，大周期处于探顶区域，日线股价将会构筑一段极为明显的高位区间，这段过程可能收出任何形式的探顶特征，可信度高，实战价值大。这就意味着，探顶特征既有可能是股价实现探顶的真实体现，也有可能是股价转入调整的提示，所以它是采取逢高减筹或清空策略的核心依据。因此，短线操盘要求掐准点位，以快进快出为主；波段运作并不是说死守不动，学会高抛低吸可以掌握主动，不然极易陷入被动挨打局面。

（6）“自古圣者皆寂寞，惟有忍者能其贤。”成功的投资者，可以做到“能人所不能，忍人所不忍”，从而突破自我。投资领域的顶尖高手，与其相伴的是孤独、激情、寂寞和快乐，就像金庸笔下描绘的“独孤求败”，没有成为剑术大家之前，他到处找人练剑、试剑，从失败中寻找原因，不断地总结实战经验，然后再找高手试练、验证剑招。长期下来虽然伤痕累累，但经过不懈的努力、积累和感悟，最终融会贯通以后只剩下一招：无招胜有招。这是天下剑术之精要所在，而后穷一生求一败不得。无招并不是说没有招数可言，而是说做到了“后发先至”的境界，更掌握了“料敌先机”的法门。从技术角度上讲，盘面出现强攻特征，虽然股价已经有了一定涨幅，此时买入也比庄家成本高，但只要敢于第一时间展开狙击，帮助庄家抬轿，也就相当于掌握并做到了“后发先至”。“料敌先机”的法门，是说通过观察股价运行趋势及其变化，及时弄懂庄家的控盘手段以及股价异动，然后对股价的后市趋势做出一个大概预判。庄家的控盘手段及其变化，虽然不可能提前预测（毕竟不是算命先生），但只要认真仔细地观察，盘面出现任何蛛丝马迹，庄家想干什么，目的何在，都一目了然，这就相当于掌握了“料敌先机”的法门，佛所说的“智慧眼”即是此意。

操盘实例三　振华重工（600320）

◆ 图形识别

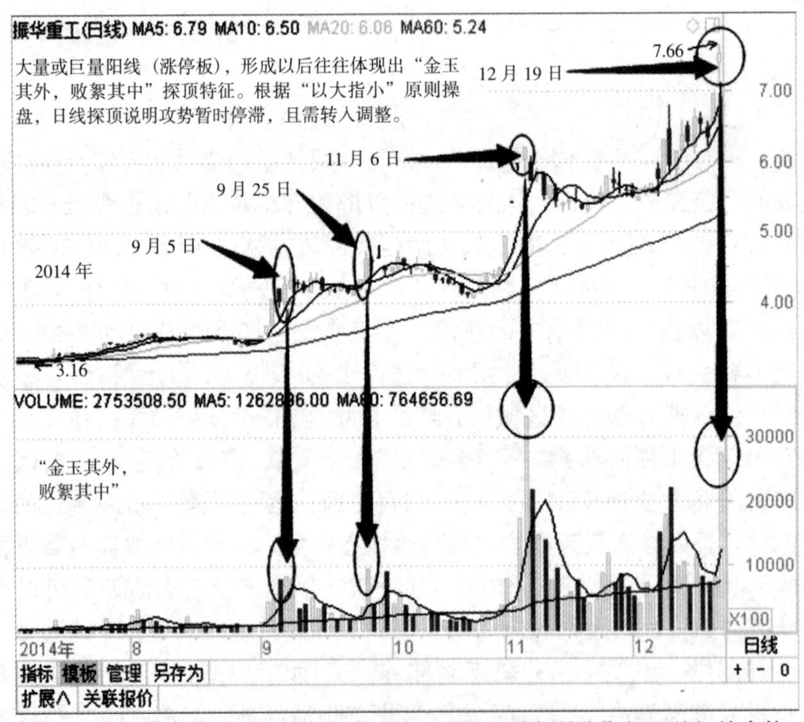

图 7-6　携量（巨量）阳线体现出“金玉其外，败絮其中”探顶特征的走势

◆ 要点回放

如图 7–6 所示：

（1）技术上取得进步，刻苦些、努力点不难解决。过硬的心理素质，必须经过市场（实战交易）的千锤百炼。投资交易过程，就是完善人的性格，以及人性升华的蜕变过程。锤炼什么样的性格，才会使人变得足够“聪明”？在笔者看来，投资交易性格归纳起来应当具备三点：理性、执着和勇气。巴菲特曾经说过：“学习格雷厄姆教授的证券分析课程，从一开始学习时就走在正确的道路上，应用了格雷厄姆教授的投资理念，使我的投资有了成功的可能。原因非常简单，在大师门下学习几个小时的效果，远远胜于自己过去十年的积累。”这是巴菲特对待学习以及认识上的理性表现。走在一条正确的道路上，通过理性的思考和熏陶，坚定不移地执着求索，将无往不胜。也就是说，投资交易必须坚持两点：一是选择一条正确的道路坚持，这是发现机会的前提条件；二是执着于等待机会，这是抓住机会的基础。橡树资本董事长兼联合创始人马克斯认为：“等待投资机会的到来而不是追逐投资机会，您将会做得更好。”这是马克斯先生执着于等待机会的坚持。勇气是一种理性想法下通过具体的行为呈现出有别于他人的做法。“别人恐惧时我贪婪、别人贪婪时我恐惧”，正是我们所需的勇气。不仅有理性的思考，也有关键时刻付诸实战（交易）的勇气，这种勇气来源于大量的实践检验和总结。成为一名优秀的顶级投资大师，仅仅具备性格优势还远远不够。“聪明”的投资者虽然并不需要拥有顶级智力，但必须通过后天的不断学习和更新，持续补充并掌握更加全面、稳妥和厚实的知识体系（储备）。

（2）振华重工（600320）的股价趋势在它起势之前的一年，可以运用“切线理论”对其进行详细的剖析。选择 2013 年 9 月 12 日的阶段性高点，确定为切线的顶部上轨；选择 2014 年 2 月 17 日的反弹高点，确定为切线的次顶部上轨。在这两个顶部上轨之间，画出一条无限延伸的切线。选择 2013 年 10 月 29 日的回调低点，确定为切线的首个下轨；选择 2014 年 1 月 20 日的回调低点，确定为切线的第二个下轨。在这两个下轨之间，画出一条无限延伸的切线。这两条无限延伸的切线画出以后，形成这样一种情形：上轨切线延伸呈现出较大的向下角度，下轨切线延伸呈现出较小的向下角度，随着股价调整的不断伸展，两条切线的角度逐渐收窄，说明上轨切线逐渐接近下轨切线，最终两线存在相交的可能。这就说明，股价长期处于两条切线之间进行波动，既没有突破切线上轨，也没有突破切线下轨。也就意味着，股价反弹向上受到切线上轨的阻压，向下运行受到切线下轨的支撑。简而言之，上轨切线和下轨切线发挥了上有阻压、下有支撑的轨道作用。上轨切线和下轨切线呈现出压缩推进，说明两线角度越来越小，股价波动幅度逐渐收窄，最终股价选择向上或向下突破。股价突破切线轨道的时间，以及突破轨道的方式，庄家说了算。

（3）2014 年 4 月 14 日，股价由低位展开反弹趋势，虽然到达切线上轨价格，但收盘价却没有形成有效突破，说明多方受到切线上轨的强力阻压。次日，多方尝试再次突破切线上轨，阻压力量还是把它压了下来，说明阻压力量占优，突破时机尚未成熟且需酝酿。虽然这两天股价冲高以后无法站稳切线上轨，但它们的盘中高价却已冲过切线上轨价格，最终收盘才形成冲高回落趋势，所以此时应当将这个上轨价格确立为切线的次顶部，修正以后的切线上轨略微上移。股价遇阻回落以后转入下行趋势，20 日均线始终阻压着股价反弹。MACD 技术指标开始呈现出超跌超卖征兆，暗示股价随时都有可能形成超跌反弹趋势。6 月 19 日，由于空方持续压制，多方已被逼至最后防线，这个时候非常关键。空方压制股价并触及切线下轨，尝试突破多方的最后防线。由于多方顽强抵抗，促使收盘价略有回升，说明空方选择突破向下未获成功，预示多空能量在此形成一种暂时的胶着状态。次日开始，多方展开持续反扑，空方抵抗逐渐减弱。7 月 1 日，经历连阳反弹以后，股价不仅越过 20 日均线，且已突破切线上轨封锁，说明多方成功夺回主动权。多空能量围绕这两条切线的轨道之内展开长期争夺，既有阵地战，也有运动战，还有游击战，最后以多方夺回主动权，股价才结束长达 10 个月的轨道争夺。

（4）股票市场就像一个没有硝烟的战场，表面上看不见流血和冲突，可它的残酷程度并不亚于真枪实弹的战争场面。长期被套或处于大幅亏损状态，难道不是流血吗？自从多方成功夺回主动权（突破切线上轨）以后，逐步扩大收复失地，上演了一次又一次逼空行情。空方虽然偶有反击，但它暂时无力夺回曾经占领的地盘，在且战且退中失去了往日风光。9 月 2 日，股价处于 60 日均线上方经过一番挣扎以后，实现止跌企稳并进入“短回中”和“腾空而起，气势如虹”强攻范畴，说明多头拉开真正的大反攻序幕。根据战略理解，股价只要进入区间盘整阶段，多空能量将会形成一种战略相持状态，也可以理解为多空能量的持续争夺。

（5）9 月 5 日，13 点 45 分以前，盘中股价围绕均价线以及前一日收盘价之间波动，心电图的跳动方式说明股价波动幅度极其狭窄。13 点 45 分过后，心电图跳动逐渐扩大，取而代之的是一段量能激增的极速推高趋势，盘中股价一波比一波高，买盘仅用了 20 分钟，盘中第二波推高已经到达涨停板价格。可是好景不长，涨停板价格只有一个“隐形单子”成交，而且股价回落以后重启第三波攻势，无法超越第二波攻势的价格高度（无法重新推入涨停板价格），说明极速推高的波形盘口呈现出偏软态势。14 点 10 分开始，股价逐渐回落偏弱运行，最终收盘停留在 6.47%涨幅，量能明显放大。

◆ **操盘策略**

如图 7–7 所示：

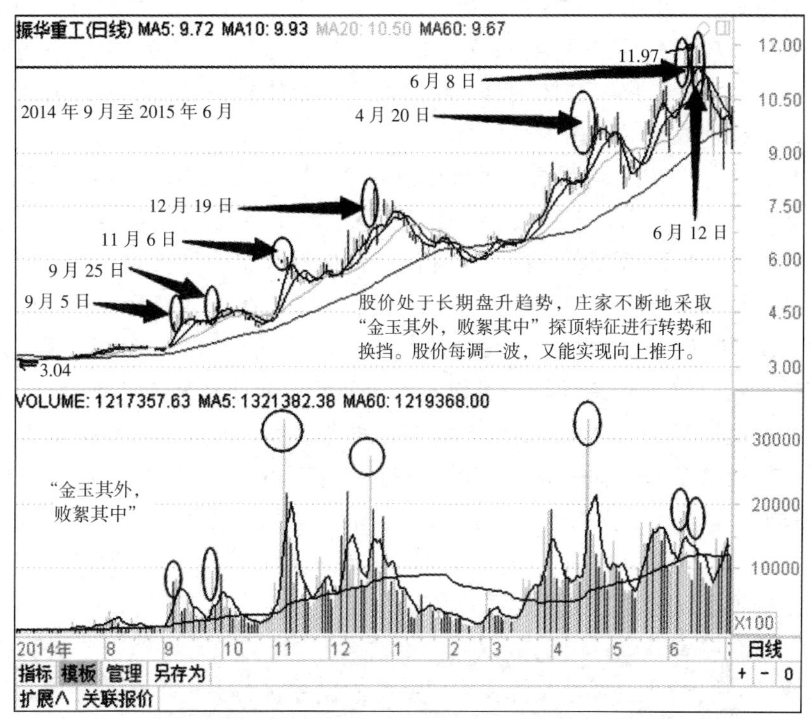

图 7–7 庄家不断地采取携量（巨量）大阳进行转势和换挡的走势

（1）庄家锁定盈利或驱赶浮筹，经常采取推高手段实施诱多，利用盘中股价的直线式极速拔高和波形推高比较常见，量能激增明显。盘中出现的最后一波攻势无法超越前一波攻势的价格高度，或者说最后一波攻势无法封住涨停板价格，这是典型的“波形推高”盘口特征，也叫诱多盘口、减筹盘口。直线式极速拔高叫作“一柱擎天”盘口特征，常见的盘口趋势和收盘状态有两种：第一种，量能突然激增，盘中股价形成直线式极速拔高趋势，到达涨停板价格却无法封死涨停板，而且大量抛盘持续流出，涨停板反复裂开口子成交，最终报收携量（巨量）状态的涨停板或大阳涨幅；第二种，盘中股价形成直线式极速拔高趋势以后，到达涨幅榜前列并停留在盘中高价区域反复震荡，买卖盘持续争夺且不断放量，最终报收携量（巨量）状态的大阳涨幅居多。

（2）2014 年 9 月 5 日，午盘形成“波形推高”盘口趋势，第二波攻势虽然触及涨停板价格，但触停买盘只有一个“隐性单子”成交，而且第三波攻势无法重新推入涨停板价格，这是盘中股价开始偏软的盘口特征。偏软引发偏弱态势，最终收盘只有 6.47%涨幅，量能明显放大，说明它是“金玉其外，败絮其中”探顶特征。由于趋势线藏在红柱体内部，说明股价和指标趋势仍然处于强势范畴，此时采取减筹为宜。次日，缩量推高以后触及前期技术平台，说明股价上扬以后完成【预期】，收盘价无法站稳前期技术平台，说明它们及时确立<对望格局>双轨。由于趋势线还没有脱离红柱体内部，说明股价和指标趋势依然强势，此时不必急于清空，继续采取减筹策略。

（3）股价处于 20 日均线之上展开横盘震荡两周以后，实现止跌企稳并推起弱势反弹趋势。9 月 25 日，量能突然增多，盘中股价形成极速推高趋势，最后一波直线攻势虽然到达涨停板价格，但涨停板价格没有获得足够的买盘支撑，随之呈现出偏软偏弱态势。盘中股价大部分时间处于均价线之上震荡成交，最终停留在 6.91%涨幅收盘。这种大阳大量的收盘状态，体现出“金玉其外，败絮其中”探顶特征。通过股价和指标趋势可以看出，两者汇合成功构筑“顶背离”形态。盘中股价冲高以后回补了 2012 年 6 月 1 日的跳空缺口，表明股价推高以后完成【预期】，回落收盘且无法站稳前期跳空缺口的最低价，说明它们及时确立<对望格局>双轨。构筑“顶背离”的虚拉诱多过程，收出“金玉其外，败絮其中”探顶特征，又与前期跳空缺口及时确立<对望格局>双轨，除了提示股价完成探顶以外，更是一种必须逢高减筹的明确提示。

（4）股价转入对望调整趋势以后，回落至 60 日均线上方获得强力支撑，趋势线跌至零轴线附近运行。股价和均线系统的发散状态不再那么明显，趋势线和零轴线的悬空抬升状态也已得到修复。11 月 3 日，股价企稳 20 日均线的第三天跳空高开，9 点 53 分以前，盘中股价围绕高开以后的均价线震荡成交，跳空缺口成为强力支撑。9 点 53 分开始，大量买盘快速涌入，促使盘中股价形成直线式拔高趋势，仅仅用了 5 分钟时间，盘中股价已由 3.56%涨幅推至涨停板价格，而且买盘封死涨停板至收盘。携量涨停板留有跳空缺口并突破<对望格局>双轨，5 日均线向上回抽 20 日均线且稳稳地托着涨停板，说明股价确立“短回中”、“腾空而起，气势如虹”和突破轨道的三重强攻特征，预示股价撬开一波强势恒强的多头攻势。

（5）股价经历连续涨停的快速推高以后，已经越过 2011 年 11 月 17 日的跳空缺口。2014 年 11 月 6 日，早盘集合竞价虽然跳空高开 1.0%，但从开盘的第一个巨量抛单（十一万手）开始，主动性抛盘源源不断地外流，致使开盘以后的股价在短时间内跌幅过半成交。追高买盘只要往上挂单，或者说追高买盘的撤单速度哪怕慢了半秒，就已被主动性抛盘快速扫清。午盘以后，主动性抛盘逐渐减少，买盘支撑股价不再明显下探。13 点 45 分开始，买盘明显增多，盘中股价稳步上移，触及前一日收盘价时压力增大，随之停留在前一日收盘价附近震荡成

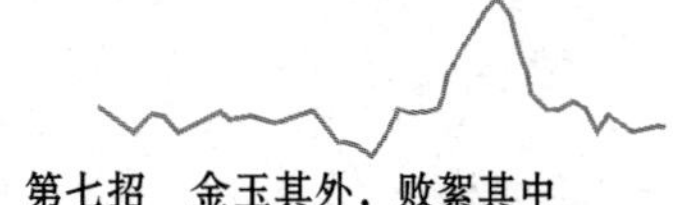

交。由于大量买盘快速涌入，盘中股价于 14 点 16 分跨越前一日收盘价封锁，且以迅雷不及掩耳之势推至 4.0%涨幅。可是好景不长，买盘增量减少以后无力维持推势，且无法抗衡大量抛盘，偏软偏弱态势取代“一柱擎天”盘口趋势。最终收盘虽然有 3.85%涨幅，但这是尾盘量能突然增大并快速拔高的诱多结果，说明它符合“金玉其外，败絮其中”探顶特征。庄家为了顺利派发筹码，刻意营造快速推高的强势假象，尤其是尾盘量能激增并快速拔高且无法封停的盘口趋势，诱多效果极佳。K 线图留有一根长长的下影线，说明它是诱多和探顶性质的“吊颈线”，表明庄家通过盘中的剧烈波动实施诱多，从而达到出货目的。盘中高价与 2011 年 11 月 3 日的平台高价非常接近，表达股价推高以后完成【预期】并确立<对望格局>双轨。由于趋势线藏在红柱体内部，说明股价和指标趋势仍然处于强势范畴，立即转入大跌的概率甚微。

（6）股价回落至 20 日均线以后不再下行，并围绕它展开震荡趋势。2014 年 12 月 8 日，携量涨停板选择突破<对望格局>双轨，引发一波新的【预期】。12 月 19 日，采取大幅跳空高开方式开盘，开盘以后的多空争夺异常激烈，抛盘占据主动虽然致使早盘股价下行，盘中均价线一直压着多头反扑，但股价并没有回补跳空缺口。午盘以后，买盘开始接管行情，盘中股价稳步上移，14 点推至涨停板价格。买盘有能力接管行情，为何没有能力封死涨停板价格？预示着什么？预示着庄家采取极其高明的控盘技巧推高股价，不仅点燃了踏空投资者的做多热情，也使那些跟风获利浮筹选择坚守。买盘无法封死涨停板价格且裂开口子成交，二次冲击涨停也无法封死，抛盘不断并促使盘中股价形成缓慢下行趋势。由此可见，盘中携量推高是诱多，庄家出货是目的。最终收出 8.05%大阳涨幅，表面上看股价非常强势，实质上它的量、价已经体现出“金玉其外，败絮其中”探顶特征，而且留有较大的跳空缺口，说明它又是“悬空而行，危在旦夕”探顶特征，留有长下影线，所以还是一种“吊颈线”探顶特征。次日开始，股价形成冲高回落以后，随之转入两个多月的调整趋势。

（7）股价跌破 60 日均线以后，不再明显下挫，随之围绕均线系统展开争夺。长期上行的 60 日均线逐渐趋向钝化，说明庄家正在酝酿一波新的突破，突破向上或向下都有可能。2015 年 2 月 26 日，股价由 60 日均线下方展开止跌反弹趋势，携量大阳线不仅重新站稳大线之上，而且股价向上穿透 5 日、20 日和 60 日三条均线，说明股价一天之内同时确立“短回长”和特殊状态的“反攻三线”强攻特征，这是股价重新强势的核心依据。3 月 17 日，股价处于中、大均线之间展开横盘震荡两周以后，携量阳线选择突破“短期横盘调整”上轨，预示股价进入强势恒强的攻势区域。

（8）4 月 17 日，股价经历 1 个多月的持续推高以后，收出一根接近涨停板价格的巨量大阳涨幅，体现出“金玉其外，败絮其中”探顶特征。股价虽然创出此轮行情新高，但趋势线悬空抬升却没有跟随股价创出此轮行情新高，说明股价和指标趋势汇合成功构筑“顶背离”形态。次日，惯性推力促使股价推高运行，盘中虽然到达涨停板价格，但大量抛盘持续打压并撕裂涨停板价格，量能放大明显并收大阳涨幅，还是一种“金玉其外，败絮其中”探顶特征。股价虽然站稳2010年3月4日的中继平台，但股价已经处于“顶背离”区间，说明推高强势属于虚拉诱多性质，最好还是采取清空策略。

（9）随后股价经过回落调整趋势，实现止跌企稳以后继续向上反弹，持续创出此轮行情新高，说明庄家不断地实施诱多派发。2015年5月26日，盘中股价冲高以后触及2009年12月30日的中继平台，最终收盘形成“冲高回落，单针见顶”K线图，说明它们及时确立<对望格局>双轨。6月8日，采取跳空高开高走，一波直线拔高趋势已经触及2009年11月24日的中继平台，冲高回落并留有缺口且以携量中阳线收盘，说明这根K线图具备三种探顶特征，分别是“冲高回落，单针见顶”、“悬空而行，危在旦夕”和“金玉其外，败絮其中”探顶特征，表明股价冲高以后完成诱多【预期】，回落收盘及时确立<对望格局>双轨。6月12日，早盘股价虽然形成缓慢下行趋势，但从午盘开始，量能激增且由跌势区域展开波形推势。13点42分，波形推势的最高价探至8.00%涨幅，14：09买盘再次冲击8.00%涨幅的高价，由于抛盘沉重并压下股价成交，最终收盘停留在4.95%涨幅。阳线带量且以抛盘为主，还是一种“金玉其外，败絮其中”探顶特征。长期多势至此终结，大幅暴跌趋势浇灭所有做多投资者的幻想。

（10）为何日线股价三番五次地收出大阳大量（大阳巨量）K线图？为何股价每次经历一段或长或短的调整以后，又能重新向上或创出此轮行情新高？原因如下：日线收出探顶特征属于日线顶部，长期趋势或在大周期趋势中，日线收出探顶特征未必是长期趋势的顶部，所以日线收出探顶特征对于大周期来说，往往是一种假顶特征。因此，观察股价的长期趋势，必须落实到周线或月线趋势。也就是说，日线收出探顶特征或确立<对望格局>双轨，大周期趋势未必减弱，更谈不上探顶。换言之，大周期趋势处于强势范畴时，日线股价经历上扬以后，完成【预期】并确立<对望格局>双轨，转入调整或形成某种破位趋势，它的周线趋势往往只有小幅回撤，月线趋势的变化并不明显。这就意味着，根据日线和分时趋势操盘，属于短线行为，要求快进快出；根据周线或月线趋势操盘，日线收出探顶特征表示股价攻势暂时停滞，且需转入调整趋势，这是一种减筹（高抛）提示。对于周线或月线趋势来说，日线和分时趋势只是它的一波小级别趋势，说明大周期趋势由无数波小级别趋势构成。短线技术易学难精，操盘风险巨大，心态变化往往起着决定性作用；波段技术难学易精，虽然操盘风险相对较小，但波段技术的广度和深度较大。短线和波段就像个体与整体的关系，你中有我，我中有你。各个周期不能割裂开来单独使用，必须做到融会贯通，然后付诸实战，才有可能实现理念和技术的真正突破。

操盘实例四　博信股份（600083）

◆ 图形识别

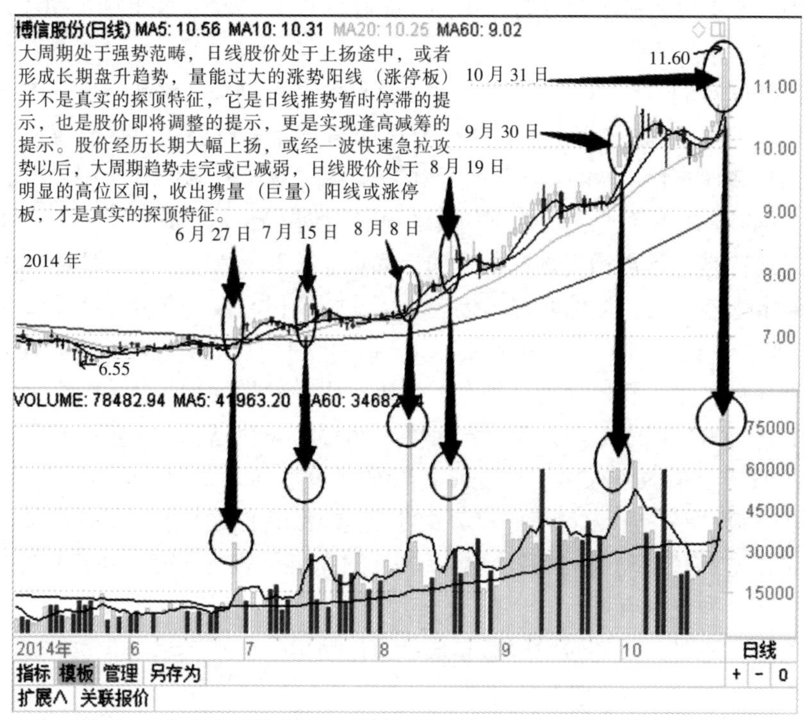

图 7-8　牛皮市道的携量（巨量）阳线属于转势和换挡的技术要求

◆ 要点回放

如图 7-8 所示：

（1）博信股份（600083）自 1997 年上市以来，没有进行过一次分红或高送转，是一只典型的“铁公鸡”代表。自上市以来，其每年业绩都在亏损和盈利边缘挣扎，“披星戴帽”犹如家常便饭，即使是“去星摘帽”，也逃脱不了上市资源稀缺的保壳行为，是一只典型的“不死鸟”代表。主营业务及其高管的频繁变动，是造成该股业绩长期不稳的核心因素。通过该股可以明白一些道理：我国股票市场的上市审批制度存在种种弊端，上市造假行为非常严重，圈钱行为极其恶劣；一旦上市公司成为一种稀缺资源，政府、财税部门以及上市公司，各方利益集团总会不遗余力地保壳；退市制度极不完善，造成了大量“不死鸟”长期存活；A股市场尚未形成强制分红的法律约束机制，健康向上的、和谐的股权文化暂未建立。长期存在大量的“铁公鸡”、“不死鸟”，对于营造和倡导“价值投资”的市场环境和投资氛围，破坏力极大。长线投资者无法获得稳定的股息收入，就算有派息也很少超过银行定存利息，那么投资者唯有期盼股价天天涨、年年牛。可是，傻子都知道，股价不可能永远涨，熊市又比牛市长，这样还会有人愿意长线投资吗？傻子也要有饭吃才行，不然怎么存活！所以说A股市场长期存在浓厚的投机氛围，不足为奇。

（2）1999年的“5·19”点燃了一波牛市行情，可是该股涨幅不大，甚至没有达到同期的股指涨幅。2005年中期，国家推动开展上市公司股权分置改革的试点工作，促使股指随后两年实现六倍涨幅。上证指数于2007年10月16日创出6124.04点的历史高点，绝大部分个股跟随股指创出历史新高，实现几十倍涨幅的个股遍地皆是，不创历史新高的个股反而成了“稀有品种”。该股自2005年7月探出熊市低点以后，虽然实现了接近九倍涨幅，但它没有超越上市次日的历史高价。2008年11月10日，国家启动以“四万亿投资”为主的刺激政策，股指反弹接近一年时间，涨幅接近一倍左右。该股跟随股指反弹虽然实现了四倍多涨幅，但它离2007年的高价仍有较大距离。2012年8月至2015年第二季度，该股走势与股指走势区别较大，强庄控盘特征十分明显。2015年5月29日开始，该股推起连续“一”字无量涨停攻势，才超越18年前的上市次日创出的历史高价。也可以这么说，无论1997年上市次日的高价买入，还是2007年的高价买入，该股迄今为止没有进行过一次分红或高送转，长期持有不仅要忍受巨大浮亏的心理煎熬，还要天天期盼股价涨起来，哪怕是早一点解套出局，也算是一个不错的结果。

（3）2012年8月3日至2014年底，该股走出一轮与股指完全不同的走势。究其深因，这是主营业务改变以及“摘帽去星”题材引发的炒作。虽然涨势过程经历了一波三折，但通过它的月线趋势可以看出，涨势规律十分明显。周线趋势经历两波极为明显的大幅炒作以后，才终结历史新高行情。日线趋势的强势特征非常多，说明庄家通过日线发起了多轮强势炒作。根据什么周期选股，参考什么周期操盘，进退和高抛低吸必须在该周期的指导下进行。假如根据月线选股和运作，除了考量持筹耐心以外，对待趋势的判断以及高抛低吸技术的把握也十分重要。对于那些已经掌握股价运行规律，谙熟庄家控盘手段及其变化，心态成熟且稳定的投资者来说，选股和操盘都不是难事。技术交易必须记住一点：只要个股趋势能够实现提前探底、提前蓄势和提前发力，股价走势完全独立于股指走势，强庄控盘特征明显，只要它的盘面出现强攻特征，则是优选强势股的最佳时机。

(4) 2012 年 8 月至 2013 年底的股价走势，这里不再赘述，下面选择 2014 年初的趋势开始分析。2014 年 1 月 10 日，收出一个明显的回调低点，支撑股价实现止跌。展开反弹趋势并越过 60 日均线以后，随之围绕均线系统展开一段宽幅震荡趋势。股价虽然经历了上蹿下跳、伏低蹿高的反复趋势，但股价始终没有突破它的上轨和下轨。6 月 27 日，股价经历 5 个多月的宽幅震荡趋势以后，突然选择发力拔高，携量阳线突破均线系统封锁，日线盘面呈现出“充分筑底，反抽四线”和“凤凰涅槃，浴火重生”双重转势特征。由于量能激增，股价起势过急，而且此时已经形成“连阳推动”状态，K 线图存在上影线，股价和均线系统的发散状态明显，所以把它定义为“充分筑底，反抽四线”招数，而不是“充分整理，反攻四线”招数。量能突增且拔高运行，说明它又是“金玉其外，败絮其中”探顶特征。可是，股价处于起势阶段而不是高位区域，所以它并不是真实的探顶特征，而是一种“旱地拔葱，避其锋芒”转势特征。这就意味着，后市股价必须转入缩量调整趋势，才能对其进行化解和修复。既然如此，暂时“回避锋芒”成为当务之急。

(5) 庄家采取横盘方式展开缩量回撤趋势，20 日均线成为它的支撑，说明横盘回撤趋势形成了“短期横盘调整”格局，预示 20 日均线的止跌区域蕴含着低吸机会（实战时必须盯紧分时趋势的企稳反转特征）。2014 年 7 月 15 日，携量推高以后虽然突破横盘上轨，但它存在的问题与 6 月 27 日的携量阳线基本相同，说明它又是一根“旱地拔葱，避其锋芒”转势特征。K 线图的上影线触及前期技术平台，说明股价推高以后完成【预期】，冲高回落收盘说明它们及时确立<对望格局>双轨。这就意味着，及时减筹才能回避（陷入）对望调整趋势，避免盲目追高也是“回避锋芒”的技术要求。股价转入对望回撤趋势以后，庄家还是采取横盘方式展开调整，20 日均线依然发挥着支撑作用，分时趋势的企稳反转区域蕴含着低吸机会。

(6) 2014 年 8 月 8 日和 19 日，这两根携量（巨量）阳线都具备了“旱地拔葱，避其锋芒”转势特征，说明庄家采取边推边撤的控盘手段实现盘升趋势。它们既有“旱地拔葱，避其锋芒”的转势要求，也有“连阳推动”以后的回撤要求，而且股价确立<对望格局>双轨以后，也有对望调整的需要。股价每次实现一小波推升，横盘回撤伴随而至，推拉和洗盘效果十分理想。股价每次展开横盘回撤以后，多以 20 日均线作为支撑，回撤时间短且波动小的情况下，选择 10 日均线作为支撑。庄家采取边推边撤手段进行控盘，股价中心稳步上移，整体趋势形成一种牛皮市道的长期盘升特征。MACD 技术指标的趋势线长期脱离红柱体运行，说明指标长期处于悬空抬升的失真状态。普通投资者喜欢大阳涨幅或涨停板推升，但庄家控盘未必如你所愿，采取边推边撤的控盘手段，股价中心稳步上移，庄家也能实现炒作目的。

（7）股价经历长期盘升趋势以后，不知不觉中涨了上去，且已实现较大涨幅。2014 年 10 月 31 日，午盘 13 点 30 分开始，买盘逐渐增多，盘中股价从前一日收盘价附近快速上蹿，大概用了 40 分钟，大角度拔高趋势已将股价推入 9.43%涨幅。可是，买盘乏力以后无法抗衡抛盘，盘口偏软以后转向偏弱态势，最终收盘停留在 7.83%涨幅。盘中量能突增并实现快速拔高以后，接近涨停板价格却无力推入涨停板价格，盘口偏软以后有了偏弱态势，大量抛盘持续外流并打压股价，这些已经充分表明，庄家根本无心做多，盘中量能突增且形成快速拔高趋势，只是为了实现诱多派发。

◆ **操盘策略**

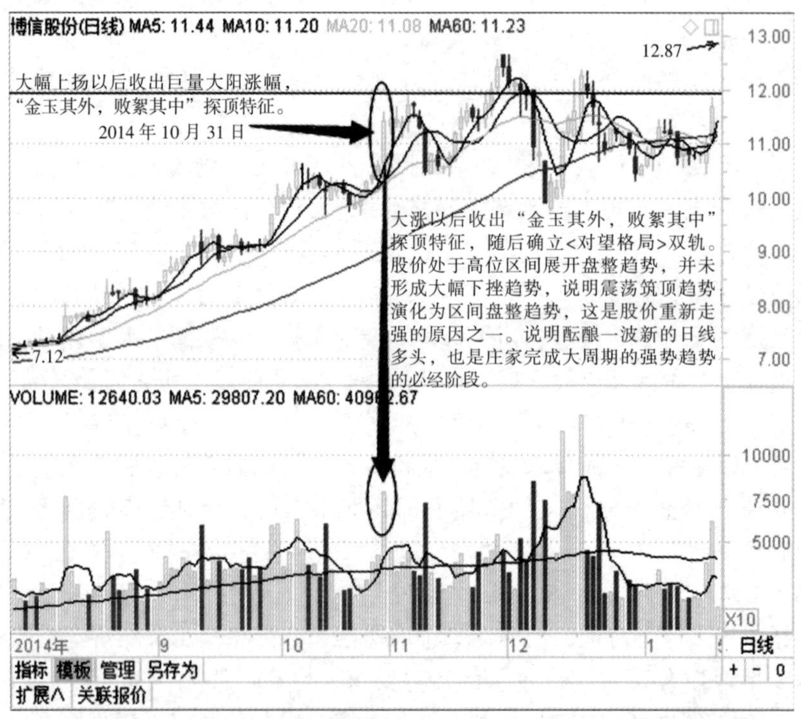

图 7-9　形成“金玉其外，败絮其中”探顶特征以后的高位震荡趋势

如图 7-9 所示：

（1）2014 年 10 月 31 日，股价经历快速拔高以后，阳线高价已经接近前期技术平台，说明股价面临套牢盘和获利盘的双重抛压。通过周线趋势可以看出，趋势线已经脱离红柱体，而且红柱体缩短以后呈现出重新拉长状态，说明周线趋势已经减弱且已处于虚拉诱多区间。通过月线趋势可以看出，月线股价形成缩量推高以后，接近前期技术平台，趋势线藏在红柱体内部，说明股价和指标趋势仍然处于强势范畴。这就意味着，月线股价即将到达【预期】，周线股价处于虚拉诱多区间，日线股价收出探顶特征，这是股价攻势暂时停滞的提示，也是股价需要调整的提示，更是实现高抛低吸的提示。根据“以大指小”原则进行选股和操盘，在日线指导分时的情况下，必须采取逢高清空策略，一手不留；在周线指导日线的情况下，也要采取逢高清空策略；在月线指导周线的情况下，采取逢高减筹策略。

（2）行情有短线和长线（波段），短线操盘重点关注日线和分时趋势，快进快出为主，绝不留恋；长线重点关注周线和月线趋势，根据“以大指小”原则展开布局和运作，高抛低吸赋予了长线操盘的安全性和灵活性。周线或月线趋势未减弱或未走完的情况下，日线股价向上推高的过程，盘面经常收出各种探顶特征，这些都是大周期的假顶特征。因此，日线盘面收出的探顶特征属于日线趋势的顶部体现，调入周线或月线趋势进行分析，它们未必是探顶特征，多数时候这只是一种逢高减筹信号。由此可见，每个周期都是独立的个体走势，小周期只是大周期的一小波趋势。它们既是对立的，又是统一的。所以每个周期必须融会、衔接起来，同时结合高抛低吸技术，这样才有可能将一段大趋势完整拿下。短线并不是目的，只是完成目的的一种手段。

（3）通过后市走势可以看出，2014 年 10 月 31 日收出“金玉其外，败絮其中”探顶特征以后，股价回碰 20 日均线时获得止跌，展开反弹趋势并创出此轮行情新高。已经获利了结的投资者，心理开始变得不平衡，以为股价又要强势突破，觉得自己卖错了，于是又从反弹过程追高买入。有的认为自己的短线技术已经无人能及，总在弱势反弹的高位区域追求短线刺激，寻求短线暴利机会。谁是真“聪明”？谁是假“聪明”？通过 2014 年 11 月至 12 月的弱势反弹趋势，可以如实地反映出来。股价停留在高位区域展开长期震荡趋势，趋势线和零轴线的悬空抬升状态得到化解，股价和均线系统的发散状态修复完毕，说明庄家正在酝酿一波新的突破趋势，往上往下突破都有可能。

（4）2015 年 1 月 7 日，股价处于明显的高位区域，经历 3 个多月的盘整趋势以后，“短回长”强攻特征来了，说明日线股价由震荡筑顶趋势演化为区间盘整趋势。1 月 20 日，股价经历两周缩量回撤以后，“短回长”强攻特征重新露头，说明日线趋势再次确立强攻特征，接着进入 4 个多月的重大资产重组的停牌期。通过周线趋势可以看出，股价处于中线之上获得止跌企稳；通过月线趋势可以看出，对望调整趋势只有一根阴线回撤，立即获得阳线反扑支持。由此可见，月线股价展开对望调整趋势只有一根阴线回调，反扑阳线立即展开并延续股价强势。

（5）5 月 29 日，重大资产重组虽然终止了，但股价复牌以后实现爆发式增长。原因如下：由于该股停牌期间，股指实现了接近50%涨幅，所以补涨行情引发了连续“一”字无量涨停攻势，使其超越1997年的上市次日高点并创出历史新高。6月5日，“冲高回落，单针见顶”K线图收盘，它是连续“一”字无量涨停攻势以后的首个探顶特征。6月11日，“力不从心，虚张声势”缩量阳线收盘，属于连续攻势以后的第二个探顶特征。6月15日，“冲高回落，单针见顶”K线图收盘，属于大幅攻势以后的第三个探顶特征，而且股价已经处于飘柱诱多过程。6月16日，跳空阴线属于“闸门洞开，一泻千里”转势特征，而且它与前两天的K线图成功构筑一组“黄昏之星”探顶K线组合。所有招数特征已经表明，庄家正在进行大幅撤离。

（6）无论什么行业，赚钱的永远只有极少数人，股票市场从来都是少数人赚多数人的钱。虽然事实如此残酷，但股票市场从不缺乏资金（新股民）。2014年至2015年的杠杆牛市，第五代新股民已经踏上“赚钱”征程，只要进来都有可能“赚钱”。可是，牛熊趋势快速轮换，股民们还没有来得及反应，或者说到手利润还没有捂热，已被2015年6月中旬开始的暴跌趋势打得满地找牙，甚至成为一名彻头彻尾的“裸泳者”。有的看了几本炒股书籍，了解了一些基本炒股常识，知道了几种K线图、均线或指标，就认为自己已经掌握了投资的“无上法门”，于是信心满满地投入资金（买入股票），期待“暴富”机会降临。很不幸，最终能够赚钱的，只有极少数人。反复折腾以后还能保持不赚不亏，且能做到全身而退，这样的投资者也不多。大部分投资者的投资结果是伤痕累累，反复割肉成为常态。有的陷入深套，无动于衷实属无奈。有的亏怕了，从此退出市场。全球顶尖的投资大师，没有一个是看了几本投资书籍，认识几种技术指标，就可以在股票市场呼风唤雨。“股神”巴菲特也不例外。投资既是一门科学，也是一门艺术，更是一门系统工程。只要踏足股市，必须将投资（交易）当成自己的终身事业来做。投资富于激情，同时伴随孤独、寂寞和快乐。现实情况非常残酷，即使你已经将投资（交易）当成自己的终身事业来做，最终能够获得成功的概率也较低。成功的永远只有极少数人，而且这些人从不从众，总能做到“能人所不能，忍人所不忍”的超然境界。

★ 招数小结

（1）庄家利用盘口趋势实施诱多，常见的有以下两种：第一种，盘中股价推入涨停板却封不死涨停板，封上涨停板又反复裂开口子成交，最终报收巨量涨停板或大阳涨幅；第二种，盘中股价推高以后只是接近涨停板价格，全天大部分时间停留在盘中高价区域围绕均价线反复震荡，最终报收巨量大阳涨幅，或到尾盘附近才将股价推入涨停板价格。无论盘口趋势形成哪种走势特征，盘中冲高以后处于涨停板价格或在高价区域反复震荡，主动性抛盘持续流出，买盘增多却有滞涨迹象，最终报收涨停板或大阳涨幅且呈现出巨量推升状态，说明股价进入加速探顶的诱多区域，表明庄家正在实施大幅撤离。

（2）股价处于震荡筑底阶段或区间盘整阶段，突然收出一根巨量推升的涨停板或大阳涨幅，它并不是真实的探顶特征，而是一种“旱地拔葱，避其锋芒”转势特征。意思是说庄家不计成本地大肆掠夺筹码，量能激增且快速拔高股价，追涨浮筹快速跟进，暗示后市股价难以维持这种巨量推升状态。因此，股价未经大幅上扬，也没有出现过一波快速急拉攻势，突然收出一根巨量推升的涨停板或大阳涨幅，预示后市攻势难以为继，提示股价需要转入调整趋势。为化解量能激增以及快速拔高的不利影响，庄家经常采取一段缩量回撤趋势，换取（打开）未来的更大的炒作空间。

（3）任何分时周期收出巨量推升状态，盘口趋势要么形成“一柱擎天”式直线拔高，要么形成“波形推动”式浪型拔高。这些盘口趋势都是诱多指标（特征），也叫减仓指标。诱多盘口必然吸引大量资金跟风做多，但是这些浮筹获利以后，将对股价形成强大抛压，所以分时周期只要收出巨量推升状态，后市攻势往往难以为继。因此，发现盘口特征形成这两种量能激增且快速拔高的即时趋势，立即采取逢高减筹策略。分时周期必须经历一段或长或短的缩量回撤趋势，才能化解量能激增以及快速拔高的不利影响。

（4）股价上扬必须获得足够的健康的量能支持，巨量或缩量推升常常难以为继，股价下跌有量无量亦可。例如，推动股价上扬投入1万手买单，继续推动股价上扬必须投入更多的资金，才能保证上扬趋势的连续性。这就意味着，巨量推升以后继续推高股价，庄家必须付出比前面更多的资金，哪怕是采取极其高明的控盘技巧拔高股价，也要投入一定量的真金白银。因此，只要股价进入明显的高位区域，突然收出巨量涨停板或大阳涨幅，就是庄家大幅撤离的有力证据，也是股价进入加速探顶趋势的诱多特征。

（5）“金玉其外，败絮其中”探顶特征的量能往往放出此轮攻势的最大量，甚至是天量状态。量能越大，庄家抛筹越多，追高浮筹越多，股价完成探顶越可信。量能原则上要求比前一日放大一倍，多数时候有三五倍的增长，激增时数十倍也有可能。股价已经处于虚拉诱多区间（如“顶背离”、“头肩顶”或“飘三柱”等诱多区间），即使量能只有稍微放量状态，没有达到倍数增长，只要它的即时图或分时趋势出现量能激增的诱多盘口，最终报收明显携量（巨量）的涨停板或大阳涨幅，股价完成探顶的概率极高。

(6) 股价经历连续“一”字无量涨停攻势以后，涨停板只要裂开口子成交，量能呈现出爆发式增长。对于连续“一”字无量涨停攻势来说，量能激增少则几倍，多则数十倍，巨量涨停板或大阳涨幅表明“金玉其外，败絮其中”探顶特征的真实性。即使庄家采取极其高明的控盘技巧拔高股价，就算后市股价存在惯性推高可能，庄家也是为了顺利撤退实施的诱多手段。

(7) 运作哪个周期，参考哪个周期趋势。日线股价未经大幅炒作，即使短期内形成一波涨幅不大的快速急拉攻势，巨量推升状态往往起到转势和换挡作用，采取逢高减筹即可。假如大周期趋势已经处于虚拉诱多区间，日线趋势只要减弱并收出各种探顶特征，股价实现探顶的概率极高。

(8)“金玉其外，败絮其中”探顶特征常与其他类型的探顶特征形成结合型探顶特征。例如，跳空高开并留有缺口且伴随携量（巨量）状态收盘，这是“悬空而行，危在旦夕”和“金玉其外，败絮其中”结合型探顶特征；大幅跳空高开并形成低走趋势，回补缺口以后重新拉起并留有一根长长的下影线，伴随携量（巨量）状态收盘，这是“吊颈线”和“金玉其外，败絮其中”结合型探顶特征；假如高开低走趋势并没有回补缺口且拉起收盘，那么这根 K 线图存在三种探顶特征，分别是“金玉其外，败絮其中”、“吊颈线”和“悬空而行，危在旦夕”探顶特征。

(9) 股价已经处于明显的高位区域，收出携量（巨量）推升状态以后，次日量能往往形成缩量状态，阴阳收盘都有可能，所以它们容易构成探顶 K 线组合。次日股价收出缩量阳线，突破并处于前一日最高价之上收盘，这是“力不从心，虚张声势”探顶特征。次日股价收出阳线状态，无法突破前一日最高价，并处于前一日上影线内收盘，构成一组“阳线上影线藏阳线”组合蜡烛图，这是“扬而不突，杀机骤现”探顶 K 线组合。次日股价处于前一日阳线实体内部运行和收盘，构成一组“阳线孕伪阳线”组合蜡烛图，这是“心怀鬼胎，居心不良”探顶 K 线组合。探顶 K 线组合的量能要求并不严格，主要还是根据股价所处的位置、趋势的强弱以及周期确定。

(10) 股价和指标趋势未走完的情况下，收出“金玉其外，败絮其中”探顶特征，后市股价往往存在惯性推高动能，采取高抛低吸策略为宜。股价和指标趋势已走完或已减弱，收出“金玉其外，败絮其中”探顶特征，股价完成探顶的可信度极高，采取逢高清空策略。

★ 构筑方式及表现特征

"金玉其外，败絮其中"探顶特征有以下两种常见的构筑方式及表现特征：

第一种，湘电股份（600416），如图 7-10 所示。

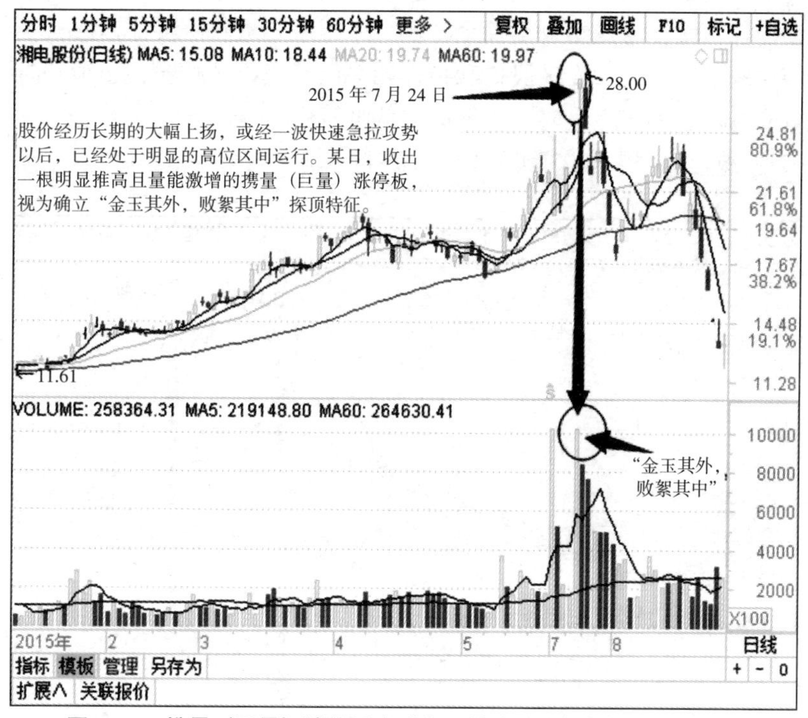

图 7-10　携量（巨量）涨停板式"金玉其外，败絮其中"探顶特征

携量（巨量）涨停板式"金玉其外，败絮其中"探顶特征。

股价经历长期的大幅上扬，或经一波快速急拉攻势以后，已经处于明显的高位区间运行。某日，收出一根量能激增的携量（巨量）涨停板，视为确立"金玉其外，败絮其中"探顶特征。

报收涨停板且伴随携量（巨量）状态的原因如下：第一种情况是盘中股价携量推高以后，快速推至涨停板价格，主动性抛盘激增且持续流出，压制并致使涨停板反复裂开口子成交，最终报收携量（巨量）状态的涨停板；第二种情况是盘中股价推至高价区域以后，全天大部分时间停留在盘中高价区域围绕均价线反复震荡，主动性抛盘始终掌控主动，到午盘或尾盘附近，买盘才将股价推入涨停

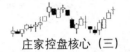

板，最终报收携量（巨量）状态的涨停板。

普通投资者认为股价只要封停就是强势，而且觉得股价还有大幅推高的可能，于是投入或加大资金并在高价追入，殊不知，这样就接过了庄家获利巨大的抛盘。追高和留守浮筹越多，庄家撤退起来越容易。庄家有心做多或继续做多行情，根本不会反复裂开涨停口子成交，更不会在涨停板附近或盘中高价区域抛出如此巨量。庄家了结多少获利筹码，普通投资者接过多少高价筹码，零和游戏规则尽显无疑。携量（巨量）推升状态的“金玉其外，败絮其中”探顶特征，常与其他类型的探顶特征形成结合型探顶特征。千万不要被涨停特征迷惑，量能激增必须跟随庄家顺势而为。发现股价和指标趋势已走完或已减弱，必须及时清空筹码；股价和指标趋势未走完时，采取高抛低吸策略。

第二种，华兰生物（002007），如图 7-11 所示。

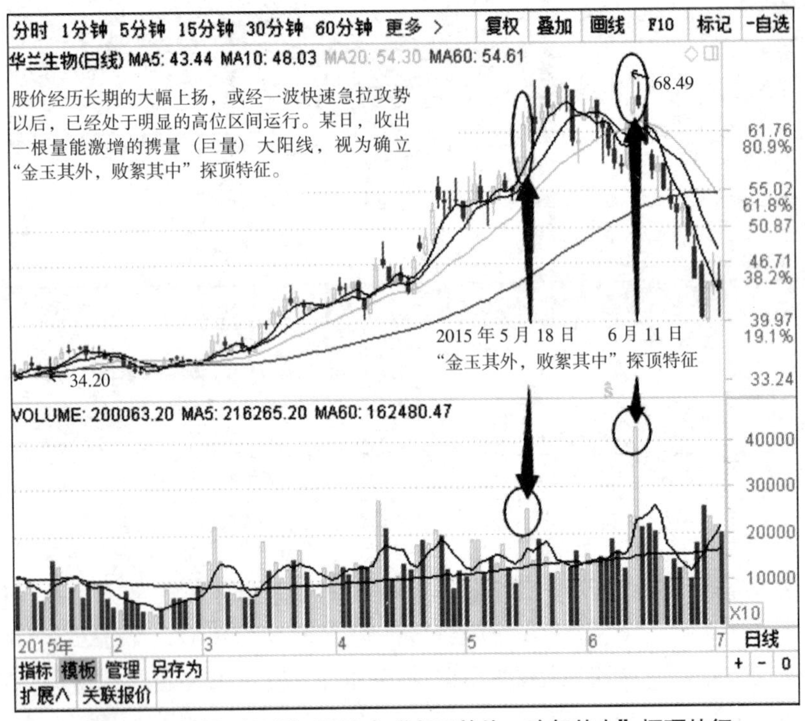

图 7-11 携量（巨量）阳线式“金玉其外，败絮其中”探顶特征

携量（巨量）阳线式“金玉其外，败絮其中”探顶特征。

股价经历长期的大幅上扬，或经一波快速急拉攻势以后，已经处于明显的高位区间运行。某日，收出一根量能激增的携量（巨量）大阳线，视为确立“金玉其外，败絮其中”探顶特征。

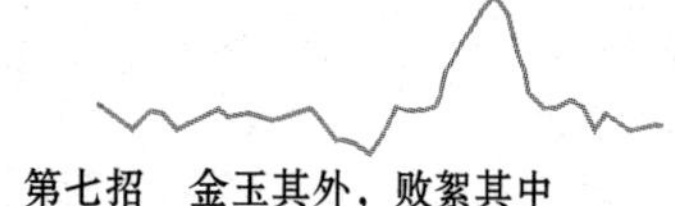

报收大阳涨幅且伴随携量（巨量）推升状态的原因如下：第一种情况是盘中股价携量推高以后虽然进入涨幅榜前列，但主动性抛盘突增且持续外流，压制股价无法推入涨停板价格，全天大部分时间停留在盘中高价区域围绕均价线反复震荡，放量滞涨明显，最终报收携量（巨量）状态的大阳涨幅；第二种情况是盘中股价携量推高以后，虽然已被买盘推至涨停板价格，但大量抛盘不断撕扯涨停板价格，致使涨停板反复裂开口子成交，全天大部分时间停留在盘中高价区域围绕均价线反复震荡，最终报收携量（巨量）状态的大阳涨幅。

简言之，盘中股价携量推高以后，能拉涨停板却不拉涨停板，拉上涨停板又封不住涨停板，封上涨停板又反复裂开口子成交，主动性抛盘始终掌控主动，最终报收携量（巨量）状态的大阳涨幅。由此可见，盘中股价推至涨停板价格属于诱多性质，卖盘又在涨停板价格不断打压，致使涨停板裂开口子成交，而且全天大部分时间停留在盘中高价区域围绕均价线反复震荡，表明庄家是想通过大阳涨幅刻意营造一种强势调整，给人造成一种股价继续推高的强势假象。庄家所做的所有工作都是为了顺利撤退，实施诱多推高容易达到目的。“金玉其外”说明大阳涨幅徒有华丽的外表，“败絮其中”才是它的本质，千万不要被这种携量（巨量）推升状态的大阳涨幅迷惑。发现股价和指标趋势已走完或已减弱，有筹在手的赶紧脱手；股价和指标趋势未完时，采取高抛低吸策略。

第八招　力不从心，虚张声势
——大幅上扬以后收出“缩量阳线”的实战意义

一、招数概况及策略剖析

（一）图形识别

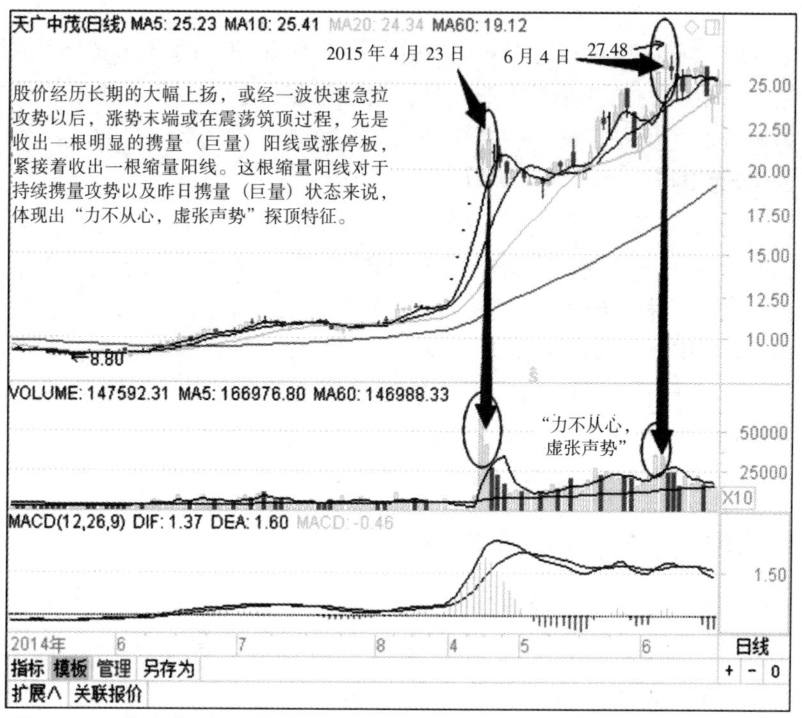

图 8-1　天广中茂（002509）　构筑“力不从心，虚张声势”探顶特征的走势

（二）招数构成与总结

（1）股价经历长期的大幅上扬，或经一波快速急拉攻势以后，已经实现巨大涨幅。

（2）量能持续放大，股价不断向上。涨势减缓以后，股价转入震荡筑顶趋势，MACD 技术指标的悬空抬升状态特别明显。或者说股价经历一波持续携量的大幅急拉以后，趋势线处于红柱体的上端位置，只要股价攻势稍有停滞，红柱体便会快速脱离趋势线。

（3）股价冲高以后触及前期技术平台或跳空缺口，说明股价上扬完成【预期】，回落收盘说明这两个技术平台确立<对望格局>双轨。假如股价处于连创历史新高过程中，此时股价和指标趋势往往已经减弱。

（4）无论是复权还是除权状态，先是收出一根明显携量（巨量）的阳线或涨停板，阴线收盘有量无量亦可。次日，采取低开高走或平开高走方式开盘，买盘数量大不如前，全天大部分时间的盘中走势波澜不惊，交投明显萎缩。午盘或尾盘附近，量能突然增大，盘中股价形成快速拔高趋势，最终股价停留在涨幅榜前列收盘。

（5）通过它的收盘状态可以看出，这是一根明显缩量的推升阳线（涨停板）。对于持续携量攻势，尤其是对于前一日携量（巨量）状态来说，缩量推升状态体现出“力不从心，虚张声势”探顶特征。

★ 一句话总结

股价经历长期的大幅上扬，或经一波快速急拉攻势以后，无论是复权还是除权状态，股价处于【预期】附近展开震荡筑顶趋势，或者处于连创历史新高过程中，而且股价和指标趋势已经减弱或即将趋弱；先是收出一根明显携量（巨量）的推升阳线或涨停板，阴线收盘有量无量亦可；次日，庄家采取极其高明的控盘技巧并快速推高股价，最终收出一根缩量阳线（涨停板）；对于持续携量攻势，尤其是对于前一日的携量（巨量）状态来说，缩量推升体现出“力不从心，虚张声势”探顶特征。

（三）深层剖析与要领感悟

（1）股价经历长期的大幅上扬，或经一波快速急拉攻势以后，有的连创历史新高，有的实现较大级别的【预期】。股价进入涨势末端或处于震荡筑顶过程，携量（巨量）以后收出一根缩量阳线（涨停板），表达了三层意思：一是股价上扬没有获得足够量能支持，说明推力开始减弱；二是庄家采取极其高明的控盘技巧并快速拔高股价，说明缩量推升属于诱多推高性质，这是庄家掩护撤退的技术手段之一；三是股价处于明显高位区域，缩量推升状态提示股价实现探顶。

（2）对于持续携量攻势以及前一日携量（巨量）状态来说，缩量推升状态至少说明股价经过长期的大幅上扬，或经一波快速急拉攻势以后，已经显现出疲态征兆。假如股价和指标趋势已经减弱，股价处于虚拉诱多区间，携量（巨量）以后收出缩量推升状态，往往确立此轮攻势大顶。携量（巨量）阴线的次日收出缩量推升状态，说明量能反扑不足，同样表明庄家采取极其高明的控盘技巧并快速拔高股价，股价完成探顶更加真实。

（3）全天大部分时间的盘中走势波澜不惊，买盘数量大不如前，交投明显萎缩。庄家只要投入少量资金并采取技巧快速拔高股价，刻意营造股价快速冲高趋势，即可达到诱多推高的出货目的。有时采取“波形推动”盘口，有时采取“一柱擎天”盘口，选择午盘或尾盘附近实施诱多推高比较常见。无论采取哪种盘口实施诱多，盘中股价冲高以后出现偏软偏弱态势，最终收出一根缩量阳线或涨停板，真实体现出“力不从心，虚张声势”探顶特征。

（4）未曾入场的普通投资者，由于迟迟不敢下手，不仅错过了前期大幅涨势，而且在此时开始认为股价还有继续大涨的可能，再也按捺不住做多热情，于是高价入场。殊不知，这在无形之中起到了推波助澜和稳定股价的作用，使庄家容易实现撤退。已经入场且已获利的大量跟风浮筹，认为股价仍然强势，甚至觉得涨势远未结束，于是选择坚守。殊不知，这在无形之中减轻了抛压阻力，庄家撤退起来更加容易。

（5）股价经历长期的大幅上扬，或经一波快速急拉攻势以后，说明庄家控盘筹码获利丰厚，如何顺利撤退成为重中之重。缩量推升并不是说庄家没有实力推高股价，而是说庄家投入少量筹码并采取技巧拔高股价，因此才显现出“力不从心”的转虚特征。庄家有能力控盘股价，也有能力推动股价到达任何【预期】，连创历史新高也不是难事。采取缩量阳线或涨停板进行“虚张声势”，刻意营造一种表面强势，实质上这是庄家掩护撤退的诱多推高措施。

（6）构筑“力不从心，虚张声势”探顶特征的抛筹策略。

第一，股价和指标趋势未走完时，先是收出一根携量（巨量）阳线或涨停板，阴线收盘有量无量亦可，它们往往是股价进入高位区间的首批探顶特征，也有可能是假顶特征，采取高抛低吸策略。

第二，次日，全天大部分时间的盘中走势波澜不惊，交投明显萎缩。多数时候选择午盘或尾盘附近突然拔高股价，量能虽然有所放大，但最终却收出一根缩量阳线或涨停板。股价和指标趋势未走完时，采取高抛低吸策略。剩余筹码可以选择“顶背离”、“头肩顶”和“飘三柱”等虚拉诱多区间，再采取逢高清空策略。

第三，股价处于涨势末端或震荡筑顶过程，股价和指标趋势已经减弱或已走完，携量（巨量）次日收出缩量阳线或涨停板，采取逢高清空为宜。

二、招数及实例解读

操盘实例一　新时达（002527）

◆ **图形识别**

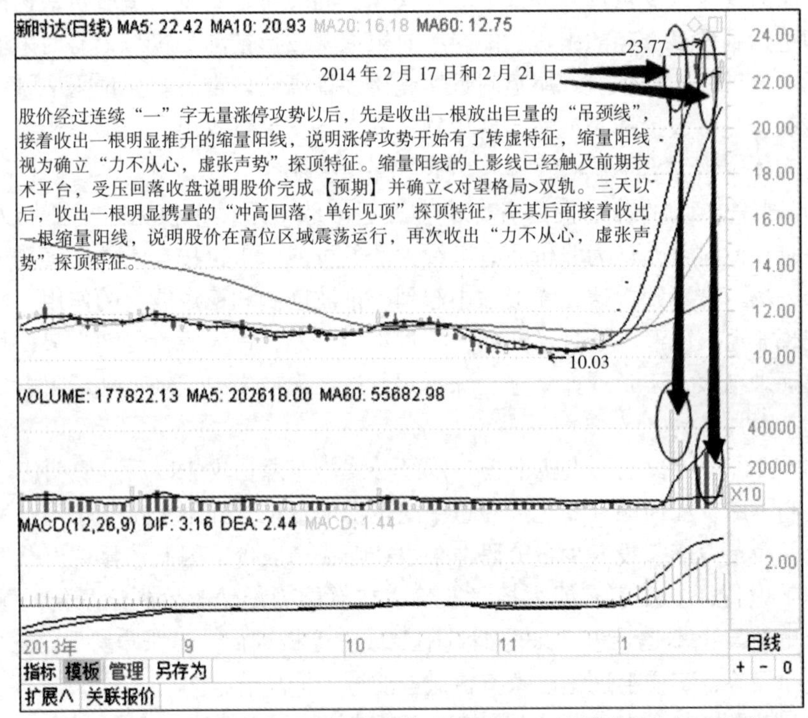
新时达(日线) MA5: 22.42 MA10: 20.93 MA20: 16.18 MA60: 12.75
23.77
2014 年 2 月 17 日和 2 月 21 日
股价经过连续“一”字无量涨停攻势以后，先是收出一根放出巨量的“吊颈线”，接着收出一根明显推升的缩量阳线，说明涨停攻势开始有了转虚特征，缩量阳线视为确立“力不从心，虚张声势”探顶特征。缩量阳线的上影线已经触及前期技术平台，受压回落收盘说明股价完成【预期】并确立<对望格局>双轨。三天以后，收出一根明显携量的“冲高回落，单针见顶”探顶特征，在其后面接着收出一根缩量阳线，说明股价在高位区域震荡运行，再次收出“力不从心，虚张声势”探顶特征。
10.03
24.00
22.00
20.00
18.00
16.00
14.00
12.00
10.00
VOLUME: 177822.13 MA5: 202618.00 MA60: 55682.98
40000
20000
X10
MACD(12,26,9) DIF: 3.16 DEA: 2.44 MACD: 1.44
2.00
2013年
9
10
11
1
日线
指标 模板 管理 另存为
扩展∧ 关联报价
+ - 0

图 8-2　急拉以后和高位震荡过程的“力不从心，虚张声势”探顶特征

◆ **要点回放**

如图 8-2 所示：

（1）任何题材获得市场面（基本面）确认之前，技术面往往提前反映了基本面，说明基本面反映滞后，而且基本面并不会提前透出消息和印证技术面。其实炒股票就是炒消息、炒题材，可是普通投资者后知后觉，根本无法提前获知消息，更不可能提前确认题材。庄家坐庄，总是第一时间掌握第一资源（消息），这是庄家为何总能提前介入并强势控盘个股的深层原因，也是股价提前反映（消

化）基本面的关键。庄家通过强大的资本实力和控盘能力，时刻影响着技术面，传导并促使股价提前发生改变，最后才反映在基本面。因此，技术面体现于股价趋势及其变化，先知先觉的投资者总能通过股价变化以及庄家控盘异动，同步跟随庄家。由此可见，千万不要一厢情愿地认为基本面（题材确认）会传导至股价趋势，庄家早已通过强势控盘提前消化了消息（股价趋势及其变化提前反映了基本面）。只有先知先觉者，才有可能发现庄家强势控盘以及股价异动，从而做到随律而变，跟庄而动。

（2）普通投资者踏足股票市场的那一刻起，已被市场密集灌输所谓的“价值投资”、“投资蓝筹”等投资理念，可是结果不尽如人意！股民数量逐年增加，年均亏损额却是逐年攀升，相信用不了几年时间，人均年亏损额将会轻松跨越 30 万元关口。改变股票市场的两极分化现象几乎不可能，毕竟零和游戏规则谁都无法打破。缺乏技术以及强大的心理承受能力支撑，根本不可能做到稳定盈利。炒股就是炒人性，普通投资者不适合炒股，前任证监会主席郭树清说过，曾经的“公募一哥”王亚伟脱公奔私时也说过。央行货币政策委员会樊纲委员说过这么一番话：“个人投资者应该退出炒股，炒股是有风险的，而且是非常专业的，没有 4 个显示屏放在那儿，你都没有资格炒股。”这些话并非危言耸听，而且历史事实已经证明，每一轮牛市结束的“贡献者”，总是那些缺乏专业知识且无畏无私的普通投资者。

（3）新时达（002527）自 2010 年底上市以来，一直跟随股指回调，而且从未有过像模像样的反弹强势。长期的熊市氛围足以让人感到窒息，即使是不涨不跌的中继区域，买了也讨不到好处，一不小心还被套在山腰上。2012 年 12 月 4 日，股价跟随股指探出一个明显的底部价格以后，不仅提前股指起势，而且起势以后并不跟随股指回调，这是强庄控盘以及股价异动的明显征兆。2013 年 6 月 25 日，上证指数回调以后二次探底（1849 点），该股提前起势并实现了长期盘升趋势，已经完成翻番行情炒作。

（4）如果根据基本面判断并按照股指走势做盘，别说抓住一波吃饭行情，恐怕连水也喝不上。经常有学员问：“股指下跌时，还能做股票吗？”这个问题几乎每期培训班都有学员问及，每次回答只有一个相同答案。股指也好，大盘股也罢，我们必须把它当成一只个股看待。股指涨，个股未必跟着涨，也有可能比股指涨得猛；股指跌，个股未必跟着跌，也有可能比股指跌得凶。无论什么时候选股和操盘，个股当前走势最关键，因为它真实地反映了技术面，庄家控盘手段及其变化和股价异动迹象，在技术面上可以完整呈现。根据技术面选股和操盘，基本面不必关注。参考基本面又要盯着大盘走势操盘，建议做股指期货。股指跌了，那些独立于股指走势的强势恒强个股，往往只是顺势调整罢了，即使调整幅度大了些，也不会像其他个股那般毫无规律地深跌。庄家强势控盘的强势恒强个股，采取刻意洗盘的小幅回档，或者采取顺势打压的挖坑手段构筑一段小空头陷阱，往往蕴含绝佳的低吸机会。

（5）基本面滞后于技术面，这让普通投资者常常感到不解。利好兑现时，股价总是不涨反跌。“见光死”行情不仅将普通投资者诱惑入场，还将其拴在股价高位区域，使其唯有无奈地被动持有。2013 年中，该股公布了 2012 年业绩以及高送转预案，此时股价已经完成翻番行情炒作，普通投资者只要追高买入，立刻就会掉入庄家精心构筑的一段围绕均线系统展开长期盘整的空头陷阱。股价经历五个月的充分整理，量能持续萎缩，说明普通投资者不断斩仓出局，而且越斩越少，庄家照单全收。10 月 14 日，“短回长”强攻特征闪亮登场，可是并未引发股价立即强势。原因如下：①股价进入“短回长”之前已有一段小幅拉升，跟风浮筹获利了结将对股价形成一定抛压，庄家采取清洗动作必将回撤股价；②分时趋势已经进入顶部区域运行，预示分时趋势必须通过回撤趋势进行化解，重新蓄积做多能量；③MACD 技术指标虽然转入金叉状态，但实现金叉时的趋势线离零轴线较远，而且小幅拉升趋势致使红柱体抻拉过长，说明这一波小幅拉升趋势属于虚力推升行情，预示股价必须回撤化解虚力。由此可见，任何一波大级别趋势，各个周期必须形成有效的合力共振，才有可能真正启动行情。发现股价有了调整需要，即使此时周线或月线趋势非常强势，也要及时回避日线和分时趋势的回撤过程。有筹的最好采取逢高减筹策略，无筹的耐心地等待完美的狙击时机（低吸机会）。

（6）2013 年 10 月 23 日，阴线和均线系统汇合形成“下破四线”格局。假如把股价下跌理解为“短回长”的回撤趋势，那么这根阴线应当看成一根正常的调整阴线，只要耐心等待股价止跌企稳即可低吸；假如把它理解为破位趋势，即使看好后市趋势，此时也要选择保命（清空）策略。暂且不管它是庄家故意打压还是破位意图，股价跌破均线系统，当务之急是回避调整。通过面授的学员应该清楚，对各种条件进行综合研判，可以得出以下结论：股价下跌符合庄控系统的选股模式，也就是说，可以把这根阴线当成一根正常的调整阴线看待，而且选股理由非常充分。11 月 11 日，股价经历一波顺势打压趋势以后，趋势线已被挖坑跌势拖出绿柱体，且已形成明显的飘柱诱空态势，暗示股价反弹一触即发。11 月 14 日，携量阳线吞没前一日阴线，成功构筑“鸾凤和鸣，琴瑟和谐”止跌 K 线组合，分时趋势由“底背离”过程推起“反抽三线”特征，说明股价反弹获得技术支持。如果按照庄控系统选择了它，必须高度关注它的分时趋势，发现分时趋势形成止跌企稳或企稳反转特征，不妨大胆地展开低吸（增筹）。11 月 20 日，经过“四连阳”连续推升以后，股价越过 20 日均线未作停留，且已接近 60 日均线。晚间一纸公告，股价进入两个多月的停牌期（策划发行股份购买资产）。

（7）2014 年 1 月 28 日，该股对外发布公告，确认收购优质资产的重大利好（加码机器人业务），股价结束停牌并进入连续“一”字无量涨停攻势。建立一套完善的成熟且稳定的庄控模式（选股模式），不仅可以做到提前选出强势股，而且纳入股票池高度关注范围，还可以找到完美的反转时机实施狙击。普通投资者常常感叹，总是选不到热点题材股（强势股）。即使选到了又买到了，也骑不住牛股。要么感叹命运不济，要么就说市场不对，要么埋怨庄家根本不懂他。任何市场都需要有实力、有能力的强庄控盘，股票市场更加明显罢了，同时需要那些整天唉声叹气且无私贡献的投资者，毕竟任何市场都需要有人最后埋单。知乎上有一句很火的话：“命是弱者的借口，运是强者的谦辞。”买不到强势股、领头羊，并不是你命不好，买到了又骑不住牛股，也不是你运气不济，而是你没有掌握一套选牛、买牛和骑牛的核心技术。一言而蔽之，你不具备赚钱能力。技术者从来不会为找不到强势股而犯愁，骑住牛股也会谦虚地说：“运气好而已。”

（8）2 月 14 日，“一”字涨停开盘的封停单子大不如前，开盘瞬间即被巨量抛盘裂开口子成交，随之形成一种大角度的下挫趋势，仅仅过去了 5 分钟时间，股价就由涨停板价格回落至只有 3.0%的涨幅。9 点 35 分以后，买盘逐渐增多，股价中心稳步上移，早盘多数时间选择围绕盘中均价线震荡成交。午盘开市以后不久，由于买盘持续涌入，盘中股价快速推高并于 13 点 27 分重新封停，虽然封停单子不够坚挺，但它封住涨停板至收盘。

（9）这根巨量涨停板蕴含了多重市场意义：第一，连续“一”字无量涨停攻势以后，出现巨量成交（天量），说明买卖盘在一天内完成巨量交换。K 线图表面虽然好看，但巨量成交却是一种“金玉其外，败絮其中”探顶特征，谁在抛？谁在接？相信投资者已经心中有数。第二，采取“一”字涨停开盘并在 K 线图下方留有一根长长的下影线，就像一根“吊颈线”蜡烛图，谁有能耐造成如此局面？相信只有庄家才能办到。第三，除权状态下的连续“一”字无量涨停攻势，已经回补前期分红除权缺口，也已推过 2013 年 7 月 2 日的技术平台，说明无量涨停攻势不仅完成了填权行情，而且实现了多段【预期】。巨量成交说明当前股价面临巨大抛压，解套盘出局和获利盘了结，数量十分惊人。第四，复权状态下的连续“一”字无量涨停攻势，股价连创历史新高，“吊颈线”的成交量比上市首日的量能还要大，谁有这么多抛盘？相信只有庄家才有。通过上述分析可以明白，庄家获利了结的意图非常明显，股价遇阻受压的特征十分清晰。虽然股价和指标趋势仍然藏于强势范畴，但这根留有长长下影线的巨量（天量）涨停板，属于连续“一”字无量涨停攻势以后的首批探顶特征，采取减筹策略为宜。一般情况下，收出这种巨量阳线（涨停板）以后，股价短期内存在惯性推高动能，而且庄家出货也不可能在一两天之内完成，所以暂时不必急于清空。

(10) 2 月 17 日，天量涨停板的次日，惯性推高动能促成早盘股价跳空高开，盘中小幅下探以后不仅没有回补跳空缺口，而且重新推起以后又站稳盘中均价线之上成交，早盘大部分时间停留在盘中高价区域震荡成交，盘中最高价推至 9.0%涨幅。午盘趋势整体呈现偏弱态势，缓慢下行并于收盘前一刻钟回碰盘中均价线，获得买盘支撑并展开反弹趋势，最终停留在 5.42%涨幅收盘。缩量阳线收盘并留有缺口，又存在明显的上、下影线，它预示着什么？

◆ 操盘策略

如图 8-3 所示：

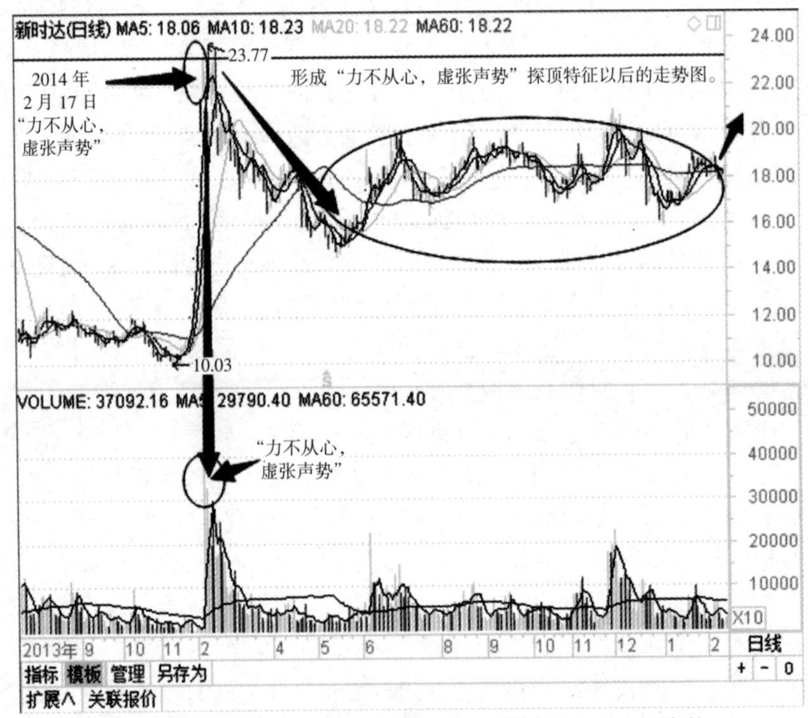

图 8-3　形成"力不从心，虚张声势"探顶特征以后的走势

(1) 2014 年 2 月 17 日，股价实现连续"一"字无量涨停攻势以后，巨量涨停板的次日收出一根缩量阳线，这是一种典型的虚拉诱多趋势，缩量阳线叫作"力不从心，虚张声势"探顶特征。除权状态下的缩量阳线高价触及了 2011 年 8 月 4 日的技术平台，说明股价经过连续"一"字无量涨停攻势以后完成【预期】，冲高回落收盘说明它们及时确立<对望格局>双轨。这根缩量阳线还蕴含着多重市场意义：第一，采取跳空高开却没有回补缺口，它有了"悬空而行，危在旦夕"

探顶特征；第二，盘中走势剧烈波动，K线图留有明显的上、下影线，它有了“冲高回落，单针见顶”探顶特征。因此，这根缩量阳线提示股价完成【预期】并确立<对望格局>双轨，至少通过三种探顶特征呈现。此时不减，更待何时？

（2）2月18日，日线盘面还是收出一根缩量阳线，而且这是一根缩量“伪阳线”，说明它与前一日阳线成功构筑“阳线孕伪阳线”组合蜡烛图，体现出“心怀鬼胎，居心不良”探顶K线组合。2月20日，“倒锤阴线”体现出“冲高回落，单针见顶”探顶特征。次日，缩量阳线体现出“力不从心，虚张声势”探顶特征。2月25日，跌停板体现出“长阴破位，倾盆大雨”破位特征。除权状态下的股价完成【预期】并确立<对望格局>双轨，收出一个又一个探顶特征或结合型探顶特征，这是庄家通过它们实现撤退的明确提示。每个独立存在的探顶特征，表面上看毫无关联，实质上它们都是引发股价最终转向下跌的累积因素。

（3）股价经历一波大幅下挫趋势以后，前期连续涨停攻势实现的涨幅已被腰斩过半。2014年4月下旬，股价跳空跌破大线以后，量能持续萎缩，说明被套浮筹不断割肉出局，斩仓数量越来越少。5月中旬，股价震荡下行，已经缩短了的绿柱体重新拉长，说明股价进入飘柱诱空趋势，预示股价反弹一触即发。5月19日，“启明之星”K线组合不仅止住了持续跌势，而且引发了股价反弹趋势。6月中旬，股价反弹越过60日均线以后，选择围绕均线系统构筑了一段长期盘整趋势。从2014年2月17日的顶部算起，至2015年2月中旬的重新强势，区间盘整趋势经历了一年时间。步履蹒跚趋势的典型特征：股价围绕一条上轨和一条下轨长期盘整，股价时而上蹿下跳，时而伏低蹿高，阻压和支撑十分明显。有人喜欢它，有人讨厌它，喜欢它的是那些以操盘为生命的技术者，讨厌它的是那些耐不住寂寞且不断撤换的所谓“投资者”。2015年1月下旬，日线股价经历一波快速下蹲趋势以后，获得止跌企稳并重新站稳均线系统。此时可以看出，日线和周线股价再次确立强攻特征，月线股价经历一年横盘回撤以后，中线支撑股价并获得明显企稳。

（4）股价向上突破是买点，买入相当于抓住了骑牛机会。突破之前的调整趋势以及企稳反转过程，蕴含低吸和增筹机会，第一时间把握狙击时机，必然成为股市赢家。2015年2月12日至6月12日，四个月时间推起一波158%涨幅。说来又巧了，6月12日采取分红除权，恰恰形成复权状态的历史最高价，而且股价冲高回落收盘，“见光死”行情成为追高者的噩梦。策划重大资产重组停牌了3个多月，恰逢股灾来势汹汹，股价重新开牌以后一路下跌。2016年3月初，股价已经跌回前期起点。

（5）量变到质变，既是一个变化的动态过程，也是一段由不断量变而最终引发质变的累积过程。股价向上突破必须采取重仓狙击，向下突破必须保命撤退。

发现股价确认大顶或“顶上顶”格局，幻想什么呢？发现股价确认破位趋势，实质上股价已经跌去不少幅度，死守图什么呢？“冲高回落，单针见顶”、“高开低走，乌云盖顶”、“金玉其外，败絮其中”、“长阴破位，倾盆大雨”、“力不从心，虚张声势”、“心怀鬼胎，居心不良”、“回光返照，苟延残喘”、“顶背离”等探顶特征，每一个都是股价由探顶至回落的量变累积因素。最终引发股价大幅下挫的质变点，往往不止一个，“头肩顶”、“下破三线”、“下破四线”、“溃坝决堤，覆水难收”、“抽刀断水，流水无情”、“顶上再破”等破位特征，都是大幅下挫趋势的质变点。看似偶然，其实是必然的。每个探顶特征表面上看是独立存在的个体，但只要经过不断的累积、变化和延伸，质变成为必然，风险早已蕴含其中。唯物论和辩证法看似空洞，好像无用，其实只要弄明白了，并运用于股票市场和实战交易，大有裨益。

操盘实例二　均胜电子（600699）

◆ 图形识别

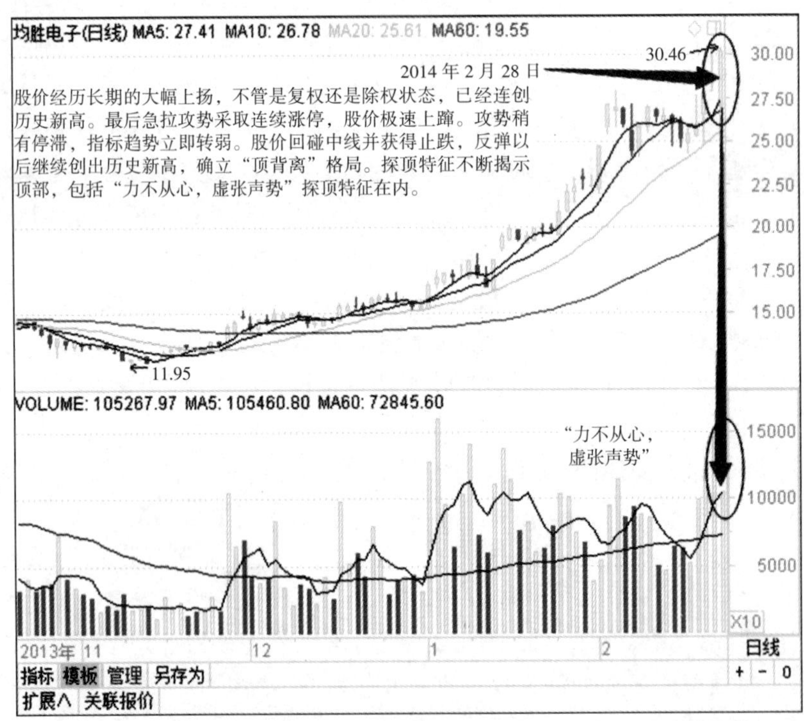

图 8-4　虚拉诱多末端收出“力不从心，虚张声势”探顶特征的走势

◆ **要点回放**

如图 8-4 所示：

（1）基本面好不见得股价能涨，股指涨也不见得个股能涨，手中持有的股票或许不涨反跌，所以不必在乎基本面和股指走势。只要是强庄控盘的强势恒强个股，它的趋势（方向）与股指和基本面的关联性不大。它们一旦有了关联，预示庄家开始实施忽悠手段。这个时候的股价要么处于大顶区域（利好确认而股价处于明显高位区域或在虚拉诱多区间），要么处于大底区域（利空不断而股价处于超跌超卖区域或在诱空下跌区间）。股价推至明显高位以后，庄家（市场各方）通过各种途径鼓吹基本面如何如何好，推荐股票的消息开始满天飞，后知后觉的投资者被这些消息充分点燃做多热情。追高浮筹不断买入，庄家实现逐步撤离。股价跌无可跌了，量能呈现出极度萎缩迹象，甚至是地量交投状态，庄家开始鼓吹基本面以及市场环境如何如何坏，更说买入（持有）没有任何投资价值，甚至采取一波狠狠的砸盘行为。不仅诱导那些长期被套浮筹斩在地板价，也让那些蠢蠢欲动的场外投资者不敢轻易抄底，庄家却在超跌超卖的低位区间暗中吸筹。市场永远是对的，即使它错了，也不会由普通投资者纠正，股市涨跌有其自身的运行规律。既然如此，那就从改变我们自己开始吧！长期以来养成的不良操盘习惯（行为），急功近利的操盘心态，正是导致长期亏损的原因。学习一套完善的成熟且稳定的操盘模式，总比凭感觉追涨杀跌强。

（2）普通投资者无法与市场（庄家）抗衡，唯有随着股价变化而变，紧跟庄家行动而动，才有可能迈进股市赢家的门槛。根深蒂固的错误的思维方式（操盘方法、操盘行为和投资理念等），要改变难度非常大。学习并接受一套全新的操盘模式，必须付出极大努力，并非人人都能做到，就看谁愿意首先接受改变了。均胜电子（600699）的庄家控盘非常狡猾，每次发动强势行情之前，总是围绕60 日均线（均线系统）构筑一段挖坑下跌的小空头陷阱。读过《庄家控盘核心（一）——强势股狙击法》的投资者应该明白，庄家采取顺势打压的挖坑手段，主要是想通过顺势打压进行深度清洗，而且股价往往能够在大线下方附近获得止跌企稳。庄家为了窃取足够的控盘筹码，反复采取打压手段进行刻意洗盘，追高或被套浮筹缴枪投降。股价表面上形成一段破位下行趋势，实质是庄家刻意加大震慑力度的洗盘手段，技术者看了即明，糊涂人看了慌乱。2013 年 3 月中旬开始，庄家利用股指跌势展开一段刻意打压趋势，股价形成一波挖坑跌势。5 月初，股价经历两个多月的挖坑洗盘以后，获得止跌并实现企稳反转，最后采取“短回长”强攻特征启动连续涨停攻势。6 月初开始，虚拉诱多趋势成功构筑“顶背离”区间，除权状态下的股价创出历史新高（1998 年 10 月 6 日）。两个历史平台确立<对望格局>双轨，引出一段对望调整趋势。

(3) 2013 年 6 月中旬至 11 月末，前期调整属于确立<对望格局>双轨并引发的对望调整趋势，后期股价围绕均线系统展开一段上蹿下跳、伏低蹿高的区间盘整趋势，说明股价由震荡筑顶趋势演化为区间盘整趋势。股价处于轨道之内经历长期盘整，量能持续萎缩，换手率越来越低，说明跟风和被套浮筹已被庄家逐渐清洗。12 月初，股价经历挖坑下跌以后重新站稳均线系统之上，开始确立“短回长”强攻特征。12 月中旬，股价经历半个月的窄幅震荡趋势以后，携量突破“短期横盘调整”上轨，预示股价真正启动强攻趋势。此轮涨速虽然不如 2013 年 5 月至 6 月的快速急拉攻势，但股价实现的涨幅却比前期多了将近一倍。由此可见，股价涨速快，涨幅未必大；盘升趋势虽然涨速慢些，但涨幅未必小。此外，股价起势速度快，狙击时机不好掌握，容易错失最佳的狙击点，追高持筹使人忐忑不安，高抛低吸不好把控。起势和涨速慢些，狙击时机充裕，即使错过了最佳的狙击点，只要拉升途中出现明显的回撤趋势，分时趋势必然存在企稳反转特征，高抛低吸容易把控。

(4) 2014 年 1 月 3 日，携量阳线突破历史平台确立的<对望格局>双轨，随后不断刷新历史高价。此轮多头攻势比 2013 年 5 月至 6 月的涨幅大，原因有五个：第一，除权状态下可以发现，股价起势之初已经突破历史双轨，说明股价突破历史双轨以后不再存在套牢盘抛压，最终高点由庄家说了算；第二，前期股价围绕均线系统展开长达五个多月的区间盘整趋势，说明跟风和被套浮筹已被庄家彻底清洗，从而减轻未来拉抬过程的抛压阻力；第三，股价突破历史双轨以后，推升和横盘趋势不断撤换，说明庄家反复采取横盘方式进行调整，追涨浮筹微利出局或微亏斩仓，这在无形之中又减轻了未来拉抬过程的抛压阻力；第四，庄家暗中接纳普通投资者抛出的浮筹，不断提高控盘程度，说明庄家肯定不是为了短期利益，志在高远；第五，涨势途中反复采取横盘方式进行调整，致使趋势线长期脱离并处于红柱体上方悬空抬升，预示股价和指标趋势长期处于失真状态，表明股价构筑了一段牛皮市道。

(5) 2 月初，股价经历大幅上扬以后，连续涨停促成快速急拉攻势，暗示股价进入结束行情之前的疯狂阶段。2 月 10 日大幅跳空高开，盘中股价不仅没有回补缺口，而且呈现出放量滞涨迹象，留有较大的跳空缺口并在尾盘推入涨停板收盘，说明庄家采取“悬空而行，危在旦夕”探顶特征进行收网，仓位重了必须采取减筹策略。次日，“伪阳线”创出历史新高并与前一日涨停板成功构筑“阳线孕伪阳线”组合蜡烛图，“心怀鬼胎，居心不良”探顶 K 线组合又是一个表达收网意图的探顶特征。2 月 12 日，阴线跌破前一日“伪阳线”的最低价，说明它与前两天的 K 线图成功构筑“阳线＋星线＋阴线”组合蜡烛图，名字叫作“黄昏之星”探顶 K 线组合，再次提示股价顶部。股价到达明显高位运行，庄家反复

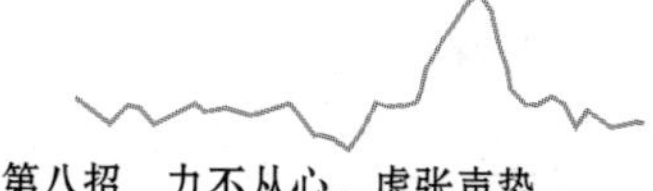

收出各种探顶特征，除了提示股价实现探顶以外，同时提示收网意图，这时最好不要有贪高念头。

（6）攻势停滞并转入横向震荡趋势，股价接近缓慢抬升的20日均线，红柱体持续缩短，趋势线逐渐下行。股价回碰20日均线，不仅受其上行角度支撑，而且反弹以后创出历史新高。高抛低吸把控能力较强，即使股价进入“顶背离”区间，分时股价也会形成一波规律性极强的小级别反转趋势，差价空间比较可观，所以不要轻易放弃。高抛低吸把控能力较弱，又有患得患失的操盘情绪伴随，最好还是回避虚拉诱多趋势。2月27日，采取小幅高开并形成携量高走以后，股价创出历史新高。盘中股价最高到达9.50%涨幅，而且盘中多次冲击这个涨幅价格未果，最终又形成了逐渐走低的偏弱态势，致使收盘状态形成一根“倒垂阳线”。它不仅没有回补跳空缺口，而且留有一根长长的上影线，说明这根K线图蕴含两种探顶特征，分别是“冲高回落，单针见顶”和“悬空而行，危在旦夕”探顶特征。MACD技术指标虽然被反弹趋势带入金叉状态，但趋势线并没有跟随股价创出历史新高，说明两者背离走势成功构筑“顶背离”形态。股价探顶真实，撤退理由充分，能撤多快就撤多快，最好选择全部撤离。高抛低吸把控能力较弱，又有患得患失的操盘情绪伴随，不仅容易犯一些致命错误，而且常常是有顶不出，赚了想更多，高了想更高。

（7）2月28日，早盘股价跳空低开，经历快速下探以后展开逐波回升趋势，收盘前10分钟最高到达9.0%涨幅，股价继续创出历史新高。收盘价虽然比前一日最高价略低，但它几乎吞没了前一日“倒垂阳线”的上影线，表面上呈现出一种快速反扑的强势特征。其实不然，通过缩量推升可以明白，这根大阳线真实体现出“力不从心，虚张声势”探顶特征。

◆ 操盘策略

如图8-5所示：

（1）股价经历大幅上扬以后，最后采取连续涨停促成快速急拉攻势，探顶特征跟随而至，暗示股价进入结束行情之前的疯狂阶段。接着，股价停留在高位区域展开窄幅盘顶趋势，随之将股价引入虚拉诱多阶段。这是股价到达真实顶部的提示，也是庄家实施收网工作的意图表现。虚拉诱多的背离走势成功构筑“顶背离”形态，是庄家实施收网工作的技术手段，而且这一段背离走势，就像慢慢地打开地狱之门。该股处于“顶背离”区间运行，先是收出一根明显携量的“冲高回落，单针见顶”和“悬空而行，危在旦夕”结合型探顶特征，要么全身而退，要么堕入地狱，最终看你如何选择。然后收出一根缩量推升的大阳线，“虚张声势”表明股价推升已经乏力，说明庄家此时无心做多，全身而退还是可以的，但真正能够做到（舍得出局）的少之又少。股价到达明显的高位区域运行，庄家通

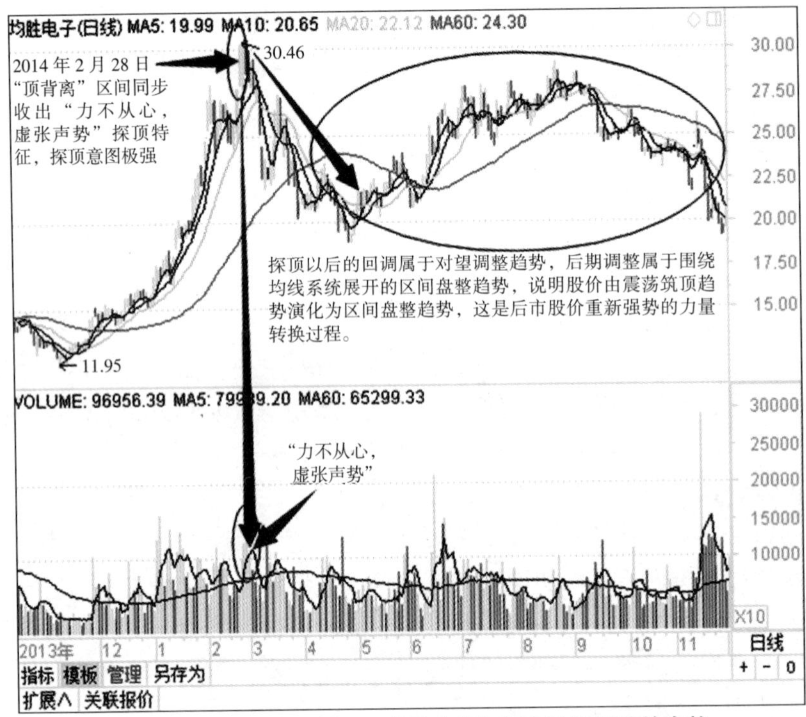

图 8-5 形成“力不从心，虚张声势”探顶特征以后的走势

过各种探顶特征不断地提示股价顶部及其收网意图，明白了才能指导实战。最后剩下的是那些无畏无惧的追高浮筹（包括已经盈利的跟风追涨浮筹），默默地为市场做出“无私贡献”。

（2）股价处于“顶背离”区间运行，逢高出局才能安全下山。携量（巨量）推升以后形成缩量推升，说明再不下山就有掉落悬崖的风险。希望每个投资者都能安安静静地、脚踏实地地感悟股价运行规律，熟悉庄家控盘手段及其变化，早日登上财富的珠穆朗玛峰，并安全下山。2014 年 2 月末，股价于“顶背离”区间收出“力不从心，虚张声势”探顶特征以后，随之进入长达一年的宽幅震荡趋势。这种宽幅震荡趋势不仅考量持筹耐心，而且容易破坏操盘心态，技术进步更是无从谈起。它的周线趋势出现弱势特征以后，停留在高位区间展开长期的盘整趋势，最终演化为区间盘整趋势。月线趋势出现弱势特征以后，停留在高位区间展开横向震荡趋势。2015 年 2 月中旬，日线盘面收出“腾空”强攻特征，股价重新推起一波强攻趋势。周线股价获得止跌企稳以后，小幅推起并迈进“短回中”强攻范畴。月线股价横盘以后获得中线止跌，实现企稳推起并构筑一段月线级别的“顶背离”行情。

（3）6月初，日线股价经历3个多月的大幅急拉攻势以后，开始进入明显的大顶区域。这个时候的日线和周线盘面，依然可以清晰地看到“力不从心，虚张声势”探顶特征，虚拉诱多特征的顶部提示也很明显。月线股价由2015年1月开启虚拉诱多趋势，它的日线和周线股价经过快速急拉攻势以后，5月末开始收出一个又一个探顶特征，股价实现探顶的可信度极高。投资理念是什么？股市赢家和输家的区别在哪里？就是问10个投资者这些问题，也会得出10种完全不同的答案，很难区别哪种答案最符合标准（毕竟没有最好，只有更好）。依笔者看来，能够做到保持长期稳定盈利，必须要有正确的投资理念，而且这也是股市赢家和输家的根本区别。前段时间看过一则人物专访，记者采访一位著名的登山运动员时问：“什么叫成功？”这位运动员不假思索地回答：“登顶只算走了前半程，能够做到安全下山，才算是真正的成功。”相信这个答案，并不是大部分人所想的那样。我们踏入股票市场的那一刻起，不就是跟攀登珠穆朗玛峰一样的吗？谁掌握了股价运行规律（上山、下山的技巧），弄懂了庄家控盘手段及其变化，就能赚取花不完的钞票（突破自我就是成功）。成功登顶且能安全下山，等于将世界踩在脚下。失败了，前者是尸骨无存，后者是倾家荡产，结果都不好。

（4）简言之，掌握了股价运行规律，弄懂了庄家控盘手段及其变化，也就相当于获得了无密码限制的取款权限，从此开启财富之门。买点出现时，能够做到毫不犹豫地展开断然一击，不仅是在帮助庄家抬轿，也是技术自信、敢于承担的勇气表现，获取超额收益是大概率；卖点出现时，没有任何迟疑，果断采取减筹或清空策略，及时锁定盈利，回避风险（股价调整或下跌的风险）。还没有进场或已进场的投资者，必须记住：股市赢家既要知道何时进场，也要清楚何时退场。师傅必须会买会卖，不然成不了师傅，只会买不会卖白忙活；徒弟必须会卖会买，不然难保稳定盈利，这样的徒弟也不合格。股票市场永远都有赚不完的钱，但自己口袋里的却很快就会赔完。还没有掌握股价运行规律之前，抑或是揣着糊涂装明白，死扛单子等着涨，又将自作聪明理解为成功之道，那么股票市场就像一台开足马力的抽水机，迟早吸干你的本金。

操盘实例三　罗平锌电（002114）

◆ 图形识别

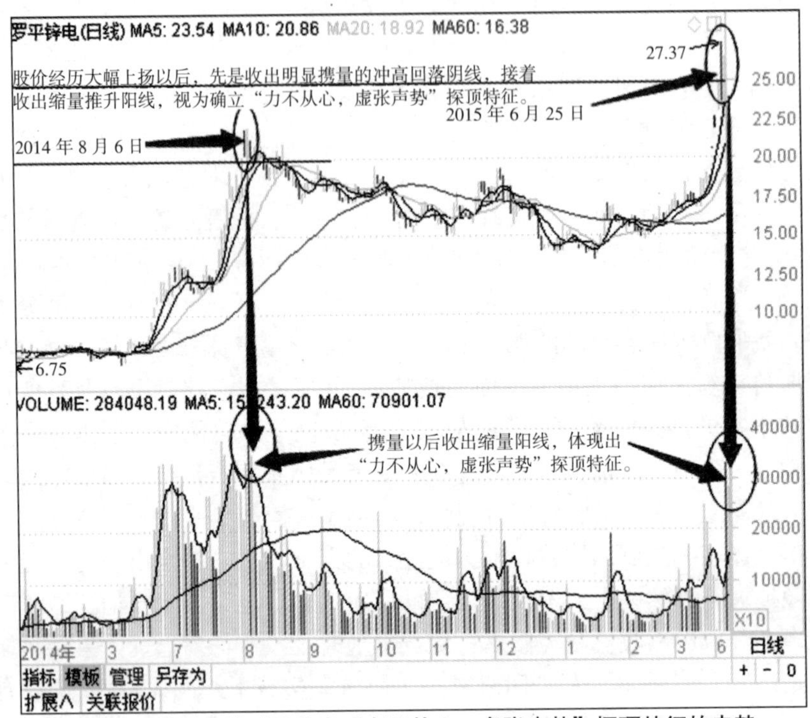

图 8-6　携量阴线以后收出“力不从心，虚张声势”探顶特征的走势

◆ 要点回放

如图 8-6 所示：

（1）A 股市场建立至今，股民结构仍以散户投资者为主，机构投资者发展尚未成熟。多数投资者由于没有经过系统学习，缺乏正确的投资理念指引，整体的投资素质还很低下。普通投资者的投资交易，基本上凭着自己对个股（股价）的喜好和感觉，冲动之下的跟风炒作思维非常普遍，东一榔头西一棒子的短线行为十分严重。机构投资者的发展和培育比较缓慢，急功近利的比比皆是。发达国家（地区）的资本市场，如欧美和我国香港地区，有的已经经历几十年发展，有的经历上百年培育，各个方面（条件）均已成熟。任何行业（市场）都有庄家炒作，股票市场更加明显而已。无论是成熟的还是处于发展阶段的股票市场，庄家及其作用都不可忽视。所有股票市场的庄家目的一致，都以追逐利润最大化为终极目标。A 股股民最早被灌输、影响最深的投资理念：坚持所谓的“价值投资”、

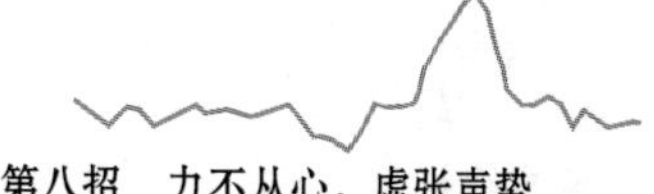

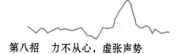

“长期投资”、“要买就买蓝筹股”、“要买就买估值合理的个股”等。这些投资理念本身没有错误，而且已经经过成熟市场的长期验证，这样做大有作为。可是，对于发展尚处初级阶段的 A 股市场来说，还有很长的路要走。既然如此，那就从改变我们自己开始吧。

（2）按照市场流行的通俗说法，投资代表了长期持有的意思，必须建立在基本面之上实现的一种长线投资行为；投机代表了投机取巧的意思，这是从技术面实现的一种短线或超短线的投机行为。自从世界有了股市，始终存在投资和投机之争，孰重孰轻，孰好孰坏，到目前为止，仍然没有一个最终结果。其实，投资和投机没有好坏之分，个人偏向（取舍）不同罢了。若是有成熟的市场环境，完善的法律制度，投资或许好于投机，但投机亦可为，而且投机也未必会输。投资也好，投机也罢，不应该成为争论的焦点，最重要的是有没有建立（掌握）一套完善的成熟且稳定的投资或投机方法。如果说长线持有能够暂获超额收益并超越通货膨胀，那么市场环境（法律法规）是否完善至关重要。甄别个股非常重要，只有那些股息率高的上市公司，长线持有才有可能超越通货膨胀，不然人人都可以成为“股神”了。可是，到目前为止，只有巴菲特配得上“股神”称号。成熟市场也好，A 股市场也罢，有人赚钱，就得有人亏钱，这是亘古不变的定律。道理非常简单，巴菲特赚钱了，注定有成百上千的普通投资者亏了大把的钱（为他埋单）。丛林法则告诉我们，弱肉强食是最基础的生存法则。你亏了，有人赚了；你赚了，那是某些投资者的“无私贡献”。

（3）2014 年 1 月 17 日，罗平锌电（002114）经历了一段长期调整趋势，获得止跌以后实现快速反弹趋势，当日收出巨量拔高大阳线，且已站上 60 日均线。量能比前一日涨停板放大五倍多，说明庄家不计成本地大肆掠夺筹码并快速拔高股价，普通投资者的做多信心快速回升，追涨浮筹火爆跟进。盘中股价始终无法封死涨停板价格，而且反复裂开口子成交，致使收盘状态呈现出巨量拔高大阳线。股价处于震荡筑底阶段或区间盘整阶段，突然收出这种快速拔高的巨量大阳线（涨停板），表面看股价犹如“旱地拔葱”般猛烈，但后市股价很难维持这种巨量推升状态。因此，只要出现这种“旱地拔葱”式猛烈拔高状态，当务之急是“避其锋芒”，也就是说，这里不仅不能买入，还要采取逢高减筹策略。随后股价转入缩量回撤趋势，庄家的目的非常明确：一则补充相对低位缺失的震荡趋势；二则修复没有趋好以及发散的均线系统；三则通过一段缩量回撤趋势，化解巨量拔高的不利因素；四则清洗跟风追涨浮筹，减轻未来抛压阻力；五则庄家完成低位吸筹并实现控盘的目的。只有完成这五个步骤的工作，才有可能消弭“旱地拔葱”式的巨量拔高的不利因素，股价才有可能形成真实的多头攻势。

（4）6 月 11 日，股价围绕均线系统展开盘整接近五个月（包含三个月停牌时间在内）以后，当日收出一根留有跳空缺口的携量阳线，说明股价开始进入“内腾空”强攻范畴，而且股价站稳中线之上，说明股价同时进入“短回中”强攻范畴。随后股价并未立即引发大涨攻势，说明“内腾空”和“短回中”强攻特征属于防御型强攻特征。具体原因如下：一是区间盘整上轨存在明显阻压，致使股价实现“腾空”以后收出冲高回落状态；二是股价起势过快、量能过大，说明庄家不计成本地大肆掠夺筹码并快速拔高股价，招致过多的追涨浮筹跟风买入。股价快速拔高并触及区间平台，说明它们及时确立<对望格局>双轨，表明股价有了对望调整需要，预示股价暂时无法脱离区间盘整趋势及其上轨。股价转入缩量回撤趋势以后，不仅符合庄控系统的选股模式，高度关注它的分时趋势以后，还将会获得一个绝佳的低吸（狙击）机会。分时股价只要经历充分整理趋势，狙击点位较多，狙击时机充裕，止损或被套概率非常小。收出防御型强攻特征以后，后市股价多数形成长期盘升趋势，但它实现的整体涨幅并不小。只有极少数防御型强攻特征会形成快速急拉攻势，而且急拉以后的回落速度也快，往往缺失一段高位盘顶趋势。虽然长期盘升趋势比较磨人，但盘升过程中蕴含着无数个高抛低吸机会。

（5）庄家采取横盘方式展开缩量回撤趋势以后，不仅没有回补“内腾空”缺口，而且受到 10 日均线明显支撑，说明股价始终保持一种跳空上攻的强势力度。6 月 20 日，携量涨停板选择突破“短期横盘调整”上轨，同步突破区间盘整上轨，说明它不仅是结束股价调整的企稳反转特征，还是引爆突破攻势的暴力特征。普通投资者认为庄家不厚道、阴险、奸诈，是无耻小人，只要能想到的贬义词都喜欢往庄家身上贴。无可厚非，毕竟真理总是掌握在少数人手里，这样理解庄家也很正常。庄家是什么？尚未弄清楚之前，盈利还是没有希望。技术者通过股价运行趋势及其变化与庄家取得交流，将会得到有别于普通人的认识和结果。股市涨跌有其自身的运行规律，股价运行规律又与庄家意志高度契合。简言之，庄家意志体现了客观规律，客观规律为庄家所用。庄家是我们的衣食父母，必须紧跟庄家行动而动，吃香的、喝辣的、穿好的不成问题，财务自由也不难实现。发现股价选择强势突破轨道，必须投入重仓狙击，及时帮助庄家抬轿（加油）。

（6）无论是复权还是除权状态，股价经历两波快速急拉攻势以后，已经攻下多段【预期】，推升过程不再赘述。8 月 5 日，获得前一日涨停的惯性推力带动，当日股价高开高走，早盘仅用了 15 分钟时间，量能激增并快速拔高至 8.0%涨幅。9 点 45 分过后，“波形推动”盘口开始有了偏软迹象，股价回碰均价线成交。早盘后期，股价重新推高以后虽然到达 8.6%涨幅，但买盘无法扫清卖盘，升势戛然而止。随着抛盘的逐渐增多，股价偏弱运行至收盘。“冲高回落，单针见顶”K 线图不仅显现出庄家撤退的庐山真面目，最终留有跳空缺口的收盘状态，

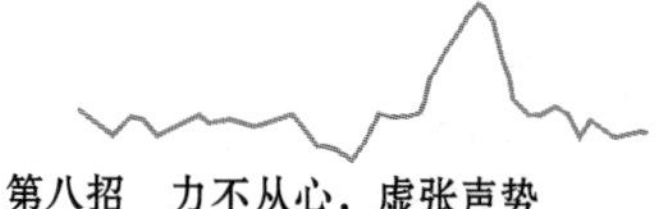

又体现出“悬空而行，危在旦夕”的探顶风险。追溯它的【预期】可以发现，盘中股价冲高以后已经回补 2010 年 11 月 11 日的跳空缺口，这就不难理解，为何早盘股价冲高以后停留在高价区域震荡成交，而且抛盘掌控主动，致使股价无法推入涨停板价格。由此可见，股价上攻以后完成【预期】，冲高回落并留有跳空缺口收盘，说明庄家通过盘面提示股价确立<对望格局>双轨，告诉我们应当有所作为。

（7）8 月 6 日，受到前一日冲高回落的惯性杀力带动，集合竞价出现大幅低开状态。开盘以后形成快速走低趋势，仅仅用了 5 分钟时间，走低趋势已经跌去 6.0%的幅度。9 点 35 分过后，抛盘不再沉重，买盘快速托起股价，并于 10 点附近推入涨势范围成交。午盘开市以后，买盘逐渐增多并稳步推高股价，14 点附近形成直线推势并越过前一日最高价，盘中最高价探至 8.0%涨幅。随后股价虽然两次冲击 8.0%涨幅价格，但买盘始终无法扫清该涨幅价格存在的大量卖盘，盘口趋势开始有了偏软迹象。最后半小时的明显偏弱趋势，致使股价最终停留在 3.83%涨幅收盘，日线盘面呈现出缩量推升阳线。

◆ **操盘策略**

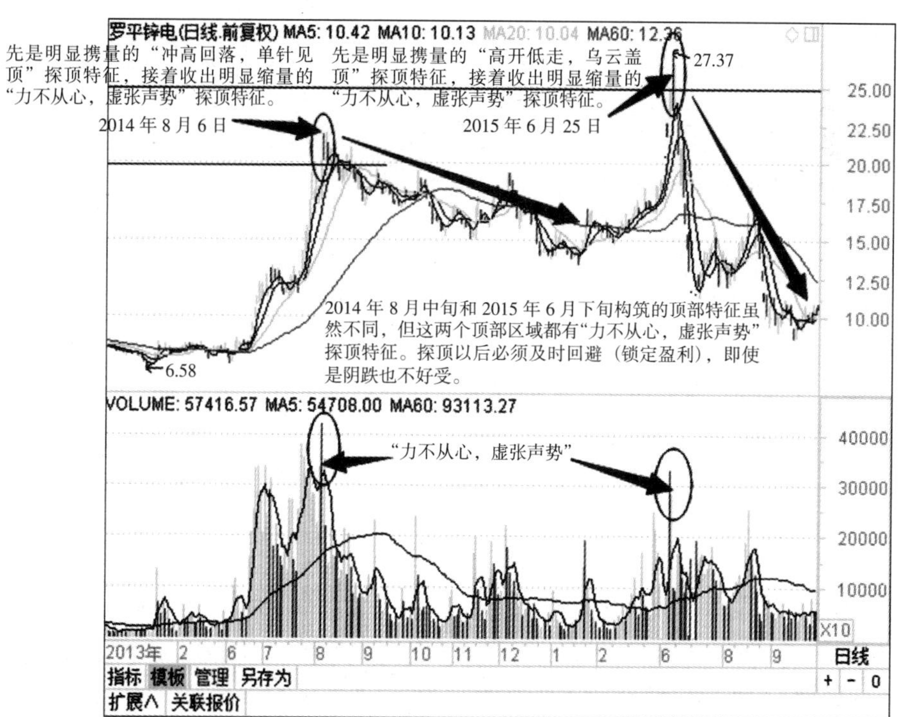

图 8-7 形成“力不从心，虚张声势”探顶特征以后的走势

如图 8-7 所示：

（1）2014 年 8 月 6 日，收出缩量阳线至少表达三层意思：第一，大涨攻势已经完成【预期】并确立<对望格局>双轨，缩量阳线表达庄家虚拉诱多；第二，缩量推升并不是说庄家没有实力推动股价，主要表达股价涨势已经“力不从心”，说明庄家采取极其高明的控盘技巧实施“虚张声势”，借助阳线的表面涨势实现狐假虎威的目的；第三，携量阴线以后收出缩量推升，表达庄家通过虚拉诱多掩护撤退，这是庄家撤退时的惯用伎俩。此外，股价和均线系统已经呈现出大幅发散状态，预示市场整体持筹成本差异较大，暗示跟风追涨浮筹获利颇丰，存在沉重抛压。趋势线早已脱离红柱体内部，且已形成大幅的悬空抬升状态，表明指标趋势趋弱运行，说明股价随时都有可能掉头回落。

（2）缩量阳线之前的“冲高回落，单针见顶”K 线图，提示股价有了探顶特征，留有跳空缺口收盘有了“悬空而行，危在旦夕”的探顶风险。股价经历上扬以后完成【预期】并确立<对望格局>双轨，必须及时将收成收割入库。随之而至的缩量阳线，推高只是一种表面强势，虚拉诱多才是它的本质。两天之内构筑多种探顶特征（包括结合型探顶特征），而且股价处于<对望格局>双轨区域，股价实现探顶的真实性毋庸置疑。就算这里不是此轮涨势的最后顶部，即使后市存在更高的高点和【预期】，此时也要采取大幅减筹策略，及时锁定好收成，入库为安。

（3）2014 年 8 月 6 日开始，股价进入长达七个多月的调整趋势。经历三个多月停牌以后选择重新开盘，至 2015 年 6 月 19 日的涨停板价格才超越前期顶部高价。假如在 2014 年 8 月的探顶区域买入，被套时间足有十个月，即使没有被套，被动持筹十个月时间，又没有实现高抛低吸，浪费了时间成本、机会成本和资金成本。转眼间到了 2015 年 6 月 24 日，盘面先是收出明显携量的“高开低走，乌云盖顶”K 线图。次日，收出一根“力不从心，虚张声势”缩量阳线。此轮顶部的构筑方式及表现特征与前期顶部的差异不大，两者唯一的不同在于：当前顶部收出“力不从心，虚张声势”缩量阳线之前，属于明显携量的“高开低走，乌云盖顶”K 线图；前期顶部收出“力不从心，虚张声势”缩量阳线之前，属于明显携量的“冲高回落，单针见顶”K 线图。无论如何，它们表达股价实现探顶的意思没有改变，需要做出改变的是我们。

（4）股价不会无缘无故地出现推升，庄家也不会无缘无故地采取砸盘动作，万般皆有因。发现股价趋势（方向）与当初预判不一致时，去留之际必须当机立断，忌讳再看看、再扛扛的幻想心理。发现股价趋势（方向）与当初预判一致时，不要沾沾自喜，也不要喜形于色。有些所谓的“股市高手”，稍微有点成功，智力的优越感跃然纸上，甚至冲昏头脑，而且大部分都是死多头或死空头，往往都在趋势转向区域慢慢死去。庄家虽然能为我们带来阳光雨露，但只有那些懂得种田的人，才有可能顺利收成入库。亏了钱骂这个、怪那个，偏偏不从自身寻找原因，最终死路一条。真正的顶尖高手，往往不露声色，盈不喜、亏不悲，无时无刻不在学习和更新知识储备。

操盘实例四　易联众（300096）

◆ 图形识别

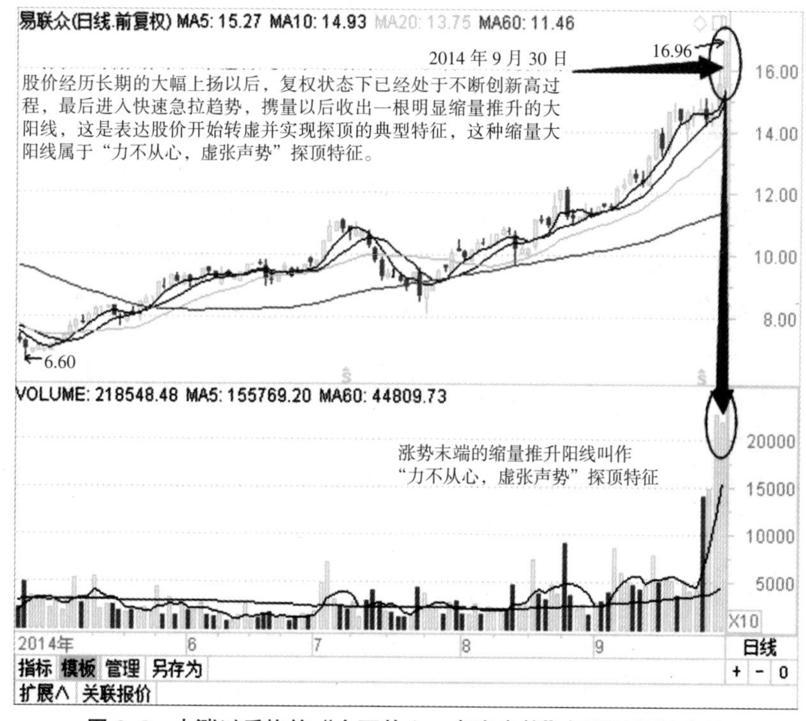

图 8–8　大涨以后构筑“力不从心，虚张声势”探顶特征的走势

◆ 要点回放

如图 8–8 所示：

（1）创业板自开板以来，制造了一个又一个暴富神话，新的中国女首富也从创业板的上市公司中产生。一直以来，创业板被市场各方定性为高风险的投资板块，为何会这样呢？实际情况又是怎样的？追根溯源，我们对创业板的最初认识首先来自报纸、网络等财经媒体的介绍，可是财经媒体却很少提及创业板的造富和暴利效应，提及最多的是不断地重复创业板蕴含的高风险（市盈率也高）。大部分普通投资者由于没有建立一套可供操作的成熟且稳定的操盘模式（盈利模

式），对待新鲜事物也没有自己的独立见解，这在有意无意之间受到了潜移默化的影响，认同了财经媒体对创业板的看法。可是，实际情况并非如此。创业板自开板以来，大部分个股与主板个股走势差异较大，创业板个股的造富和暴利效应十分惊人。2012 年底至 2015 年第二季度中期，创业板指数一路绝尘。不仅起势比沪深股指早，而且涨势速度又比沪深股指快，最终实现接近 7 倍涨幅，同期沪深股指及其大部分个股涨幅，平均涨幅只有 3 倍左右。创业板的强势个股遍地开花，多数个股到达让人无法想象的价格高度，就算业绩不稳，经过大肆炒作以后也有超越贵州茅台（600519）的价格高度，创业板俨然成了产生牛股和高价股的集中营。

（2）各类机构无时无刻不在向普通投资者灌输“股市有风险，投资需谨慎”的投资理念。他们总是乐此不疲地告诉普通投资者，创业板蕴含高风险，投资创业板的个股风险极大，好像已经形成一种不成文的默契。别人提示“投资有风险”，肯定没有错，错就错在自己没有加以甄别。我们必须要有自己的独立见解，更要独立地做出选择。各类投资机构以及财经媒体，始终没有充分点明一个问题：创业板蕴含高收益。无可厚非，这是他们的工作职责范围，告诉你投资风险，不告诉你买什么，犯错概率就小。即使他们对外强烈推荐某只个股，最后也不会忘了附上一句：“股市有风险，投资需谨慎”——盈亏自负。因此，别人给你推荐，仅供参考，最好还是不听。

（3）细心的投资者不难发现，创业板个股的十大流通股股东，经常出现机构投资者的身影，有的时候扎堆某只个股。难道他们不知道创业板的高风险吗？难道他们漠视投资创业板的风险吗？难道他们都是不负责任的机构投资者吗？当然不是。他们给你建议或提示“投资有风险”是一回事，他们说与不说、做与不做又是另外一回事。他们对外发表意见（建议）是为了完成本职工作，至于你听不听他们的，那是你自己的选择，毕竟盈亏自负。根据技术操盘，永远做个股行情，根本不必在乎它是创业板个股还是主板个股。寻找符合庄控系统要求的强势个股，根据精选条件加以甄别，独立做出选择，这样才有可能稳定盈利。个股只要纳入强势股股票池，必须高度关注股价趋势及其变化，及时发现变盘时机并实施狙击，跟随庄家豪夺掠取一波暴力行情，不是什么难事。哪些上市公司蕴含并具备成为下一个“微软公司”的潜力呢？需要你擦亮眼睛识别，说不定就在创业板的个股中产生。道听途说肯定不行，独立自主之前也要付出比别人多的努力和汗水，有所成就必须建立在融会贯通以后，并在行事之间付诸实践。技术是王道，赚钱是硬道理，哪个板块都不重要。

（4）无论是除权还是复权状态，易联众（300096）于 2012 年 11 月 19 日探明底部。它不仅比创业板指数提前一周完成寻底，也比大部分个股提前起势，强

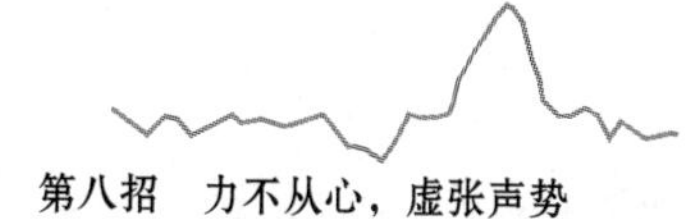

庄介入的异动迹象十分明显。2014 年 1 月底，股价经历 14 个月大幅上扬以后，周线股价已经形成虚拉诱多趋势，“顶背离”形态说明股价结束周线攻势，随之带动日线股价转入大幅下挫趋势。4 月 23 日，股价经历两个多月的大幅下挫趋势，已经跌了接近 45%跌幅，盘面开始收出“触底回升，金针探底”K 线图。随后庄家用了 5 个月时间，推起一波创新高行情，此轮涨势实现 135%涨幅。通过月线趋势可以看出，股价创出新高的推升过程，正在构筑一段虚拉诱多特征的“顶背离”形态。由此可见，2014 年 4 月至 10 月的多头攻势，日线和周线股价形成了真实的反转攻势，月线股价处于虚拉诱多过程，说明这一波大幅涨势属于日线和周线级别行情。这就意味着，认识股价的整体趋势，必须树立大局观，拥有大思维。月线套周线，周线套日线，日线套分时。“以大指小”原则不仅包含辩证法思维，意识能动性的存在蕴含了一种大智慧。古往今来，凡成大事者，都有这种大局观、大思维。股票市场成就一番事业，必须树立“积跬步以至千里”的理念，这种理念与大局观、大思维息息相关，不可分割。短线或超级短线不是目的，也难聚来亿万财富，只是手段罢了。

（5）2014 年 9 月 25 日，分红除权留下较大的跳空缺口，必须将股价调入复权状态分析。9 月 29 日，早盘量增价涨，形成了逐波推高的盘口趋势。10 点以后虽然推至涨停板价格，但买盘却封不住涨停板价格，致使盘中股价偏软偏弱运行。全天大部分时间停留在均价线之上的高价区域震荡成交，最后一小时围绕盘中均价线波动，最终报收一根携量大阳线。大阳线不仅存在明显的上影线，而且放量涨停以后无法封停，这说明什么问题？说明庄家以及踏空投资者合力推高股价以后，庄家通过极其高明的控盘技巧，将股价控制在盘中高价区域震荡成交，庄家暗中出货。跟风且已获利的投资者以为股价仍然强势，于是选择留守。场外投资者认为股价还有继续推高动能，于是将手中现金换成庄家撤退的筹码。留守或追高行为，无形之中起到了稳定股价的作用，庄家减筹顺利。携量（巨量）阳线或涨停板出现在明显高位区域，表明股价进入加速赶顶过程，预示庄家正在实施收网工作。通过 MACD 技术指标可以看出，两条趋势线脱离红柱体以后，保持一种缓慢抬升角度，使得趋势线和零轴线的距离越拉越远，说明两线形成明显的悬空抬升状态。已经缩短了的红柱体虽然重新拉长，但它无法重新藏入趋势线，说明股价进入飘柱诱多区间，暗示股价随时都有可能掉头回落，所以必须做好减筹或清空准备。

（6）9 月 30 日，早盘股价形成低开高走趋势以后，全天大部分时间停留在 3.5%涨幅附近震荡成交，而且股价围绕盘中均价线来回波动，放量滞涨明显。收盘前半小时，买盘增多并促使股价快速拔高，盘中最高价推至 8.8%涨幅，最终报收一根 8.79%涨幅的缩量大阳线。

◆ **操盘策略**

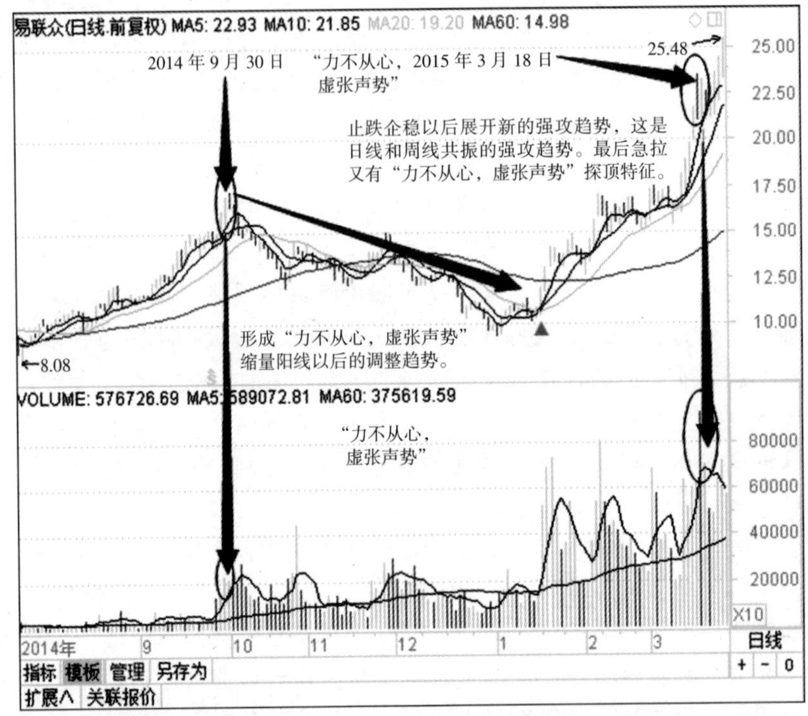

图 8-9　形成"力不从心，虚张声势"探顶特征以后的走势

如图 8-9 所示：

（1）2014 年 9 月 30 日，尾盘股价实现快速拔高，虽然创出复权状态的历史新高，但日线收盘却形成了缩量大阳线状态，确立"力不从心，虚张声势"探顶特征。说明股价进入加速赶顶区间，预示庄家正在实施收网工作。股价和指标趋势处于强势范畴，缩量推升属于庄家高度控盘的技术特征，尤其是那些早盘形成缩量封停的个股，强庄控盘的强势恒强特征更加明显。如果庄家想把股价推至更高的高点和【预期】，甚至推起连创历史新高的持续攻势，只要保持量能的健康状态，不难实现控盘目的。股价处于明显高位区域，某日午盘或尾盘出现量能突增，虽然快速扩大股价涨幅，但它对于大幅涨势以及前一日携量（巨量）状态来说，即使当日股价上涨并进入涨幅榜前列，最终收盘却呈现出缩量推升状态，这表示股价攻势由强转虚，提示股价进入加速赶顶区间。

（2）"力不从心"并不是说庄家没有实力推高股价，主要是说阳线量能不足，提示股价上涨并不是真实推力，而是庄家通过极其高明的控盘技巧并快速拔高的诱多手段。股价表面涨势十分诱人，诱多效果极佳。万米长跑已经跑了 9000 米，剩下 1000 米相对来说已经不多，即使跑者用尽全身力气向前奔跑，也不会像起跑时那么有力和快速，最后加快脚步只为冲刺，而且跑完以后，跑者身体往往呈现出虚脱征兆，无力之势更加明显。由此可见，股价经历长期的大幅上扬，或经一波快速急拉攻势以后，已经到达明显高位区域，携量（巨量）以后出现缩量推升状态，就像长跑到达了最后的冲刺阶段，即使冲刺速度较快，也将加重虚脱无力状态，股价加速赶顶亦是此理。股价和指标趋势已经转弱，或已处于虚拉诱多区间，携量（巨量）以后出现缩量推升状态，股价极易确立此轮大顶，后市股价要么转向震荡筑顶趋势，要么转向大幅下挫趋势。

（3）10 月 8 日，经过国庆假期休息，股价开盘以后虽然活跃，上蹿下跳又创出历史新高，但盘中放量滞涨明显，抛盘也在不断外流，最终收出携量状态的“冲高回落，单针见顶”K 线图。10 月 9 日，中阴线跌破前一日阴线的最低价，说明这是“长阴破位，倾盆大雨”K 线图，而且它与前两天 K 线图构成一组探顶 K 线组合，“阳线+十字星+阴线”组合蜡烛图叫作“黄昏之星”探顶 K 线组合。这种探顶 K 线组合的顶部可信度，高于“金玉其外，败絮其中”或“力不从心，虚张声势”等探顶特征。“金玉其外，败絮其中”和“力不从心，虚张声势”探顶特征属于阳线推升状态，虽然量能表现不同，但它们的市场意义基本一致，都是诱多推高性质的顶部特征。收出这些巨量或缩量阳线（涨停板）以后，后市股价往往存在短线冲高的惯性推力，所以普通投资者的内心深处，总会产生一种还能抛得更高的贪念，多不愿意（并不舍得）在阳线推高过程采取减筹（出局），选择坚守者居多。短线投机客图谋短线差价，选择追高买入。股价处于明显高位区域并收出“黄昏之星”探顶 K 线组合，说明股价跌期将至，而且构筑“黄昏之星”组合蜡烛图的第三根 K 线图，中阴线已经跌破前一日的最低价，说明此时再不选择撤离（止盈或止损），就有可能拴在此轮攻势的高位区域，杀跌也好过被套。

（4）复权状态下可以看出，收出“力不从心，虚张声势”探顶特征以后，股价经历了两个月下挫趋势，又完成一段 45%跌幅。2015 年 1 月 6 日，携量涨停板完全吞没前一日阴线，探明下挫趋势的底部价格。随后股价快速脱离低位区间，日线和周线股价开启新的强攻趋势，月线股价再次推起一波诱多推高趋势。2015 年 5 月 22 日，“高开低走，乌云盖顶”K 线图创出复权状态的历史高价，完成除权状态的填权行情并确立<对望格局>双轨。5 月 27 日，反复裂开缺口的携量涨停板虽然促使红柱体重新拉长，但它无法重新藏入趋势线内部，说明股价处于飘柱诱多过程。晚间一纸公告，随之进入 5 个月停牌时间。泥沙俱下的股灾时间虽然没有经历，但它重新开牌以后，补跌行情也够吓人。

（5）股价经历长达两年半的牛市行情，周线和月线趋势呈现出长期多头（包

括月线的诱多趋势在内）。通过复权状态的周线浪型结构可以看出，长期牛市经历了五波浪型推动，第一波涨幅最大，第五波涨幅次之，第三波涨幅最小。第一波上涨浪由 2012 年 11 月 23 日至 2014 年 1 月 30 日，第三波上涨浪由 2014 年 4 月 25 日至 10 月 10 日，第五波上涨浪由 2015 年 1 月 9 日至 5 月 22 日。通过这五波浪型推动可以明白，2014 年 9 月 30 日和 2015 年 3 月 18 日这两根缩量阳线，都是上涨浪末端的探顶特征，说明日线股价实现探顶并提示周线趋势即将结束上涨浪。

（6）《孙子兵法》曰："故善战者，立于不败之地，而不失敌之败也。"金庸笔下有"独孤求败"这样的神奇人物，打遍天下无敌手，欲求一败而不可得，实在令人感叹！然而在股市中，如何才能立于不败之地呢？有人说只要做到顺势而为即可不败，有人说只要买入基本面好的股票即能不败，有人说只要不买下降通道的股票即为不败。不败之道，岂是这等肤浅认识。明代开国皇帝朱元璋未打下天下之前，向学士朱升征求平定天下的战略方针，朱升说了九字方针："高筑墙，广积粮，缓称王。"这九个字实际上总结了朱元璋一贯以来的战略方针，所以朱元璋听了非常高兴，也正是在这个战略方针的指导下，朱元璋才一步步地完成统一中国的帝业。股市就像人生，又如打仗和修行。交易之前必须夯实基础，学习必要的投资技巧，这是"高筑墙"的意思。掌握一套完善的成熟且稳定的操盘模式（盈利模式），足够聪明的可以通过自学成才，自创一套符合客观规律的庄控系统，也可以学习已获得市场认可的庄控系统，这是"广积粮"的意思。无论做什么事情，不要试图一蹴而就，必须一步一步地向前推进，把基础打扎实最终才有厚积薄发、席卷天下的强大实力，这是"缓称王"的意思。

（7）能力（技术）足够强大，为自己创造了有利的战场态势，将使自己处于别人难以战胜的位置，然后等待敌人可以被自己战胜的最佳时机。市场和庄家不可战胜，他们代表了所谓的天、道、自然、规律和法则，所以我们必须做好一名跟庄者。千万不要以为可以战胜市场和庄家，这是以卵击石，自取灭亡。必须认真研究、熟悉市场，掌握庄家控盘手段及其变化，充分认识规律并熟练运用规律。规律即"道"，道法自然，规律如是。每个人梦寐以求的是实现人生和财务上的双重自由，未必人人做得到。控制风险最小化的前提下实现利润的最大化，应当站在一个稳固的技术基础和良好的心态之上，这就是《孙子兵法》所言的"无死地"，是战争的最高原则。不败之道即生存之道，必须做到随律而变，跟庄而动。

★ 招数小结

（1）缩量阳线（涨停板）出现位置不同，市场意义不同，实战价值不同。震荡筑底阶段、小幅拉升阶段、区间盘整阶段、大幅拉升阶段的前期以及“连阳推动”过程，缩量推升既是力度转虚的征兆，也是多头趋势短期停滞的提示，更是股价行将调整的提示，所以把它定义为一种转势特征。必须根据缩量推升所表现出来的诱多推高状态，以及分时趋势的探顶、转弱和破位等特征，及时实现高抛（减筹）策略。股价经历回撤趋势以后，根据分时趋势的止跌企稳或企稳反转特征，及时实施低吸（增筹）策略。

（2）股价经历长期的大幅上扬，或经一波快速急拉攻势以后，趋势线还没有脱离红柱体内部，缩量推升并不表示股价探出真实大顶，而且后市股价往往存在惯性推高动能，此时采取减筹为宜。新股上市形成连续缩量涨停攻势，多数形成连续“一”字无量涨停攻势，这是失真状态，所以不能把它定义为“力不从心，虚张声势”探顶特征。

（3）牛皮市道的盘升趋势虽然不如快速急拉攻势那么猛烈，多数时候呈现出涨跌掺杂、涨快调慢以及横调居多等趋势特征，但它最终实现的涨幅，未必比快速急拉攻势少。牛皮市道致使趋势线长期悬空抬升，说明 MACD 技术指标长期处于失真状态，假顶特征数不胜数。因此，牛皮市道的盘升过程，出现巨量或缩量推升并不是真实的顶部，而是一种转势特征。股价经历长期盘升趋势以后，最后出现一波快速急拉攻势，巨量或缩量推升才是真实的大顶特征。

（4）股价停留在高位区域展开震荡筑顶趋势，震荡反弹过程容易创出此轮攻势新高，也会收出各种探顶特征，提示股价到达此轮攻势大顶。弱势反弹趋势常常构筑“顶背离”、“头肩顶”或“飘三柱”等诱多推高特征，出现巨量或缩量推升，确立此轮攻势大顶的可信度极高。因此，诱多推高区间收出任何一种探顶特征，撤退必须当机立断。

（5）早盘形成大角度上蹿或采取波形推高股价，股价快速封死涨停板价格，或者说早上收盘前封死涨停板价格，这些缩量涨停板并不是真实的“力不从心，虚张声势”探顶特征，而是庄家高度控盘的技术特征，更是股价强势恒强的极致体现。因此，早上收盘前封死涨停板价格并呈现出缩量状态，不要轻易地实施减筹，毕竟庄家强势控盘存在强大推力，轻松完成更高的高点和【预期】，即使是惯性推力为之，更高的高点和【预期】也不难实现。

（6）全天大部分时间的盘中走势波澜不惊，买盘数量大不如前，交投明显萎缩。午盘或尾盘附近，量能突增并形成大角度上蹿或波形推高趋势，冲高以后呈现出偏软偏弱态势，最终收盘却是缩量推升状态，即使推至涨停板收盘，缩量推升状态也是真实的“力不从心，虚张声势”探顶特征。庄家采取极其高明的控盘技巧并快速拔高股价，日线收盘却呈现出缩量推升状态，庄家逃脱不了诱多推高的出货嫌疑。

（7）盘中股价快速拔高不管是“一柱擎天”盘口还是“波形推高”盘口，分时趋势往往收出一根量能激增的拔高阳线，这是典型的诱多推高性质的K线图，名字叫作“金玉其外，败絮其中”探顶特征。日线收盘呈现出缩量推升状态，诱多推高性质更加明显。普通投资者总是不假思索，选择盘中快速拔高过程追入，殊不知，常常被套于高位。

（8）高位区域的缩量阳线（涨停板）容易构筑结合型探顶特征。例如：采取跳空高开并留有缺口且以缩量推升状态收盘，这是“悬空而行，危在旦夕”和“力不从心，虚张声势”结合型探顶特征。此类结合比较少见，毕竟采取跳空上攻容易引发大量跟风浮筹追高，所以收盘状态不易缩量。采取跳空上攻却没有超越前一日量能，缩量推升状态容易确立此轮攻势大顶。股价高开低走或平开低走，最终拉起并留有较长的下影线且以缩量推升状态收盘，这是“吊颈线”和“力不从心，虚张声势”结合型探顶特征。假如高开低走且没有回补跳空缺口，它还包含“悬空而行，危在旦夕”探顶特征。

（9）缩量阳线（涨停板）常与它的前后蜡烛图构筑探顶K线组合，提高探顶特征的可信度。例如：“阳线孕伪阳线”组合蜡烛图叫作“心怀鬼胎，居心不良”探顶K线组合；高位区域的“并排星阳线”组合蜡烛图叫作“火烧连营，铩羽而归”探顶K线组合；“阳线上影线藏阳线”组合蜡烛图叫作“扬而不突，杀机骤现”探顶K线组合。探顶K线组合的量能要求并不严格，量能大小不会影响探顶K线组合的构成。

（10）日线收出任何一种探顶特征，套入大周期都有可能是一种假顶特征，所以必须采取“以大指小”原则进行选股和操盘。周线或月线股价和指标趋势处于强势范畴，日线股价和指标趋势即使减弱并收出探顶特征，只是表达日线股价拉升完成【预期】并确立<对望格局>双轨，暗示日线股价经历一段对望调整趋势，止跌企稳以后又能实施低吸。对望调整趋势即使出现破位特征，也不是真实的破位趋势，这是庄家加大清洗力度，减轻未来拉抬阻力的顺势而为，也让后市股价走起来更加有力，走得更顺。趋势的正确判断以及高抛低吸的熟练运用，很大程度上影响了最终操盘结果。

★ 构筑方式及表现特征

“力不从心，虚张声势”探顶特征有以下三种常见的构筑方式及表现特征：第一种，天广中茂（002509），如图 8-10 所示。

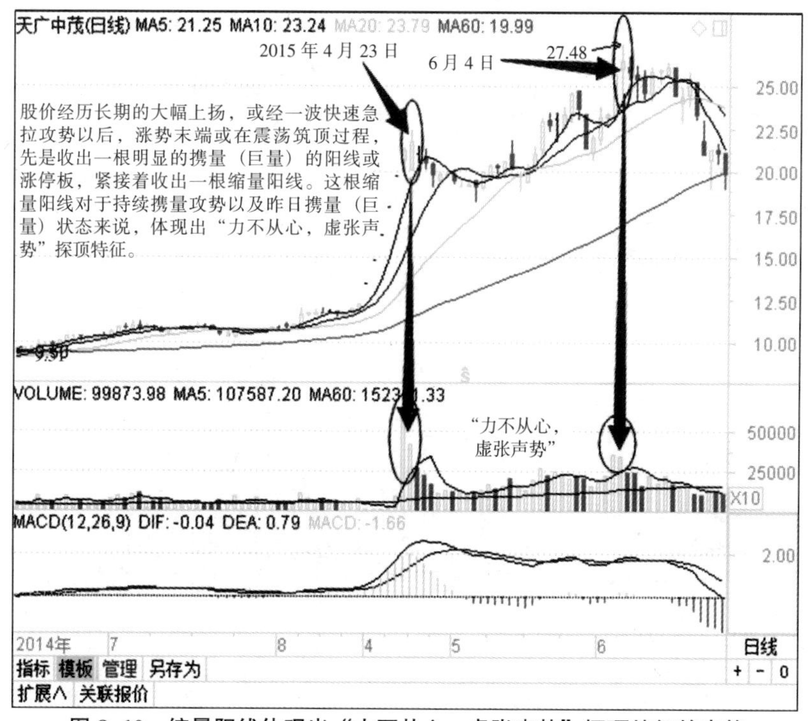

图 8-10　缩量阳线体现出“力不从心，虚张声势”探顶特征的走势

涨势末端或处于震荡筑顶阶段，先是收出一根携量（巨量）阳线或涨停板，接着收出一根缩量阳线，视为确立“力不从心，虚张声势”探顶特征。

股价经历长期的大幅上扬，或经一波快速急拉攻势以后，有的已经实现较大级别【预期】，有的处于连创历史新高过程。股价处于明显高位区域，先是收出一根携量阳线（涨停板），甚至是巨量推升的探顶特征，接着收出一根缩量阳线，这是一种典型的“力不从心，虚张声势”探顶特征。

股价和指标趋势处于强势范畴，收出巨量阳线也好，缩量阳线也罢，往往确立快速急拉攻势的首批探顶特征（多数属于假顶特征），后市股价存在惯性推高动能。快速急拉以后停留在高位区域展开震荡筑顶趋势，股价和指标趋势逐渐减

弱，庄家利用高位盘整趋势不断实施诱多出货。有的个股完成探顶以后，大跌趋势直接取代顶部并形成快速破位趋势。因此，股价和指标趋势未走完时，发现盘面收出巨量或缩量推升状态，采取高抛低吸策略；股价和指标趋势已走完或已减弱，采取逢高清空策略。

第二种，太平洋（601099），如图 8-11 所示。

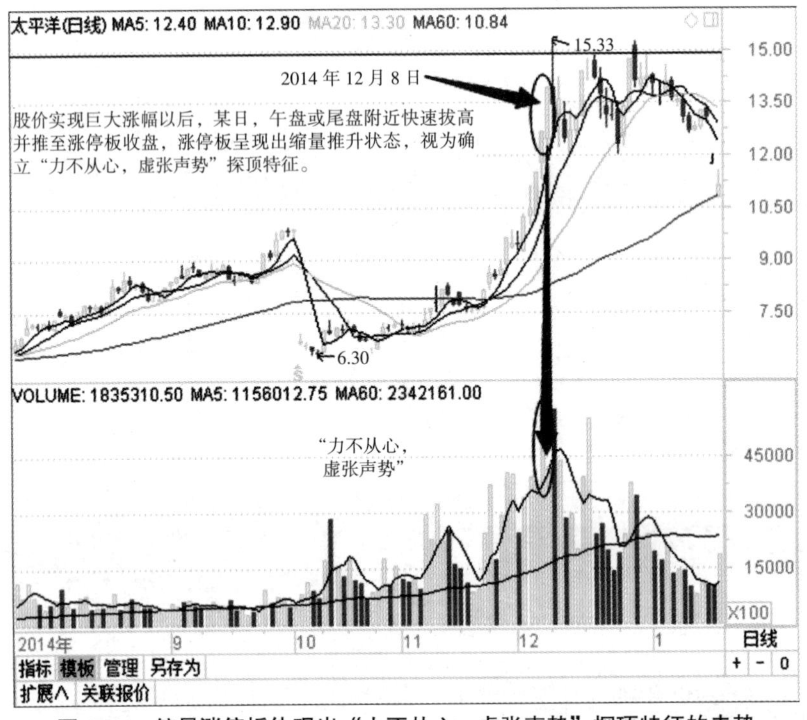

图 8-11　缩量涨停板体现出“力不从心，虚张声势”探顶特征的走势

涨势末端或处于震荡筑顶阶段，某日，午盘或尾盘附近快速拔高并推至涨停板收盘，涨停板呈现出缩量推升状态，视为确立“力不从心，虚张声势”探顶特征。

股价经历长期的大幅上扬，或经一波快速急拉攻势以后，已经实现巨大涨幅。股价处于明显高位区域，某日，全天大部分时间停留在前一日收盘价附近反复波动，或围绕盘中均价线震荡成交，交投明显萎缩，午盘或尾盘附近量能突增，盘中股价快速拔高并推至涨停板价格收盘。涨停板呈现出缩量推升状态，说明股价实现巨大涨幅以后，当前涨势有了“力不从心”的转虚征兆，表明庄家采取极其高明的控盘技巧实施“虚张声势”，刻意营造股价的表面强势，诱多出货才是其真正目的。

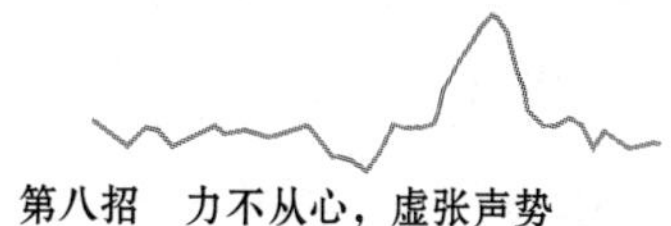

股价和指标趋势未走完时，后市股价存在惯性推高动能，极有可能实现更高的高点和【预期】，采取高抛低吸策略。股价和指标趋势已走完或已减弱，缩量推升属于典型的诱多推高性质，此时逢高清空为宜。早上开盘以后极速上蹿并快速封停，或者说早上收盘前封死涨停板价格，即使收盘呈现出缩量推升状态，也不能把它看成“力不从心，虚张声势”探顶特征，而且它不仅是庄家高度控盘的技术特征，更是股价强势恒强的极致体现。

第三种，上海临港（600848），如图 8-12 所示。

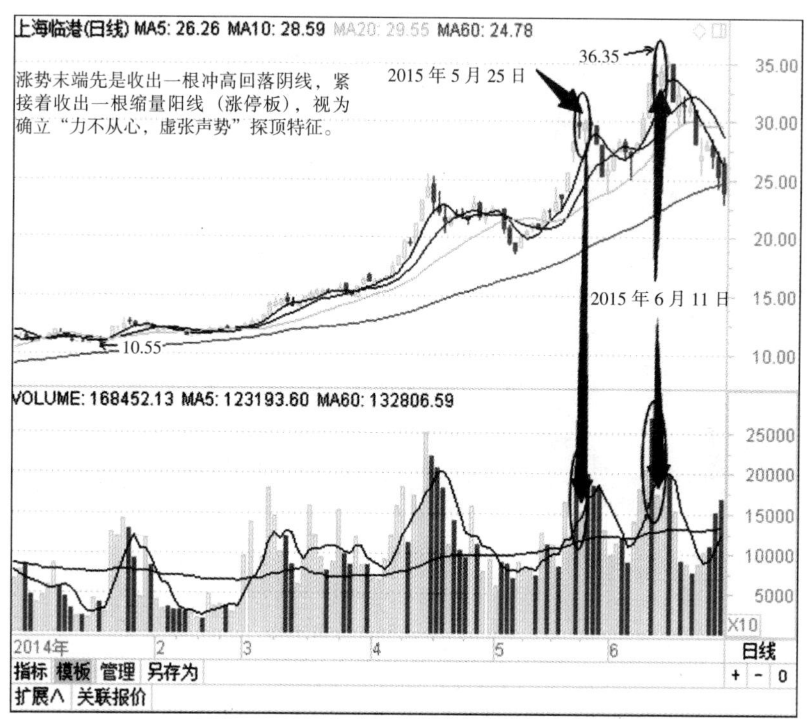

图 8-12　高位阴线的次日收出缩量阳线（涨停板）的走势

涨势末端或处于震荡筑顶阶段，先是收出一根冲高回落阴线，紧接着收出一根缩量阳线（涨停板），视为确立“力不从心，虚张声势”探顶特征。

一般情况下，缩量阳线（涨停板）之前的阴线，既有可能是真阴线，也有可能是“伪阴线”，量大量小都有可能。阴线量能放大比较常见，说明庄家已在高位区域撤出不少获利筹码；阴线量能小了，并不是说庄家没有撤离，主要是表明已有盈利的场内浮筹，获利了结的不多。

假如阴线到达【预期】并确立<对望格局>双轨，股价实现探顶概率较大。高位阴线的次日收出缩量推升状态，无论股价是否创出此轮攻势新高，股价实现探顶概率极高。股价和指标趋势未走完时，采取高抛低吸策略；股价和指标趋势已走完或已减弱，采取逢高清空策略为宜。

第九招　连阳推动，必有所图

——收出“三根及三根以上的连续阳线”的实战意义

一、招数概况及策略剖析

（一）图形识别

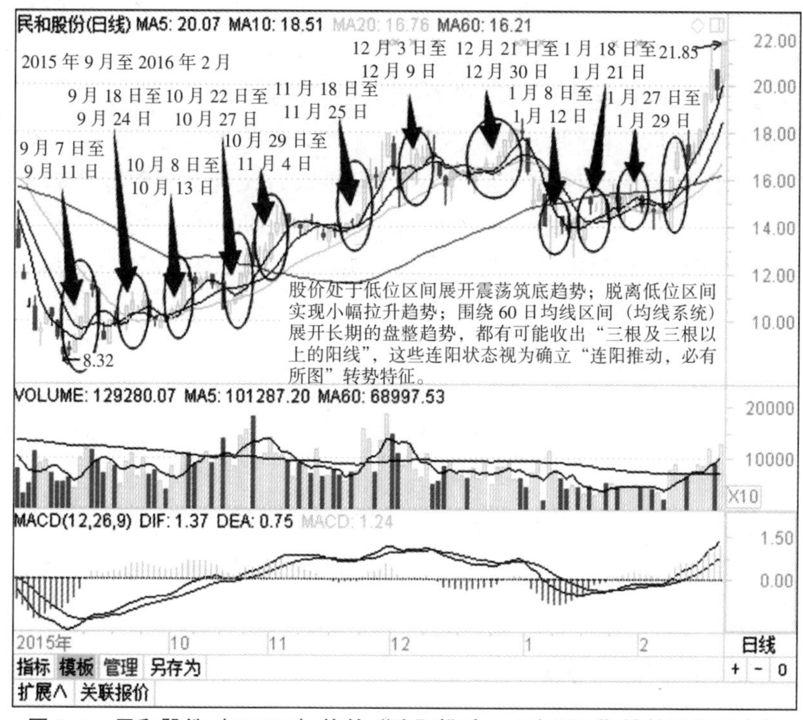

图 9-1　民和股份（002234）构筑“连阳推动，必有所图”转势特征的走势

（二）招数构成与总结

（1）“连阳推动，必有所图”转势特征由“三根及三根以上的连续阳线”构成。严格意义上说，连续阳线出现在以下位置，才符合“连阳推动，必有所图”转势特征的技术要求：第一种出现在股价探明大底以后的震荡筑底阶段；第二种出现在股价脱离低位区间的小幅拉升阶段；第三种出现在股价围绕 60 日均线区间（均线系统）展开长期的盘整阶段（区间盘整阶段）。

（2）股价经历长期的大幅下挫趋势，趋势线长期处于零轴线下方并远离它。股价下挫速度减缓以后，趋势线逐渐摆脱绿柱体封锁，量能极度萎缩，甚至出现地量交投状态。股价探明大底价格（寻底特征）以后，停留在低位区间展开长期的震荡筑底趋势，低位三线逐渐收拢，明显下垂的 20 日均线趋向钝化。股价由探明大底开始，至震荡筑底趋势结束，期间经常收出一些（多组）温和放量的“连阳推动”状态，某日放出大量也有可能。它们属于空头逐渐消亡、多头开始酝酿、被套筹码补仓、散户开始抄底、庄家吸纳底仓以及夯实股价底部基础的综合特征。

（3）股价停留在低位区间展开长期的震荡筑底趋势，抄底买盘逐渐增多。20 日均线即将趋稳之际，量能稳步放大，股价展开反弹并站上中线。连阳推起并带动股价脱离筑底区间上轨，缓慢接近或已越过 60 日均线，形成一段小幅拉升趋势。小幅拉升阶段的“连阳推动”状态，属于庄家加大收集筹码、散户持续跟风做多以及股价脱离低位区间的综合特征。

（4）股价由低位展开反弹并越过 60 日均线以后，阶段性顶部终结小幅拉升趋势。股价围绕 60 日均线区间（均线系统）展开长期的盘整趋势，时而上蹿下跳，时而伏低蹿高，长期围绕一条上轨和下轨展开宽幅震荡趋势。上蹿过程反复收出“连阳推动”状态，属于庄家连续增仓控盘筹码、酝酿大幅拉升的变盘时机以及完善技术系统的综合特征。

★ 一句话总结

股价探明大底价格（寻底特征）以后，转入震荡筑底趋势，期间反复收出“连阳推动”状态；股价由低位中线附近推至大线上方区域，小幅拉升阶段经常收出“连阳推动”状态；股价围绕 60 日均线区间（均线系统）展开长期的盘整趋势，上蹿过程反复收出“连阳推动”状态；“连阳推动”由“三根及三根以上的连续阳线”构成，暗示庄家“必有所图”。

（三）深层剖析与要领感悟

（1）一般情况下，“连阳推动”状态由中阳线或小阳线组合而成，两者掺杂比较常见，“伪阳线”、“伪阴线”和“白色十字星”也算在内。“连阳推动”状态出现的位置不同，市场意义不同，实战意义不同。每根或每组阳线组合，都是庄家精心设计的结果，所以说庄家“必有所图”。

（2）股价探明大底价格（寻底特征）之前，量能极度萎缩，甚至出现地量交投状态。说明股价经历长期的大幅下挫趋势以后，市场人气极其低迷，量能极度萎缩正是此因。也从侧面反映出，割肉浮筹已经很少，硬扛浮筹也已不多。股价探明大底价格（寻底特征）以后，股价停留在低位区间展开长期的震荡筑底趋势，量能温和放大或间歇性放大，经常收出“连阳推动”状态。说明庄家通过震荡筑底趋势逐渐吸纳底部仓位，跟风抄底浮筹也在买入，长期被套浮筹通过补仓摊低持筹成本。

（3）充分夯实股价底部基础，股价必须停留在低位区间经历长期的震荡筑底趋势，时间短了肯定不行。发散的低位三线逐渐收拢，20 日均线趋向钝化或有平稳角度以后，庄家开始加大资金投入。股价站上中线以后开始脱离筑底区间上轨，持续反弹并顺利越过 60 日均线，形成一段小幅拉升趋势。市场人气被这一段小幅拉升趋势激活，或者说“连阳推动”状态吸引了不少跟风浮筹进场做多，庄家省却不少拉升力气。

（4）股价围绕 60 日均线区间（均线系统）展开长期的盘整趋势，最明显的走势特征就是时而上蹿下跳，时而伏低蹿高，宽幅震荡趋势始终围绕一条上轨和下轨进行。上蹿过程只要追涨做多，短线就有被套可能，下跳过程只要斩仓出局，股价立即获得止跌企稳，如此经历反复多次。

（5）区间盘整过程的连阳和连阴状态，实战意义大。庄家使用强力构筑这么一段宽幅震荡趋势（区间盘整趋势），目的如下：一是清理小幅拉升阶段的跟风追涨浮筹，驱赶前期技术平台或跳空缺口的解套盘；二是清洗区间盘整过程的跟风追涨浮筹；三是收拢股价和均线系统的大幅发散状态，修复均线下垂角度以及错乱状态，化解趋势线和零轴线的悬空抬升状态；四是庄家实现增仓控盘筹码的现实需要；五是酝酿“突出重围”以及大幅拉升的成熟时机。

（6）“连阳推动”状态至少由三根阳线构成，上不封顶，越多越好。震荡筑底阶段的连阳数量及其组合越多，说明庄家低位吸筹越多；小幅拉升阶段的连阳数量及其组合越多，说明庄家筹码趋于控盘；区间盘整阶段的连阳数量及其组合越多，说明盘整趋势充分。盘整趋势到达后期阶段，连阳数量及其组合增多，除了说明庄家控盘程度高，常把“连阳推动”看成一种强攻特征。

（7）构筑“连阳推动，必有所图”转势特征的实战技巧。“连阳推动”状态表达股价持续向好运行，但它又是一种转势特征，连阳以后都有回撤的现实需要和技术要求。回撤趋势可长可短，回撤方式多种多样。既有可能选择连阴回撤（包括“顺水抽风再顺水”），也有可能选择并排星 K 线抬高震仓，还有可能选择横盘调整，抑或采取上蹿下跳或伏低蹿高的 K 线组合洗盘。尽量避免连阳过程买入，回撤过程也不能贸然抢进。

第一，收出“连阳推动”状态以后，必须耐心等待股价回撤，借助（参考）分时趋势的止跌企稳和企稳反转特征实施精准狙击。分时趋势经历充分回撤以后，只要出现止跌企稳特征，立即买入三成筹码。

第二，只要股价形成完全吞没之势，分时趋势也已出现有效的企稳反转特征，立刻增至五成筹码。假如分时趋势的企稳反转特征缺陷较大，反转时机尚不成熟，增筹必须耐心等待一个完美、有效的反转时机。

第三，只要股价有效突破前期技术平台，立即增至七成以上。如果股价最终形成一种“假突破”特征，那么后市股价多有回撤需要（分时趋势往往提前反映），最好采取高抛低吸策略。

二、招数及实例解读

操盘实例一　长亮科技（300348）

◆ **图形识别**

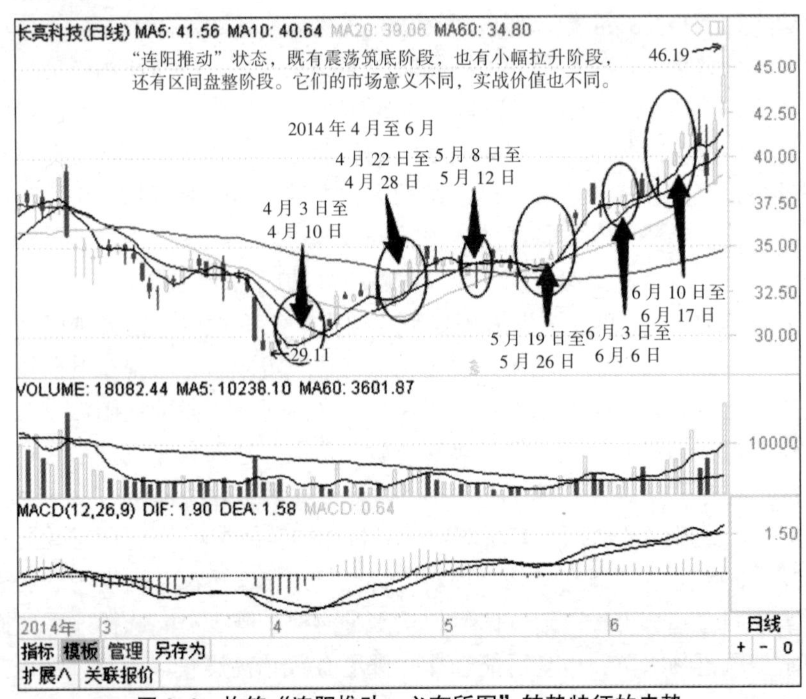

图 9–2　构筑“连阳推动，必有所图”转势特征的走势

◆ **要点回放**

如图 9-2 所示：

（1）趋势不仅反映了股价运行方向，同时反映了供需之间的此消彼长关系。涨势反映了某段周期内的需求大于供应，即供不应求；跌势反映了某段周期内的供应大于需求，即供过于求。只要做到顺应趋势，就能成为影响供求关系变化的一股驱动力量，哪怕是微薄之力。庄家是市场以及控盘的主导者，股价运行方向由他掌控，而且他是影响股价趋势以及供求关系变化的核心力量。普通投资者的力量虽然微不足道，也无法改变（撼动）趋势，但只要学会跟庄，也可以在市场的夹缝中生存。

（2）基本面总是落后于技术面，技术面又总是提前反映市场面。技术面反映了庄家控盘手段及其变化，股价异动集中体现于技术面。基本面获得市场确认（题材确认）时，技术面早已通过股价趋势反映题材。此时股价要不到达明显高位，要不"见光死"，只要做了都有深套可能。市场流传这样的说法："利好出尽即利空，利空出尽即利好。"此话有一定的道理，只是大部分普通投资者，并不愿意相信这是真的。超越市场，凌驾于庄家之上，成熟的技术者不会这么做，只有那些抱着一厢情愿想法的普通投资者，才傻乎乎地相信这种"真实的谎言"。例如，股价到达明显高位运行，利好兑现（题材确认）时高价追入，庄家毫不吝啬地抛出筹码。相反，股价到达超跌超卖的低位区域，量能极度萎缩，甚至出现地量交投状态，说明空头趋势已被大幅削弱，股价不再具备继续大跌的可能性。可是，利空来了，普通投资者抛得比谁都快，庄家毫不客气地吸纳底筹。一厢情愿的普通投资者不断地被市场（庄家）反复算计，却不知道反思，又如何求得生存？成熟的技术者必须经过市场（实战交易）的千锤百炼，不然都将成为市场、庄家和技术者的俎上肉。

（3）长亮科技（300348）的股价趋势与它的基本面完全相反，"真实的谎言"骗过了无数投资者。根据公开的半年报和年报显示，2012~2014 年的半年报显示的每股收益分别为 0.52 元、0.2061 元、0.0057 元，年报显示的每股收益分别为 0.997 元、0.4206 元、0.3919 元。通过这三年的半年报和年报业绩对比可以看出，虽然每股收益呈现出逐渐下滑趋势，但股价走势却完全相反，长期保持逐渐上扬态势。除权状态下可以看出，2015 年 6 月 5 日的股价居然高达 451 元，价格比贵州茅台还要高出 200 多元。假如选择它上市以后的低点开始算起，三年半时间实现了超过 33 倍涨幅。根据每年公开的基本面因素进行（业绩）判断，股价走势应当一年不如一年，这样才符合逐渐下滑的业绩。那么，为何基本面和股价走势（技术面）完全相反呢？有悖常理并不等于它不合理，庄家随便找个理由，也能推升股价到达平时无法企及的高度，只是这个理由从来不会被普通投资者提前获知。A 股市场每年都有必炒题材，年中以后存在异动的强势个股，往往是提前消化（炒作）年度分红或高送转等题材。这就意味着，实施分红或高送转之前的几个月时间（分红预案的预告之前），强势个股总是有着先知先觉般的表现，而且这些个股都有一段集中爆发期。中小板和创业板的个股，尤其是次新股，多数市值不大，上市时间又短，阻力位和套牢盘较少，又有“三高”特点（高成长、高增长和资金公积金高），有的个股属于细分领域的龙头，炒作起来非常容易，题材涨势十分给力。即使有的炒作理由牵强（不靠谱），经过庄家大肆炒作以后，也有惊人表现。

（4）该股庄家这一次找了两个理由实现炒作：高送转和重大资产重组题材。2015 年 1 月 12 日，晚间发布 2014 年度业绩预告和利润分配以及资本公积金转增股本预案的预披公告。说来也巧，公告发布之前的 1 个月时间，股价已经探出一个明显的阶段性顶部，此时股价已经回调至大线附近。次日，股价形成高开低走趋势，说明当日追高根本讨不到好处，“真实的谎言”总会有人相信。1 月 16 日，股价经历 3 天缩量回撤以后，“反攻三线”强攻特征闪亮登场。由于中线存在下垂角度，使得多头受其牵制，说明股价仍有回撤需要，而且回撤往往构筑一段推倒重来趋势修复均线。“三连阳”推起以后转入回撤，不仅及时修复了中线下垂角度，推倒重来趋势开始酝酿更加成熟的变盘时机。2 月 2 日，“反攻三线”再次登场，才引发股价质变的成熟时机，采取重仓狙击获得了技术支持。晚间一纸公告，进入策划重大资产重组的停牌期。5 月 4 日，经历 3 个月的停牌消化以后，股价重新开盘并实现连续“一”字无量涨停攻势，普通投资者即使想追，挂单速度也难以超越机构席位。

（5）下面回顾该股实现大幅涨势之前的异动迹象，包括庄家控盘手段及其变化，股价运行趋势及其变化。2014 年 3 月 28 日，股价由前期历史顶部经历持续下挫以后，当日采取跳空低开并收出留有缺口的携量大阴线。根据当前趋势可以判断，这根留有跳空缺口的携量大阴线，出现在 20 日均线反压的下跌过程。扛单至此的浮筹或提前抄底的投资者，发现股价采取跳空低开并形成加速下跌趋势，心理产生一种极度恐慌情绪，于是选择斩仓（割肉）出局，杀跌并致使量能放大一倍以上。MACD 技术指标处于零轴线下方运行，趋势线远离零轴线以后也已形成大幅悬空的下行态势。跳空跌势虽然重新拉长了绿柱体长度，但趋势线无法重新藏入绿柱体，说明指标趋势进入飘柱诱空的寻底过程，预示股价随时都有可能展开超跌反弹趋势。运用“倒转技术”进行印证，飘柱诱多的探顶趋势也很清晰。根据股价当前趋势可以明白，跳空阴线出现在超跌超卖的震荡寻底过程，说明多头已被逼至退无可退的区域，跳空下跌极有可能形成空头趋势的最后一跌，所以将这种留有跳空缺口的携量阴线叫作“破釜沉舟，背水一战”寻底特征。无论是震荡寻底过程，还是挖坑下跌过程，阴线寻底特征（止跌特征）必须获得阳线反扑，才能确认股价完成寻底（止跌），而且这样的寻底（止跌）特征才够真实。

（6）2014 年 4 月 1 日，跳空阴线的第三天，盘面收出一根低开高走小阳线，开盘价成为当日以及此轮下挫趋势的最低价，说明这个低价存在强力支撑。4 月 3 日至 9 日，温和放量并顺势推起“四连阳”状态，股价开始冲击 10 日均线。“连阳推动”状态说明多头开始奋起反击、空头开始削减、被套的开始补仓、庄家开始展开底部吸筹。

◆ **操盘策略**

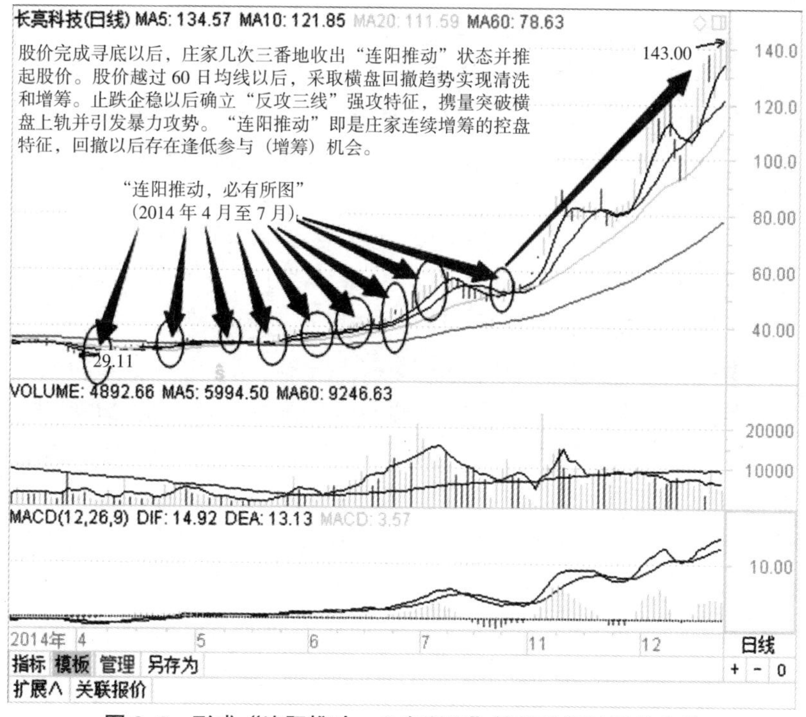

图 9–3 形成“连阳推动，必有所图”转势特征以后的走势

如图 9–3 所示：

（1）2014 年 4 月 14 日，股价完成寻底以后展开反弹趋势，携量阳线开始冲击 20 日均线。由于中线下垂以及低位三线发散，牵制着股价无法继续反弹，庄家于是实施横盘手段回撤股价，趋势线处于零轴线下方并实现逐渐抬升状态。4 月 22 日至 28 日，股价获得止跌以后，量能温和放大并推动股价持续反弹，“连阳推动”过程开始冲击 60 日均线封锁。趋势线逐渐抬升以后开始贴近零轴线，说明指标趋势由弱转强。股价由中线附近展开推动并越过大线的小幅拉升过程，“连阳推动”状态属于庄家加大收集筹码、散户持续跟风做多以及股价脱离低位区间的综合特征。前期下挫阶段的中继平台或跳空缺口，当前均线系统的发散状态以及大线的下垂角度，都将成为股价反弹的强力阻压。

（2）股价越过60日均线的次日开始，横盘回撤趋势逐渐前移，红柱体逐渐缩短。5月21日，股价经历3周横盘回撤趋势，20日均线始终成为它的强力支撑，携量阳线向上穿透三线并成功构筑“反攻三线”强攻特征。这种位置的横盘回撤趋势以及企稳反转特征，既是强庄控盘的强势恒强特征，也是强庄酝酿并将推开暴力攻势的临界区域。5月23日，携量阳线突破“短期横盘调整”上轨，说明庄家彻底展开暴力攻势，表明日线股价进入外平台区域运行。通过周线趋势可以看出，股价经历充分整理以后，开始进入“反攻四线”强势范围。5月26日，实现“六连阳”并呈现出缩量推升状态，说明股价经历“连阳推动”以后，推升力度开始转虚，这是股价行将回撤的提示。透过它的分时趋势观察，股价已经到达明显高位。5月28日，经历1天缩量回撤以后，携量阳线快速拔高，分时趋势进入飘柱诱多状态。

（3）6月3日至6日，采取横盘回撤并收出基本并排的“四连阳”状态。这种并排星阳线叫作“项庄舞剑，意在沛公”转势特征，意思是说庄家采取横盘方式展开回撤趋势，采取基本并排的星阳线实现抬高震仓，志在清洗跟风浮筹并实现连续增筹目的。无论股价处于震荡筑底阶段，还是处于区间盘整阶段，抑或处于震荡筑顶阶段，只要采取横盘方式展开回撤，红柱体容易缩短并脱出趋势线，趋势线悬空于零轴线之上运行，MACD技术指标往往在死叉和金叉边缘快速游走，使得MACD技术指标形成一种失真状态。纯粹参考日线，指标失真难以辨别趋势强弱，这个时候必须借助（参考）周线或月线趋势，才能对趋势强弱做出判断。6月10日至17日，量能稳步放大并实现“六连阳”推升，连阳过程突破了“短期横盘调整”上轨，说明庄家一边实施增筹一边实现推升。6月20日，经历“两连阴”回撤以后，携量阳线向上穿透三线并确立“反攻三线”强攻特征。不仅止住了阴线回撤趋势，强势反转以后又以“连阳推动”状态突破平台阻压，说明股价向上寻找更高的高点和【预期】。

（4）6月27日，复权状态下可以看出，采取大幅跳空高开并触及前期历史顶部，说明股价上扬以后完成【预期】，低走收阴表达它们及时确立<对望格局>双轨。这就意味着，前期历史顶部的套牢盘获得了解套，有的已有微利状态，即使浮亏也已不多。解套盘选择撤离并形成明显抛压，庄家顺势为之并压下股价成交。次日，携量涨停板实现反戈一击，完全扭转高开低走阴线的恐惧情绪。随后股价形成连续缩量推升状态，说明股价涨势逐渐减弱，而且“连阳推动”以后也有调整需要，采取逢高减筹为宜。

（5）股价顺势回撤两周以后，回碰中线并获得支撑。7 月 21 日，携量阳线向上穿透三线并确立“反攻三线”强攻特征。不仅止住股价回撤趋势，而且实现企稳反转的强攻特征。分时股价经历充分回撤以后，企稳反转特征更为明显，低吸也好，增筹也罢，必须及时跟随反转特征开单。周线股价经历“两连阴”缩量回撤趋势，说明跟风追涨浮筹已被庄家抖落不少。7 月 25 日，晚间一纸公告，股价进入百天停牌期。11 月 3 日，经历百天停牌期消化，重新开盘以后直接进入连续涨停攻势。无论是除权状态，还是复权状态，股价进入连创历史新高趋势。11 月 10 日，“吊颈线”开始阻挡攻势，股价转入高位横盘状态。横盘震荡过程既有“顺水推舟”的连阴回撤特征，也有抬高震仓的并排“星阳线”。横盘震荡趋势致使 MACD 技术指标形成失真状态，改变不了强庄控盘的强势恒强特征。11 月 27 日，涨停板突破横盘上轨，并引发一波“乘风破浪，纵横驰骋”强攻趋势。12 月 4 日，明显缩量的涨停板开始阻挡攻势，股价转入连阴回撤状态。12 月 10 日，涨停板止住连阴回撤，并引发一波持续缩量的惯性推势。12 月 18 日和 19 日，并排“星阳线”阻挡惯性推势，并引出“火烧连营，铩羽而归”的败阵格局。

（6）从 2012 年 12 月 4 日的低点算起，2014 年 12 月 19 日的阶段性顶部结束，两年时间实现了 7 倍多涨幅。就算从 2014 年 5 月中下旬确立“暴力哥”强攻特征以及“连阳推动”算起，七个月时间也实现了 4 倍涨幅。随后股价形成探顶回落趋势，60 日均线成为强力支撑，庄家意欲何为？大线成为下跌中继还是重新起势？静观其变。2015 年 1 月 16 日，存在诸多缺陷的“反攻三线”实现了佯攻。2 月 2 日，股价经历佯攻及其回撤趋势以后，携量涨停板重新向上穿透三线，“反攻三线”强攻特征二次登场，随之引出策划重大资产重组的停牌期。停牌期间，发布了 10 股转 15 股派 1.5 元的高送转预案。5 月 4 日，股价经历三个月停牌消化，重新开盘以后直接进入连续“一”字无量涨停攻势。庄家找了两个理由炒作此轮攻势：高送转和重大资产重组，后知后觉只能望股兴叹，先知先觉让人找到归属、尊重和自我实现。如果从 2012 年 12 月 4 日的低点算起，2015 年 6 月开始的飘柱诱多高价结束，三年半时间实现了惊人的 33 倍涨幅，就算从 2014 年 5 月中下旬确立“暴力哥”强攻特征以及“连阳推动”算起，一年时间也实现了 16 倍涨幅。

（7）“连阳推动”状态以及回撤趋势总是相伴，任何区域都有可能出现。该股于 2014 年 4 月完成寻底（止跌）以后，“连阳推动”状态快速脱离低位。4 月下旬，股价由中线推至大线上方，“连阳推动”状态实现小幅拉升趋势。4 月末，股价围绕 60 日均线区间（均线系统）展开横盘回撤趋势，“连阳推动”状态实现增筹目的。5 月 21 日以后实现的大涨攻势，推高过程也有“连阳推动”状态，说明庄家所为绝不是为了短线。无论是低位收出“连阳推动”状态，还是拉升过程收出“连阳推动”状态，连阳以后总有回撤趋势伴随。

（8）回撤是洗盘、清洗、驱赶、回档、收阴、收星、调整等词汇的总称。回撤既是一种控盘技巧，也是一种规律必然。第一，“连阳推动”过程的跟风浮筹较多，获利了结势必阻压股价继续上扬，庄家顺势回撤，不仅及时清洗跟风获利盘，而且有利于后市推进；第二，庄家吸筹并完成控盘目的，股价必须经历这种反复推升以及回撤相伴的过程，毕竟庄家不可能在短期内完成控盘，而且这样容易吸筹；第三，股价不可能永远保持“连阳推动”状态，就算是小阳线持续推动，也不可能永远持续，采取回撤起到了换挡和加油的作用。道理非常简单，工作时间长了，必须要有休息时间，才能保持工作进度不受影响，不然怎么有精力并顺利地完成工作？

操盘实例二　建发股份（600153）

◆ 图形识别

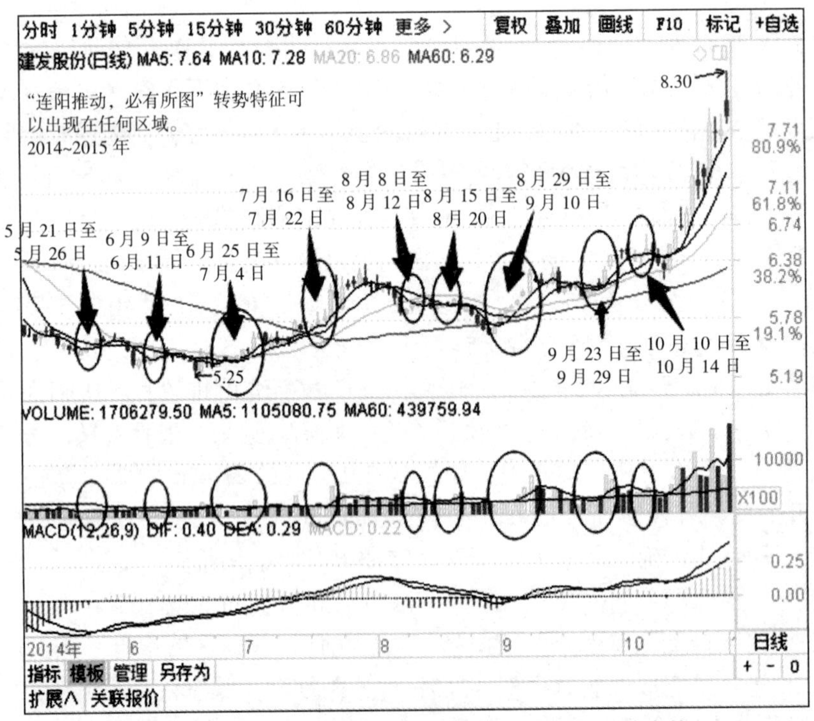

图 9-4　构筑“连阳推动，必有所图”转势特征的走势

◆ **要点回放**

如图 9-4 所示：

(1) 买到强势股并不是“神”，做到长期稳定盈利也不是“神”，毕竟这个世界根本没有所谓的“神”，即使有，也只存在于个人的精神世界。精神世界认为的“神”并不是“神”，只不过是做到了大部分普通人无法做到的事情，普通人看似不可思议罢了。做到长期稳定盈利的前提条件：了解并熟悉股价涨跌的内在规律，建立一套完善的成熟且稳定的控盘体系（有人把它称为密码）。内在规律只要研究透彻，控盘体系缺陷较少，做到了普通投资者无法实现的稳定盈利，这在普通投资者看来，就是所谓的“神”的行径，但人又不是“神”。非要把它说成“神”般的玄乎奇技，那么“神”所代表的就是一种法则、方法、规则、原则、规律等。规律摆在那里（客观存在），谁掌握了它，谁就能做到（成为）普通投资者理解的所谓的“神”。庄家并不是“神”，他是市场和控盘的主导者，股价运行方向（趋势）始终由他引领（掌控）。我们必须立志成为一名坚定的跟庄者，研究庄家、熟悉庄家控盘手段及其变化，任何时候都不能有超越市场、凌驾于庄家之上的念头。发现规律，研究规律，学会利用规律，这是改变命运的有效途径。首先是学道，进而是知道，接着是练道，然后是体道，最终才会悟道。

(2) 建发股份（600153）的长期趋势表现出特立独行走势，是庄家长期潜伏的有力证据，也是强庄控盘的明显特征。下面选择复权状态的月线趋势进行分析。股价自 2007 年 9 月实现探顶以来，构筑了一段长达 7 年的“长期横向盘整”格局，也可以把这一段“长期横向盘整”格局理解为区间盘整趋势。月线股价围绕均线系统经历宽幅震荡趋势，周线和日线股价的长期反复极其明显，有别于大部分个股走势。股价时而上蹿下跳，时而伏低蹿高，长期处于上轨和下轨之间波动，蕴含了多段趋势。精湛的高抛低吸技术，拿捏精准的狙击时机，具备良好的操盘心态，不难实现每一小波行情。

(3) 2008 年 11 月至 2009 年 8 月，持续反弹趋势构筑了月线级别的“十连阳”状态。随后股价展开长期回撤趋势，趋势线脱离红柱体以后，形成一段长达五年的悬空抬升状态。2012 年 8 月，下蹿趋势（挖坑跌势）回调至区间下轨附近，趋势线逐渐下行并开始落入零轴线，说明趋势线和零轴线的长期悬空状态获得化解。9 月至 11 月，月线股价处于下轨附近展开横盘震荡趋势，收出三根并排而行的星 K 线，说明月线股价快速下蹿以后获得区间下轨的强力支撑。12 月初开始，日线和周线股价完成寻底，随之实现持续反弹趋势。月线股价获得止跌以后形成快速拐头，推起一根携量大阳涨幅，重新站稳月线的大线之上。突破攻势迟迟没有降临，继续保持区间盘整趋势，这是由于月线的均线系统过于发散、股价起势过急、红柱体抻拉过长以及受到股指持续回调的影响。正确判断趋势的真假性，以及起势时机的成熟度，不仅可以规避不必要的调整过程，而且规避了操盘风险。

（4）不知不觉中，区间盘整趋势又过去了两年时间。2014 年 9 月，月线股价经历再次下蹲趋势，获得止跌以后重新企稳，携量推动并向上穿透已经收拢的均线系统，说明两者汇合成功构筑“反攻四线”强攻特征。悬空状态的虚力特征获得化解，说明股价经历了充分整理，“反攻四线”强攻特征不仅表达月线股价结束了长达 7 年的区间盘整趋势，而且股价进入真实有力的强势反转区域。由此开始，快速急拉攻势一发不可收拾，直奔庄家图谋已久的价格区间。月线股价构筑这么一段如此明显的区间盘整趋势，时间跨度长达 7 年，至少说明该股存在老庄长期控盘，而且老庄控盘能力极高。老庄长期潜伏该股，图谋的绝非短线行情。周线股价构筑的宽幅震荡趋势十分明显，而且股价始终没有脱离它的上轨和下轨。日线股价构筑的上蹿下跳、伏低蹿高趋势数不胜数，而且还构筑了极其相似的波浪结构。

（5）下面选择复权状态的日线趋势进行分析。2008 年 11 月 7 日至 2009 年 7 月 24 日，日线推起一波较大级别的上涨趋势；2012 年 11 月 28 日至 2013 年 2 月 18 日，日线推起一波明显的反弹趋势。这两波涨势的幅度虽然不同，但其涨势相似。2009 年 7 月 24 日至 2011 年 1 月 20 日，日线构筑一段宽幅震荡趋势；2013 年 2 月 18 日至 6 月 25 日，日线形成上蹿下跳、伏低蹿高的区间盘整趋势。这两波盘整趋势的时间跨度虽然不同，但其盘整趋势相似。2011 年 1 月 20 日至 4 月 14 日，日线推起一波持续反弹趋势；2013 年 6 月 25 日至 9 月 2 日，日线实现震荡反弹趋势。这两波反弹趋势的涨幅虽然不同，但其反弹趋势相似。2011 年 4 月 14 日至 2012 年 11 月 28 日，日线形成明显的回调三浪趋势；2013 年 9 月 2 日至 2014 年 6 月 19 日，日线回调呈现出三浪调整状态。通过上述可以明白，历史虽然不会简单地重复，但总有着惊人的相似过程和结果。发现规律，研究规律，学会利用规律。美好的生活必须靠自己的双手创造，改变命运必须从日常的点点滴滴开始。所谓“神”的行径，只不过是普通投资者看不明白、做不到的事情。庄家并不是“神”，只是拥有了普通投资者没有的资本强力和技术杀力，做到了普通投资者无法做到的事情。庄家是市场和控盘的主导者，股价运行方向（趋势）始终由他掌控。如何做好一名坚定的跟庄者，才是关键所在。

（6）结果会不会历史重演呢？后市股价是否会重复 2008 年 11 月 7 日至 2009 年 7 月 24 日的涨势呢？或重复 2012 年 11 月 28 日至 2013 年 2 月 18 日的反弹趋势呢？过程和结果未必一模一样，但过程和结果总有相似的地方。由此可见，2014 年 6 月 20 日开始的涨幅和涨速，一要看当时的市场环境；二要看庄家与各方力量是否达成一致；三要看还没有对外公布的消息，到底蕴藏多大的炒作空间；四要看庄家的资本实力和技术手段。只有这四个方面达到一种完美的契合度，后市股价才有可能实现大级别的行情炒作。作为一名普通投资者，既无控盘能力，又无大资金的推动实力，只有随着规律变化而变，紧跟庄家行动而动，才有可能做到知行合一，实现稳定盈利。也可以这么说，这是投资交易的最终出路。既然如此，赶紧沉下心来，看一些对自己有用的投资书籍，借鉴并学习前人总结的实战经验，熟悉并剖析庄家控盘手段及其变化。别人睡 8 个小时，你睡 6 个小时；别人游山玩水，你静坐研究；别人高谈阔论，你恪守戒律。只有经历“能人所不能，忍人所不忍”的过程，经过大量的量变才有可能收获一个好的质变结果。任何事情都不可能一蹴而就，顿悟之前必须经历大量的量变（累积）过程。期望一夜暴富，难于登天。彻底摆脱经济困境，实现财务和人生的双重自由，包括对万事万物的认识和提高，未必都能做到。毕竟登顶这条路，过程免不了磕磕碰碰，可能还没有实现登顶，已经坠入谷底，陷入万劫不复的境地。

（7）2014 年 5 月 21 日至 26 日，日线股价处于下挫寻底过程，“四连阳”状态表示有人开始抄底。我们必须明白，20 日均线之下的“连阳推动”状态，市场意义大于实战价值。这些地方展开抄底，无非是想抄到一个股价大底，被套筹码补仓无非是想摊低持筹成本。可是，这样的抄底举动属于“博傻”行径，庄家未必如你所愿，股价未必完成探底。接着，股价反弹触及 20 日均线以后，受其下垂角度阻压，随之形成反压下行趋势。股价创出此轮回调新低，阴线量能有所增加，暗示提前抄底和补仓的投资者，终究扛不住均线反压的下行趋势，从而割肉出局。6 月 9 日至 11 日，温和放量并推起“红三兵”状态（连续三阳叫作“红三兵”）。由于趋势线处于零轴线下方并远离它，20 日均线也有明显下垂角度，说明连阳反弹以后存在多重力量阻压。“红三兵”推起虽然促成股价和指标的“凤凰涅槃，浴火重生”转势特征，但股价未必能够立即获得重生，毕竟趋势线处于零轴线下方并远离它，暗示股价还有一段震荡断底趋势。因此，股价处于震荡筑底过程，“连阳推动”状态又在 20 日均线之下（或受到均线反压），市场意义较大，实战价值不大，最好还是不要抄底。即使股价被连阳状态送上 20 日均线，连阳以后也有回撤需要，所以必须耐心等待股价回撤，再考虑是否参与。

（8）2014 年 6 月 19 日，股价处于均线反压的震荡断底过程，探出此轮回调低价。盘中股价虽然跌破 2013 年 6 月 25 日的底部价格，但收盘价略有回升并站稳前期底部的最低价之上，表明股价处于大区间的长期盘整过程，这两个挖坑低点成功构筑一种“破而后立，底部反转”止跌特征。6 月 20 日，携量长阳完全吞没昨日阴线，形成一种“鸾凤和鸣，琴瑟和谐”止跌 K 线组合。携量长阳依然受到 20 日均线的下垂阻压，说明中线成为低位股价暂时无法逾越的一道鸿沟。庄家继续将股价控制在低位震荡，目的如下：一则收拢 5 日、10 日和 20 日三条均线的明显发散状态；二则修复 20 日均线的下垂角度；三则化解趋势线和零轴线的悬空距离，促使趋势线逐渐抬升并靠近零轴线；四则庄家逐步吸纳底筹，保持低位震荡较易实现。一般情况下，只有完成这四个动作以后，才有可能形成真实的“拨开迷雾，重见光明”反抽特征，低位股价才有可能脱离震荡筑底区间上轨。

◆ **操盘策略**

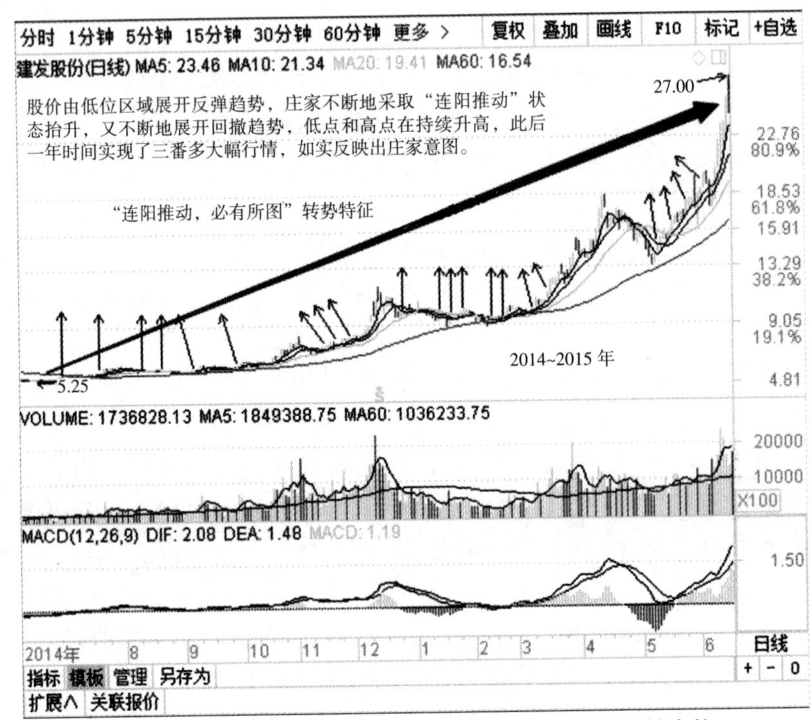

图 9-5 形成“连阳推动，必有所图”转势特征以后的走势

如图 9-5 所示：

(1) 2014 年 6 月 25 日至 7 月 4 日，包含了“伪阴线”的连续阳线实现了“八连阳”推升。连阳状态虽然将 20 日均线带入趋稳角度，但股价仍然没有脱离震荡筑底区间上轨，而且股价连续反弹以后已经接近 60 日均线。“白色十字星”、“伪阴线”和“伪阳线”三种 K 线图，只要它们出现在“连阳推动”过程，必须把它们当作阳线看待。

(2) 7 月 14 日，股价处于 60 日均线下方展开一周横盘以后，携量阳线突破横盘上轨并快速穿透 5 日、10 日和 60 日三条均线，说明庄家采取特殊状态的“反攻三线”展开攻势。7 月 16 日，“伪阴线”出现在阴线回撤过程，必须把它

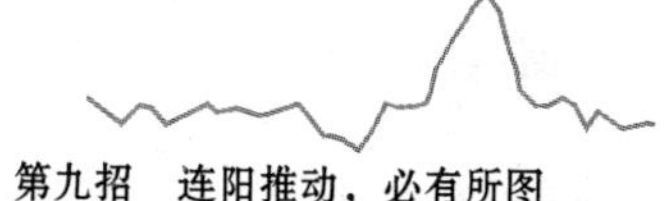

当作阴线看待，而且它起到了承前启后的作用。7 月 22 日，“五连阳”的第五根阳线携量拔高，站稳前期下挫阶段的跳空缺口，说明反弹趋势到达【预期】。连阳以后的携量阳线虽然站稳前期跳空缺口，但量能突然放大三倍多并实现快速拔高，说明跟风浮筹增多且已获利，被套浮筹也已获得解套机会，说明当前股价面临跟风获利盘和解套盘的双重抛压。因此，小幅拉升趋势和“连阳推动”状态极有可能到此终结。次日，冲高回落收阴，开始确立<对望格局>双轨，减筹理由充分。

（3）7 月 30 日，经历震荡盘升趋势以后，除权状态下的股价开始回补前期下挫阶段的跳空缺口。当日最高价与前期跳空缺口的最低价完全一致，说明它们确立<平顶对望>双轨。随后股价转入对望调整趋势，构筑一段顺势打压的挖坑跌势。对望调整趋势首先跌破 20 日均线支撑，抵抗过程收出两组并排“星阳线”，说明庄家同时进行洗盘和增筹动作，“项庄舞剑，意在沛公”的转势作用即在于此。普通投资者以为股价获得了止跌，于是展开低吸或补仓行为。20 日均线由支撑转换为阻压，股价和均线系统存在明显的发散状态，趋势线和零轴线存在悬空抬升状态，都已成为牵制力量。庄家将股价继续往下回撤，股价顺势跌破 60 日均线支撑。这种情况下，持有筹码的投资者，心态开始变得不稳定（恐惧），有的认为股价已经破位下行，有的认为股价将要进入大幅下挫趋势，于是引发斩仓出局行为。顺势打压的挖坑跌势越猛烈，短期跌幅越大，斩仓出局浮筹往往越多，阴线放量也不足为奇。8 月 29 日，股价跌破 60 日均线的第 3 天，阳线价格重新站稳 60 日均线。连续 3 天的 K 线图，成功构筑一组“启明之星”止跌 K 线组合。由此可见，止跌企稳特征具备了低吸的可能性，成熟的低吸买点蕴含在分时趋势。

（4）8 月 29 日至 9 月 10 日，量能稳步放大，股价拾阶而上，不仅引出了“短回中”强攻特征，也形成了“八连阳”推升状态。股价实现连阳推升且已接近前期技术平台，而且“八连阳”的最后一根 K 线图形成“白色十字星”，表达股价确立<对望格局>双轨，预示股价需要转入对望调整趋势（连阳以后也有回撤要求）。“白色十字星”不仅表达连阳状态终结，也是对望调整趋势的开端。庄家采取横盘方式展开回撤趋势，波动小难做差价。横盘调整趋势不仅消耗跟风浮筹的持筹耐心，往往使其斩仓出局，而且场外资金觉得横盘无利可图，放弃进场念头。横盘调整趋势除了完成换挡作用，同时致使 MACD 技术指标形成失真状态，这个时候应当参考周线或月线趋势，指导实战交易。

（5）9 月 29 日，横盘调整获得 20 日均线止跌以后，连续放量推升并突破横盘上轨。当你认为股价将要大幅上扬，又上当了。9 月 25 日的“伪阴线”属于涨势，应当把它看成“连阳推动”的序列。连阳状态并有缩量推高特征，说明连阳推升开始减弱，预示股价即将转入回撤趋势。10 月 20 日，展开横盘回撤以后还是以 20 日均线作为支撑，最终选择“反攻三线”强攻特征展开攻势。这个强攻特征值得相信吗？如果不相信它，此后很难再找到如此合理的点位展开狙击。如果相信它，赶紧投入重仓筹码帮助庄家抬轿。哪怕略施绵薄之力，庄家也会感恩。庄家控盘手段及其变化，总是出人意料，又在情理之中。懂了，自然明白庄家所为，不懂，盈利还是没有希望。

（6）复权状态下可以看出，该股自 2014 年 6 月 19 日实现止跌反弹，涨至 2015 年 6 月 15 日的历史高价（停牌前的高点），一年时间涨了三番多行情。买入做多行情，普通投资者并不喜欢中、小阳线推动，也不明白庄家意图，买入以后恨不得股价形成连续性的大阳涨幅或涨停板攻势。发现拉升途中出现中、小阳线推动，草草获利了结，也熬不住拉升途中的任何回撤。庄家采取中、小阳线进行推动，对于急功近利的普通投资者来说，这是股价弱势的表现。更有甚者，认为这种涨速太慢了，买入或持有不划算，总是觉得自己赚得太少。拉升途中的任何回撤趋势，对他们来说都是一种煎熬，多持一天也会觉得痛苦万分。有的理解更离谱，拉升途中只要出现回撤趋势，开始认为股价大跌开始，匆忙扔掉进场点极佳的筹码，重新寻找所谓的热点板块（个股）。这些都是普通投资者的通病(致命的弱点)，庄家总会好好利用。

操盘实例三　武钢股份（600005）

◆ 图形识别

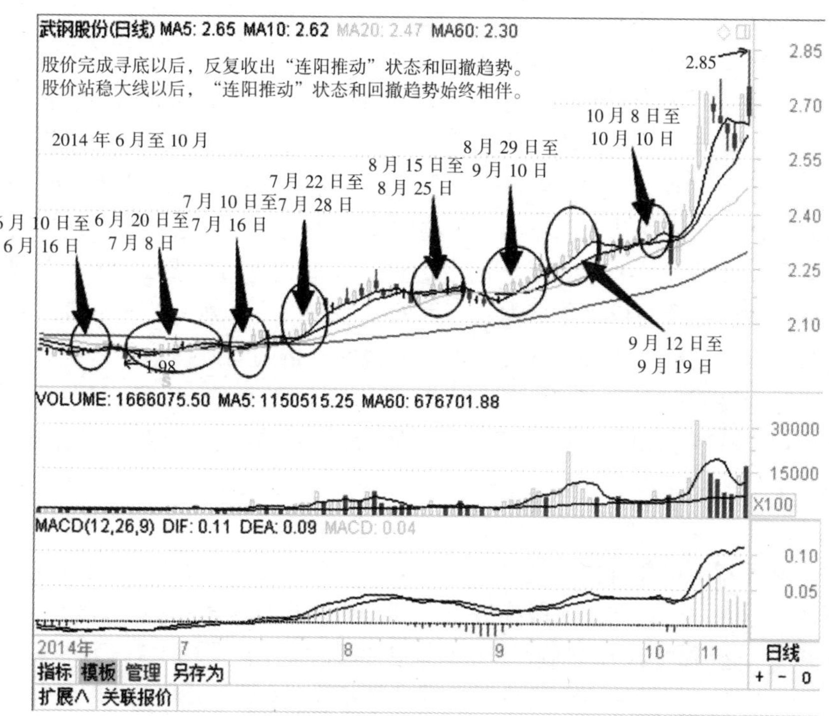

图 9-6　构筑“连阳推动，必有所图”转势特征的走势

◆ 要点回放

如图 9-6 所示：

（1）标榜清高的人总会说：“经济条件不够宽裕，照样可以过得自由，活得自在。”的确如此，经济条件不好也可以过得自由，但内心未必甘于现状，事事未必顺心顺意。得道之人也很清高，前提是他已经入道了，才会有这种黄卷青灯也能过日子的人生感悟。彻底摆脱经济困境，实现财务和人生的双重自由，有什么途径？人活于世的意义何在？百人有百解。可是，无论最终答案是什么，必经学道、知道、练道、体道和入道这个过程，这是所有成功者（得道者）的必经之路。在此过程，每个人都能感受到痛苦和快乐，过大的痛苦使得一些人放弃，有的失去继续生活下去的勇气。一个能够做到直面痛苦的人，人世间的勇者；一个能够做到挑战痛苦的人，人世间的强者；一个能够做到减轻痛苦的人，人世间的智者；一个能够做到超越痛苦的人，得道之人。虽然每个人都在不断向前，但最

终能够走到终点的（入道）少之又少。无论如何，必须坚定信念，勇于面对人世间的重重考验。技术感悟亦是如此，每跨过一道技术关卡，都要经历生死轮回，痛并快乐着。

（2）武钢股份（600005）是较早实现上市的钢铁股，虽然流通市值只有中等体量，但大部分时间的走势及其股性活跃度极差，多数投资者并不愿意触碰此类板块（个股）。市场流传这样的说法："只要钢铁板块及其大部分个股形成涨势（题材轮动），股指多头趋势就该结束了；钢铁板块及其大部分个股的涨势轮动是牛市行情的最后疯狂。"这些说法有一定的说服力，毕竟过去十几年的行情演变基本如此：钢铁板块及其大部分个股只要实现涨势轮动，股指多头往往到达最后的疯狂阶段（牛市末端）。2007 年创出历史新高的大牛市以及 2009 年实现的阶段性行情，最后拉升的板块就是钢铁。另外，钢铁板块的绝大部分个股，股价走势多数时候一潭死水，基本上每天处于几分钱的价格区间波动，所以这类走势也被投资者称为"心电图"模式。2009 年以后，四万亿政策产生了一系列后遗症，钢铁产能严重过剩，现货价格一路走低。股票市场的钢铁板块及其大部分个股，股价一落千丈，长期萎靡不振。钢铁企业的主营收入（业务）单一，而且受制于国内外的市场环境，又缺乏题材炒作，投资者选择回避它，都是可以理解的。

（3）2014 年下半年开始，钢铁板块及其大部分个股走势掀起一波与众不同的炒作行情。不同之处：不仅比股指以及大部分板块提前起势，而且有别于它的以往炒作规律（后发特征）。到底是什么原因造成的？国家推出新型城镇化规划（2014~2020 年），应当是钢铁板块提前其他板块实现炒作的原因，也有人把它说成是钢铁股的价值回归。通过观察钢铁板块及其大部分个股的走势可以发现，2013 年至 2014 年上半年的股价走势（包括水泥板块及其个股），全部在低位区间缓慢蠕动，庄家提前吸筹（控盘）的异动迹象非常明显。2014 年 5 月至 7 月，钢铁板块及其大部分个股出现了一波疯狂炒作行情，有的实现快速急拉，有的实现直线拔高。多数个股短期内翻了一番，涨幅大的翻了几番。值得重点关注的是，这段时间的钢铁板块及其大部分个股虽然实现大幅涨势，但国内外的期货和现货市场的钢铁价格（黑色金属）却是一路走低。股票市场好像有了期货和现货市场才有的"价格发现"功能，从未有过如此现象。国内外经济环境持续低迷，而且缺乏期货和现货市场的价格支持，钢铁板块及其大部分个股的基本面好在哪里呢？股价实现大幅炒作的原因是什么？再一次证明了，A 股市场的政策凿斧痕迹过重，而且处处彰显出中国特色。也从侧面反映出，技术操盘根本不需要考虑基本面（市场面）因素，如何做好一名坚定的跟庄者，才是关键所在。

（4）2014 年 1 月初，武钢股份（600005）收出一个明显的底部特征以后，转入长期的震荡筑底趋势。趋势线拉近零轴线并围绕它反复波动，股价处于低位并在中线和大线之间反复震荡，两线始终压制着股价反弹。震荡筑底过程反复收出“连阳推动”状态，回撤趋势伴随而至。6 月 10 日至 16 日，“五连阳”反弹以后仍然受制于下垂的 20 日均线。6 月 19 日，股价经历反压下行趋势以后，探出除权状态的历史新低，复权状态的回调低价。按照 2007 年的历史高价计算，股价经历长期的大幅下挫趋势以后，下跌幅度高达 91%，实在惨不忍睹。谁在历史高位接货？谁又长期持筹？只要这样做了，就会让人寝不安席，食之无味。

◆ **操盘策略**

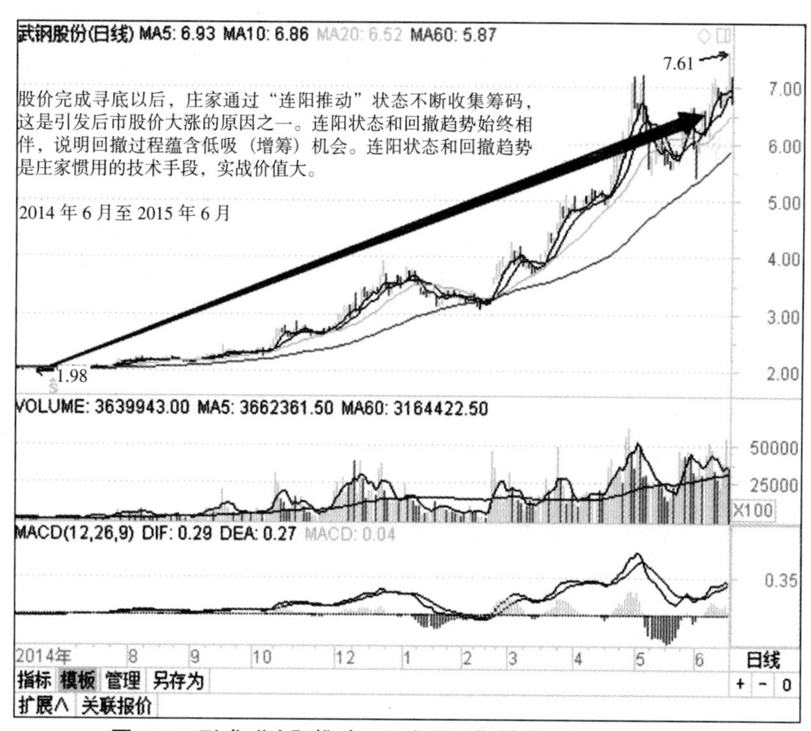

图 9–7　形成“连阳推动，必有所图”转势特征以后的走势

如图 9–7 所示：

（1）2014 年 6 月 20 日至 7 月 8 日，接近 3 周推升虽然只有 2.0%涨幅，但却形成了一组“十三连阳”状态。庄家控盘能力之高、技术之精，通过这涨幅微小的“十三连阳”状态，即可窥见一斑。连阳状态既有不涨不跌的 K 线图，也有微跌或微涨的 K 线图。股价处于低位区间经历了长期的震荡筑底趋势，均线系统已经明显收拢，即使“十三连阳”状态的涨幅微小，股价已经触及 60 日均线。“十三连阳”状态到底意味着什么？庄家有何企图？意味庄家通过连续小阳线吸纳底部筹码，表面上看股价涨幅极其微小，庄家吸筹好像不多，实质上庄家已经

吸入不少底部的便宜筹码，通过量能变化看得清清楚楚。庄家采取连续小阳线进行持续推升，普通投资者必然跟风抄底，被套浮筹通过补仓行为摊低持筹成本。

（2）K 线图只要形成“白色十字星”，不管股价是涨还是跌，必须将它纳入“连阳推动”状态的序列，不然连阳状态就断档了。如果“白色十字星”出现在阴线回撤过程，必须把它当成阴线看待，亦是此理。阳线或阴线之间收出一根“白色十字星”，既可以把它看成阳线，也可以把它看成阴线，有着承前启后的作用。调整过程收出并排而行的连续星 K 线（星阳线或星阴线），“白色十字星”的作用也可以这么理解。该股收出“十三连阳”状态，既有不涨不跌的“白色十字星”，也有下跌的“白色十字星”，所以必须把它们当成阳线看待。7 月 8 日的“白色十字星”属于连阳状态的末端，也是阴线回撤的开端，承前启后的作用明显。7 月 10 日的“白色十字星”，承前启后的作用相同。“伪阴线”和“伪阳线”只要出现在连阳或阴线回撤过程，也可以这么理解。

（3）2014 年 7 月 10 日至 16 日，“五连阳”推升以后不仅将股价顺利送上 60 日均线，而且“反抽四线”转势特征蕴含其中。说明股价处于低位区间经历充分的震荡筑底趋势，庄家以及跟风浮筹的小幅推升，使得多头趋势逐渐明朗。7 月 22 日至 28 日，股价经历短暂回撤，庄家继续实施增筹行为，小幅推升以后又形成“五连阳”状态。连阳状态的最后一根阳线恰好触及前期技术平台并回落收盘，说明股价推升以后完成【预期】并确立<平顶对望>双轨。8 月 15 日至 25 日，股价处于对望调整过程，收出一组并排特征的“七连阳”状态，说明庄家利用“项庄舞剑，意在沛公”转势特征进行洗盘和增筹。

（4）8 月 29 日至 9 月 10 日，先后收出“短回中”强攻特征和“八连阳”状态，说明股价进入强势反转范畴。9 月 12 日至 19 日，阴线回撤一天以后，“六连阳”状态再次推起股价。连阳过程的第三根阳线留有长长的上影线，这是股价触及前期技术平台并确立<对望格局>双轨的明确提示。说明“六连阳”的最后三根并排“星阳线”，即构成了“连阳推动”状态，独立看待它是“项庄舞剑，意在沛公”转势特征。说明股价确立<对望格局>双轨以后，对望调整过程采取抬高的方式进行震仓。10 月 8 日至 10 日，股价处于横盘调整过程并形成“三连阳”状态，说明庄家继续利用“舞剑”的方式进行震仓。10 月 28 日至 11 月 3 日，经历一根大阴线的快速下探，追高浮筹已被大阴线抖得七零八落，紧接而至的中、大阳线推动，促成了强势反转的“五连阳”推势，说明庄家上演了一出“塞翁失马，焉知非福”的砸盘和反扑好戏。连阳过程触及前期技术平台并确立<对望格局>双轨，庄家仍然采取横盘方式回撤股价。

（5）股价处于低位区间展开长期的震荡筑底趋势，庄家反复收出“连阳推动”状态和回撤趋势。股价站稳大线以后，“连阳推动”状态和回撤趋势始终相伴。连阳以后的回撤趋势，多数时候采取一种横盘方式进行。如此经历反复多次以后，股价已在且进且退中越推越高。说明庄家为了吸纳足够的控盘筹码，又不引起普通投资者的过多跟风，反复采取中、小阳线进行推动，随之使用横盘方式进行回撤。也从侧面反映出，持续盘升过程的跟风浮筹一旦多了起来，庄家立即停止推动并采取横盘方式进行调整，致使跟风浮筹忍受不了这种推升和调整方式，纷纷抛掉手中筹码，也让那些一直驻足观望的场外投资者，迟迟不敢进场做多。庄家反复采取“连阳推动”状态推升股价，股价触及前期技术平台并确立<对望格局>双轨，说明股价总是面临长期套牢盘和跟风获利盘的双重抛压。庄家顺势展开对望调整趋势，无论是采取横盘方式回撤，还是采取往下方式回撤，抑或采取抬高方式震仓，回撤以后蕴含一个低吸（增筹）机会。

（6）短庄炒作由启动到结束，酝酿时间较短，往往引发快进快出行情。引发一波大级别的炒作行情，庄家必须收集到足够的控盘筹码，也要完善技术系统，不然难有作为。普通投资者长期以来形成追涨杀跌的操盘习惯，“连阳推动”过程追涨，缩量回撤过程杀跌，始终难获大利。此外，条件限制也让普通投资者只有做多一条途径，追涨杀跌也是无奈，只要股价经历多次“连阳推动”和回撤趋势，跟风浮筹越来越少，股东数量越来越集中，庄家控盘筹码（程度）越增越多，后市拉升将会变得轻盈。就算庄家控盘没有达到“货源归边”的程度，随着连阳状态和回撤趋势的持续展开，股价已在不知不觉中实现大幅推升。2015 年 6 月 15 日，日线股价处于高位区域且已形成一段震荡筑顶趋势，冲高回落收盘确立大顶特征。6 月 19 日，周线股价处于飘柱诱多的虚拉推高过程，冲高回落收盘确立大顶特征。6 月 30 日，月线股价触及前期中继平台，遇阻回落并确立<对望格局>双轨。

操盘实例四　达刚路机（300103）

◆ 图形识别

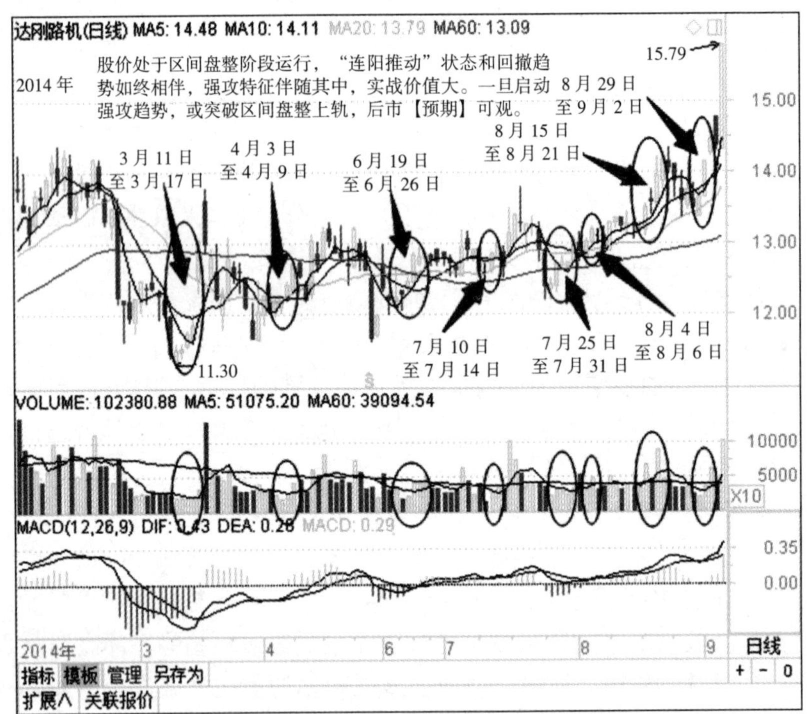

图 9-8　构筑"连阳推动，必有所图"转势特征的走势

◆ 要点回放

如图 9-8 所示：

（1）人生追求论到极致，无非是盐油酱醋、衣食住行；人生冷暖论到极致，无非是男女之间的一个情字。做人也好，做事也罢，但求心中有个平安喜乐，这是最难做到的。技术上追求精益求精，过程是漫长的，孤独与激情相伴。必须暂时抛下、割舍无数的人和事，才有可能站上那狭小的峰顶。大部分投资者都想把投资交易作为自己的终身职业，也都向往成为一名成熟的顶级操盘手，实现人生和财务上的双重自由（自我实现），可是事与愿违。假如没有做好吃苦的准备，抑或没有做好取舍，心境迟迟无法平静下来，最好还是打消这种念头。凡成大事者，都能做到"能人所不能，忍人所不忍"。别人做不到的事情，自己想尽办法也要做到；别人无法忍受的痛苦，自己必须百倍承受过。一切伟大的行动和思想都源于微不足道的开始。有理想的地方，地狱也能成为天堂。经历了能与忍的累

积过程，大量的量变必然引发一个好的质变（结果），必有欢乐笑语伴随。坚持理想，光明道路总是为有信心的人准备的。梦就在前方等着你，放手去实现吧！

（2）达刚路机（300103）写成案例，是因为有两名实战高级班的学员都做过它，而且做出了两种截然不同的结果。A 学员由 2014 年 7 月 4 日的携量反扑展开狙击。随后股价并没有立即进入大涨攻势，继续保持区间盘整趋势。由于 A 学员简单地认为，股价只要形成强攻特征以及回撤趋势，实现企稳反转以后将会立即引发攻击模式，所以 A 学员买入以后并没有做好高抛低吸的准备，也没有严格设置止损位。7 月 18 日，股价回碰 20 日均线并获得止跌，实现企稳以后开始冲击 3 月 18 日的区间上轨，冲高回落收盘并确立<对望格局>双轨。随着对望调整趋势的展开和深入，股价顺势下蹲并快速跌破 60 日均线支撑。A 学员介入该股较深，发现股价经历大半个月的区间盘整趋势，不仅无利可图，而且账户浮亏率已经接近 10%，内心挣扎一番以后还是扛不住了，于是选择 7 月 24 日的阴线低价割肉出局，殊不知，股价跌破大线的次日开始，不仅获得了及时止跌，而且重新企稳以后快速站稳大线。可是，由于被套过的原因，A 学员对该股产生了一种恐惧心理（厌恶情绪），股价实现企稳反转以后，也不敢（想）再买回来。

（3）技术忘得一干二净，岂有成功之理。一步错，步步错，想赢怕输、喜涨怕跌的赌徒心态起着决定性作用。股价实现重新反转以后，依然没有立即展开快速急拉攻势，庄家采取缓慢盘升的方式进行小幅推升。A 学员主观上开始认为股价不管是挖坑回撤，还是横盘回撤，抑或是缓慢盘升，买入了都不划算。内心深处觉得股价只要处于区间盘整趋势，上蹿下跳、伏低蹿高的反复过程只要买入都够呛，还不如不停地换股打短线，或许利润来得更快些，所以 A 学员又做了一件违反原则的事情，将该股剔出强势股股票池。9 月初开始，股价形成持续放量的推升趋势，不仅突破了区间盘整上轨，而且突破以后进入快速急拉攻势。A 学员虽然将该股剔出强势股股票池，但他也会时不时地将该股敲出来看一看。发现股价突破以后并形成快速急拉攻势，更是不敢下手了，最后只剩下追悔莫及的一声叹息。

（4）B 学员也是从 2014 年 7 月 4 日展开狙击，但却做出了不一样的结果。B 学员展开狙击以后，发现股价继续保持区间盘整趋势，虽然分时的每一小波的高抛低吸没有把握好，但他却没有因此慌了神。持筹不动的情况下，发现股价再次形成顺势打压的挖坑跌势，还在低价区域增加了一些便宜筹码。周线股价最终形成飘柱诱多的虚拉推高趋势，B 学员才把所有多头筹码清空出局。结合日线趋势进行分析，B 学员最后退出的时间是 2014 年 11 月末的探顶特征。这两名学员虽然都参加过实战高级班的学习，有缘相识而成为朋友，可是技术感悟却是两种完全不同的状态。后来这两名学员相约回炉学习，当期新学员见证了 B 学员在达刚路机（300103）获利 75%利润，也见证了 B 学员开始布局荣盛发展（002146）的运作过程。

（5）A 学员展开狙击以后，没有严格设置合理的止损位是错误，发现股价不涨反而挖坑下跌，浮亏扩大以后才开始杀跌（割肉出局）股价，就算对了也是错的。A 学员主观上开始认为，只要股价处于区间盘整趋势，买入了都不划算。而且觉得股价只要出现挖坑下跌或横盘回撤趋势，抑或采取盘升手段推升股价，看着都磨人，再强势也等不起，股价实现重新反转以后并形成盘升趋势时，A 学员将该股剔出强势股股票池，错上加错。一步错，步步错，又要加入一些超出技术范畴的主观意志，再好的票也做不出利润，就算做对了一步，由于信念不坚、理念不清，操盘没有底线和原则，趋势看不明白，始终难获大利。想赢怕输、喜涨怕跌、追涨杀跌的赌徒心态，说白了就是技术低下。B 学员展开狙击以后，发现股价再次经历挖坑下跌趋势，心不慌，手不乱，股价获得止跌以后，利用企稳反转特征增加狙击，已然达到成熟的操盘境界，所以四个月时间斩获 75%的利润，当期新学员纷纷投来羡慕的眼光。

（6）只要获得大周期保护，股指也没有形成连续暴跌趋势，股价顺势下蹲以后，往往存在一个逢低吸筹的点位（机会）。股指形成连续暴跌的极端行情，庄家控盘必须顺势而为，股价下蹲以后必须耐心等待一个明确的止跌企稳特征，提前狙击（低吸或增筹）未必有好结果。一般情况下，日线股价形成顺势打压的挖坑跌势，往往构筑一段推倒重来趋势。月线或周线股价构筑一段区间盘整趋势，必须根据它的上轨阻压和下轨支撑，借助（参考）日线和分时趋势做好高抛低吸。挖坑过程持筹或抢进非常吃亏，反转过程追高或满仓非常被动。即使浮亏率不高（或有微盈），就算市场和庄家给予自动修复，时间、资金和机会搭在里面，也不值得。B 学员虽然运作了该股的周线趋势，也斩获了一波 75%的利润，但他没有真正做好高抛低吸，微观技术有所欠缺，离顶级操盘手的境界还有一段距离。

（7）2012 年 11 月末，无论是除权还是复权状态，该股收出一个明显的底部价格（寻底特征）以后，股价还没有来得及在低位区间展开一段震荡筑底趋势，一波连续涨停的快速急拉攻势过后，12 月下旬已经进入飘柱诱多的虚拉探顶区间，急拉攻势戛然而止。随后股价围绕均线系统展开长期的盘整趋势，有的时候波动大些，有的时候浅尝辄止。底部起来的快速急拉攻势的高点，成为区间盘整的上轨阻压，下轨保持一种逐渐抬升的切线支撑特征，从而构筑长期的宽幅震荡趋势。2013 年 12 月 16 日，复权状态下可以看出，步履蹒跚趋势经历一年时间以后，股价向上反弹并开始触及前期高点（上市日的历史高点），巨量抛压致使跳空高开的股价逐渐走低，最终收出“悬空而行，危在旦夕”和“高开低走，乌云盖顶”结合型探顶特征，及时确立<对望格局>双轨。股价转入对望调整过程，延伸了区间盘整趋势。

（8）从复权状态下的周线趋势可以看出，周线股价完成寻底以后，采取“红三兵”的方式展开快速反弹，反弹过程蕴含“反抽四线”转势特征。此外，周线股价越过均线系统以后，已经触及前期技术平台，说明股价反弹受阻。2012 年 12 月末的周线开始，对望调整趋势演化为长期的区间盘整趋势。2014 年 8 月初，周线股价成功构筑“凤凰涅槃，浴火重生”企稳反转特征，说明周线股价结束区间盘整趋势。这一段区间盘整趋势十分磨人，股价时而上蹿下跳、时而伏低蹿高，反复波动使人厌烦，自然而然产生一种避而远之的厌恶情绪（恐惧心理）。大部分投资者并不喜欢区间盘整趋势，甚至讨厌这种走势，所以根本无法坚定信心做它，寻机低吸更是无从谈起。

（9）2014 年 2 月中旬至 3 月中旬，顺势打压的挖坑跌幅虽然较大，但震慑力度也会不同，跟风浮筹将被回撤趋势彻底清洗出局，庄家照单全收（暗中）。一般情况下，区间盘整趋势的时间越长，刻意洗盘的小幅回档或挖坑下蹲的次数越多，清洗越充分，庄家控盘程度越高，蕴含的低吸（增筹）机会越多，后市涨幅往往越大。虽然这只是一种感性认识，但时常得到庄家的理性支持。3 月 17 日，下轨支撑并推起“四连阳”状态以后，当日采取大幅跳空高开并留有较大的缺口收盘，而且携量涨停板跳空站稳 60 日均线，说明“五连阳”状态形成一种快速拔高的“腾空而起，气势如虹”强攻特征。

◆ **操盘策略**

如图 9-9 所示：

（1）2014 年 3 月 17 日，突然采取大幅跳空高开并留有较大的缺口收盘，而且携量涨停板跳空站稳 60 日均线，说明它成功构筑“腾空而起，气势如虹”和“短回长”结合型强攻特征。这个强攻特征存在诸多缺陷，说明它是一种防御型强攻特征。理由如下：第一，股价经历顺势打压的挖坑下跌以后，未在低位区域经历充分震荡；第二，跳空起势过急，留下的缺口过大；第三，股价和均线系统的发散状态明显；第四，MACD 技术指标虽然被其强力带入金叉状态，但趋势线还没有贴近零轴线，说明指标金叉的转势力度不足。由此可见，强攻特征的起势时机不够成熟。庄家既不想股价停留在大线下方过久，又不想破坏长期构筑的区间盘整趋势，所以庄家突然采取大幅跳空高开且以快速封停的手段拔高股价。通过上述分析可以得知，庄家采取跳空起势且不计成本地大肆掠夺筹码，暗示该股蕴含不为人知的消息（题材）。

（2）留有较大的跳空缺口且以携量涨停板上攻，预示后市股价难以延续这种跳空力度（攻势），所以后市股价必须转入缩量回撤趋势，才有可能重新蓄积做多能量。无论从哪个角度考虑，大涨攻势的各个条件尚未成熟。庄家已经通过盘

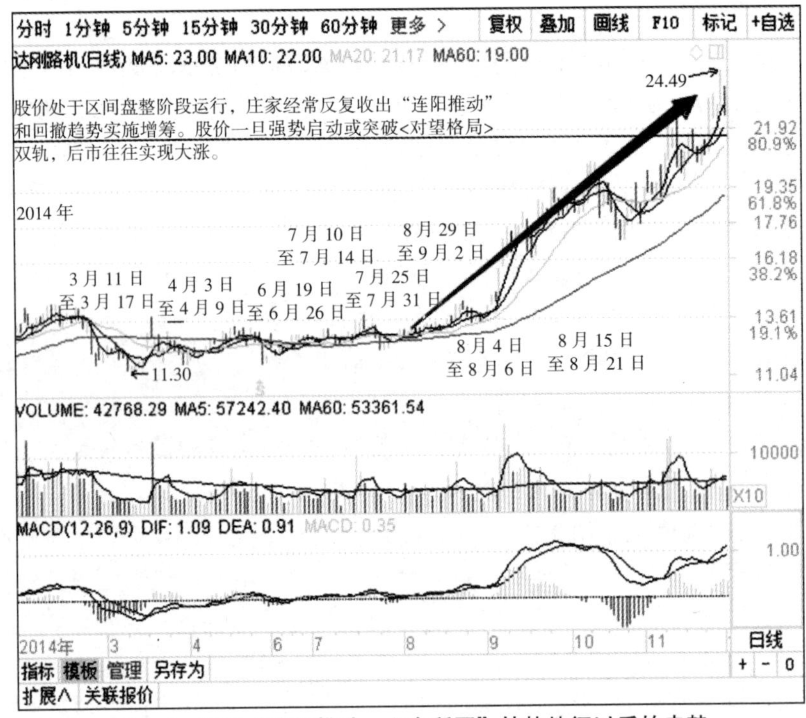

图 9-9 形成“连阳推动，必有所图”转势特征以后的走势

面特征，表达股价继续保持区间盘整趋势的可能性。回撤趋势并不是坏事，它不仅是酝酿多头趋势的必经之路，而且回撤过程蕴含极佳的低吸（增筹）机会。2014 年 3 月 11 日至 17 日，日线股价推起的“五连阳”状态，类似于 2012 年 12 月 7 日至 21 日的周线“红三兵”推升。虽然股价的位置和周期不同，但它们表达的市场意义存在共同点。这就意味着，后市股价转入回撤趋势，继续保持区间盘整趋势是大概率。

（3）区间盘整趋势经历反复波动，这是常态走势。“连阳推动”状态和回撤趋势始终相伴，强攻特征蕴含其中，实战价值大。多从盘整趋势寻找狙击机会。庄家采取“连阳推动”状态实现增筹，采取回撤趋势实现清洗，同步实施增筹目的。2014 年 4 月 3 日至 9 日，6 月 19 日至 26 日，7 月 10 日至 14 日，7 月 25 日至 31 日，8 月 4 日至 6 日，8 月 15 日至 21 日，8 月 29 日至 9 月 2 日，“连阳推动”状态和回撤趋势反复出现。通过不断的量变催化质变的过程，股东数量越来越集中，庄家控盘程度越增越高，跟风浮筹越来越少，变盘时机越来越近（越来越成熟）。

（4）2014 年 9 月 2 日，既是一组“三连阳”状态，也是一个“腾空而起，气势如虹”强攻特征。3 月 17 日的跳空缺口属于起势型缺口，9 月 2 日的跳空缺口属于持续型缺口（也可以理解为突破型缺口），预示后市股价将会保持跳空上攻的力度。这就意味着，股价进入强攻趋势已经是板上钉钉的事实。9 月 4 日，只是经历一天短暂回撤，庄家立即采取携量涨停板突破复权状态下的<对望格局>双轨，而且股价突破了前期所有平台。由此可见，复权状态下的后市推升已无套牢盘阻压，只有跟风获利盘的抛压存在。除权状态下未必如此，所以此时必须将股价调入除权状态，关注并分析它的各个周期趋势，及时弄清它的【预期】。

（5）2014 年 10 月 14 日，日线股价实现推高以后，已经到达“顶上顶”区域，这里作为一个高抛（减筹）理由。2014 年 11 月末，周线股价实现推高以后，进入飘柱诱多的探顶区域，“扬而不突，杀机骤现”探顶特征结束周线攻势，这里作为一个清空理由。2015 年 5 月，月线股价进入飘柱诱多的虚拉推高趋势，缩量推高的“力不从心，虚张声势”探顶特征结束了月线攻势。由周线顶部至月线顶部之间的趋势转换，必须通过日线趋势进行嫁接。一般情况下，由日线嫁接的这一波多头趋势，日线强攻特征非常明显，爆发力往往惊人。可是，千万不要忘记它是嫁接周线至月线顶部的桥梁趋势，实质上这是一段虚拉诱多的推高行情。日线攻势只要推至明显的高位区域，配合形成明显的探顶特征，说明月线、周线和日线趋势到达真正大顶，这个时候必须撤出所有多头筹码，一手不留。

（6）普通投资者长期养成了追涨杀跌的操盘习惯，并不喜欢阳线以后出现调整趋势，哪怕是“短期横盘调整”格局，也不受普通投资者待见，更见不得股价出现回档或挖坑下跌或跌破某个重要支撑。一般情况下，普通投资者只要发现股价进入调整趋势，获利了结或割肉出局的速度比谁都快。普通投资者常常将股价跌破某条均线理解为破位趋势，有的理解为大幅下挫趋势（空头趋势）的开始。强势股当短线做，这是非常愚蠢的行为，更为可悲的是将强势恒强的个股剔出强势股股票池。庄家采取小幅回档或挖坑跌势进行回撤，无非是为了清洗跟风浮筹，同时也让那些原来抢过筹的投资者或一直驻足观望的投资者不敢轻易进场做多。这在无形中减轻了未来拉升股价的抛压阻力，庄家同步实现增筹目的。普通投资者最不看好、最悲观时，不如找个低点进去埋伏；普通投资者最不喜欢且斩仓出局时，不如找个理由进去接货；普通投资者最乐观、最亢奋时，随便找个顶部获利了结。说这些话并不是告诉大家可以盲目做单（抢进），主要是想提醒大家，普通投资者的一切投资行为都是活的反面教材。技术者赚的钱，是千万个普通投资者通过辛勤劳动积攒的血汗钱，“一将功成万骨枯”正是此意。你要做，找招数，你要增筹，找招数，你要减筹或清空出局，还是找招数。只要理由充分，大胆地去做吧；理由不足，宁愿空仓等待，也不盲目开单。

★ 招数小结

（1）“连阳推动”状态多由中、小阳线组合而成，两者掺杂比较常见，“伪阳线”、“伪阴线”和“白色十字星”也算在内，而且这些K线图发挥着承前启后的作用。例如，连阳末端出现，既是连阳的结束，也是阴线的开始；连阴末端出现，既是连阴的结束，也是阳线的开始。

（2）严格意义上说，“连阳推动”状态最好不要掺杂大阳线或涨停板。一旦掺杂了大阳线或涨停板，意味股价推动速度过猛，庄家收集筹码过急，必然招致大量跟风浮筹追涨，扩大股价和均线系统的发散状态。股价脱离底部的小幅拉升阶段，“连阳推动”状态掺杂了大阳线或涨停板，后市回撤时间较长，回撤幅度较深，往往构筑一段长期的宽幅震荡趋势。区间盘整阶段的反转过程，“连阳推动”状态掺杂了大阳线或涨停板，不利于反转趋势的连续性。

（3）“连阳推动”状态至少由三根阳线构成，上不封顶，越多越好。股价围绕60日均线区间（均线系统）展开长期的盘整趋势，“连阳推动”状态的次数越多，回撤趋势也多。围绕区间盘整的时间越长，清洗浮筹越充分，均线系统越收拢，蓄势效果越好。也从侧面反映出，庄家利用区间盘整实施连续增仓控盘筹码，甚至达到高度控盘的程度，暗示后市爆发力强，实现【预期】也大。2014年中集中爆发的钢铁、铁路基建、银行和证券等板块及其大部分个股，暴涨之前都经历了一段长达一年以上的区间盘整趋势。期间不断形成“连阳推动”状态以及回撤趋势，某些个股出现“连阳推动”状态的次数居然高达数十次之多，后市实现较大的【预期】涨幅。

（4）震荡筑底阶段收出“连阳推动”状态，属于空头逐渐消亡、多头开始酝酿、被套筹码补仓、散户开始抄底、庄家吸纳底仓以及夯实股价底部基础的综合特征。股价由低位中线附近推至大线上方的小幅拉升阶段，“连阳推动”状态属于庄家加大收集筹码、散户持续跟风做多以及股价脱离低位区间的综合特征。股价围绕60日均线区间（均线系统）展开长期的盘整趋势，“连阳推动”状态以及回撤趋势总是相伴，属于庄家连续增仓控盘筹码、酝酿大幅拉升的变盘时机以及完善技术系统的综合特征。

（5）震荡筑底阶段的“连阳推动”状态，主要的目的是收拢低位区间的5日、10日和20日均线，逐渐化解20日均线的下垂角度，修复股价和指标趋势的长期积弱态势。股价何时完成震荡筑底趋势？何时脱离低位区间上轨并展开反弹趋势？并非由某组阳线决定的，最好不要过量参与。企图通过抄底获取大利，并不现实。技艺不精，心态不稳，容易陷入震荡筑底的被动局面。正常情况下，只有获得大周期保护，抄底或低吸才能得到保障。

（6）股价探明大底价格（寻底特征）以后，停留在低位区间展开长期的震荡筑底趋势，20 日均线之下的连阳状态以及回撤趋势，市场意义大，实战价值小。最好不要在这里展开抄底，即使参与也是试探性质。毕竟股价处于震荡筑底过程，有可能形成“底中有底”的反复寻底的震荡格局。就算股价站上 20 日均线，实现携量推升或“连阳推动”状态以后，股价和指标趋势有可能形成一种虚力推升或断底状态。暗示震荡筑底时间不足、反弹时机选择不妥（不够成熟），最好回避震荡趋势。股价探明大底至“拨开迷雾，重见光明”、“震荡筑底，反抽三线”、“凤凰涅槃，浴火重生”、“底背离”和“头肩底”等反抽区域，震荡筑底趋势才算结束，所以这一段趋势也叫震荡筑底阶段。

（7）股价由低位中线附近推至大线上方，反弹过程必须掐准时机追涨，减筹或退出也要及时，不然极易陷入上蹿下跳、伏低蹿高的宽幅震荡趋势。股价由低位中线附近展开反弹趋势，越过 60 日均线以后并收出一个明显的阶段性顶部，这个时候的均线系统往往存在大幅发散状态，60 日均线也有明显下垂角度，势必牵制股价反弹。跟风浮筹持续追涨，获利了结也有抛压。因此，小幅拉升趋势即将结束之际，必须采取逢高减筹措施。股价由“拨开迷雾，重见光明”、“震荡筑底，反抽三线”、“凤凰涅槃，浴火重生”、“底背离”和“头肩底”等反抽区域展开反弹趋势，越过 60 日均线并收出一个明显的阶段性顶部，或者触及前期技术平台、跳空缺口并确立<对望格局>双轨，小幅拉升趋势才算结束，所以这一段趋势也叫小幅拉升阶段。

（8）股价围绕 60 日均线区间（均线系统）展开长期的盘整趋势，期间反复收出“连阳推动”状态以及回撤趋势，实战价值大。区间盘整趋势虽然磨人，但“连阳推动”状态以及回撤趋势相伴，可以借助（参考）分时趋势的企稳反转特征或探顶特征，及时实现低吸（增筹）或高抛（减筹）。上蹿下跳、伏低蹿高的反复趋势构筑了一段宽幅震荡趋势，股价和均线系统的发散状态得到化解，趋势线和零轴线的悬空抬升状态得到修复。最终确立强攻特征才算结束区间盘整趋势，所以这一段趋势也叫区间盘整阶段（步履蹒跚阶段）。

（9）区间盘整阶段的“连阳推动”状态以及回撤趋势越频繁，股价和均线系统的发散状态越容易得到化解，趋势线和零轴线的悬空抬升状态越容易完成修复。长期盘整趋势使得市场整体持筹成本越来越接近，跟风追涨浮筹越来越少，股东数量越来越集中，庄家控盘程度越来越高，后市拉升变得轻盈。千万不要小看区间盘整趋势，一旦股价选择变盘或突破上轨，爆发力极强，拔高速度极快。区间盘整过程只要收出“连阳推动”状态以及回撤趋势，高度关注分时趋势的止跌企稳或企稳反转特征，发现成熟的变盘时机或突破节点，必须毫不犹豫地实施狙击。

（10）开盘价和收盘价完全相等并呈现出“白色十字星”；高开低走并收出“伪阴线”；低开高走并收出“伪阳线”，如果它们出现在“连阳推动”过程，必须把它们看成一根阳线，不然连阳状态就断档了。如果它们出现在连阴回撤过程，必须把它们看成一根阴线，亦是此理。抬高震仓过程收出并排而行的星 K 线（星阴线或星阳线），只要它们出现其中，也要把它们看成连续状态的星 K 线。例如，“项庄舞剑，意在沛公”、“围点打援，连成一片”和“击鼓传花，连绵不绝”等转势特征，往往蕴含“白色十字星”、“伪阴线”或“伪阳线”。

（11）“连阳推动”状态到底形成几根 K 线图，很难做出精准的预判。连阳状态的量能要求并不严格，有量无量亦可，巨量或缩量也不影响连阳状态的构成。中、小阳线构成的“连阳推动”状态，量能呈现出稳步放大特征，股价和量能就像拾阶而上的渐次抬高状态，这是庄家加大吸筹并实现连续增仓控盘筹码的典型特征（手段）。

（12）连阳数量虽然无法做出精准的预判，但可以通过阳线的量价以及分时趋势，做出一个大概的预判。发现连阳量能趋于缩量状态，或者说连阳量能突增（巨量），分时趋势往往提前反映出股价的短期趋势，包括分时趋势是否走完、是否实现探顶、是否处于高位区间震荡、是否有了诱多推高特征等。提前识别日线股价的阴阳转换，分时趋势的预判作用较大。“连阳推动”状态包含“白色十字星”、“伪阴线”和“伪阳线”，所以连阳数量很难做到绝对的精准预判，高抛低吸只要做到相对的精确即可。

（13）大幅下挫阶段（空头趋势）的“连阳推动”状态，没有实战价值。这种转势特征往往起到了反弹中继的作用，反而会加速股价的下挫趋势。仍然有筹在手，或者追涨做多了，必须及时割肉出局。少损失好过长期被套，也能把握从头再来的机会，提高资金和时间的利用。

（14）选股和操盘遵循“以大指小”和“有叉有招”两大核心原则。月线指导周线，周线得到月线保护；周线指导日线，日线得到周线保护；日线指导分时，分时得到日线保护。任何时候建立强势股股票池，必须获得大周期保护，操盘更需如此。两大核心原则不仅指导（影响）短线操盘，对于波段趋势的展开和运作以及趋势把控，始终发挥着保护作用和指导意义。根据大周期选股和操盘，即使买入点错了（低吸价格高了），市场和庄家也会给予自动修正。犯了原则性错误，不仅容易被套，而且陷入无力回天的被动挨打局面，得不偿失。

★ 构筑方式及表现特征

根据“连阳推动，必有所图”连续阳线出现的位置不同，常见的构筑方式及表现特征有以下三种：

第一种，安泰科技（000969），如图 9-10 所示。

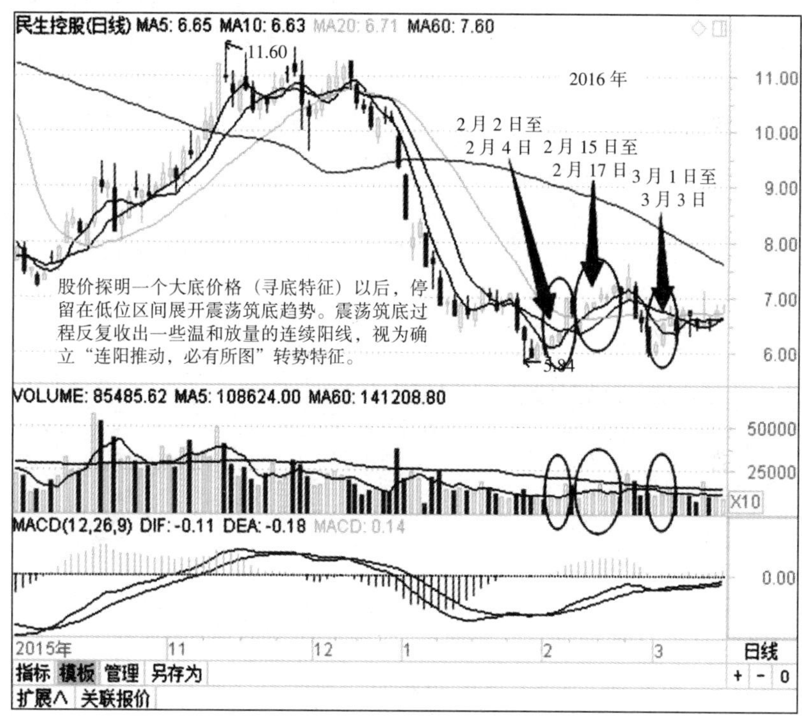

图 9-10　震荡筑底阶段的“连阳推动，必有所图”转势特征

股价探明大底价格（寻底特征）以后，停留在低位区间展开长期的震荡筑底趋势，期间反复收出一些温和放量的连续阳线，视为确立“连阳推动，必有所图”转势特征。

股价经历长期的大幅下挫趋势以后，下挫速度只要减缓，趋势线虽然处于零轴线下方并远离它，但趋势线逐渐摆脱绿柱体的空势封锁。这个时候的量能状态呈现出极度萎缩迹象，甚至出现地量交投状态。股价探明大底价格（寻底特征）以后，停留在低位区间展开长期的震荡筑底趋势，逐渐收拢 5 日、10 日和 20 日均线，中线角度逐渐趋向钝化。震荡筑底过程反复收出“连阳推动”状态，量能温和放大比较常见，也有间歇性放量情形。

股价探明大底至“拨开迷雾，重见光明”、“震荡筑底，反抽三线”、“凤凰涅槃，浴火重生”、“底背离”和“头肩底”等反抽区域，震荡筑底趋势才算结束，所以这一段趋势也叫震荡筑底阶段。震荡筑底过程反复收出“连阳推动”状态，属于空头逐渐消亡、多头开始酝酿、被套筹码补仓、散户开始抄底、庄家吸纳底仓以及夯实股价底部基础的综合特征。

大底价格（寻底特征）未探明之前，股价处于 20 日均线以下运行，指标转势尚未趋强，这个时候收出的“连阳推动”状态，转势作用大打折扣，抄底风险巨大。资金量小最好不要参与这种抄底行情，资金量大也要寻找大周期的保护下进行。获得大周期的保护，抄底也好，低吸（增筹）也罢，操盘安全系数较高，往往买到一个相对的低价。任何区域收出“连阳推动”状态，后市股价都有回撤需要（洗盘）。连阳过程最好不要参与，回撤过程不能抢进，抄底或低吸必须借助（参考）分时趋势的止跌企稳或企稳反转特征。底部（止跌）吸筹不宜过多，还要做好增减筹准备，毕竟筑底区间上轨存在阻压，中线下垂也会形成反压趋势，切记。

第二种，恒逸石化（000703），如图 9-11 所示。

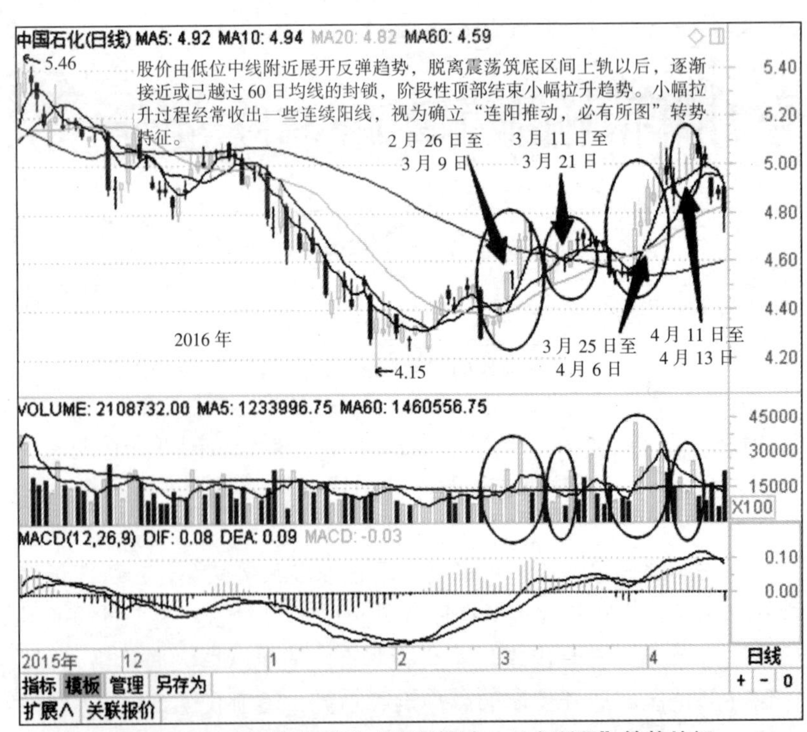

图 9-11　小幅拉升阶段的“连阳推动，必有所图”转势特征

股价由低位中线附近展开反弹趋势，脱离筑底区间上轨以后，逐渐接近或已越过 60 日均线封锁，收出一个明显的阶段性顶部以后，结束小幅拉升趋势。小幅拉升过程经常采取连续阳线进行推升，这些连续阳线视为确立“连阳推动，必有所图”转势特征。

股价停留在低位区间展开长期的震荡筑底趋势，庄家吸筹逐渐增多，跟风浮筹持续抄底。低位三线趋向收拢，20 日均线即将趋稳之际，量能温和放大并推动股价反弹，股价逐渐脱离筑底区间上轨，缓慢接近或已越过 60 日均线封锁。股价由“拨开迷雾，重见光明”、“震荡筑底，反抽三线”、“凤凰涅槃，浴火重生”、“底背离”和“头肩底”等反抽区域开始，越过大线以后收出一个明显的阶段性顶部，股价和指标趋势已经开始减弱，或者说股价反弹触及前期技术平台（跳空缺口）并确立<对望格局>双轨。股价由“拨开迷雾，重见光明”转势区域开始，越过大线以后并收出一个明显的阶段性顶部，这一段趋势叫作小幅拉升阶段。

小幅拉升阶段经常出现“连阳推动”状态，属于庄家加大收集筹码、散户持续跟风做多以及股价脱离低位区间的综合特征。小幅拉升过程只要收出“连阳推动”状态，拉升过程最好不要追高，回撤以后也要寻找分时买点。小幅拉升阶段做多趋势，随时做好减筹或退出准备，发现股价和指标趋势减弱，阶段性顶部附近必须撤离大部分筹码，避免长期陷入后期盘整趋势。

第三种，重庆燃气（600917），如图 9–12 所示。

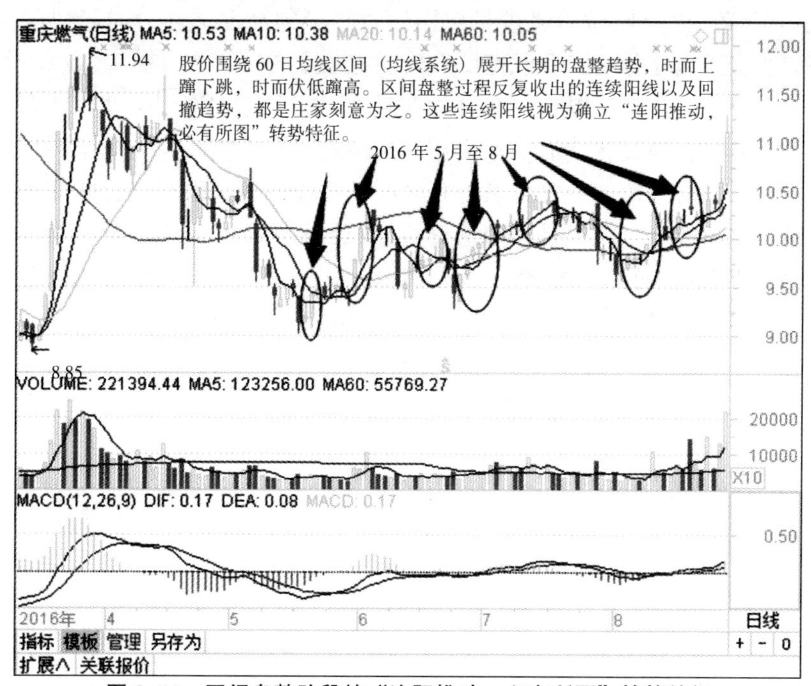

图 9–12　区间盘整阶段的“连阳推动，必有所图”转势特征

股价围绕60日均线区间（均线系统）展开长期的盘整趋势，时而上蹿下跳，时而伏低蹿高，始终受到区间的上轨阻压和下轨支撑。区间盘整过程反复收出连续阳线以及回撤趋势，都是庄家刻意为之，这些连续阳线视为确立“连阳推动，必有所图”转势特征。

股价由低位展开反弹并越过60日均线以后，股价和指标趋势逐渐减弱，一个明显的阶段性顶部结束小幅拉升趋势。庄家出于收拢股价和均线系统的大幅发散状态，化解60日均线过于上行或下垂的角度，修复趋势线和零轴线的悬空抬升状态，随之将股价控制并围绕60日均线区间（均线系统）展开长期的盘整趋势，区间上轨阻压和下轨支撑特征非常明显。盘整前期属于化解和修复不利因素的诱多行情，盘整后期属于充分洗盘以及酝酿变盘时机的行情。盘整前期且未化解和修复不利因素之前的强攻特征，都是虚拉诱多的假攻特征，只有市场意义，没有实战价值。盘整后期只要形成强攻特征，哪怕多次确立，都是真实的强攻特征，实战价值大。股价和均线系统的发散状态得到化解，趋势线和零轴线的悬空抬升状态修复以后，强攻特征的确立才算结束区间盘整趋势，所以这一段趋势也叫区间盘整阶段（步履蹒跚阶段）。区间盘整过程反复收出“连阳推动”状态，属于庄家连续增仓控盘筹码、酝酿变盘和大幅拉升时机以及完善技术系统的综合特征。

庄家为了彻底清洗跟风追涨浮筹和套牢盘，同时实现连续增筹控盘目的，反复采取连阳状态以及回撤趋势进行。回撤过程必须高度关注分时趋势的反转买点，因为股价经历充分的回档或挖坑以后，往往蕴含一个极佳的低吸（增筹）机会。股价获得止跌或企稳以后，有可能推起一组或多组“连阳推动”状态，或者形成携量推升的企稳反转特征。构筑宽幅震荡的区间盘整趋势，庄家不仅需要付出极大的耐心进行控盘，更要采取极其高明的控盘技巧，而且庄家并非为了启动短线行情。完善技术系统只是区间盘整趋势的目的之一，酝酿“突出重围”的成熟的变盘时机以及大幅拉升趋势，才是庄家的终极目标。区间盘整阶段蕴含较多的高抛低吸机会，格局不妨扩大一些，大胆地实施逢低吸筹。

第十招　顺水推舟，事半功倍

——收出“两根及两根以上的连续阴线”的实战意义

一、招数概况及策略剖析

（一）图形识别

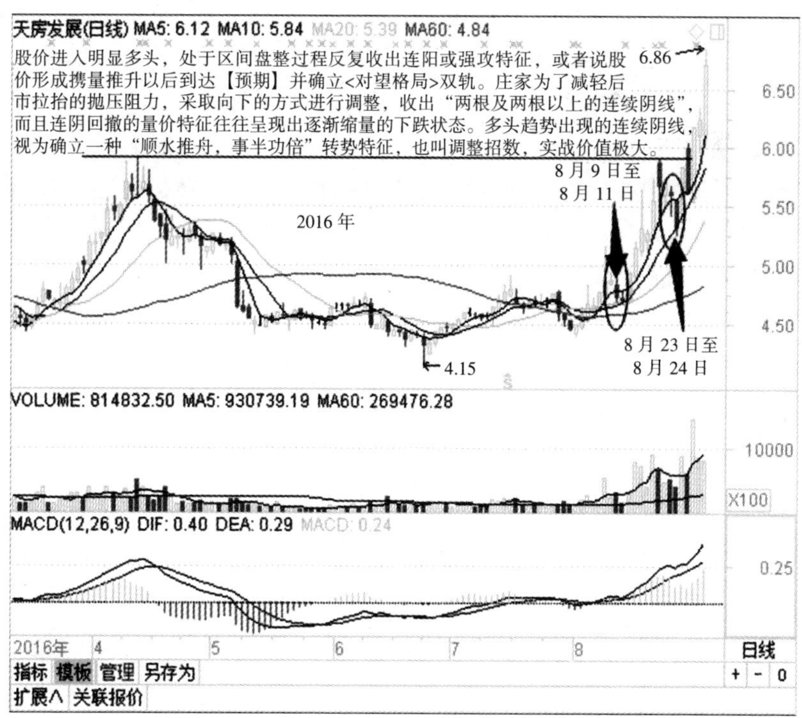

天房发展(日线) MA5: 6.12 MA10: 5.84 MA20: 5.39 MA60: 4.84
股价进入明显多头，处于区间盘整过程反复收出连阳或强攻特征，或者说股价形成携量推升以后到达【预期】并确立<对望格局>双轨。庄家为了减轻后市拉抬的抛压阻力，采取向下的方式进行调整，收出“两根及两根以上的连续阴线”，而且连阴回撤的量价特征往往呈现出逐渐缩量的下跌状态。多头趋势出现的连续阴线，视为确立一种“顺水推舟，事半功倍”转势特征，也叫调整招数，实战价值极大。
6.86
8月9日至
8月11日
2016年
4.15
8月23日至
8月24日
6.50
6.00
5.50
5.00
4.50
VOLUME: 814832.50 MA5: 930739.19 MA60: 269476.28
10000
X100
MACD(12,26,9) DIF: 0.40 DEA: 0.29 MACD: 0.24
0.25
2016年
4
5
6
7
8
日线
指标 模板 管理 另存为
扩展∧ 关联报价

图 10-1　天房发展（600322）构筑“顺水推舟，事半功倍”转势特征的走势

（二）招数构成与总结

（1）股价经历一波稳步放量的小幅拉升以后，已经跨入 60 日均线之上运行，说明股价进入明显多头趋势。这个时候的股价整体涨幅不大，也没有出现过明显的快速急拉攻势。

（2）股价围绕 60 日均线区间（均线系统）展开长期的盘整趋势。盘整过程反复收出“连阳推动”状态或强攻特征，又反复采取向下的方式进行回撤，收出缩量状态的“两根及两根以上的连续阴线”。

（3）或者说股价经历一波明显的携量推升以后，触及前期技术平台或跳空缺口并确立<对望格局>双轨，随之转入对望调整趋势。对望调整过程经常收出缩量状态的“两根及两根以上的连续阴线”。

（4）通过上述可以明白，股价处于明显多头趋势，或在区间盘整阶段，实现企稳反转的过程经常收出“连阳推动”状态或强攻特征，预示跟风追涨浮筹如影随形；或者说股价经历一波明显的携量推升以后，已经触及前期技术平台或跳空缺口并确立<对望格局>双轨，说明股价面临沉重抛压。庄家为了减轻后市拉抬的抛压阻力，及时清洗跟风追涨浮筹和解套盘成为当务之急，采取向下的方式进行调整，收出缩量回调的“两根及两根以上的连续阴线”。连阴回撤特征犹如“顺水推舟”般轻松，也起到了“事半功倍”的换挡和加油作用。既省力，也管用。

★ 一句话总结

股价处于明显多头趋势，或在区间盘整阶段，企稳反转过程经常收出“连阳推动”状态或强攻特征；或者说股价经历一波明显的携量推升以后，触及前期技术平台或跳空缺口并确立<对望格局>双轨；庄家为了减轻后市拉抬的抛压阻力，及时清洗跟风追涨浮筹和解套盘成为当务之急；采取向下的方式进行调整，收出缩量回调的“两根及两根以上的连续阴线”，叫作“顺水推舟，事半功倍”转势特征。

（三）深层剖析与要领感悟

（1）股价围绕 60 日均线区间（均线系统）展开长期的盘整趋势，目的如下：①彻底清洗小幅拉升阶段的跟风追涨浮筹，以及前期技术平台或跳空缺口的解套盘；②收拢股价和均线系统的大幅发散状态，化解大线过于上行或下垂的角度；③修复趋势线和零轴线的悬空抬升状态；④庄家连续增仓控盘筹码的现实需要；⑤酝酿股价“突出重围”以及大幅拉升的成熟时机。未消除不利因素之前，区间盘整过程总是反复收出强攻特征以及调整趋势。连阴回撤特征致使短线追涨浮筹无利可图，或有微亏状态，于是选择斩仓出局，所以连阴回撤特征往往呈现出缩量调整状态。

（2）股价经历一波明显的携量推升以后，触及前期技术平台或跳空缺口，说明套牢盘已经获得解套机会，解套盘抛压致使股价回落运行，及时确立<对望格局>双轨。庄家顺势展开对望调整趋势，经常采取连阴回撤特征进行调整。及时清洗短线追涨获利盘和解套盘，也就减轻了未来拉抬的抛压阻力，而且庄家暗中接收抛筹并提高控盘程度，使得未来拉抬变得轻盈，涨势更加猛烈。

（3）股价处于区间盘整阶段或在对望调整过程，采取连阴回撤特征进行调整，已经成为庄家惯用的洗盘手段。连阴回撤特征的洗盘效果十分理想，往往达到"事半功倍"的换挡和加油作用。连阴回撤以后蕴含低吸（增筹）机会，狙击时机容易把握，所以不要轻易放弃连阴回撤以后的反转买点。

（4）调整过程只要收出"两根及两根以上的连续阴线"，"顺水推舟，事半功倍"转势特征就算成立，也可以叫作转势招数、回撤招数和调整招数。连阴回撤的K线图越多，说明洗盘越充分，五根及五根以上的连阴回撤特征比较少见。庄家常常采取"顺水抽风再顺水"的调整方式进行回撤，使得股价经历充分整理，重新起势更具爆发力，实战价值大。

（5）连阴回撤特征的量能状态最好是一天比一天缩量，回调趋势最好是一天比一天收窄，但这并不是绝对的。连阴回撤过程偶尔出现放量或间歇性放量情形，也是正常的。无论庄家采取什么手段进行回撤，逐渐缩量调整是普通投资者斩仓出局（杀跌股价）的有力证据。如果庄家投入筹码杀跌股价，跌速往往较快，量能往往难以平静。

（6）连阴回撤特征犹如"顺水推舟"般轻松，也起到了"事半功倍"的换挡和加油作用。既省力，也管用。股价和均线系统存在大幅发散状态，趋势线和零轴线存在悬空抬升状态，采取连阴回撤特征进行调整，形成小幅回档趋势或顺势打压的挖坑跌势，都是正常的回撤手段。普通投资者追涨做多以后，一心想着股价快点上涨，并不喜欢股价出现调整趋势，更见不得股价形成阴线回调，追涨杀跌也就不足为奇了！普通投资者在阴线回撤过程扔掉微亏或微盈的筹码，及时转换为庄家控盘筹码。

（7）做多趋势不能阴线开单，做空趋势不能阳线开单；做多趋势必须寻找阳线反转特征（强攻特征），做空趋势必须寻找阴线反转特征（破位特征），这些都是操盘常识。连阴回撤过程抢攻做多，短期被套风险大，所以必须耐心等待股价形成明确的反扑之势（止跌企稳），再考虑低吸（增筹）。

（8）有的阴线存在长长的下影线，说明盘中股价经历深幅下探以后，止跌回升并将某个分时趋势扭转过来，预示某个分时趋势蕴含反转买点。分时周期越大，反转买点的可信度越高，低吸（增筹）的风险系数越小。控制好仓量的情况下，借助（参考）分时趋势的反转买点实施狙击。

（9）构筑“顺水推舟，事半功倍”连阴回撤特征的实战技巧。

连阴回撤特征只要出现在合理位置，都有实战意义，不然只有市场意义。股价处于明显的多头趋势，或在区间盘整阶段，或在对望调整过程，连阴回撤特征蕴含极佳的低吸（增筹）机会，实战价值大。因此，千万不要对连阴回撤特征产生恐惧情绪，还要喜欢上它。

第一，股价处于区间盘整阶段或在对望调整过程，高度关注那些已经形成连阴回撤特征的个股。

第二，连阴回撤以后即将形成反扑之势（止跌企稳），必须借助（参考）分时趋势的反转买点实施低吸（增筹）。首次买入不宜过多，控制在三至五成筹码为宜；增筹比例必须对等，随时做好高抛低吸的准备。

第三，发现股价突破区间盘整上轨，或突破<对望格局>双轨，立即增筹至七成以上的重仓范畴。

第四，股价突破轨道以后不要轻易减筹。股价和指标趋势未减弱以前，以捂单为主，少做高抛低吸；股价和指标趋势有了减弱迹象，逢高减筹或清空。

二、招数及实例解读

操盘实例一　洛阳钼业（603993）

◆ 图形识别

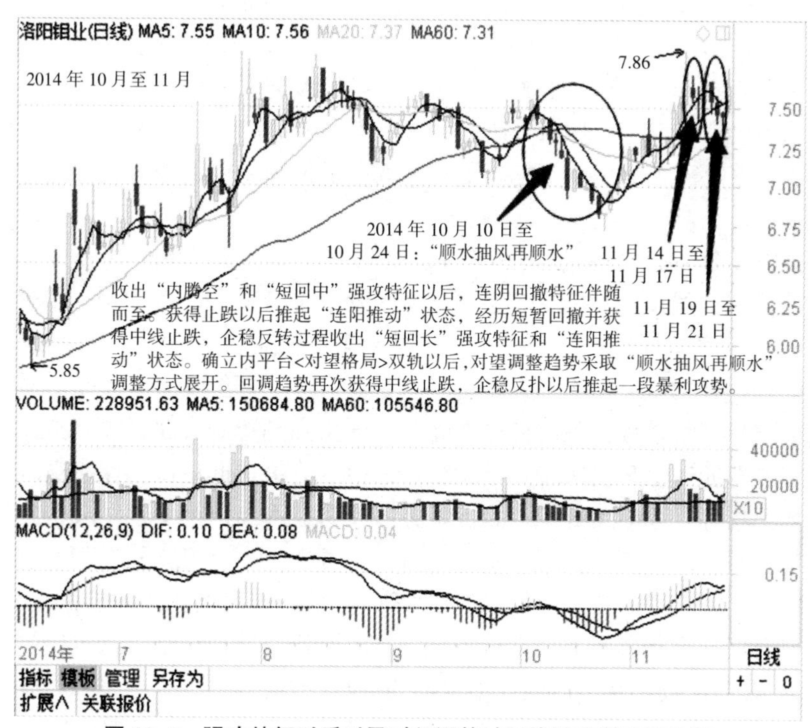

图 10-2　强攻特征以后以及对望调整过程伴随连阴回撤特征

◆ 要点回放

如图 10-2 所示：

（1）有人认为战胜庄家就可以大把大把地盈利，而且市场上从不缺乏有关战胜庄家的股票书籍。笔者非常怀疑，这些人是否弄清楚庄家到底是谁？自己又是谁？黑庄横行的确是市场永远无法割去的毒瘤，可是没有了庄家参与的市场，仅靠普通投资者的支持将是一潭死水，股性活跃度极低。有的投资者认为，庄家是奸诈、阴险、无所不用的代表，只懂得玩弄手段，出牌不按常理。从法律和道德层面考虑，庄家每时每刻做的事情，都在法律的高压线上、道德的边缘上行走。

可是，到目前为止，被法律审判的庄家少之又少，道德谴责根本改变不了残酷的市场现状，唾沫淹不死人。你可以不认识庄家是谁，也可以不喜欢庄家，但你无法否认庄家（坐庄）的存在。市场的过去、现在与未来，庄家始终以某种形式存在。

（2）作为一名技术者应当意识到，庄家引领并影响（改变）市场方向，股价运行方向（趋势）始终由他掌控，他是技术和资本的代表，也是规律的化身。没有弄懂股价运行规律是什么，也没有弄明白庄家到底是什么人，却在那里大言不惭地说："战胜庄家就可以大把大把地盈利"、"战胜庄家轻而易举"、"谁都可以战胜庄家"、"挖掘庄家弱点打败庄家"……如果庄家可以被你战胜（打败），那么你将成为比庄家更大、更黑、更狠的庄家，最后又由谁来战胜（打败）你这个庄家呢？你总不会告诉大家，你这个庄家坐庄是不可战胜的吧。如果真的是这样，岂不违背了自然规律。那你就不是人了，你就有了预知未来的先知。你认为这有可能发生吗？

（3）2014 年 4 月 29 日，洛阳钼业（603993）长期处于低位区间展开震荡筑底趋势，受到大线反压以后寻出新的大底特征，这个底部特征叫作"破而后立，底部反转"双底支撑特征。5 月 5 日，携量阳线向上穿透低位三线，成功确立"拨开迷雾，重见光明"和"震荡筑底，反抽三线"结合型反弹特征，预示股价行将结束震荡筑底趋势，脱离低位区间并展开反弹趋势。MACD 技术指标处于零轴线下方的不远处，第三次转入金叉状态，预示股价在低位区间保持微跌的震荡筑底趋势，趋势线逐渐抬升且与股价走势形成明显背离，说明它们成功构筑反复创新低的"底背离"形态。这里展开抄底，往往抄到一个相对的底部价格。5 月 8 日，股价展开快速反弹并形成"连阳推动"状态，5 日均线向上回抽并与 60 日均线完成对接，确立大幅下挫以后的首次"短回长"反抽特征（低位反弹过程的"短回长"视为反抽趋势，区间盘整阶段的"短回长"视为反攻趋势）。接着，庄家持续投入筹码推升股价，连续涨停展开一波极速反弹攻势。5 月 13 日，"高开低走，乌云盖顶"巨量大阴线出现在前期技术平台，说明股价经历"连阳推动"式的极速反弹趋势以后，完成【预期】并确立<对望格局>双轨。

（4）股价脱离低位区间，采取连续涨停的"连阳推动"状态进行推升，说明庄家不计成本地大肆掠夺筹码并拔高建仓。可是，涨速过猛吸引了大量跟风追涨浮筹，而且股价到达【预期】并确立<对望格局>，表明前期套牢盘获得解套机会，又对股价反弹形成强大阻压。因此，对望调整趋势的回撤幅度可能很深，回撤时间可能很长，就算庄家采取长期横盘进行调整，时间短了也难以完成化解和修复。经历充分整理以后不仅可以化解快速反弹趋势，也能彻底清洗"连阳推动"过程的大量跟风追涨浮筹，同时驱赶已经获得解套的套牢盘，更为下一波多头趋势酝酿成熟的变盘时机。这种由低位区间展开极速反弹且以连续涨停实现的“连阳推动”状态，除了表达庄家不计成本地大肆掠夺筹码并拔高建仓以外，同时暗示该股蕴藏不为人知的重大题材。这种趋势特征不管出现在哪个周期，它的后市股价都有回撤需要（洗盘），而且多数构筑一段长期的盘整趋势，蕴含极佳的低吸（增筹）机会。庄家明白太强必折、太张必缺的道理，所以必须做到张弛有度、刚柔并济地铺展行情，不然适得其反。

（5）随后股价经历一个月持续回调，接近60日均线获得止跌。股价和均线系统存在小幅发散状态，趋势线和零轴线也有悬空抬升状态，说明持续回调并没有完全消除虚力状态，预示股价止跌以后的企稳反转属于假攻趋势，反攻力度往往有限。6月13日，携量阳线向上穿透三线，“反攻三线”强攻特征引发一波虚力诱多的推高趋势。6月16日和17日，缩量“两连阴”展开回撤，清洗跟风追涨浮筹的同时，MACD技术指标的死叉状态已从连阴回撤过程实现收缩。由于连阴的第一根阴线是“伪阴线”，所以“两连阴”既是一种“顺水推舟，事半功倍”转势特征，也是一种“击鼓传花，连绵不绝”转势特征。不管怎么称呼它，明白它是庄家刻意营造的调整意图即可。6月18日，携量涨停板虽然形成反扑之势，但股价并未立即引发急拉攻势。随后股价处于20日均线之上展开横盘回撤，趋势线受到横盘回撤影响并逐渐脱离红柱体内部，说明指标出现失真状态，这个时候必须参考大周期趋势。股价上扬经历一波三折，构筑了一段十分明显的缓慢盘升趋势。【预期】空间虽然不大，但却耗费了一个多月时间，才到达【预期】价格。7月28日，股价好不容易才爬到前期技术平台，冲高回落收盘及时确立<对望格局>双轨。由此开始，对望调整趋势取代了缓慢盘升趋势。

（6）股价缓慢回落至20日均线附近波动，长期悬空的趋势线逐渐下行。9月5日，股价获得止跌以后推起“连阳推动”状态，同时促成“短回中”强攻特征。可是，股价和均线系统的发散状态没有得到化解，趋势线和零轴线的悬空抬升状态也没有完成修复，说明这个“短回中”强攻特征属于假攻特征，“连阳推动”状态和强攻特征呈现出诱多特征，预示后市股价存在调整要求。这种位置参与了必须快进快出，绝不恋战，最好还是不做。9月15日，这个“反攻三线”强攻特征存在相同的问题（不利因素）。接着，庄家展开顺势打压并回调至60日均线，短暂抵抗以后跌破60日均线，趋势线下穿零轴线并扩大了死叉状态和绿柱体长度。“顺水抽风再顺水”调整趋势虽然跌破60日均线，指标扩大死叉状态和绿柱体长度，但并非表达股价和指标破位，而是调整趋势的持续回撤所致，这是正常的洗盘手段。说明股价和均线系统的发散状态得到化解，趋势线和零轴线的悬空抬升状态完成修复。

（7）9月26日，庄家突然采取“内腾空”强攻特征展开跳空上攻，携量阳线虽然站稳均线系统之上，但建议投资者不要狙击。理由如下：①突然采取“内腾空”强攻特征展开跳空上攻，留下过大的跳空缺口，并不利于后市攻势的连续性，采取缩量调整可以化解它；②突然采取大幅跳空起势，盘中急剧放量且不拉涨停板，说明庄家吸筹力度过猛，跟风追涨浮筹过多，采取缩量调整可以化解它；③采取跳空起势虽然猛烈，“短回中”的两条均线依然没有完成对接，采取缩量调整可以实现对接；④MACD 技术指标虽然受到跳空力度带动，但它还没有转入金叉状态，只是收缩了绿柱体，说明股价和指标尚未形成共振推力。由此可见，企稳反转之前的调整时间不足，跳空起势又过猛，量能和跳空缺口过大，采取缩量调整不失为一种好的技术手段。

（8）股价经历短暂抵抗以后，5 日均线向上运行并与 20 日均线完成对接，真正确立“短回中”强攻特征。随后股价并没有立即形成强攻趋势，除了上述理由以外，还有一些不利因素存在：实现“腾空”以后的回撤幅度和时间远远不够，而且分时趋势实现探顶以后已经处于虚拉诱多区间。所以庄家随后采取顺势打压的挖坑手段，促使股价往下调整并回补了“腾空”缺口。挖坑下蹲以后构筑了一段推倒重来趋势，说明前期抢攻的追涨浮筹被套了，要么主动斩仓出局，要么被动扛单。发现狙击点位错了，抑或行情不如事前预判那样发展，必须严格执行止损，及时回避调整风险。如果股指形成一段暴跌趋势，那么个股的挖坑幅度肯定不小，而且回撤时间将会延长，扛单了必然陷入被动（挨打）局面，操盘心态势必遭到破坏。做好止损不仅是为了保命那么简单，而且不会陷入顺势打压的挖坑跌势，眼睁睁地看着亏损率逐渐放大。股价获得止跌以后可以实现低吸（增筹），这就相当于提高了资金利用率，保护操盘安全的前提下实现利润最大化。

（9）10 月 27 日，挖坑下跌过程收出“触底回升，金针探底”K 线图，说明股价获得了止跌。次日，携量阳线与前两日的 K 线图构成一个“启明之星”止跌 K 线组合，不仅提高了股价止跌概率，而且它的分时趋势往往蕴含企稳反转特征。随之推起“连阳推动”状态，股价重新站稳 20 日均线，MACD 技术指标在零轴线下方的不远处转入金叉状态。11 月 11 日，股价经历一周“短期横盘调整”以后，携量上扬并站稳 60 日均线之上，构筑“连阳推动”的过程引出“短回长”和“暴力哥”强攻特征，MACD 技术指标在金叉状态下跃入零轴线之上，促成了股价和指标的共振特征。11 月 13 日，“六连阳”推升以后恰好触及区间平台上轨，冲高回落收盘说明它们及时确立内平台<对望格局>双轨。庄家顺势展开对望调整趋势，既是“连阳推动”以后的洗盘需要，也是庄家实现持续增仓控盘筹码的技术过程。

◆ **操盘策略**

如图 10–3 所示：

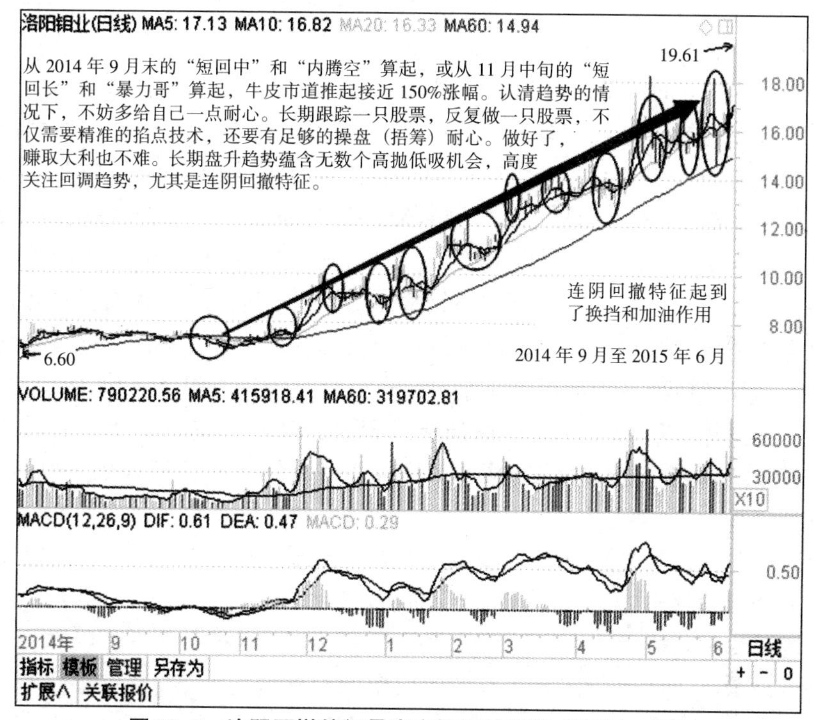

洛阳钼业(日线) MA5: 17.13 MA10: 16.82 MA20: 16.33 MA60: 14.94
从 2014 年 9 月末的“短回中”和“内腾空”算起，或从 11 月中旬的“短回长”和“暴力哥”算起，牛皮市道推起接近 150%涨幅。认清趋势的情况下，不妨多给自己一点耐心。长期跟踪一只股票，反复做一只股票，不仅需要精准的掐点技术，还要有足够的操盘（捂筹）耐心。做好了，赚取大利也不难。长期盘升趋势蕴含无数个高抛低吸机会，高度关注回调趋势，尤其是连阴回撤特征。
19.61
6.60
连阴回撤特征起到了换挡和加油作用
2014 年 9 月至 2015 年 6 月
VOLUME: 790220.56 MA5: 415918.41 MA60: 319702.81
MACD(12,26,9) DIF: 0.61 DEA: 0.47 MACD: 0.29
2014年 9 10 11 12 1 2 3 4 5 6
日线
指标 模板 管理 另存为
扩展∧ 关联报价

图 10–3 连阴回撤特征是庄家惯用的调整（洗盘）手段

（1）2014 年 11 月 14 日至 17 日，庄家如期展开内平台的对望调整趋势，“两连阴”缩量调整说明跟风追涨浮筹以及区间上轨的解套盘逐渐斩仓出局，庄家也不客气，接纳了全部浮筹。11 月 18 日，携量阳线形成完全反扑之势。从大格局考虑，这里展开狙击没有问题。如将日线和分时趋势结合做盘，那么这个时候的分时趋势处于悬空抬升状态，说明“两连阴”回撤不足，调整时间短了。因此，分时趋势处于悬空抬升状态下实现企稳反转，将会形成虚力诱多的推高行情，表达日线股价和分时趋势尚未形成合力共振，暗示股价短期内还有调整要求。正所谓“强扭的瓜不甜”，最好还是耐心等待自然成熟。按照周线或月线趋势选股，然后由日线趋势寻找买卖点，做到（好）了这一点已不简单。毕竟布局大周期行情，不必过分计较分时趋势的价格高低，更不必在意分时趋势的短期波动。当然，懂得借助（参考）分时趋势也有很多好处，起码能够做到相对精确的低吸和高抛（增减筹），也能及时回避短期调整，一段大行情的波动差价甚至做足。大格局下的投资思维，一旦过分计较分时趋势的价格高低，在意分时趋势的短期波动，进退之际常常是患得患失，不仅容易错失极佳的买卖良机，还会一不小心放跑牛股。

（2）11 月 19 日至 21 日，经过“三连阴”的再次回撤以后，分时趋势的悬空抬升状态已经消失殆尽。说明日线股价经历“顺水抽风再顺水”调整趋势，完全化解（修复）了分时趋势的各种不利因素。趋势线虽然脱离红柱体运行，但趋势线缓慢下行以后逐渐贴近零轴线。“三连阴”的最后一根阴线的低价恰好回碰至 20 日均线，止跌回升以后留有明显的下影线。说明股价回调以后获得 20 日均线支撑，留有下影线收盘表明分时趋势实现止跌企稳或企稳反转，蕴含低吸（增筹）机会。11 月 14 日至 21 日，这六个交易日的对望调整趋势，既构筑了一段“短期横盘调整”格局，也形成了一种“顺水抽风再顺水”调整趋势，都是庄家刻意为之的洗盘手段，而且庄家控盘技巧极其高明。11 月 24 日，携量阳线形成反扑之势，分时趋势采取“腾空”方式展开企稳反转，说明日线和分时趋势出现完美的合力共振。无论是从日线反扑展开狙击，还是借助（参考）分时趋势的“腾空”反转实施狙击，这个时候都要及时将资金转换为抬轿筹码。此时不进，更待何时。

（3）11 月 25 日，携量涨停板不仅突破“短期横盘调整”上轨，也已突破区间盘整上轨（内平台双轨），说明股价开始进入外平台空间。强势突破不仅带动红柱体重新藏入趋势线，而且表现出真力推升状态。除权状态下可以看出，携量涨停板已经突破 2013 年 8 月 12 日的“回落中继平台”，预示多头涨势需要寻找更高的【预期】。12 月 1 日，早盘开市以后形成“波形推高”盘口，第二波的最高价与 2013 年 5 月 27 日的平台高价一分不差，第三波冲击以后无法越过第二波的最高价，盘口特征由偏软转向偏弱态势。最终形成“冲高回落，单针见顶”K 线图，说明股价冲高以后完成【预期】，回落收盘及时确立<平顶对望>双轨。股价才突破区间上轨一个星期，指标趋势也在强势范畴保护，难道庄家就此终结多势？如果真的是这样，估计没有几个庄家这样坐庄。周线和月线趋势的强势特征非常明显，所以日线股价确立<对望格局>双轨，并不是说股价实现探顶，而是表达股价短期需要调整。通过“以大指小”原则分析以后，虽然明白这是一种假顶特征，但最好还是学会利用日线股价确立<对望格局>双轨，借助（参考）分时趋势的探顶特征或虚拉诱多的推高趋势，及时实现高抛（减筹）。回避对望调整趋势，也就相当于回避了调整风险，还有打底成本的低吸（增筹）机会。当然，高抛低吸做不好，又要自作聪明，放飞牛股也很正常。

（4）12 月 3 日，盘中股价采取波形推高以后，10 点 31 分虽然推至涨停板价格，但封停买盘稀少，大量卖盘又不断涌出，致使股价触及涨停板价格以后逐渐走低。通过日线盘面可以看出，携量推高以后回补了 2013 年 3 月 25 日的跳空缺口，所以盘中股价触及涨停板以后封不住，走低以后停留在 7.80%涨幅收盘。由此可见，这根携量大阳线体现出“金玉其外，败絮其中”探顶特征，提示股价推高以后到达【预期】。收盘价恰好站稳跳空缺口的最低价之上，说明后市股价存在惯性推高的短线动能。次日，缩量阳线体现出“力不从心，虚张声势”探顶特征，提示惯性推高的短线动能极有可能到此为止，表明股价开始确立<对望格局>双轨。减了必须及时捡回来，捡了又要及时减出去，高抛低吸技术要求极高，容不下任何思议。股价结束多头攻势了吗？依然没有。通过它的周线和月线趋势可以发现，它们仍然处于强势范畴，说明日线实现探顶并确立<对望格局>双轨，提示股价短期需要调整。

（5）通过该股实现的整体涨势可以看出，2014 年 11 月至 2015 年 6 月的长期盘升趋势就像牛皮市道，说明庄家总是采取相同的技术手段推高和回撤股价。小幅推高以后立即采取横盘调整，横盘时间明显多于涨势时间，股价就在这样的反复盘升趋势中，不知不觉涨了上去。掐点技术不精通，又不会高抛低吸，怎么做盘？只有硬扛一条路可走。获得周线或月线趋势保护，不要轻易减筹或清空。认清趋势的情况下，硬抗不动虽然并不是一种好的操盘手段，但总比捂不住筹码强。

（6）有规律的趋势要多做，还要重仓做，捂筹时间要长。规律不明显、杂乱无章的趋势尽量少碰，最好不碰。股价运行方向（趋势）就是规律，庄家控盘手段及其变化，处处彰显规律。2015 年 6 月 5 日，除权状态下可以看出，股价推至 19.61 元的高价，才终结牛皮市道。如从 2014 年 4 月末的底部算起，牛皮市道推起接近 240%涨幅；如从 2014 年 9 月末的“短回中”和“内腾空”算起（或从 11 月中旬的“短回长”算起），牛皮市道推起接近 150%涨幅。不管是复权还是除权状态，前期历史平台已经突破，而且股价突破历史对望以后，不断刷新历史高价。或许投资者会问，股价翻番以后价格不高吗？还会形成强势反转吗？构筑历史对望以后还能突破吗？当然有可能。只要股价经历回撤趋势，出现止跌企稳或企稳反转特征，多头能量还会发动攻势。至于回撤幅度和时间长短，根本无须多想，想了也是无谓。长期跟踪一只股，反复做一只股，不仅需要精准的掐点技术，还要有足够的操盘（捂筹）耐心。

操盘实例二　九鼎新材（002201）

◆ 图形识别

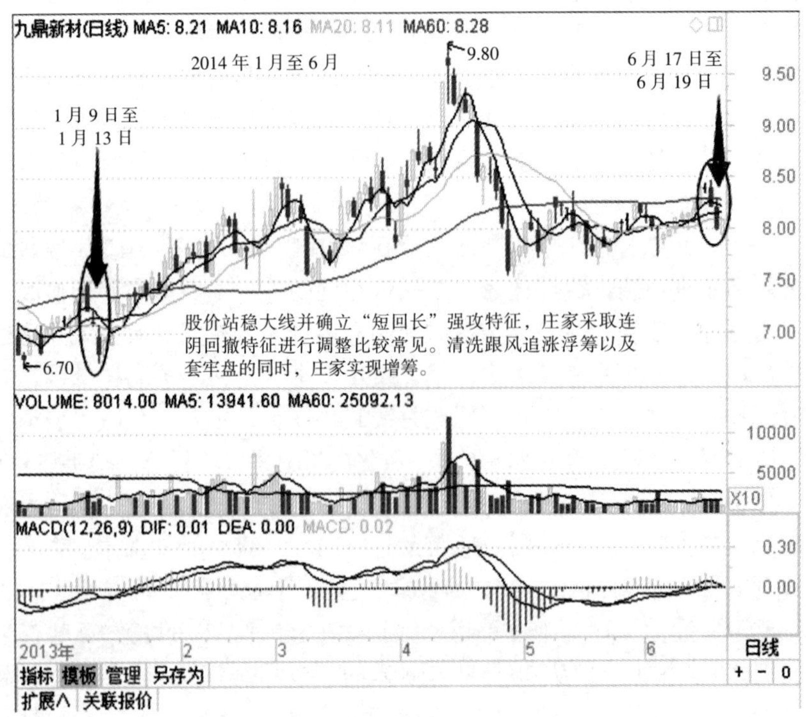

图 10-4　强攻特征以后伴随连阴回撤特征

◆ 要点回放

如图 10-4 所示：

(1) 庄家往往由多个投资者或投资机构组成。庄家坐庄的一切行为，通过股价运行方向（趋势）集中体现。认识庄家控盘手段及其变化，相当于认识了股价运行规律。对于一名以交易为生的技术者来说，能否做到随律而变，跟庄而动，比什么都重要。不要以为自己比庄家聪明，庄家永远不可能被你战胜（打败）。有这些想法的投资者，哪怕只有一点点，最终都会输得惨不忍睹。不要想当然地认为股价会按照自己的想法运行，最后不仅傻眼了，而且傻得不知所以。股价运行方向（趋势）由庄家掌控，我们只能作为一名跟庄者存在。庄家控盘手段及其变化并不复杂，认识并研究它，只要付出了努力不难掌握。老老实实地做好一名跟庄者，终有一天站上那狭小的金字塔顶尖，实现人生和财务上的双重自由。

(2) 九鼎新材（002201）于 2013 年 6 月至 2015 年 6 月实现了长期多头，而且整体涨幅比大部分个股多，可是它们的多头趋势存在诸多差异。2012 年 12 月 4 日和 2013 年 6 月 25 日，分别收出两个明显的大底特征，构筑一种双底支撑特征。第二个底部的价格快速下探以后虽然跌破第一个底部的最低价，但第二个底部形成了“触底回升，金针探底”特征，而且收盘价站稳前期底部的最低价之上，说明这两个大底特征以“破而后立，底部反转”形态确立双底支撑特征，也叫“破底反转形态”。不仅提示股价终结了长期熊市，也为长线资金布局提供了真实的技术依据。

（3）2013 年 10 月 15 日，股价脱离低位以后反弹至 60 日均线，经历两周横盘调整以后，实现快速推升并触及前期技术平台，冲高回落收盘说明它们及时确立<对望格局>双轨。11 月 5 日，对望调整趋势回撤至 20 日均线，获得止跌以后并在悬空状态下收出“反攻三线”强攻特征，随之引发一波虚拉诱多的推高行情。11 月 11 日，携量涨停板开始触及前期技术平台。次日，阴线提示股价确立<对望格局>双轨。对望调整趋势逐渐延伸，快速跌势虽然跌破 60 日均线，但推倒重来以后孕育了新的趋势。

（4）2014 年 1 月 8 日，股价处于大线之下的不远处，经历一个月的震荡趋势以后，“七连阳”推起并重新站稳大线之上，说明股价开始进入“短回长”强攻范畴。1 月 16 日，“三连阴”回撤以后获得止跌企稳，急剧放量的跳空阳线同步确立“涅槃重生”、“内腾空”和“连阳推动”状态，由此展开一段缓慢盘升趋势。4 月 4 日，缓慢盘升趋势用了两个多月时间，才收复前期一个月的对望跌势，当日冲高回落收盘确立了由三条上轨组成的<对望格局>。4 月 11 日，不管是复权还是除权状态，携量涨停板都突破了由三条上轨组成的<对望格局>。以为股价突破以后进入大幅拉升趋势，殊不知，次日盘中股价形成宽幅震荡趋势，量能明显放大，“十字星”收盘留有较长的上、下影线，说明这是“冲高回落，单针见顶”探顶特征。股价前一日才突破由三条上轨组成的<对望格局>，第二天就收出探顶特征，这是真的吗？它是真的，但它并非真正意义上的探顶特征，而是表示股价冲高以后触及【预期】并确立<对望格局>双轨，也是股价开始转入对望调整趋势的提示。追溯它的【预期】可以看出，不管是复权还是除权状态，2011 年 12 月 1 日的跳空缺口已经成为制约股价上攻的强力阻压。由此可见，当日股价冲高回落收盘并确立<对望格局>双轨，探顶特征表示股价已经开始展开对望调整趋势，有何理由不减筹？

（5）4 月下旬，对望调整趋势经历快速下探以后，虽然股价跌至 60 日均线之下，MACD 技术指标也跌入零轴线下方，但不难看出，该股每次实现一段推升趋势以后，它的阶段性顶部一个比一个高，每次回调以后总在前期推升过程的低点获得支撑，说明回调底部也是一个比一个高。股价跌破 60 日均线以后并没有远离它，反复围绕均线系统波动，说明该股的长期趋势始终保持着稳步抬升角度。股指于2013年6月25日收出双底支撑特征以后，虽然它的底部价格有所抬高，但它的整体趋势并没有实现稳步抬升角度，而是构筑了一段长期的区间盘整趋势。这是该股与股指走势的不同之处，也是强庄提前进驻并逐渐实现控盘的异动迹象。庄家坐庄的一切行为都在个股盘面完整呈现，我们必须相信他，跟随他。

（6）2014年4月末至6月中旬，股价处于大线下方的不远处反复震荡，MACD技术指标的弱势特征逐渐减小，趋势线实现缓慢抬升角度。6月17日，经过“九连阳”的持续推升以后，股价不仅重新站稳60日均线，而且趋势线开始跨入零轴线上方。这就意味着，股价再次进入“短回长”强攻范畴。庄家又将如何演绎多头推势呢？继续往下看。

◆ **操盘策略**

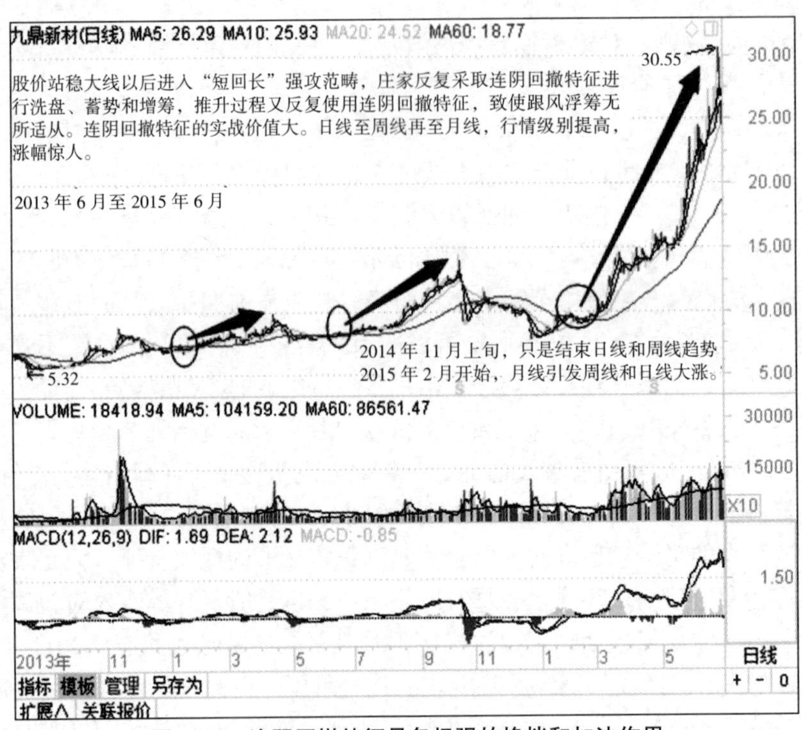

图 10-5 连阴回撤特征具备极强的换挡和加油作用

如图10-5所示：

（1）2014年6月17日至19日，缩量“三连阴”回撤以后，红柱体快速缩短。“三连阴”的第一根K线图是“白色十字星”，说明它既是前方“连阳推动”状态的结束，也是阴线回撤的开始，它发挥着承前启后的作用。连阴回撤以后虽然经常跌破20日均线或60日均线，但不能把它看成破位特征。原因非常简单，股价一旦进入“短回中”或“短回长”等强攻区域，均线系统往往已经收拢，所以连阴回撤特征容易跌破中线或大线或均线系统，这些都是正常的调整趋势。采取连阴回撤特征且呈现出缩量状态，既是庄家有意为之的洗盘手段，也是跟风追涨浮筹和套牢盘斩仓出局的有力证据，更是庄家实现持续增筹的必经过程，还是蓄积再起能量的技术过程。一般情况下，实现企稳反转并收出“连阳推动”状态或强攻特征以后，采取连阴回撤特征进行调整比较常见。实现企稳反转或确立强攻特征时，如果股价和均线系统存在小幅发散状态，趋势线和零轴线仍有小幅悬空，采取连阴回撤特征不仅完成清洗，也起到了化解不利因素的作用，往往蕴含低吸（增筹）机会。

（2）6月24日，连阴回撤以后获得20日均线止跌，“三连阳”推升并向上穿透均线系统，成功构筑“反攻四线”强攻特征。已经缩短了的红柱体被其强势重新拉长，趋势线藏在红柱体内部重新勾头。这是股价站稳大线以后，第二次收出强攻特征。接着，只是经历一天阴线回撤，庄家立即采取“连阳推动”推升股价，横盘调整伴随而至。股价实现“连阳推动”以后虽然比“短回长”时有所抬高，但重新拉长的红柱体却没有超越“短回长”时的长度，说明指标趋势进入虚力状态。由此可见，后市股价必须经历一段回调趋势，才能化解指标趋势的虚力状态，重新蓄积做多能量。化解虚力状态的调整趋势有很多，构筑一段推倒重来趋势比较常见，“顺水抽风再顺水”调整方式往往蕴含其中。

（3）7月3日至4日，横盘过程收出缩量“两连阴”，趋势线逐渐脱离红柱体内部。次日，携量阳线虽然形成反扑之势，但股价并未继续推升，而且围绕这根阳线的上、下轨道展开横盘调整，分时趋势停留在高位区域展开震荡趋势。股价时而阳、时而阴，阴线幅度总体大于阳线涨幅，红柱体逐渐缩短并转入死叉状态，趋势线处于零轴线上方并形成缓慢下行。股价回碰至20日均线，经历短暂抵抗以后，继续往下回撤。7月9日至24日，这十二个交易日的回调趋势构筑了一段“顺水抽风再顺水”的调整趋势，既有单阴回撤特征，也有“两连阴”回撤特征，还有“三连阳”的抵抗特征。从另外一个角度观察，这十二个交易日的价格处于7月7日的携量阳线的上、下轨进行波动，说明“顺水抽风再顺水”的回撤幅度不大，使得回调趋势具备横盘调整特征。

（4）7月25日，股价在20日均线下方、60日均线上方获得止跌，携量阳线向上穿透三线，成功构筑“启明之星”止跌特征和“反攻三线”强攻特征，说明股价一天之内实现止跌企稳和企稳反转。采取横盘方式进行调整，致使MACD技术指标出现失真状态，说明它的悬空状态不会影响股价的整体趋势。MACD技术指标的死叉状态逐渐收拢，说明股价进入大涨攻势之前，必须将它带入金叉状态，暗示股价短期内仍有波动。7 月 29 日至 30 日，“两连阴”展开回撤，不仅及时清洗了跟风追涨浮筹和套牢盘，又将股价引入真正的“短回中”强攻序列，MACD 技术指标开始转入金叉状态。8 月 6 日至 7 日，股价突破横盘上轨并实现小幅推升以后，庄家采取“两连阴”进行调整。说明跟风追涨浮筹的日子很不好过，越减越少的情况下，庄家控盘筹码越增越多。

（5）8 月 13 日，“四连阳”推起并突破前期轨道阻压。【预期】高度不断向上推进，庄家反复采取连阴回撤特征以及横盘方式展开调整。8 月 19 日至 21 日、9 月 10 日至 11 日、9 月 16 日至 17 日和 9 月 25 日至 29 日，这几组连阴回撤特征起到了换挡和加速作用，实战价值大。10 月 10 日，股价和指标趋势已经出现背离特征，携量大阳线体现出“金玉其外，败絮其中”探顶特征。复权状态下可以看出，携量大阳线已经触及 2010 年 12 月 9 日的技术平台，说明股价经历大幅拉升以后，完成日线和周线【预期】。

（6）10 月 20 日至 23 日，“四连阴”快速跌破 20 日均线，趋势线明显悬空并快速转入下行角度。最后一根“伪阳线”隶属于连阴回撤特征范畴，同时具备止跌作用。实行高送转不涨反跌，庄家目的何在？后知后觉的投资者必然体会了个种滋味。10 月 23 日至 27 日，三根并排而行的星阳线隶属于“内舞剑”止跌特征范畴。10 月 28 日，携量大阳线展开快速反弹，成功构筑悬空状态的“反攻三线”强攻特征。股价处于高位区域且未经充分整理，快速反转属于弱势反弹趋势，庄家逃脱不了虚拉诱多的出货嫌疑。11 月 7 日，盘中最高价虽然创出此轮行情新高，趋势线也转入金叉状态，但指标数值以及红柱体长度，并没有跟随股价创出此轮行情新高。这就意味着，股价和指标走势汇合成功构筑了“顶背离”形态（“顶上顶”格局）。当日或次日追高的跟风追涨浮筹，只要留恋（幻想）涨势，被套四个月时间，才获得解套机会。

（7）周线的指标趋势明显减弱：缩短了的红柱体虽然重新拉长，但它并没有重新藏入趋势线，而且震荡反弹趋势致使红柱体形成了两次飘柱诱多特征，预示日线和周线股价反复创出此轮行情新高，构筑了虚拉诱多的推高趋势。如果认为股价仍然强势，必须调入月线趋势进行分析和判断。通过月线趋势的复权状态可以看出，趋势线深藏于红柱体内部，说明股价和指标趋势的强势明显。由此可见，日线股价处于高位区域并经反复的震荡筑顶趋势，成功构筑了“顶背离”形态（“顶上顶”格局），周线股价又形成了两次飘柱诱多特征，这个时候的月线趋势只是到达中途【预期】，冲高回落及时确立<对望格局>双轨。月线股价展开对望调整趋势，尤其是采取阴线回调，日线和周线股价将会出现明显的回调趋势，甚至形成深幅回调。

（8）2014 年 12 月末，日线股价经历快速下探以后，寻出底部并转入震荡蓄势过程。周线股价经历“顺水抽风再顺水”调整趋势以后，恰好回碰大线并获得止跌。月线股价经历“两连阴”回撤以后，恰好回碰中线并获得止跌。2015 年 1 月末，日线股价展开反弹并脱离低位区间，重新站稳大线并确立新的强攻趋势。周线股价获得大线止跌以后，推起“四连阳”状态并伴随回撤特征，2 月中旬确立“反攻三线”强攻特征。月线股价获得中线止跌以后，连阳推起并实现大幅涨势。2015 年 2 月中旬至 6 月 24 日，四个多月时间超过两番行情炒作。一波大级别行情由无数段短线趋势（行情）构成，短线买卖点不计其数。短线的确可以带来暴利，但它蕴含的风险也大。短线只是一种技术手段，并不是目的，突破自我必须由大级别行情实现。

操盘实例三　阳泉煤业（600348）

◆ 图形识别

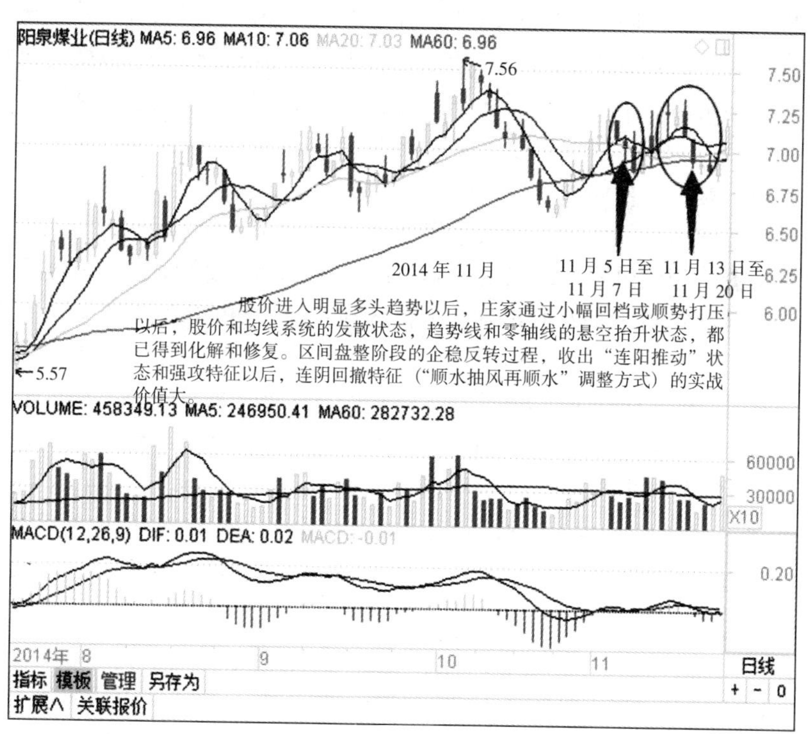

图 10-6　“连阳推动”或强攻特征以后伴随连阴回撤特征

◆ 要点回放

如图 10-6 所示：

（1）投资也好，投机也罢，最终结果由涨跌、盈亏、对错和输赢等二元构成。不管你是否意识到，我们终其一生的投资（投机）行为，都在诸如此类的二元之中。普通投资者随着感性思维选股和操盘，总认为自己是市场中最聪明、最会选股和最出色的“交易高手”，即使交易亏了，也不会承认自己有错。要么归咎于市场原因，要么埋怨庄家阴险，赚少了就说庄家不给力，有这些想法的投资者，即便是长期亏损，也始终存在不服输、不服软的逆反心理。作为一名成熟的理性投资者，不再关心二元结构，最关心自己是否已经建立一套能够保持长期稳定盈利的操盘模式（盈利模式、技术系统、交易系统和交易密码）。也可以这么说，成熟的理性投资者根本不会在乎股价的一时涨跌，短期输赢也不在意，最重要的是如何完善操盘模式。做好投资交易，必须克服贪婪、恐惧、不舍和骄傲等人性弱点。只有将输赢放到轻而又轻的位置，才有可能从技术角度切入（考虑问题），不然适得其反。

（2）历史虽然不会简单地重复，但历史总有着惊人的相似过程和结果。“顺水推舟，事半功倍”连阴回撤特征，股价运行过程的任何位置都有可能出现。收出“连阳推动”状态或强攻特征以后，或在区间盘整阶段，或在对望调整过程，庄家经常采取连阴回撤特征进行调整，而且这些位置只要出现调整趋势，蕴含低吸（增筹）机会，实战价值大。难道调整趋势代表破位？难道调整趋势只是巧合？非也。表面看这是一种偶然、巧合的因素，实质上这是一种必然的结果。阳泉煤业（600348）的运行趋势虽然与股指走势（包括个股）不尽相同，但它们的整体趋势有着惊人的相似过程和结果，尤其是同类板块的个股走势，相似度极高。

（3）2014 年 7 月下旬，股价处于低位区间并经长期的震荡趋势以后，受到股指连续推升带动，低位股价由“反抽四线”区域推起快速反弹趋势。8 月初开始，股价处于 20 日均线之上运行，形成了两个月缓慢爬升趋势，致使股价和均线系统、趋势线和零轴线出现了明显的发散和悬空抬升状态。缓慢爬升过程既有“连阳推动”状态，也有连阴回撤特征，又有<对望格局>双轨和对望调整趋势。说明股价处于缓慢爬升过程，庄家反复采取回撤手段清洗跟风追涨浮筹和套牢盘，同步实现增筹和蓄势目的。掐点技术精准，高抛低吸技术精湛，差价空间有利可图；技艺不精且伴随幻想，不仅难做差价，还要不断割肉出局，炒股本金越斩越少。

（4）10 月中旬开始，庄家采取“顺水抽风再顺水”调整方式，股价先后跌破 20 日和 60 日均线，趋势线逐渐下行并落入零轴线下方。说明股价经历一段顺势打压的挖坑跌势以后，股价和均线系统、趋势线和零轴线的发散和悬空抬升状态，已被推倒重来趋势彻底化解和修复。11 月 4 日，股价获得止跌以后实现企稳反转趋势，经历“七连阳”推升并重新站稳 20 日均线，说明股价开始进入“短回中”强攻范畴。绿柱体逐渐缩短，趋势线重新拉回零轴线之上，MACD 技术指标恰好在“七连阳”位置转入金叉状态，庄家“必有所图”。跟风追涨浮筹持续买入做多，获利了结必然压制股价；企稳反转以后到达区间上轨，套牢盘获得了解套机会，微利或微亏出局必然压制股价。为了减轻未来拉抬的抛压阻力，彻底清洗跟风追涨浮筹和解套盘，庄家采取连阴回撤特征进行调整，这是正常的洗盘手段之一。

（5）虽然确立了“短回中”强攻特征，但突破条件仍然不够成熟。第一，20日和60日均线未经充分收拢，说明股价和均线系统存在发散状态；第二，经历“七连阳”持续推升，跟风追涨浮筹获利了结必然压制股价。由此可见，股价和均线系统还没有形成共振推力，持续推升致使跟风追涨浮筹过多，股价短期内难言强势。紧随而至的调整趋势虽然没有形成大幅回调，但庄家已经实现控盘目的，强攻条件逐渐趋向成熟。

◆ **操盘策略**

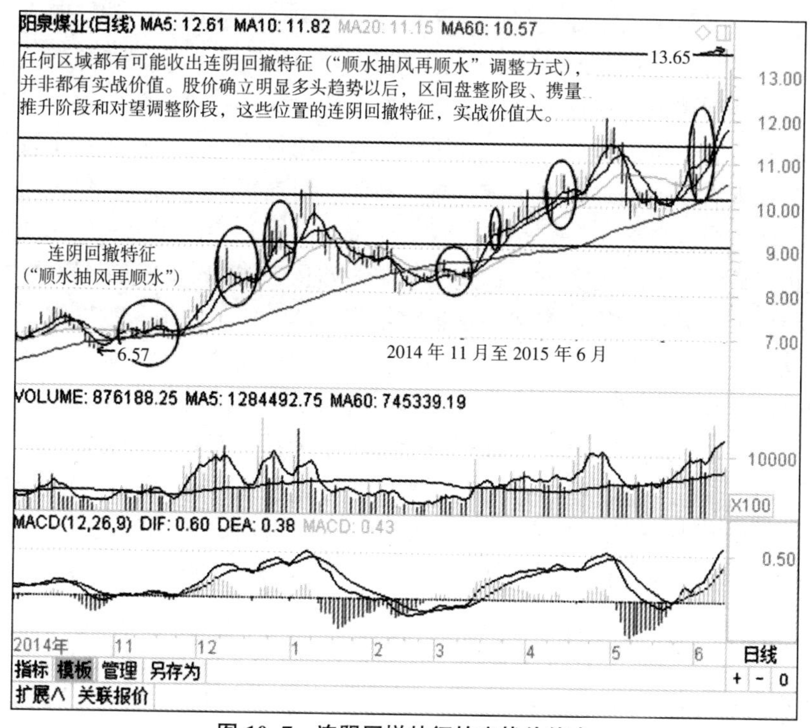

图 10-7　连阴回撤特征的实战价值大

如图 10-7 所示：

（1）2014 年 11 月 5 日至 7 日，经历“三连阴”回撤以后，红柱体逐渐缩短且已消失。股价表面上跌破均线系统，MACD 技术指标即将迈进死叉状态，但这并不是破位特征。一般情况下，携量推起并收出“连阳推动”状态或强攻特征以后，回撤幅度往往不大，回撤时间往往不长。就算回撤趋势跌破中、大均线或均线系统，MACD 技术指标转入死叉状态，这也是一段正常的调整趋势，而且股价回撤以后蕴含极佳的低吸（增筹）机会。企稳反转以后只要出现调整趋势，不管回撤幅度大小和时间长短，跟风追涨浮筹并不愿意看到，更不愿意看到盈利递减（亏损递增），于是斩仓出局（杀跌股价）。

（2）11 月 10 日，阳线向上穿透均线系统并成功构筑“反攻四线”强攻特征，不仅带动消失了的红柱体重新露头，而且股价和指标趋势汇合成功构筑“凤凰涅槃，浴火重生”反转特征。阳线量能反扑不足，未能扭转 20 日均线的下垂角度，成为制约股价无法立即展开强势拉升的致命伤。次日，盘中股价推高以后触及前方“七连阳”的高价，冲高回落收盘确立内平台<对望格局>双轨。11 月 13 日至 20 日，经过“六连阴”回撤以后，股价再次跌破均线系统，MACD 技术指标再次转入死叉状态并落入零轴线附近。这种“六连阴”构造比较特殊，既有高开低收的“伪阴线”，也有明涨暗跌的“伪阳线”，必须把它们看成阴线图形，不然连阴回撤特征就断档了。就算把“伪阴线”和“伪阳线”看成阳线图形，股价经历顺势回调趋势，也可以看成“顺水抽风再顺水”调整趋势。庄家控盘手段及其变化，常常让人看不明白、捉摸不透，真真假假、虚虚实实。任何时候做盘和理解图形，不能刻舟求剑，不管它是真阴线，还是假阴线，弄懂庄家为何选择连阴回撤特征进行调整，这才是关键。通过携量阳线站稳中线的 10 月 31 日开始可以发现，随后的调整趋势始终没有离开这根携量阳线的上、下轨道，说明这三周调整趋势成功构筑一段“短期横盘调整”格局，暗示后市蕴含暴力攻势。庄家通过盘面走势及其变化，透露出真实的控盘意图，有何不可知？有何不可为？

（3）11 月 27 日，“五连阳”推升以后触及前期技术平台，冲高回落收盘说明推升完成【预期】。前期技术平台的解套盘出局，连阳过程的跟风追涨浮筹获利了结，庄家顺势而为不难压下股价，借助（参考）分时趋势实现减筹（高抛）策略。“五连阳”推升过程蕴含两种强攻特征，11 月 24 日确立“内腾空”强攻特征，25 日突破“短期横盘调整”上轨，确立“石破天惊，雷霆万钧”强攻特征。12 月 1 日，只是经历 1 天缩量阴线调整，庄家立即展开反扑之势，借助（参考）分时趋势可以实现低吸（增筹）。12 月 9 日，“连阳推动”状态继续向上推升，当日股价冲高以后触及前期技术平台，回落收盘确立<对望格局>双轨。对望调整趋势虽然形成时而阴、时而阳的星 K 线，但它的连贯调整状态形成“顺水抽风再顺水”调整趋势，最后获得 20 日均线支撑。说明这两周对望调整趋势成功构筑横盘调整特征，表明 MACD 技术指标被横盘趋势带入失真状态。12 月 22 日，获得 20 日均线止跌并实现反转趋势，携量大阳线突破<对望格局>双轨以及横盘上轨，创出此轮行情新高。清洗反转过程的跟风追涨浮筹以及前期技术平台的解套盘，庄家依然采取横盘方式展开“顺水抽风再顺水”调整趋势，20日均线再次成为支撑。

（4）2015年1月5日，股价获得止跌以后跳空推起，说明股价进入加速探顶趋势，表明股价向上寻找更高的【预期】。次日，采取小幅高开、大量买盘直线推高股价，最高价探至5.50%涨幅。推势短暂停滞以后虽然重新启动，但它无法超越第一波直线高价，盘口特征呈现出偏软态势。主动性抛盘明显增多以后，偏软态势转换为逐渐走低的偏弱态势，最终形成一根“冲高回落，单针见顶”K线图。盘中高价触及2013年8月16日的技术平台，也就不难理解为何盘口出现如此之大的抛压。庄家采取小幅高开，实质上是为了实现诱多。开盘以后投入量能直线推高股价，错失前期涨势的投资者开始犯“红眼病”，急速跟进并促使直线价格上蹿更快，庄家省却不少力气（筹码），又轻而易举地将获利盘抛给追高投资者。直线推高以后触及前期技术平台，买盘无法维持直线推势，更没有封停迹象，说明解套盘撤离以及庄家抛盘主导盘中走势。盘口偏软以后逐渐走低，“冲高回落，单针见顶”K线图与前期技术平台及时确立<对望格局>双轨，也叫“破而后落，顶部反转”形态，或确立<破顶对望>双轨。怎么叫不重要，关键的是要弄懂它的市场意义和实战价值。由于庄家反复采取横盘方式进行调整，致使MACD技术指标失真运行，这个时候必须参考周线或月线趋势，判断股价位置和趋势强弱。

（5）周线趋势虽然处于强势范畴，但周线和日线股价已经确立<破顶对望>双轨，最好还是学会逢高减筹。对望调整手段多种多样，有时采取连阴回撤特征进行调整，有时采取并排而行的星K线抬高震仓，还有上蹿下跳、伏低蹿高的特殊方式进行调整，比较吓人的调整趋势包括“顺水抽风再顺水”调整方式和大阴棒狠狠往下砸盘。调整时间可长可短，时间短了未必充分，时间长了不免难受，所以尽量避免重仓捂单。高抛低吸技术非常重要，做好了即可安身立命，做不好就有可能导致持筹成本越做越高。逢高减筹策略一则可以锁定已经到手的利润，落袋为安；二则可以避免重仓陷入调整趋势，从而减小操盘风险；三则可以通过高抛低吸降低持筹成本，进而提高盈利水平。

（6）周线和日线股价经历对望调整趋势以后，后市股价能否突破<对望格局>双轨？能否实现更高的【预期】？根据周线趋势可以判断，突破<对望格局>双轨以及更高的【预期】，值得期待。2015年3月12日，股价经历两个多月的挖坑跌势以后，特殊状态的“反攻三线”重新推开涨势，也为低吸（增筹）提供了真实可信的技术依据。然而，通过月线趋势可以发现，股价经历调整以后，虽然存在推高的可能性，但涨幅有限。理由如下：①月线趋势的大线角度存在大幅下

垂，说明股价必然受到均线下垂牵制；②股价和均线系统存在大幅发散状态，说明市场整体持筹成本差异较大，阻压股价上行；③MACD 技术指标虽然处于金叉状态，但它的趋势线处于零轴线下方且远离它，说明指标转势力度较弱，真力尚未形成。因此，股价经历两个多月的挖坑跌势以后，重新起势只有周线和日线行情，月线只有虚力诱多行情。2015 年 3 月 12 日至 6 月 9 日，应当根据周线指导日线参战，日线股价推起两波明显的多头趋势，连阴回撤特征的实战价值蕴含其中。

（7）技术感悟的过程就像修行一样。有人最终入道，实现人生和财务上的双重自由，突破自我；有人误入歧途，从此万劫不复，穷困潦倒。常人修行往往是被动的、迟缓的。被动的意味修行的量小，迟缓的意味修行的时间拉长。一个人能在短暂的一生中入道，实属不易，必须主动地踏入修行者行列。能在股市中赚取属于自己的那份利润，必须主动地投入持续学习的过程。也就是说，修行是人存活于世的终极意义。真正的修行，不必跑到寺庙或道观等场所，而且这些场所的存在，往往是为了那些尘缘较浅的修行者准备。真正的修行不必在乎形式，越是喧闹的地方越能锻炼人，所谓“大隐隐于市，小隐隐于野”。大部分人很难踏进庙堂修行，其实也没有这个必要。我们可以从学习、工作和生活的方方面面，体会道的存在，领悟道的奥妙，最终超越自我而入道。股市中的“道”，简言之，就是股价运行规律。庄家控盘手段及其变化，无时无刻都体现了规律，皆有道的存在。有人终其一生，无法领悟技术精髓；有人沉下心来，感悟几年即已入道。天性禀赋或许相关，但更多地来自于个人的后天努力（积累）。命是弱者的借口，运是强者的谦辞。挣不到钱不是你命不好，也不是你不够努力，或许是你欠缺一种正确的学习方法，迟迟无法入道。

操盘实例四　鹏起科技（600614）

◆ 图形识别

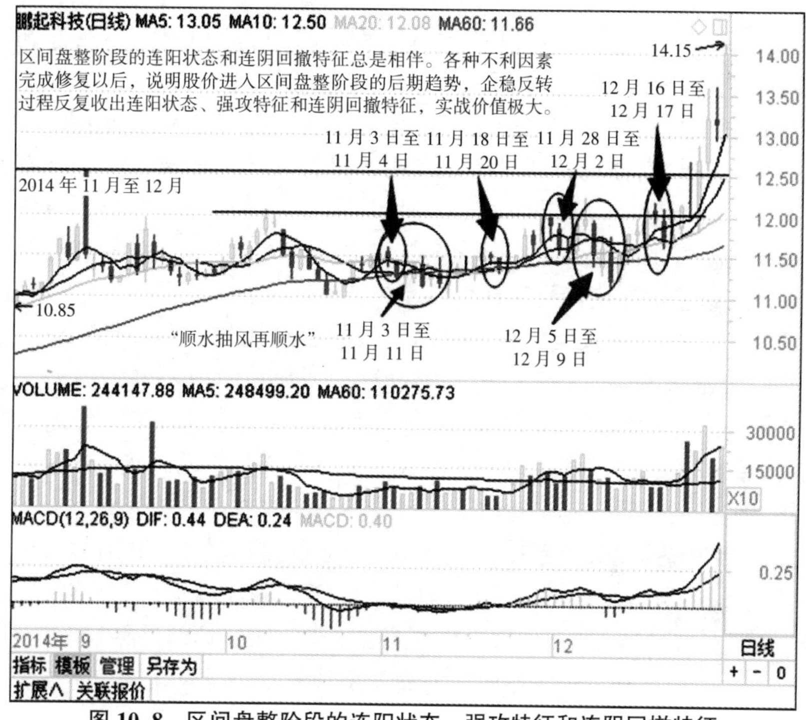

图 10–8　区间盘整阶段的连阳状态、强攻特征和连阴回撤特征

◆ 要点回放

如图 10–8 所示：

（1）看似偶然、巧合的事情，都是一种必然。一个人走在街上捡了钱，这是偶然吗？表面看这是一种巧合、一次偶然；然而，从深处探究则不然，如果这个人一直坐在家里，而不是走在街上，又怎么会出现这种偶然呢？仔细分析不难明白，绝非偶然因素。它的前因是什么呢？因为这个人走出门来了，如果没有走出门这个前因存在，他就不会有捡到钱的结果。又或者说，他坐在家里就掉下钱来了，这该是偶然了吧？实质也是必然。因为他坐在了家里，钱掉下来了他才会捡到。假如他出门了而不是坐在家里，那么掉下来的钱，未必是他捡到，所以他坐在家里不出去，就是他得到这个钱的前因。《易经》告诉我们，天下之事，没有突变的，只有我们智慧不及的时候，才会看到某件事情是突变的，其实早有一个前因潜伏在那里。

（2）上述通过国学大师南怀瑾在《论语别裁》中的一段话，可以得出以下认识：万事皆有因，万般皆是果。一切看似偶然的，都是必然的结果。股市存在有因果，股价涨跌有因果，盈亏有因果。“顺水推舟，事半功倍”连阴回撤特征，形成必有因，果又是什么？连阴回撤特征既是一种调整趋势，也是庄家刻意营造的洗盘手段。那么，是何原因促使庄家采取这种手段进行调整呢？为何总在一些地方反复出现这种调整趋势呢？

（3）连阴回撤特征（“顺水抽风再顺水”调整方式）的实战价值大。第一种，实现企稳反转并收出强攻特征以后，连阴回撤特征伴随而至，实战价值大。例如，收出“反攻三线”、“反攻四线”、“短回中”、“短回长”和“腾空”等强攻特征以后，连阴回撤特征伴随而至，蕴含低吸（增筹）机会。企稳反转过程必有跟风追涨浮筹，庄家采取连阴回撤特征不仅及时清洗浮筹，同时接纳这些抛筹以实现增筹目的，而且股价进入大幅拉升之前（快速急拉攻势），必须经历充分蓄势。第二种，股价围绕 60 日均线区间（均线系统）展开长期的盘整趋势，“连阳推动”状态和连阴回撤特征梅花间竹。“连阳推动”状态表达庄家持续增仓控盘筹码，连阴回撤特征表达庄家持续清洗浮筹。通过“连阳推动”状态和连阴回撤特征的反复趋势，均线系统越来越收拢，股价波动越来越小，市场整体持筹成本越来越接近，最终选择突破越容易，未来拉抬过程的抛压越小，拉升越猛烈。第三种，实现携量推升并确立<对望格局>双轨，不管是确立内平台<对望格局>双轨，还是确立外平台<对望格局>双轨，庄家常常采取连阴回撤特征展开对望调整趋势，且以缩量为主。跟风追涨浮筹和解套盘发现股价不涨反跌，出于落袋为安的心理，以及害怕亏损（再次被套）的心理，于是斩仓出局。采取连阴回撤特征展开对望调整趋势，不仅及时清洗了跟风追涨浮筹和解套盘，也起到了换挡和加速作用。其他区域也有连阴回撤特征，市场意义大于实战价值。震荡筑底阶段的反复过程，高位区域的震荡筑顶过程，虚拉诱多的推高过程，连阴回撤特征的市场意义大，实战价值小，最好不要参与，即使参与了，也要把它定义为快进快出的短线行情。

（4）2014 年 7 月至 12 月，鹏起科技（600614）处于区间盘整阶段运行，“连阳推动”状态、强攻特征和连阴回撤特征反复出现。7 月中旬至 10 月中旬，股价和均线系统存在发散状态，趋势线和零轴线也有悬空抬升状态，这段过程收出的强攻特征属于假攻特征，调整趋势的市场意义大于实战价值。10 月中旬开始，庄家采取顺势打压的挖坑跌势，股价不仅快速跌至 60 日均线之下，趋势线也被跌势带入零轴线之下。虽然股价跌破均线系统，但这并不是高位区域的破位特征，而且股价和均线系统的距离明显收拢，说明发散状态已被挖坑跌势化解。MACD 技术指标虽然处于死叉状态，趋势线落入零轴线之下运行，但这并不是确

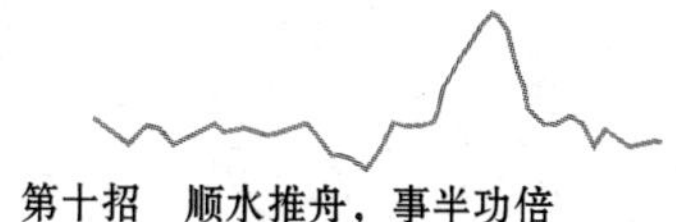

立大幅下挫的空头趋势，而且趋势线和零轴线的悬空抬升状态消失殆尽，说明指标的虚力状态不再存在，重新再起就是真实的反转趋势（真力趋势）。由此可见，庄家酝酿一个成熟的变盘时机，需要考量的因素很多。只要存在影响大局的不利因素，必须把它一一消除。这个时候除了保持耐心，别无他法，抢进并不可取。

（5）10 月 28 日，股价跌破 60 日均线的次日开始，量能稳步放大并推起“红三兵”状态，说明股价实现止跌企稳。10 月 30 日，企稳反转趋势带动 5 日均线向上回抽并站稳 20 日均线，虽然两线未完全对接，但股价重新站稳 20 日均线之上，说明股价已经进入“短回中”强攻范畴。这是股价和指标消除虚力状态以后，实现企稳反转的首次强攻，实战价值大。

◆ **操盘策略**

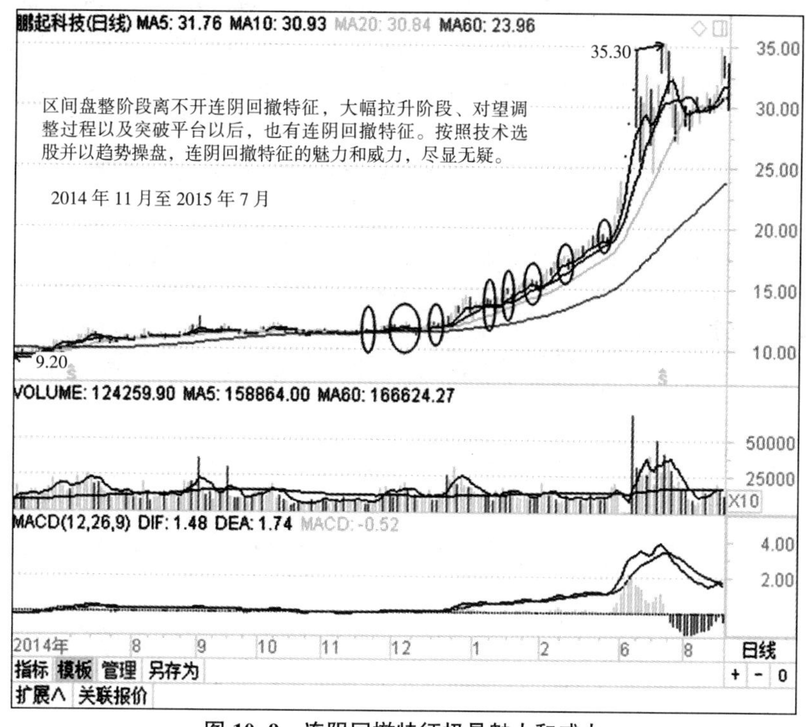

图 10-9　连阴回撤特征极具魅力和威力

如图 10-9 所示：

（1）2014 年 11 月 3 日至 4 日，“两连阴”回撤以后虽然跌破均线系统，绿柱体收缩以后也呈现出重新拉长状态，但并非表示股价破位，而是股价实现企稳反转以后的正常调整。反扑未能获得足够量能支持，随之形成“顺水抽风再顺水”调整趋势。有的投资者简单地认为，只要股价处于震荡趋势，参与了无利可图。

这话乍听起来有一定的道理，但事实并非如此。企稳反转以后的震荡趋势，除了促使股价和均线系统更加收拢（黏合），同时致使跟风追涨浮筹耐不住性子而斩仓出局。股价经历“顺水抽风再顺水”的充分调整，场内浮筹越来越少，市场整体持筹成本越来越接近，这个时候容易产生新的变盘机会。低吸也好，增筹也罢，从中寻找时机。

(2) 11 月 12 日，盘中最低价与 10 月 27 日的最低价完全一致，收盘形成“触底回升，金针探底”K 线图，说明股价处于区间盘整阶段运行，成功构筑“平底支撑，底部反转”止跌特征。区间盘整阶段的平底特征，有别于大底部的平底特征，并不是说平底特征不同，而是表示实战价值不同。大底部构筑的平底特征是判断股价完成寻底的底部特征，属于抄底性质；区间盘整阶段构筑的平底特征是股价获得强力支撑的止跌特征，属于低吸（增筹）性质。相对来说，抄底风险大，低吸风险小。获得大周期保护的抄底或低吸，安全系数高。11 月 12 日至 18 日，“五连阳”推起并站稳均线系统之上，成功构筑“短回长”强攻特征，趋势线贴着零轴线拐头并插入零轴线之上。第五阳的高价触及前方“短回中”的高价，冲高回落收盘确立内平台<对望格局>双轨。这根阳线的收盘价与昨日收盘价完全一致，说明它既有可能是“五连阳”推升的结束，也有可能是调整趋势的开始，往往起到了承前启后的作用。11 月 18 日至 20 日，缩量“三连阴”展开对望调整趋势，阴线价格虽然跌破均线系统，但并非表示股价破位，而是庄家清洗跟风追涨浮筹和解套盘的洗盘手段，更是庄家暗中接纳抛筹的技术过程。

(3) 11 月 25 日，股价获得止跌以后实现“三连阳”推升，分时趋势蕴含低吸（增筹）机会。第三阳的高价回补了 10 月 15 日的跳空缺口，冲高回落收盘及时确立<对望格局>双轨。11 月 27 日，只是经历一天阴线回撤，携量阳线立即展开快速反扑。由于分时趋势进入高位区域且已形成飘柱诱多状态，采取逢高减筹为宜。11 月 28 日至 12 日 2 日，经历“三连阴”回撤以后，趋势线快速脱离红柱体内部，预示股价多头失去红柱体保护。12 月 4 日，多头能量展开快速反扑，股价推高以后触及 10 月 14 日的技术平台，冲高回落收盘确立内平台<对望格局>双轨。红柱体虽然呈现出逐渐拉长状态，但它无法重新藏入红柱体内部，说明这两日推高属于飘柱诱多趋势。高抛低吸技术精湛，快进快出确实可以降低持筹成本，不然适得其反。通过上述分析得出一个结论：后市股价必须转入对望调整趋势。弄懂庄家控盘手段及其变化，也就相当于掌握了股价运行规律，取胜并不难。

(4) 随后股价展开快速回撤并跌破均线系统支撑，趋势线快速拐头并转入死叉状态。虽然调整趋势并不是严格意义上的连阴回撤特征，但通过 12 月 5 日至 9 日的向下调整状态，可以得出以下结论：形成一种不规则的“顺水抽风再顺水”调整趋势。股价跌破 60 日均线的次日开始，量能稳步放大并实现“连阳推动”状态，“反攻三线”强攻特征蕴含其中，分时趋势蕴含反转买点。12 月 15 日，第四阳的最高价与 12 月 4 日的最高价完全一致，冲高回落收盘说明它们成功构筑内平台<平顶对望>双轨。虽然股价经历了“四连阳”推升，但趋势线却在零轴线上方呈现出悬空抬升状态，红柱体重新拉长也无力穿透趋势线。说明“四连阳”之前的调整趋势不足，调整时间不够，致使趋势线和零轴线留下明显的悬空距离。由此可见，后市股价必须转入调整趋势化解不利因素。采取逢高减筹策略，回避对望调整趋势。

(5) 12 月 16 日至 17 日，缩量“两连阴”展开对望调整趋势，不仅延缓并缩小了趋势线和零轴线的悬空距离，同时完成跟风追涨浮筹和解套盘的清洗。12 月 22 日，股价获得止跌以后实现稳步放量推升，分时趋势蕴含低吸（增筹）时机。早盘冲高以后触及 9 月 5 日的区间上轨，偏软偏弱态势直至收盘，最终形成“冲高回落，单针见顶”K 线图。这根“白色十字星”实质上是一根携量阳线，说明股价形成稳步放量的“连阳推动”状态。次日，承接昨日冲高回落趋势，开盘形成低开趋势。11 点以前，盘中股价停留在均价线之上、昨日收盘价之下震荡成交。11 点开始，买盘逐渐增多并推动股价向上，分时趋势不仅收复了昨日失地，而且最终确立强势反转特征。通过日线盘面可以看出，股价不仅突破了长期盘整的区间上轨，逐渐拉长的红柱体开始藏入趋势线，预示股价和指标趋势进入真实有力的强势范畴。

(6) 股价突破区间上轨以后进入大幅拉升阶段，拉升过程出现多种调整特征，说明庄家不断采取调整趋势抖落跟风追涨浮筹和解套盘，自然少不了连阴回撤特征的功劳。2014 年 12 月 29 日至 30 日，2015 年 1 月 8 日至 12 日，1 月 16 日至 19 日，1 月 27 日至 29 日，3 月 5 日至 6 日，3 月 20 日至 23 日，通过上述日期的连阴回撤特征可以明白，连阴回撤特征不仅起到了换挡和加油作用，而且都为终极目标服务。庄家控盘手段及其变化并不复杂，使用起来也不深奥。2015 年 3 月 27 日，股价经历大幅拉升且已形成快速急拉攻势，晚间一纸公告，进入两个多月的重大资产重组停牌期。

(7) 6 月 23 日，重新开牌以后实现连续“一”字无量涨停攻势，成功狙击的概率甚微。6 月 26 日，连续四天采取“一”字涨停开盘，可是巨量抛压打入跌停板收盘，高达 20%振幅的“高开低走，乌云盖顶”巨量 K 线图，锁住了第一批追高浮筹。7 月 22 日，飘柱诱多过程收出结合型探顶特征，既是“吊颈线”探顶特征，也是“悬空而行，危在旦夕”探顶特征，还是“高开低走，乌云盖顶”探顶特征，锁住了第二批追高浮筹。7 月 23 日，缩量阳线体现出“力不从心，虚张声势”探顶特征，锁住了第三批追高浮筹。7 月 24 日，跌停板向下突破缩量阳线的最低价，确立“长阴破位，倾盆大雨”破位特征。8 月 3 日，高位股价首次跌破 20 日均线支撑，确立“一刀两断，以绝后患”破位特征（20 日均线仍然上行，破位特征往往是假破）。8 月 11 日，抵抗趋势促使高位三线收拢运行，阴线跌破三线支撑，确立“下破三线”和“头肩顶”破位特征（20 日均线仍然上行，破位特征往往是假破）。8 月 14 日，弱势反弹的诱多推高过程收出“冲高回落，单针见顶”K 线图，锁住了第四批追高浮筹。8 月 18 日，跌停板快速撕破高位三线，再次确立“下破三线”和“头肩顶”破位特征（20 日均线已显下垂，破位特征真实），锁住了所有追高浮筹。先知先觉者超越自我，后知后觉者只有高价站岗的“机会”。

★ 招数小结

（1）做交易并非掐手指算命，趋势发展由不得你多想，庄家行动容不得你怀疑。发现股价和指标趋势出现减弱迹象，及时完成高抛（减筹），无须猜测庄家采取什么手段回撤股价，而且股价回撤的幅度和时间根本无法提前预知。回撤手段多种多样，连阴回撤特征只是其中一种。连阴回撤特征就像“顺水推舟”般轻松，也起到了“事半功倍”的换挡和加油作用，实战价值大。

（2）连阴回撤过程不能抢攻，必须形成铁一般的纪律。由于无法准确预判股价的回撤幅度和时间，连阴回撤到底形成几根阴线，预判难度极大。因此，连阴回撤以后必须耐心等待股价形成明确的反扑之势（止跌企稳），借助（参考）分时趋势的反转买点实施低吸。假如一组连阴回撤的洗盘力度和时间不足，往往伴随时而阳、时而阴、时而星等调整特征。回撤趋势越充分，洗盘效果越理想，低吸时机越容易把握。庄家常常使用“顺水抽风再顺水”调整方式展开持续回调，使得股价经历充分整理。

（3）有的阴线存在长长下影线，说明盘中股价经历深幅下探以后，止跌回升并扭转某个分时趋势，预示某个分时趋势蕴含止跌企稳或企稳反转特征。因此，连阴回撤过程只要收出留有长长下影线的阴线（包括“伪阴线”和“十字星”），必须高度关注分时趋势的变盘（低吸）机会。留有长长下影线的阴线，有可能是连阴回撤的最后一根 K 线图，就算不是，它的低价也有强力支撑。控制好仓量的情况下，借助（参考）分时趋势的反转买点实施低吸。

（4）股价处于区间盘整阶段运行，时而上蹿下跳、时而伏低蹿高，始终围绕一条上轨和下轨之间进行波动。上蹿过程容易收出携量推升、“连阳推动”状态、强攻特征和内平台对望等特征，蕴含高抛（减筹）机会；下跳过程容易形成缩量回调、连阴回撤、“顺水抽风再顺水”和下轨平台对望等特征，蕴含低吸（增筹）

机会。只有股价和均线系统的发散状态得到化解，趋势线和零轴线的悬空抬升状态得到修复，才有可能形成真实有力的强攻特征（趋势）。

（5）只要形成“两根及两根以上的连续阴线”，“顺水推舟，事半功倍”转势特征就算成立。常见的连阴回撤特征由两根至四根连续阴线组成，五根及五根以上的连阴回撤特征比较少见。连阴回撤的K线数量越多，说明洗盘越充分，庄家暗中增筹越多。连阴回撤过程的量能状态最好是一天比一天缩量，这是场内浮筹不断被清洗的有力证据。阴线跌势最好是一天比一天收窄，这是庄家刻意营造的回撤手段。话虽如此，连阴回撤的量能状态、跌幅和时间，并非千篇一律，所以不能把它绝对化。

（6）区间盘整阶段只要形成连阴回撤特征，阴线价格往往跌破20日或60日均线，甚至同时跌破所有均线，还有可能将中、大均线拖入钝化或小幅下垂角度。这是正常的调整趋势，并非表示股价破位，而且它是庄家实施化解、修复、洗盘、整理、增筹和蓄势的技术手段。例如：收出“反攻三线”或“短回中”等强攻特征以后，采取刻意洗盘的小幅回档容易跌破20日均线；收出“反攻四线”或“短回长”等强攻特征以后，采取顺势打压的挖坑跌势容易跌破60日均线或均线系统。因此，区间盘整阶段只要形成连阴回撤特征，或形成“顺水抽风再顺水”调整方式，不要关注阴线价格是否跌破均线或均线系统，应当高度关注股价回撤以后的止跌特征，尤其是分时趋势提前反应的止跌企稳或企稳反转特征，将为低吸（增筹）提供相对精确的技术依据。

（7）股价停留在低位区间展开长期的震荡筑底趋势，主要目的是为了收拢低位的均线系统，修复大幅下挫趋势造成的破坏，重新激活市场人气，同时驱赶抄底浮筹以及套牢盘。震荡筑底阶段的股价反复受制于中线或大线，反压下行以后有可能探出此轮回调低价，也有可能不创此轮回调低价，伴随新的寻底特征。获得大周期保护下的震荡筑底趋势，实战价值极大。月线或周线股价处于强势范畴，日线股价出现明显的下蹲趋势，这个过程蕴含低吸（增筹）机会，操盘风险系数小（安全系数高），往往买到一个相对的低价。

（8）震荡筑顶阶段形成连阴回撤特征，量价反扑以后实现弱势反弹趋势，股价容易创出此轮行情新高，也有可能不创此轮行情新高。这段弱势反弹趋势并非真实的大涨攻势延续，而是庄家刻意构筑的虚拉诱多的推高趋势，这里往往确立股价大顶。技术者自然不会轻易放过这一段弱势反弹趋势，毕竟长期跟踪并做好高抛低吸，也有可能斩获比较可观的差价（利润）空间。贪念过重且不受技术控制的投资者，操盘过程总有患得患失的情绪伴随，那么股价形成虚拉诱多的推高趋势以后，掉头回落速度也快，极易陷入被套。

（9）股价进入突破攻势或已形成快速急拉攻势，必须参考复权和除权这两种

状态下的【预期】和<对望格局>双轨。股价和指标趋势未走完，股价到达某个【预期】并确立<对望格局>双轨，采取逢高减筹策略为宜。对望调整过程采取连阴回撤特征，这是正常的洗盘手段，高度关注分时趋势蕴含的低吸（增筹）机会。股价处于突破攻势或快速急拉过程，必然存在大量跟风追涨浮筹且已获利，套牢盘也已获得解套机会，采取连阴回撤特征展开顺势调整，及时起到了“事半功倍”的换挡和加油作用。一波完整的月线或周线行情，并非一蹴而就，往往由日线趋势的多段强势组成。

(10) 连阴回撤的幅度小、时间短，多在5日或10日均线附近获得止跌。连阴回撤至20日均线下方（附近），容易构筑一段“短期横盘调整”格局，那么MACD技术指标很有可能出现失真状态。获得20日均线止跌并形成企稳反转趋势，股价容易突破横盘上轨。股价处于大幅拉升阶段并采取横盘方式进行调整，突破攻势就像“乘风破浪，纵横驰骋”般轻松，往往演绎一段暴力攻势。股价回撤至60日均线下方（附近），采取连阴回撤或“顺水抽风再顺水”调整方式比较常见，采取“塞翁失马，焉知非福”大阴线实施快速砸盘也有可能。获得60日均线止跌并形成企稳反转趋势，极易推起一波新的强攻趋势。

★ 构筑方式及表现特征

“两根及两根以上的连续阴线”构成“顺水推舟，事半功倍”转势特征，实战意义大。根据它出现的位置、K线图的构造及其调整状态，有以下九种常见的构筑方式及表现特征：

第一种，北京科锐（002350），如图10-10所示。

收出“短回中”强攻特征以后，连阴回撤特征伴随而至。

区间盘整阶段的前期趋势，主要目的是为了化解股价和均线系统的大幅发散状态，修复趋势线和零轴线的悬空抬升状态。期间反复收出一些强攻特征，多属假攻特征，也叫诱多特征，伴随而至的调整状态，致使跟风追涨浮筹割肉出局（杀跌股价）。这段过程收出的假攻特征及其调整状态，市场意义大，实战价值小。跌幅加大并回调至60日均线附近，趋势线重新落入零轴线下方运行，股价和均线系统的大幅发散状态得到化解，趋势线和零轴线的悬空抬升状态完成修复。股价表面上已经进入死叉扩大的空头趋势，实质上这是完成化解和修复的技术手段，而且股价由此进入区间阶段的后期盘整。

股价获得止跌以后实现企稳反转趋势，促使5日均线向上回抽并与20日均线完成对接，或者说股价重新站稳中线之上，两线即将完成对接，说明股价和中

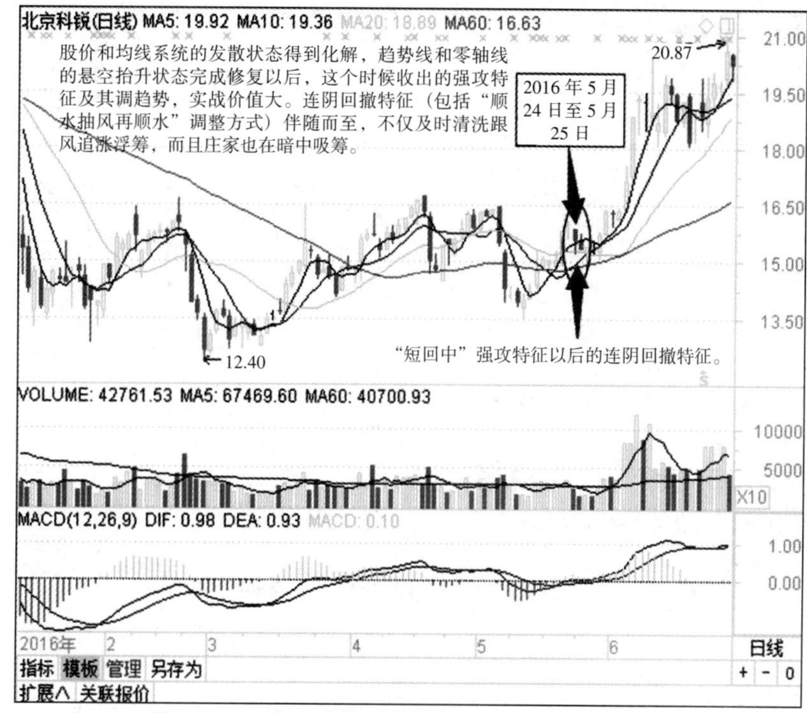

图 10–10　"短回中"强攻特征以后的连阴回撤特征

线汇合成功构筑"短回中"强攻特征。随之采取连阴回撤特征进行调整，股价有可能跌破 20 日均线，中线也有可能被调整趋势带入钝化或小幅下垂角度，趋势线逐渐脱离红柱体内部。这些并非股价破位特征，而是正常的洗盘手段。这个时候的连阴回撤特征主要目的是清洗跟风追涨浮筹，庄家同时实施暗中吸筹。连阴回撤以后只要获得止跌，随后股价极有可能形成企稳反转趋势，就算趋势线已经脱离了红柱体，企稳反转攻势也有可能将其快速（重新）藏入红柱体内部，进而保护并推起一波真实有力的强攻趋势。

第二种，泰豪科技（600590），如图 10–11 所示。

收出"短回长"强攻特征以后，连阴回撤特征伴随而至。

股价处于区间盘整阶段运行，经过一段刻意洗盘或顺势打压以后，虽然回调经常跌破 60 日均线或均线系统，但只有经过这么一段明显的回调趋势，才能化解股价和均线系统的发散状态，修复趋势线和零轴线的悬空抬升状态。获得止跌以后实现企稳反转趋势，5 日均线向上回抽并与 60 日均线完成对接，或者说股价重新站稳大线之上，两线即将完成对接，说明股价和均线汇合成功构筑"短回长"强攻特征。

构筑"短回长"的企稳反转过程，股价已经实现小幅涨势，说明庄家持续投

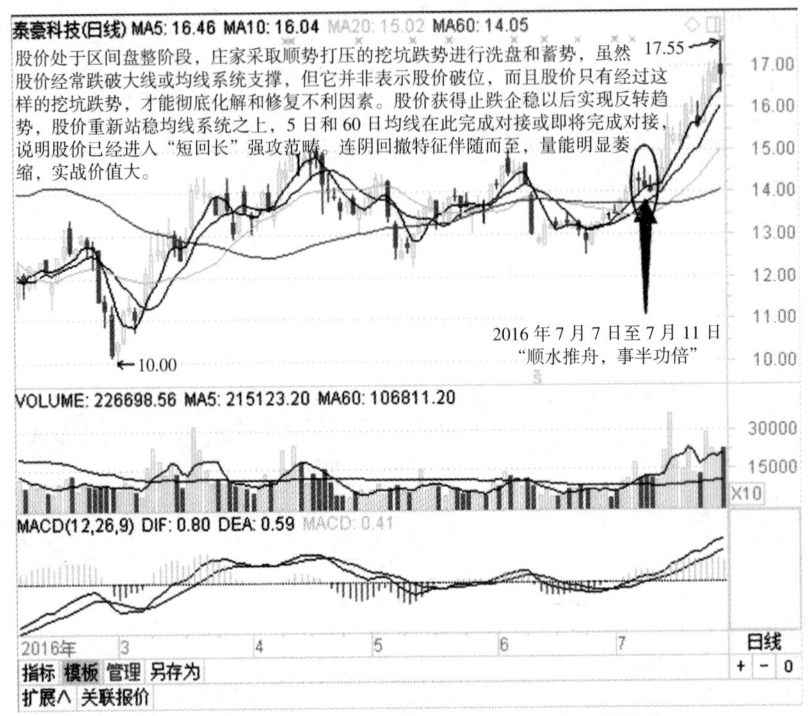

图 10-11 “短回长”强攻特征以后的连阴回撤特征

入资金做多，跟风浮筹持续追涨。为了减轻未来拉抬的抛压阻力，又不破坏当前来之不易的真实有力的企稳反转趋势，同时完成清洗跟风追涨浮筹以及解套盘，庄家经常采取连阴回撤特征进行调整。连阴回撤以后有可能再次跌破 60 日均线或均线系统，并非表示股价破位，这是正常的调整手段。趋势线虽然被调整趋势拖出红柱体内部，绿柱体露头时有发生，但它并不会影响股价的整体强势，而且还将促使后市拉升变得轻盈，涨势猛烈，趋势线重新藏入红柱体更加容易。连阴回撤以后只要获得止跌，就要考虑借助（参考）分时趋势的反转买点实施狙击。

第三种，索菲亚（002572），如图 10-12 所示。

收出“反攻三线”强攻特征以后，连阴回撤特征伴随而至。

无论股价处于区间盘整阶段还是对望调整过程，强攻特征以及调整趋势总是相伴。庄家采取小幅回档或顺势打压的调整方式，化解股价和均线系统的大幅发散状态，修复趋势线和零轴线的悬空抬升状态，股价才有可能重拾升势。由此可见，未消除不利因素之前，期间收出任何一种强攻特征，多属假攻特征，也叫诱多特征。避免假攻区域过多参与，就算高抛低吸技术精湛，虚拉诱多的推高趋势也要高度小心。一旦参与虚拉行情，要求快进快出，绝不恋战。

股价跌至 20 日均线之下、60 日均线之上，获得止跌以后形成企稳反转趋

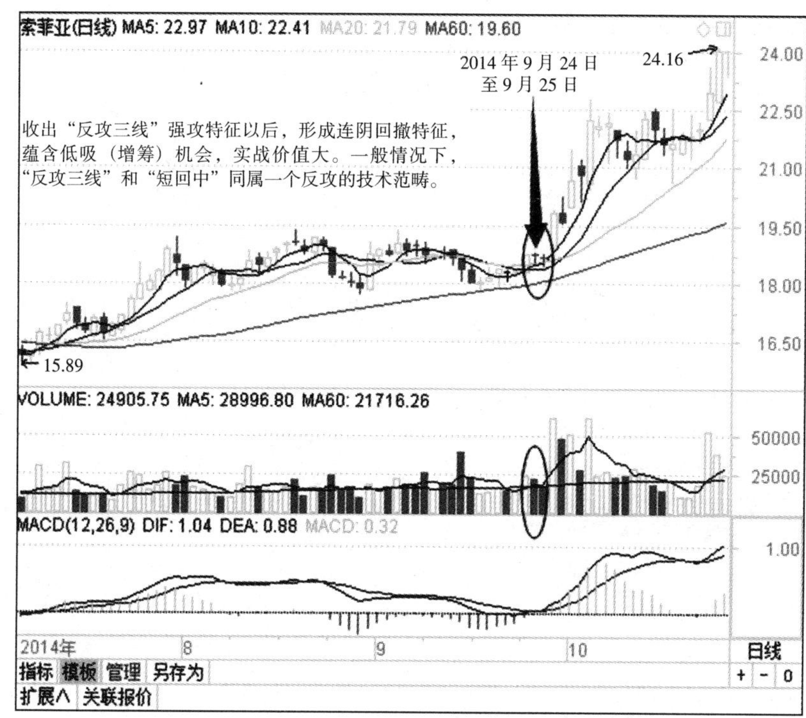

图 10-12　“反攻三线”强攻特征以后的连阴回撤特征

势，“反攻三线”强攻特征蕴含其中。一般情况下，“反攻三线”和“短回中”强攻特征往往在企稳反转过程先后确立，或同步确立，所以说“反攻三线”和“短回中”同属一段企稳反转的技术范畴。企稳反转趋势带动指标重新转入金叉状态，或者形成收拢死叉状态的趋好态势（指标负值处于合理范围），这个时候收出任何一种强攻特征，都是真实的。为了减轻未来拉抬股价的抛压阻力，使得后市拉升变得轻盈、涨势猛烈，庄家经常采取连阴回撤特征进行调整，及时清洗跟风追涨浮筹以及套牢盘。

周线或月线股价处于强势范畴，日线股价突破某条轨道以后，就算日线股价和均线系统存在明显的发散状态，趋势线和零轴线存在悬空抬升状态，它们也无须化解。因此，获得大周期保护下的选股和操盘，风险系数小，安全系数高。就算展开调整趋势，回撤幅度往往不大，调整时间往往不长，而且股价获得止跌以后，又能实现快速企稳和突破攻势。由此可见，股价经历刻意洗盘的小幅回档以后，收出“反攻三线”强攻特征以及调整趋势，实战价值大。

第四种，海信科龙（000921），如图 10-13 所示。

收出“反攻四线”强攻特征以后，连阴回撤特征伴随而至，实战价值大。

股价围绕 60 日均线区间（均线系统）展开长期的盘整趋势，虽然回调经常

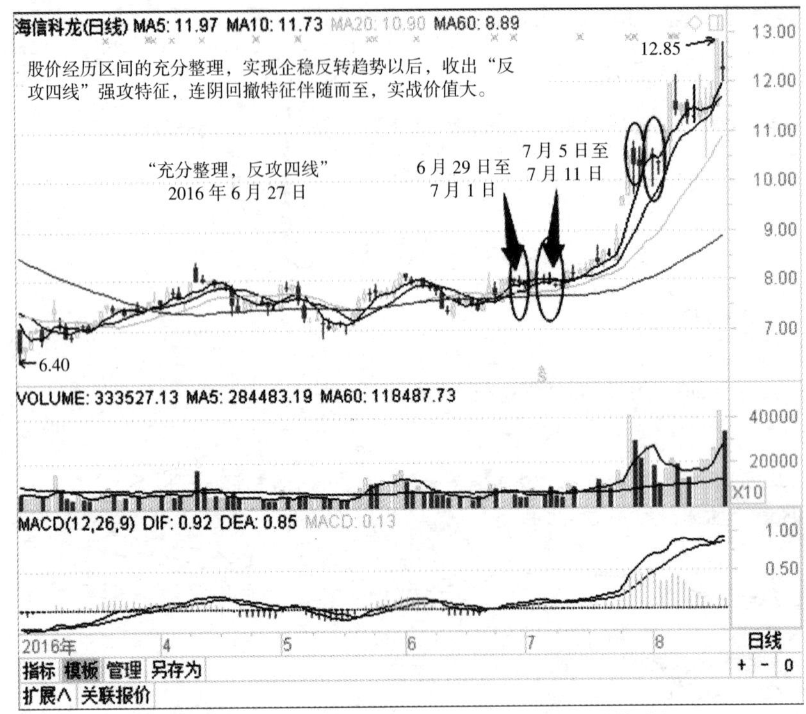

图 10-13 “反攻四线”强攻特征以后的连阴回撤特征

跌破 60 日均线或均线系统，但股价总在大线下方（附近）获得止跌，“反攻四线”、“短回中”、“短回长”和“腾空”等强攻特征，多出现于此。区间盘整阶段的量价表现，最明显的特征是间歇性放量推升和缩量调整趋势相伴。区间盘整的时间越长，股价波动幅度越来越窄，均线系统越来越收拢，趋势线贴着零轴线反复波动。这就意味着，股价经历充分整理以后，市场整体持筹成本逐渐接近，股价随时都有可能选择突破。

股价跌破均线系统并在 60 日均线下方（附近）获得止跌，实现企稳反转以后容易确立“反攻四线”强攻特征。60 日均线处于反攻 K 线图的实体内部的下端，往往先后确立“反攻四线”和“短回中”强攻特征，或同步确立。60 日均线处于反攻 K 线图的实体内部的上端，往往先后确立“反攻四线”和“短回长”强攻特征，或同步确立。收出“反攻四线”强攻特征以后，股价不涨反跌，而且回调趋势常常跌破 60 日均线或均线系统，跟风追涨浮筹唯有再次斩仓出局（杀跌股价）。连阴回撤特征并非表示股价破位，这是正常的洗盘手段。跟风追涨浮筹被区间盘整趋势不断愚弄，还敢进场的已经不多，杀跌浮筹逐渐减少，暗示庄家控盘筹码越增越多。

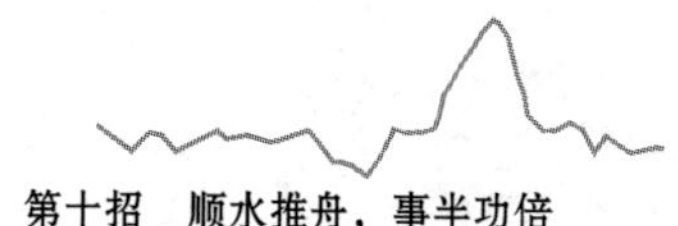

千万不要小瞧这些缩量调整的连阴回撤特征，实战价值极大。连阴回撤以后只要获得量价反扑，变盘时机成熟往往推起一波大幅拉升趋势。喜欢它的将会获得超额回报，不喜欢它的拒绝买入，就算买入了，由于经不起震荡，捂不住单子，小盈或平推出局，从而错失大幅拉升趋势的急拉阶段。

第五种，荣盛发展（002146），如图 10-14 所示。

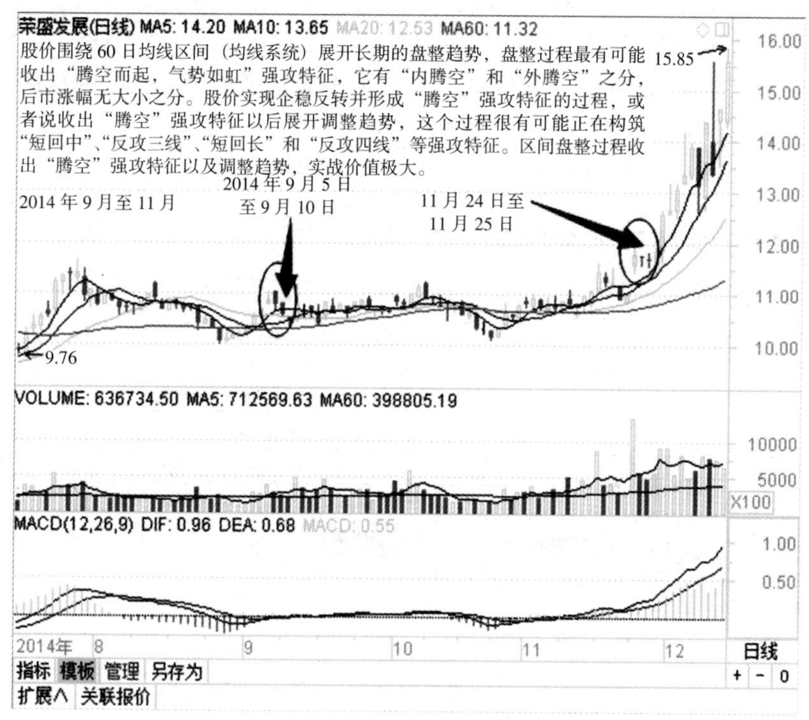

图 10-14　“腾空”强攻特征以后的连阴回撤特征

收出“腾空而起，气势如虹”强攻特征以后，连阴回撤特征伴随而至。

股价处于区间盘整阶段，最有可能收出“腾空而起，气势如虹”强攻特征，它有“内腾空”和“外腾空”之分。收出“外腾空”强攻特征以后，往往立即推起一波快速急拉攻势，回撤趋势较少，所以把它看成攻击型强攻特征。那些起势过急、量能过大的“外腾空”强攻特征，往往伴随回撤趋势，从而转化为防御型强攻特征。收出“内腾空”强攻特征以后，回撤趋势较多，所以把它看成防御型强攻特征。无论是收出“内腾空”还是收出“外腾空”强攻特征，量能过大，起势过急，至少说明庄家增筹力度过猛，跟风追涨浮筹过多，于是有了“旱地拔葱，避其锋芒”的转势要求，采取连阴回撤特征进行化解比较常见。

实现“腾空”当日触及前期技术平台或跳空缺口并确立<对望格局>双轨，说

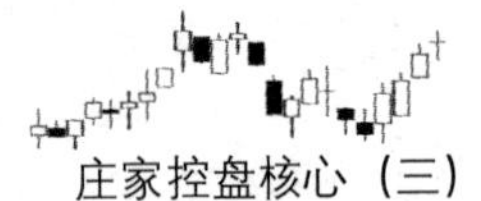

明跳空起势已经完成【预期】并确立<对望格局>双轨。对望调整过程采取连阴回撤特征，是庄家惯用的洗盘手段。收出“腾空”强攻特征以后，只要出现连阴回撤特征，蕴含低吸（增筹）机会，狙击时机很好把握。不管庄家采取什么手段调整股价，最好不要回补跳空缺口，使得股价保持跳空强度，维持跳空趋势的连续性。分时趋势的止跌或企稳，往往比日线股价提前，所以高度关注分时趋势的反转买点。实现企稳反转并形成“腾空”强攻特征的过程，或者说收出“腾空”强攻特征以后展开调整趋势，这个过程很有可能先后构筑或同步构筑“短回中”、“反攻三线”、“短回长”和“反攻四线”等强攻特征。“外腾空”的涨幅未必比“内腾空”大，“内腾空”的狙击时机反而充裕。

第六种，德豪润达（002005），如图 10-15 所示。

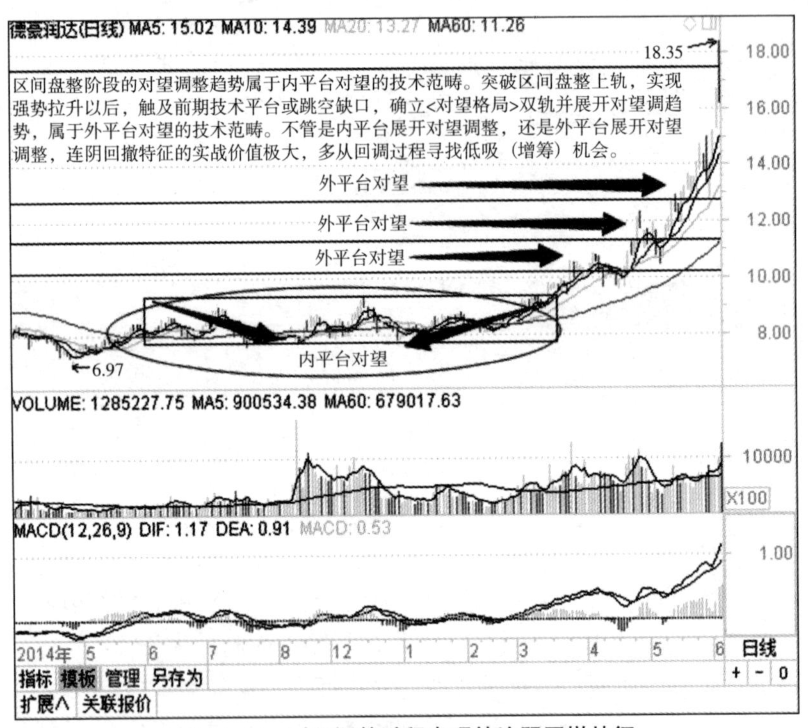

图 10-15 对望调整过程出现的连阴回撤特征

确立<对望格局>双轨以后，对望调整过程出现连阴回撤特征。

股价处于区间盘整阶段运行，实现企稳反转以后触及区间上轨或跳空缺口，说明股价推升以后完成【预期】，回落收盘及时确立<对望格局>双轨，这是一种内平台<对望格局>双轨，简称内平台对望。股价突破内平台阻压，并形成强势拉升趋势以后，触及前期技术平台或跳空缺口，说明股价推高以后完成【预期】，

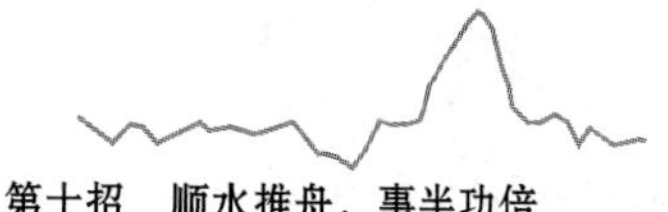

回落收盘及时确立<对望格局>双轨，这是一种外平台<对望格局>双轨，简称外平台对望。不管是复权还是除权状态，确立<对望格局>双轨都成立。内平台和外平台没有绝对的界限，它们是一个相对的概念。

顺势展开对望调整趋势，连阴回撤幅度小、时间短，往往获得 20 日均线支撑，容易构筑一段“短期横盘调整”格局。股价一旦选择突破<对望格局>双轨或横盘上轨，往往推起一波快速急拉的暴力攻势。对望调整趋势的回撤幅度大、时间长，或采取“顺水抽风再顺水”调整方式进行回撤，往往获得 60 日均线支撑。就算股价回调跌破大线（均线系统），并非表示股价破位，这是正常的洗盘手段。获得止跌以后实现企稳反转，往往推起一波新的强攻趋势。

股价突破内平台阻压并进入强势拉升阶段，股价和均线系统容易拉开距离，这个时候无须化解，股价也能保持强势拉升趋势。外平台确立<对望格局>双轨，即使股价只是经历短暂回撤，也能起到“事半功倍”的换挡和加油作用，谨记。对望调整趋势不仅及时清洗跟风追涨获利盘和套牢盘，同时减轻了未来拉抬的抛压阻力。因此，不管庄家采取什么手段展开对望调整趋势，调整以后只要出现止跌企稳或企稳突破特征，后市极有可能形成加速拔高的连续性攻势，这是庄家玩命急拉的一段暴力攻势。暴力即暴利，看谁有能耐抓住它。

第七种，中国太保（601601），如图 10–16 所示。

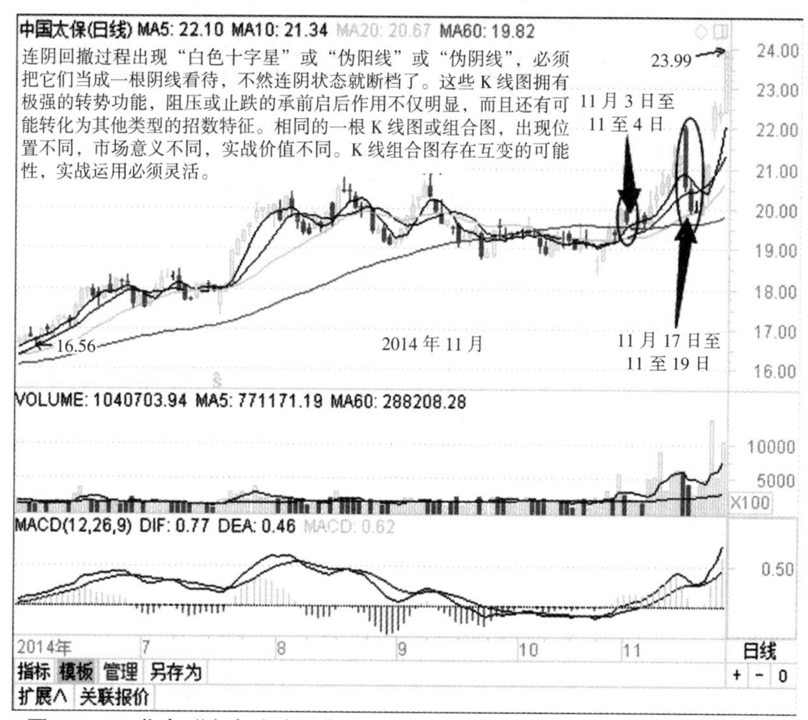

图 10–16　蕴含“白色十字星”或“伪阳线”或“伪阴线”的连阴回撤特征

连阴回撤过程出现“白色十字星”或“伪阳线”或“伪阴线”，必须把它们当成一根阴线看待，不然连阴状态就断档了。

“白色十字星”或“伪阳线”或“伪阴线”，连阴回撤的任何一根K线图，都有可能出现。具备较强的转势功能，阻压或止跌的承前启后作用比较明显，而且有可能引发招数转换。阳线推升过程出现，有可能终结阳线推升，开启阴线回撤；阴线回撤过程出现，有可能终结阴线回撤，开启阳线推升。连阴回撤特征形成并排而行的调整状态，叫作“围点打援，连成一片”转势特征，形成上蹿下跳、伏低蹿高的特殊调整状态，叫作“击鼓传花，连绵不绝”转势特征。叫什么并不重要，最重要的是要弄明白它的市场意义和实战价值。

学习和运用蜡烛图不能刻舟求剑、生搬硬套，分析单根K线图的意义不大，K线组合图割裂分析也不可取。相同的一根K线图或组合图，出现位置不同，市场意义不同，实战价值不同，运作策略不同。此外，K线组合图存在互变的可能性，实战运用必须灵活。

第八种，鹏起科技（600614），如图10–17所示。

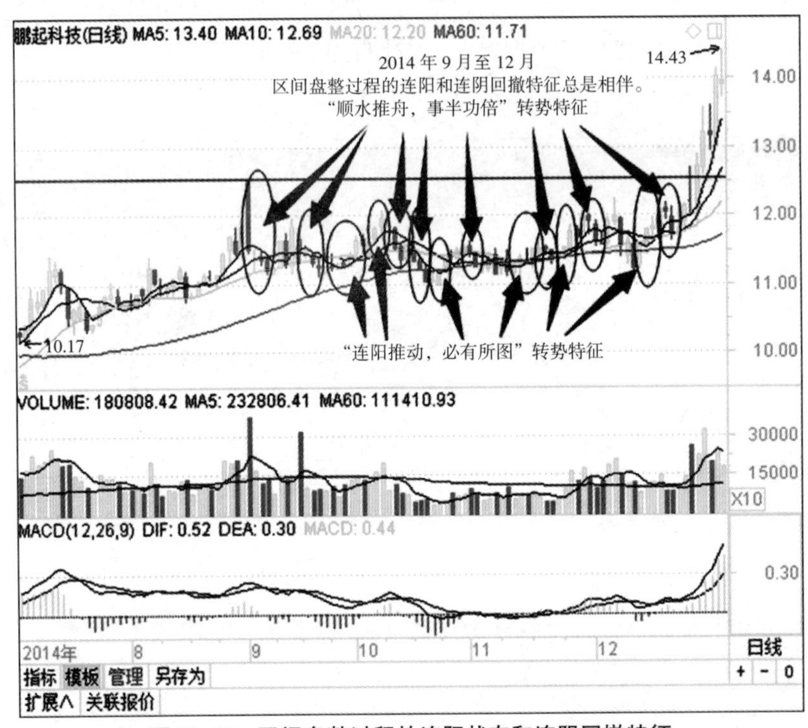

图10–17 区间盘整过程的连阳状态和连阴回撤特征

收出“连阳推动，必有所图”转势特征以后，连阴回撤特征伴随而至。

无论股价处于哪个阶段，上蹿下跳、伏低蹿高的震荡过程，有可能反复收出“连阳推动”状态和连阴回撤特征。股价围绕 60 日均线区间（均线系统）展开长期的盘整趋势，连阳状态和连阴回撤特征总是相伴。连阳以后形成连阴回撤特征，这是庄家惯用的洗盘手段之一，实战价值大。连阳以后也有可能采取其他调整方式进行洗盘，取决于当时的市场环境、股指走势和庄家手段。有时采取阴阳相隔的调整方式，有时采取时而连阳、时而连阴的调整方式，有时采取并排而行的调整方式，有时采取上蹿下跳、伏低蹿高的特殊调整方式。

区间盘整阶段构筑强攻特征的企稳反转过程，或形成“连阳推动”的推升过程，跟风追涨浮筹获利了结形成抛压，而且股价推至区间上轨，套牢盘获得解套也会抛压。因此，股价实现企稳反转或形成“连阳推动”状态以后，此时面临双重抛压（阻力），继续推升的压力较大。庄家顺势展开调整并采取连阴回撤特征，不仅及时清洗那些意志不坚定的浮筹，同时延缓并收拢了股价和均线系统的扩散状态，更为下一次变盘（突破）酝酿成熟时机。

第九种，德豪润达（002005），如图 10-18 所示。

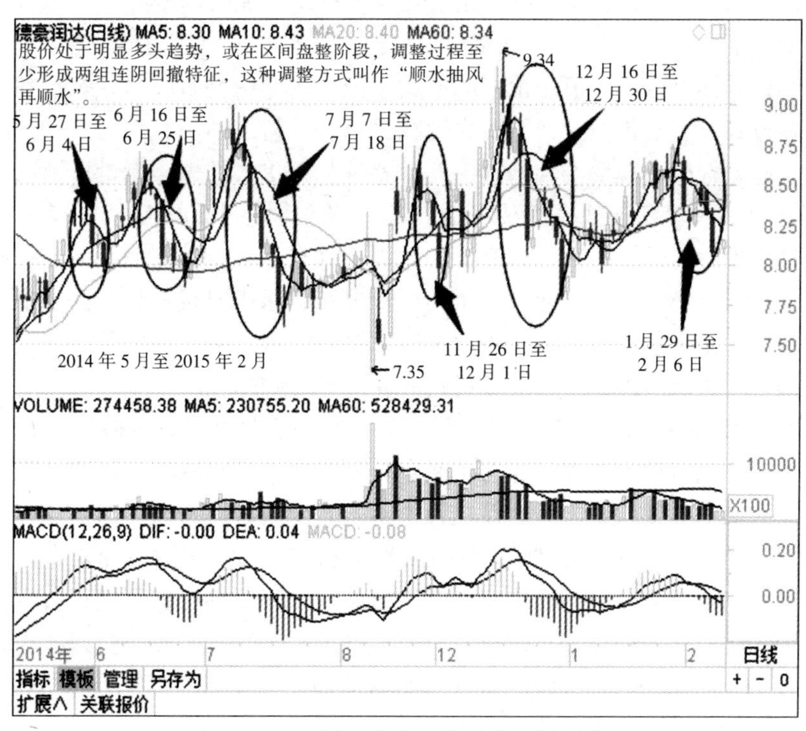

图 10-18　“顺水抽风再顺水”调整方式

股价处于明显多头趋势，或在区间盘整阶段，一波调整趋势至少形成了两组连阴回撤特征，这种调整方式叫作“顺水抽风再顺水”，实战价值大。

股价处于明显多头，或在区间盘整阶段，或在对望调整阶段，连阴回撤特征的实战价值大，不然只有市场意义。“顺水抽风再顺水”调整方式是股价经历充分整理的表现，蕴含极佳的低吸（增筹）机会，实战价值大。典型的“顺水抽风再顺水”调整方式有以下特征：第一波连阴回撤至 20 日均线附近（少数回调至 10 日均线附近），接着出现中、小阳线的短暂抵抗（抵抗阳线的高价最好不要超过连阴开始时的高价），然后继续向下调整，形成第二波连阴回撤（这一波连阴回撤最好跌穿抵抗阳线的最低价），股价往往回调至 60 日均线下方（附近）。假如股指回调幅度较深（迟迟无法实现止跌或企稳），或者说场内浮筹过多，股价经历两波连阴回撤以及中、小阳线的抵抗以后，有可能形成第三波连阴回撤，甚至形成第四波连阴回撤。调整并非坏事，机会也是跌出来的。

有的“顺水抽风再顺水”调整方式比较特殊：第一种，开始调整时只有一根阴线，短暂抵抗以后的继续调整形成连阴回撤特征；第二种，开始调整时形成连阴回撤特征，短暂抵抗以后的继续调整只有一根阴线；第三种，阴阳相伴，阴线回调大，阳线反扑不足；第四种，由上述三种构筑而成的调整方式。

连阴回撤特征的实战价值不如“顺水抽风再顺水”调整方式，“顺水抽风再顺水”调整方式符合“波浪理论”的回调三浪。区间盘整阶段的“顺水抽风再顺水”调整方式，实战价值大，主要表现在：第一，持续回调容易构筑一段推倒重来趋势，庄家轻松实现清洗和增筹，充分整理积蓄更大的做多能量；第二，持续回调容易化解股价和均线系统的发散状态，修复趋势线和零轴线的悬空抬升状态，促使股价由虚转强；第三，充分整理以后并在下轨重新起势，极易推起一波新的强攻趋势；第四，重新起势的反转可信度高，狙击时机容易把握。形成“连阳推动”状态或强攻特征以后，采取连阴回撤特征或“顺水抽风再顺水”调整方式进行调整（采取其他调整方式亦可），实战价值绝非一般。

“顺水抽风再顺水”调整方式，每一波连阴回撤最好是逐渐收窄，量能最好是逐渐缩量。缩量调整是浮筹意志不坚定且不断斩仓出局的有力证据。投资者追涨做多，股价不涨反跌，阴线回撤又舍不得斩仓出局，庄家只要收出中、小阳线的短暂抵抗趋势，追涨浮筹即使存在亏损（或有微盈），多数选择斩仓出局，而且此时又有新的追涨浮筹买入做多。庄家继续采取连阴回撤特征进行打压，或者采取大阴线进行快速砸盘，致使追涨浮筹（扛单浮筹）的亏损率快速扩大，使之产生极度恐慌的心理（压力），而且开始认为股价已经破位运行或止不住回调，于是斩仓出局，殊不知，往往斩在下轨支撑附近。

结语　愚者、知者、智者

知行合一是操盘的最高境界，投资大师级别的智者都具备这样的心理素质（修养）。知是了解、知道、懂得、明白和认识的意思，行是行动、行为和做到的意思，两者合之就是知行合一。知行能否合一，言行能否一致，这在很大程度上影响了最终的操盘结果。

知行不一，言行相悖，亏多盈少，愚者的表现，这是大部分普通投资者的真实写照。明明知道自己做错了需要止损，偏偏因为舍不得斩仓出局而扩大亏损；明白趋势还没有走完，应当耐心持筹，偏偏因为心理恐惧而捂不住单子；清楚【预期】行将结束，且有各种探顶特征提示，偏偏幻想股价还有更高而选择扛单，图谋庄家后路；知晓操盘必须严格按照计划进行，偏偏管不住自己的手，一天不动心里发痒。一次又一次的犯错衍生出持续亏损。最终不仅失去了大部分炒股本金，也将失去从头再来的机会，即使有好的机会，也只能眼睁睁地看着财富从身旁溜走。没有愚公移山的精神，也不应该有愚不可及的想法。

经常看到或听到某些所谓的股市专家吹嘘：要么把自己说成如何如何地准，要么按照某种指标进行推算或预测，几年前就已经知道上证指数会重上 6000 点，深证成指会重上 19600 点，诚然一副智者模样。可是，这些所谓的股市专家，自己却从来没有买到好股，买到了也没有耐心捂住，又或者只赚到一点蝇头小利，全是愚者行为。这些所谓的股市专家，吹嘘功夫的确十分了得。虽然技术面并不怎么样，但点评基本面却头头是道，事后诸葛亮倒是一说一个准。吹嘘从来没有坚守底线，信念缺失的表现；趋势始终说不明白，理念不清的表现。有的吹嘘起来更是一副“算命先生”的模样，事后吹嘘自己早就预测出 2015 年 6 月中旬开始的股灾（暴跌趋势）。如果这些所谓的股市专家真有这种本领，提前预测出牛熊转换，那么天下之财岂不归他所有，偏偏这又是不可能发生的。

谁都知道，股指多年以后肯定会重上它的历史高点，这一点还用推算吗？预测这些东西有什么意义呢？智者从来不会干这种事情。愚并不可怕，最可怕的是愚昧自大（无知），拿着愚昧当性格，死不悔改，愚不可及罢了！当初的一个决定，明明做对了，却由于缺乏理论基础和实战经验支撑，最终没能坚持过来。回过头看，当初的每一个决定都能让自己悔恨终生。不如趁着自己年轻，空余时间也多，沉下心来学习，弄明白那些自己还不知道的东西，然后把它付诸实践。

知行合一，言行一致，必然获得丰厚回报。心态不稳，技术再好，也做不好盘，赚钱更难。看到了而做不到、做到了又没有耐心捂筹的投资者，唯一忠告就是要相信自己，相信技术。股市赢家不仅是技术上取得进步，更是心态成熟与否的极致体现。对待技术始终要抱着一颗诚实的心，而不是试图表现出比市场（庄家）更加聪明，战胜庄家是愚蠢的想法。股市涨跌有其自身的运行规律，规律如此，任何人都不得思议。我们必须了解它、研究它、熟悉它和掌握它，使其为我所用，盈多亏少将会成为新常态。

不要试图对抗（战胜）市场和庄家，更不能逆势而为，只有愚者才会这么干，最终结局都很悲哀。发现市场（股价）方向与当初预判不一致时，最好的办法就是沉下心来，下大力气，寻找与之心灵交流的桥梁，总比一味地犯错、抵抗有效得多。简言之，弄懂规律。暴涨暴跌趋势往往都是由非理性放大的，涨时鸡犬升天，跌时泥沙俱下。虽然这是众人皆知的大道理，然而现实的残酷仍然大出意料。愚者总想博取一夜暴富的快感，知者需要高收入，智者图的只是稳定盈利。每一轮牛熊转换，都会上演愚者更愚、智者大智的戏剧。2015 年 6 月中旬以来的连续暴跌趋势，非理性因素占了多数，被套或博取反弹的愚者不计其数。

经济条件不佳，家庭（生活）压力过大，这不是你进入股票市场的借口。改变人生，想做一个有钱人，获取人生和财务的双重自由，实现突破自我，股市未必如你所愿。凡成大事者，首先必须沉下心来，看书也好，画图也罢，总得付出才行。你想取得成功，总得凭点什么吧。悟道过程未必需要将自己困于某地，也未必都要过着晨钟暮鼓、青灯黄卷般的修行日子，主要还是看你自己是否愿意接受改变，心性使然。寻找规律需要理性、执着和勇气。必须暂时抛下、割舍无数的人和事，普通人很难做到。悟道过程，痛并快乐着。不懂并不是亏钱的理由，亏怕了也不是市场（庄家）的原因，抱着小富即安抑或是自作聪明的心态，更是难成大器。

股市生存并不容易，这里既是冒险者的天堂（地狱），也是智慧者厮杀的且没有硝烟的战场，还是我们修身养性的“圣地”。股市赢家不仅是技术上取得进步，更是心态成熟与否的极致体现。股票市场充斥着尔虞我诈、暗箭伤人。所谓杀人放火金腰带，修桥铺路无尸骸。资本趋利，是亘古不变的永恒，从古至今皆是如此。在股票市场的世界里，不是你成为我的猎物，就是我成为你的猎物，角色随时随地都在转换变化之中。有的人突破自我，迈入成功者行列；有的人步履蹒跚，迟迟无法跳出亏损泥潭；有的人泥足深陷，总是做着“无私贡献”。站上那狭小的金字塔顶峰，永远只有极少数人。

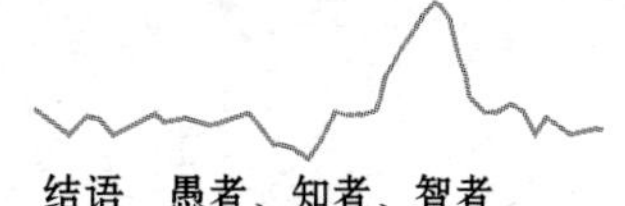

投资既是一门科学，也是一门行为艺术，还是一项系统工程。投资处处体现出人性的智慧，行为的艺术。还没有弄懂的是愚者，99%的投资者属于此列，或许只是暂时的，但必须下大决心去改变它。懂得了是知者，有可能在未来成为投资领域的精英人士。弄懂悟透且做到了是智者，属于投资大师级别，已经开始享受金字塔顶峰的无限风光。迈入投资大师级别的智者屈指可数，即便是精英人士也不多，绝大部分投资者停留在愚者行列。

纪垂海

2016 年 10 月 7 日于成都